KB213982

이 책은 정직의 가치를 폭넓게 이해하도록 돕고, 인생에서 정직의 덕목을 한층 더 깊이 추구하게 한다. 기업 문화에 정의감과 목적의식을 불어넣기를 원한다면 이 책은 지금 당장 읽어야 할 필독서다!

— **다니엘 핑크**Daniel H. Pink(미래학자이자 《드라이브》, 《언제 할 것인가》 저자)

구성원들이 자유롭게 진실을 말하고, 서로를 공정하게 대하며, 목적의식을 가지고 사명을 수행하는 조직을 만들기 위한 청사진을 원한다면 이 책을 읽어야 한다! 론 카루치는 영감을 주는 이야기와 구체적인 데이터를 통해 정직의 의미와 이를 어떻게 함양할 수 있는가에 대한 관점을 바꾼다.

— **에이미 에드먼드슨**Amy C. Edmondson(하버드대학교 경영대학원 교수이자 《두려움 없는 조직》 저자)

론 카루치는 이 시대 가장 현명한 리더십 사상가 중 한 명이다. 정직한 조직을 위해 기업과 리더가 진실성을 유지하는 데 필요한 것이 무엇인지 밝힌다. 또한 리더가 강력하고 윤리적이며 목적 중심의 문화를 구축하는 데 활용할 수 있는 사려 깊고 전략적이며 실용적인 조언들을 전한다. 이는 기업과 구성원 모두가 최선의 모습을 발견하고 유지하는 데 확실한 메시지다.

— **도리 클라크**Dorie Clark(듀크대학교 경영대학원 · 콜롬비아대학교 경영대학원 외래 교수이자 《스탠드 아웃》, 《롱게임》 저자)

위대한 걸작이다!《정직한 조직》은 팀의 신뢰를 유지하고, 어려운 상황을 헤쳐 나가야 할 리더들을 위한 이야기로, 탄탄한 연구가 뒷받침된 통찰과 진실이 가득 차 있다. 신뢰 받는 리더십의 근본을 구축할 열쇠를 찾는 모든 비즈니스 전문가가 읽어야 할 필독서다.

— **마셜 골드스미스**Marshall Goldsmith(세계적인 리더십 코치이자 경영 컨설턴트, 뉴욕 타임스 베스트셀러《트리거》저자)

국가와 기업, 대학, 모든 유형의 공동체는 리더와 조직이 보다 더 정직하기를 갈망한다. 그러나 가장 좋은 의도를 가진 이들도 그들이 섬기는 대상에게 진실과 정의, 목적을 제대로 제공하지 못하고 있다.《정직한 조직》은 이 상황을 극적으로 바꿀 것이다. 당신의 팀과 함께 이 책을 읽어라. 그리고 힘을 모아 주변의 세상을 바꾸어라. 너무도 많은 것이 걸린 문제다.

— **짐 클리프턴**Jim Clifton(갤럽Gallup 회장이자 CEO)

저자는 기업 조직과 세상에 지금 가장 필요한 것을 이야기한다. 바로 사람들이 귀 기울일 수 있는 방식으로 진실을 말하는 일과 말과 행동 사이의 격차를 좁히는 일이다.《정직한 조직》은 정의의 실현이 오직 리더나 조직만의 가장 고귀한 목적이 아님을 인식하고, 의미 있는 노동과 행복한 공동체, 혁신적인 조직, 미래 세대와 그 자손들을 위해 이상적인 사회로 향하는 희망적인 경로를 제시한다.

— **제이 코엔 길버트**Jay Coen Gilbert(비랩과 비콥 운동B Lab and the B Corp movement 공동 창시자이자 임페라티브 21Imperative 21 CEO)

조직에서 리더들은 그들의 리더십과 성품을 시험에 들게 하는 복잡한 세상의 과제에 점점 더 많이 직면한다. 오늘날 위대한 리더십은 기업이라는 영역을 넘어 사업을 영위하는 사회와 공동체 속으로 확장된다. 이 책은 확신과 준비된 자세로 어렵지만 진솔한 대화를 받아들여 활용하고, 옳은 일을 하기 위해 용기를 북돋우고, 임무를 소홀히 하지 않으며 온전히 목적에 충실하려는 모든 리더를 위한 강력한 안내서다. 이 책을 읽은 후 당신은 상상한 수준 훨씬 이상으로 진실과 정의, 목적에 더 열정적인 사람이 될 것이다.

— **샌디 스텔링**Sandy Stelling(알래스카에어라인Alaska Airlines 전략 및 분석, 변화 담당 부회장)

세상은 신뢰할 수 있고 따라할 수 있는 리더십을 요구한다. 현재 비즈니스와 정부, 각종 미디어를 통해 불신의 경험이 쌓이면서 리더의 정직성에 대한 사람들의 기준이 급격히 높아지고 있다. 이 책은 리더들이 자신의 리더십과 조직을 누구나 따를 수 있을 만큼 자랑스러운 정직의 본보기로 만들 실용적 지침과 영감 가득한 사례의 보물창고를 제공한다.

— **제니퍼 맥컬럼**Jennifer McCollum(카탈리스트Catalyst CEO)

나 자신에 대한, 또 일상 속 대화에서의 정직은 능력을 배가시킨다. 하지만 어떻게 하면 그렇게 할 수 있을까? 저자는 우리 자신과 주변 사람을 위해 희망과 신뢰, 귀중한 유산을 낳는 초능력으로써 정직을 활용하게 하는 프레임워크와 이야기들을 훌륭히 제공한다.

— **사닌 시앙**Sanyin Siang(듀크대학교 푸쿠아 경영대학원 리더십과 윤리 부문 코치 K 센터장)

이 책을 읽어야 할 이유는 너무나 많다. 단 한 가지를 꼽는다면, 당신의 가치를 효과적으로 말로 표현하고 실행하는 일이 생각보다 훨씬 더 많은 방식과 맥락에서 가능하다는 사실을 깨닫게 한다. 긍정적인 이야기와 설득력 있는 연구 자료, 영감을 제공하는 이해하기 쉬운 통찰을 통해 저자는 희망과 헌신 그리고 무엇보다 가치 주도적 리더십을 위한 실행 가능한 전략을 공유한다. 이 책을 읽는다면 누구나 깊은 영감을 얻고, 도덕적인 역량을 키울 수 있다.

— **메리 C. 젠틸레**Mary C. Gentile(가치에 목소리 부여하기Giving Voice to Values 창립자이자 이사)

어떤 조직의 리더든 실용적이고 풍부한 아이디어와 매력을 엿볼 수 있는 필독서!《정직한 조직》은 수년간 이뤄진 심리학과 행동과학 연구에 뿌리를 둔 사색적인 책이다. 저자는 정직의 진정한 의미와 원칙이 행동 방식에 어떻게 영향을 주는지 그 도전과제에 직면해온 이들의 사례를 들려주며, 업무 현장과 그 외 영역에서도 활용될 수 있는 행동 중심 자원을 훌륭하게 창조했다. 이 책은 당신의 책장에 반드시 꽂혀야 한다!

— 티파니 A. 아처Tiffany A. Archer(파나소닉에비오닉스Panasonic Avionics 윤리와 준법 감시 책임자)

지금 세계는 양극화와 '우리 대 그들'로 나누는 행동을 넘어서서 서로의 차이를 수용하고, 가장 중요한 이슈에 대한 더 원대한 사회적 담론을 공유하는 일에 굶주려 있다. 우리에게 필요한 것은 공감과 도덕적 리더십, 정직이라는 용기를 가지고 이 일을 더 효과적으로 해내기 위한 안내서다.《정직한 조직》은 우리 자신의 최고 버전이자 가장 정직한 사람으로 거듭나는 경로로 안내해 줄, 매우 고무적이면서도 설득력 있는 나침반이다!

— 아난야 무케르지Ananya Mukherjee(브리티시컬럼비아대학교 학장)

이 책은 시의적절하면서도 시간을 초월한 지혜와 설득력 있는 실증적 근거를 담은 멋진 선물이다. 당신은 이 책을 읽고 더 나은 사람, 더 나은 리더가 될 수 있다. 저자는 놀라운 마술을 성공적으로 펼쳐낸다. 그는 우리가 열망과 행동 사이의 차이에 불편함을 느끼며 반성하도록 하지만, 접근하기 쉬우면서도 때로는 깊은 감동을 주는 이야기들로 따뜻함과 품위를 더했다. 더 좋은 점은 정직과 진실성, 정의, 공감을 통해 보다 활기찬 조직을 구축하는 데 실용적인 지침을 제공한다는 것이다.

— 미겔 파드로Miguel Padró(애스펀 인스티튜트The Aspen Institute 비즈니스 및 사회 프로그램 부국장)

TO BE HONEST

CEO의 서재 43

TO BE HONEST

멈추지 않고 성장하는 조직의 유일한 조건

론 카루치
지음

이희령
옮김

LEAD WITH THE POWER OF
TRUTH, JUSTICE AND PURPOSE

센시오

더 원대한 진실과 정의,

목적이 있는 세상을 꿈꾸며

매일 싸우는 모든 사람을 위해,

드러나지 않은 당신의 영웅적 행동,

조용한 고통과 희생 그리고 영감을 주는 실천을 위해

세상 사람들이 어떤 방식으로든

그 모든 것을 함께할 수 있도록

당신의 이야기를 기리는 데

이 책을 바칩니다.

TO BE ⚖ HONEST

변화하는 기업 문화,
최고의 안내서는 이 책이다

나는 사회심리학자로, 2011년에 버지니아대학 심리학부에서 뉴욕대학 스턴경영대학원으로 자리를 옮겼다. 이 두 곳을 연결한 끈은 기업 윤리였다. 2011년 당시 세상은 글로벌 금융 위기가 만든 잔해를 헤쳐 나오는 중이었고, 그 위기는 상당 부분 수많은 금융기관의 **비윤리성**이 초래한 것이었다. 내 경력의 전부를 도덕심리학 연구에 매진해온 만큼 나와 다른 전문가들의 연구를 기업 생태계에 적용하기만 하면 되므로 일은 쉬울 것 같았다. 그리고 이렇게 생각했다. '기업 리더들이 조직 내 윤리를 증진하는 방법에 관한 연구를 알게 되면 분명 적용하고 싶어 할 거야.' 이후 조직 내 윤리 문화를 개선하려고 노력하는 사람이면 누구나 해당 분야의 학문적 연구에 접근하고 실제 적용할 수 있도록 연구자들의 비영리 협업 기관인 에티컬 시스템(EthicalSystems.org)도 설립했다.

만일 당신이 비즈니스 세계에서 일하는 사람이라면 아마도 내 순진한 행동을 비웃고 있을지도 모르겠다. 그렇다. 실제로 한 회사에서 일어나는 일들은 단순히 이해하기 어렵고, 심지어 문화를 바꾸는 일은 더 어렵다. 게다가 모든 사람이 바빠서 연구 요약 자료를 읽을 시간도 없다. 그들이 원하는 것은 '지금 당장 직면한' 문제의 해답이다.

이 책이 너무나도 중요한 이유가 여기에 있다. 《정직한 조직》은 내가 읽은 기업 문화에 관한 책 중 최고이며, 저자 론 카루치는 조직 문화를 강화하는 고된 여정을 시작하려는 누구에게나 최적의 안내자가 될 것이다. 어떤 점이 이 책을 위대하게 만드는 것일까?

첫째, 카루치는 매력적이며 상대의 마음을 무장 해제시키는 연설가다. 기업 문화에 대한 그의 사랑은 페이지마다 빛을 발한다. 당신은 이 책을 읽으며 그의 통찰을 알게 되고 신뢰하게 될 것이다.

둘째, 이 책은 학술 문헌에서 가져온 수백 건의 인용으로 주장을 뒷받침한다. 특히 행동과학과 비즈니스를 연결하는 이론, 연구와 실천의 교두보가 될 것이다.

셋째, 이 책은 카루치와 그의 회사가 전 세계 기업 임직원들을 대상으로 시행한 3,000건이 넘는 인터뷰를 바탕으로, 그가 15년간 해온 연구에서 얻은 교훈을 정제해 보여준다. 한 회사를 이해하고 싶다면 계량적 데이터만 모으는 것으로는 부족하다. 인류학자처럼 경청과 관찰의 전문가가 되어야 한다.

넷째, 윤리에 관해 생각할 때 쓸 수 있는 단순하지만 강력한 사고의 틀을 제공한다. 우리의 목표는 정직의 문화를 조직에 심는 것으로, 이때 정직은 진실과 정의, 목적을 통합한 더 확장된 개념이다. 즉 정직하려면 올바른 말(진실)을 하고, 올바른 일(정의)을 해야 하며 올바른 이유(목적)에서 말과 행동을 해야 한다.

다섯째, 나와 같은 학자가 쓸 수 있는 책과 달리, 카루치는 조직 내에서 정직성을 독려하기 위한 수백 가지의 구체적인 아이디어를 제시한다. 각 장을 마무리하며 '지금 할 일'에 대한 구체적인 조언을 제안하고, 해당 장에서 나온 가장 중요한 아이디어들을 요약해준다. 이 책은 현실에서 적용할 목적으로 쓰인 책으로, 이 책을 읽지 않았다면 언젠가 마주하게 될 문제들을 피하는 것은 물론 지금 당장 당면한 문제를 해결하도록 돕는다.

한마디로《정직한 조직》은 실용적이며 읽는 재미가 있고, 분야 연구로 뒷받침된 조직 내 윤리 문화 설계서다. 회사에서 경영진이 함께 읽기에 이상적인 책이며 모든 직원이 읽으면 더 좋다. **경영진이 매주 한 장**씩 **읽고 월요일 아침마다 토론한다면 10주 안에 크나큰 변화를 이룰 것이다**. 더 정직한 회사, 모든 이해관계자의 신뢰를 얻는 더 나은 회사, 재능이 가장 뛰어난 직원들이 스스로 찾는 회사를 만들 수 있다.

소셜미디어가 세상을 뒤덮고 있고, 불안과 정치적 양극화의 시대다. 그 속에 기업 문화는 계속 바뀌고 있다. 나는 이 변화를 2011년부터 가르쳐온 MBA 학생들에게서 봐왔다. 해가 갈수록 기업의 지속가능성과 윤리, 사회적 책임에 대한 학생들의 관심이 더욱더 커지고 있는 것이다. **그들은 자신의 목소리를 더 많이 낼 수 있기를 기대한다.** 이런 변화는 당신의 회사에도 찾아올 것이다. 이를 위해 다소간 어려운 대화가 수반될 것이며 내부 갈등의 수준이 높아질 수도 있다. 그래서 지난 몇 년간 나는 많은 조직에서 사람들이 마치 달걀 껍데기 위를 걷는 것 같은, 혹은 지뢰밭을 통과하는 듯한 기분이라고 말하는 것을 들었다. 만일 당신이 **정직**이라는 풍요로운 공유 개념 안에 기업 문화와 대화의 닻을 내린다면 위험 요소들은 현명히 헤쳐 나가며, 서로 더 건강하고 협력적인 방식으로 일하도록 회사와 팀을 이끌 수 있을 것이다.

조너선 하이트Jonathan Haidt

(뉴욕대학교 스턴경영대학원 교수이자 《바른 마음》 저자)

당신의 조직은
'정직'의 힘이 필요하다

회사에서 흔히 볼 수 있는 광경을 상상해보자.

　당신은 힘든 한 해를 보낸 후 다가오는 신년 목표를 제시하는 사업 평가 회의에 참석 중이다. 모든 참석자가 성장에 대해 아주 낙관적인 전략을 제시하지만, 그 전략들은 서로 완전히 단절되어 있으며 뒷받침하는 데이터도 허술하다. 만약 당신이 회의실을 돌아다니며 "우리 회사의 핵심 전략이 무엇인가요?"라고 물으면 그곳에 있는 사람 수만큼이나 다양한 대답을 듣게 될 것이다. 사람들은 절박한 심정으로 비현실적인 제안을 내놓고 있다. 그러한 절박감은 '충성스럽지 못한 직원으로 보일까', 혹은 '무능력해 보일까' 하는 우려에서 비롯된다.

지금은 한 해의 성과를 평가하는 기간이며, 따라서 모두가 연봉 협상에 촉각이 곤두서 있다. 혹시라도 상사가 자기 눈에 든 사람만 챙겨주는 것은 아닐지 걱정이 된다. 그래서 너도나도 자신의 성과는 부풀리고 다른 사람들의 성취는 깎아내리느라 분주한 분위기다. 대놓고 말하지는 않지만 '짜고 치는 게임'이라는 인식이 암암리에 퍼져 있다.

　당신은 방금 중요한 회의를 마치고 나오는 길이다. 중대한 문제를 논의하는 자리였으나 해결책에 대해서는 결론을 내리지 못했다. 사실 문제의 진정한 원인은 거론조차 되지 않았다. 참석자들 어느 누구도 그 문제를 입 밖으로 꺼내지 않을 거라는 사실을 알고 있었고, 서로 오가는 시선 속에서 그 사실을 확인 수 있었다. 이제 그 문제는 어떻게 처리될지 불확실해졌다. 책임의 당사자들은 그런 상황에 오히려 안심한 듯 보인다.

　오랜 경쟁 관계인 두 부서가 주요 고객 문제를 두고 마주했다. 해결하려면 협력만이 답인 상황이다. 그런데도 각 부서는 서로 비난만 할 뿐이다. 어느 부서의 예산이 투입되어야 하는가를 두고 논쟁을 벌이고, 이 사태에 대한 상대 부서의 책임을 과장한다.

이 장면들 중 어느 하나라도 익숙한 것이 있는가? 대부분 조직 생활에서 일상적으로 일어나면서도, 더 심각한 문제로 발전하는 데 토대가 되는 상황들이다. 만약 해결되지 않은 채로 남겨두면, 이후 다음과 같은 선택의 갈림길을 마주하게 될 것이다.

1980년대 중반, 두 곳의 제조업체가 자사 제품에 치명적인 독성이 있어서 특정한 상황에서는 아주 위험할 수 있다는 사실을 알게 됐다. 수십 년 동안 이 문제를 의심했던 한 회사는 거대한 은폐 작업에 돌입했고, 그 후로도 15년 동안 계속해서 소비자들이 중독되거나 사망하게 만들었다. 반면 다른 회사는 제조 과정에 대한 전반적인 조사에 착수했고, 소비자들이 더 이상 중독되지 않도록 유기농 원재료만 사용하는 등 공급 사슬에 변화를 주었다.

또 이런 상황도 있다. 2008년 금융 위기에서 벗어난 후, 금융 서비스 기업들은 새롭게 경쟁할 방식을 찾아야 했다. 신용이 낮은 고위험 대출자들에게 담보가 의심스러운 서브프라임 모기지를 발행하도록 허용했던 규제 완화책은 더 이상 가능한 선택이 아니었다. 그래서 금융 서비스 분야의 강자인 한 기업은 고객 신뢰를 회복하고, 시장 전반에 걸쳐 높은 수준의 서비스를 강화하는 데 노력을 배가했다. 이와 달리 한때 전 세계에서 인정받았던 다른 회사는 기업 역사상 가장 비도덕적인 사기 수법을 고안했다. 현재 상황을 분명히 인식하지 못하는 고객들에게 승인되지 않은 수억 달러 규모의 상품을 교차판매한 것이다.

더 일반적인 상황도 얼마든 있다. 서로 다른 두 기업에서 회의를 하고 있다. 두 곳 모두 회사의 미래에 심각한 위협이 될 복잡한 문제와 마주하고 있다. 첫 번째 회사의 회의에서는 활발한 대화 도중 그동안의 관습과는 완전히 다른 새로운 방법이 제기되었다. 그 이야기를 꺼낸 직원은 동료들이 처음에 아무런 반응 없이 조용하자, 더 이상 터놓고 이야기하기가 불편하다고 느꼈다. 하지만 상사는 그 아이디어에서 통찰력 있는 무언가를 발견했고, 이를 발전시켜보라고 팀에 요구했다. 마침내 대화는 돌파구를 찾았다.

반면 다른 기업의 회의에서는 상사가 먼저 나서서 자신이 얼마나 실망했는지를 장황하게 이야기했다. 그런 후 팀원들에게 문제를 해결하기 위한 아이디어를 물었다. 상사가 다그칠수록 회의실은 점점 더 조용해졌다. 사실 팀원들은 해결책이 무엇인지 알았지만 거리낌 없이 말하기가 다소 위험하다는 결론을 내리고, 침묵을 지키는 편을 선택했다.

전 세계 회사에서 사람들은 매일 이런 갈림길과 우연히 만난다. 그중에는 그리 중요하지 않은 일도 있고, 세상을 바꿔놓을 만큼 영향력 있는 일도 존재한다. 심각한 상황을 맞닥뜨린 회사와 리더는 진정성과 용기라는 혁신적인 선택을 할 수도 있고, 그렇지 않을 수도 있다. 우리는 모두 그런 도전에 직면했을 때 '정직한 영웅'이 되길 원한다.

실제로 당신은 어떤 선택을 하게 될까? 상황이 어떻게 될지를 결정하는 것은 무엇인가? 여러 선택지 중에서 결정하는 방식에 영향을 미치는 것은 무엇인가?

이것이 바로 이 책에서 답하고자 하는 질문들이다.

조직에서 우리는 왜 입을 다무는가?

내가 창립한 네이발렌트Navalent는 전략적 조직 변화와 임원 리더십 문제를 자문하는 컨설팅 회사다. 몇 년 전 나는 300억 달러 규모의 글로벌 식품회사를 고객으로 맞아, 그 회사의 전략 담당 부회장과 마주 앉았다(그의 이름을 '릭'이라고 해두자). 릭의 회사는 인수 작업에 막 실패한 상태였는데 그날 그가 한 말이 나를 어리둥절하게 했다. 회사는 그 일이 실패할 거라는 사실을 이미 알고 있었다는 것이다.

"우리는 35억 달러 가까이 지출했고, 진행하는 내내 모두 인수에 실패할지 모른다는 사실을 우려했지만 계속 입 다물었습니다. 사실 회사 포트폴리오와도 맞지 않고, 현실적으로 성공할 만한 내부 역량을 갖추지도 못했어요. 그 사실을 잘 알고 있었는데도 인수에 뛰어들었습니다. '딜을 성사시켜야만 한다'는 일종의 열기에 휩싸인 거죠. 그래서 데이터를 미화하고, 우려를 부정하고, 결코 현실적이지 못한 긍정적인 측면을 과장했습니다. 돌이켜 보면 위험을 인정하기가 두려웠던 것 같습니다. 정직하게 말하자면, 주변 식품업계는 극적으로 변화해왔는데 우리는 핵심 정체성을 잃어버렸던 거죠. 지금은 우리가 누구인지 진정으로 알지 못한 채 지푸라기라도 붙잡고 상황을 개선하려고 노력하는 중입니다."

이 실패는 광범위한 후폭풍을 불러일으켰다. 직원들의 경력에 타격을 입혔고, 사기가 떨어졌으며, 고객들은 냉소적이 됐고, 신뢰를 상실한 주주들은 분노했으며, 대중의 신뢰를 잃었다.

정직한 조직

왜 비교적 똑똑하고 좋은 의도를 가진 사람들의 집단이 그리 쉽게 자기 자신과 직원, 주주에게 거짓말을 하는 걸까? 리더들이 걷잡을 수 없는 결과를 가져올, 그토록 파괴적인 선택을 하는 일은 도대체 어떻게 가능한 걸까? **왜 그들은 서로에게 정직할 수 없었을까?**

릭을 만난 후로도 수년 동안 나와 동료들은 그와 비슷한 수백 건의 사례를 만나고, 수천 건의 인터뷰를 진행했다. 글로벌 강자인 대기업이든, 유망한 스타트업이나 중견기업, 비영리기관이든 조직의 규모와 유형에 상관없이 직원들의 이야기 속 패턴은 똑같았다.

그들은 회사가 '임박한 파멸'을 무시한다고 느꼈다. 상사의 태도는 비상식적이었고, 조직에서는 불합리한 역기능이 발생했다. 직원들은 안타까움을 느끼고 나름의 의견을 밝히기도 했다. 또, 그런 상황을 개선하기 위해 그들이 할 수 있는 실용적인 방안을 제시하기도 했다. 하지만 그들 자신도 부족했고, 심지어 그런 광기에 힘을 보탰다고 고백하는 이들도 있었다.

이 직원들은 낯선 외부인에게는 기꺼이 정직한 의견을 말하고 있었다. 그러나 정작 자신의 동료에게는, 그리고 그 의견이 가장 중요할 때는 정직하지 못했다. 그 이유는 대체로 일부러 말하지 않았다거나 그저 목소리를 내고 싶지 않았다는 것이었다. 때로는 한층 적극적인 형태의 이중성이 발휘되는 경우도 있었다. 데이터를 미화하고, 자기 이익을 위해서 동료를 곤경에 빠뜨리거나, 지킬 수 없는 약속을 하는 경우가 여기에 해당한다. 이유가 무엇이든, 결과는 매우 파괴적이었다.

릭과의 미팅에서 나는 조직행동 전문가로서 허무감을 느꼈다. 나의 역할은, 더 정직하고 정의롭고 성취감을 주는 조직을 만드는 것이라 생각했고 지금껏 회사들이 정직성을 키우도록 하기 위해 내 경력의 전부를 바쳤다. **정직이 혁신을 향한 단 하나의 진정한 경로라고 믿었기 때문이다.** 하지만 기업들이 스스로 행동할 뜻이 없다면 무슨 소용이 있겠는가?

이 문제로 깊이 고민했다. 그리고 이 문제는 내 개인의 차원으로 바뀌었다. 내가 릭과 '다르지 않다'라는 사실을 깨달은 것이다. 릭과 그의 동료들이 어떻게 그런 선택을 하게 됐는지 되짚어보는 동안, 문득 예전에 경험했던 구직 면접 장면이 떠올랐다. 나의 부정직하고 부당한 면모가 여실히 드러나는 순간이었다.

내가 면접을 보았던 회사는 유망한 기업이었다. 그들은 계속해서 내가 그 회사에 적합한 부류가 아니라고 말했다. 기가 죽고 불쾌함을 느꼈던 나는 '족보 있는' 사람처럼 보이려고 애썼다. 그저 가식적이고 잘난 체하는 요식 행위일 뿐이었지만 반드시 그 회사가 나를 고용하게끔 만들겠노라 굳게 결심했고, 결국 그곳에 취업하는 데 성공했다. 하지만 결과적으로 그 회사가 싫어져 2년 만에 그곳을 떠났다.

또 다른 일도 있다. 당시 우리 팀의 상사는 중대한 프로젝트에 속도를 내라는 압박을 받고 있었다. 내가 보기에 상사는 리더로서 역할을 다하지 못했고, 우리 팀과 그 프로젝트는 시작도 하기 전에 이미 신뢰를 잃고 있었다. 팀 전체의 이미지는 손상될 수 있었지만, 나는 상사에게 점수를 따고 영웅이 될 기회라고 여기며 앞장서서 도왔고 일을 끝내는 데 헌신했다. 결과적으로 프로젝트는 실패했다. 낙심한 상사를 위로한다는 핑계로, 나는 모든 비난을 팀원들에게 돌렸다.

한편 일상적인 일도 있었다. 다섯 살 난 아들을 어느 생일 파티에 데려갔을 때였는데, 그 동네 사람들은 내 기대를 훌쩍 뛰어넘을 만큼 부유하고 성공한 사람들이었다. 다른 집 아버지들이 비싼 자동차와 호화로운 휴가에 대해 이야기를 나누다가 갑자기 내게 여름휴가 계획을 물었다. 나는 어느샌가 난데없는 유럽 여행 이야기를 하고 있었다. 머릿속으로는 갑작스러운 비상근무 때문에 그 휴가가 취소되었다는, 나중에 할 거짓말까지 이미 계획하고 있었다.

그렇게 나는 릭과 그의 동료들이 처한(사실상 자초한) 심각한 고통을 곰곰이 생각해봤다. 그들은 100년 된 회사가 사라질까 봐 두려웠고, 해야 할 일이 무엇인지 모른다는 사실을 인정할 수 없어 아무 움직임이나 시도하려고 혈안이 돼 있었다. 만일 그들이 **서로에 대해** 생각하는 진실을 퍼트리는 것이 아니라, 있는 그대로의 진실을 **서로 함께** 공유했다면 어떻게 결과가 달라졌을지 그 가능성과 함축적 의미를 생각해봤다. 그리고 무엇이 그들의 선택을 막은 것인지 궁금했다.

마찬가지로 내가 과거에 채용 담당자나 상사, 아들 친구의 아버지들을 정직하게 대했다면 어땠을까? 당시 상황 때문에 느낀 어두운 감정들에 굴복하지 않았다면 내 이야기는 결과적으로 어떻게 달라졌을까?

이런 순간들을 곰곰이 생각하자 정직하고 올바른 일을 하려는, 혹은 하지 않으려는 한 개인의 선택과 그 선택을 둘러싼 구조적 요인 사이에 일어나는 상호작용이 날카롭게 내 시야에 들어왔다. 평소 정직한 사람들이 왜 어떤 특정 조건하에서 부정직한 선택을 하는 걸까? 왜 다른 상황에 서는 친절한 사람들이, 어느 순간에는 자신을 우선 보호한다거나 다른 사람에게 부당한 길을 선택하는 걸까? 그런 선택 조건들이 무엇인지 이해한다면, 정직과 정의가 더 많이 이뤄질 수 있도록 그 조건들을 바꿀 수 있을까?

　　나는 그 조건들을 찾기로 결심했다. 그리고 발견한 사실들은 정직에 대한 기존의 관점을 완전히 뒤집었다. 그 이야기가 담긴 이 책이 당신에게도 같은 깨달음을 주리라 믿는다.

기업은 무엇을 위해 존재하는가

경쟁과 사리사욕이 주도하는, 말과 행동이 다른 조직 속에서 많은 사람이 지쳐가고 있다. 2019년 8월, 미국 최고 기업들의 모임인 비즈니스 라운드테이블Business Roundtable 소속 CEO들은 '기업의 목적에 관한 성명서Statement on the Purpose of a Corporation' 수정안에 서명했다. 다음은, 선도적인 미국 기업의 CEO들이 전면적인 변화를 위해 선언한 내용이다.

기업의 목적에 관한 성명서

(…) 우리는 자유시장 시스템이 양질의 일자리, 강하고 지속가능한 경제, 혁신, 그리고 모두를 위해 건강한 환경과 경제적 기회를 생성하는 최선의 수단이라고 믿는다. 기업은 경제에서 일자리를 창출하고, 혁신을 독려하고, 필수적인 상품과 서비스를 제공하는 데

　　　　　　　　　　　　　　　정직한 조직

핵심적인 역할을 한다. (…) 개별 기업은 각자 고유의 목적을 섬기는 한편, 모든 이해관계자에 대한 근본적인 약속을 공유한다. 다음은 그 내용이다.

· 고객에게 가치를 전달한다. 우리는 고객의 기대를 충족하거나 뛰어넘는 데 있어서 이 길을 이끌어온 미국 기업들의 전통을 이어나갈 것이다.

· 직원에게 투자한다. 이는 직원들에게 공정하게 보상하고, 중요한 혜택을 제공하는 일에서 시작된다. 여기에는 또한 급진적으로 변하는 세상에 대응해 새로운 기술을 개발하도록 돕는 훈련 및 교육으로 그들을 지원하는 일이 포함된다. 우리는 다양성과 포용, 존엄성과 존중을 함양한다.

· 공급 업체를 공정하고 도덕적으로 대한다. 우리의 임무를 충족하도록 돕는 크고 작은 다른 기업에게 좋은 파트너의 역할을 하는 데 헌신한다.

· 우리가 일하는 지역사회를 지원한다. 해당 지역사회에 있는 사람들을 존중하며, 사업 전반에 걸쳐 지속가능한 관행을 받아들임으로써 환경을 보호한다.

· 기업들이 투자하고, 성장하고, 혁신하게 하는 자본을 제공하는 주주를 위해 장기적인 가치를 창출한다. 우리는 투명성과 함께 주주와의 효과적인 교류를 약속한다.

각각의 이해관계자는 필수적인 존재다. 우리는 회사와 지역사회, 국가의 미래의 성공을 위해 그들 모두에게 가치를 제공할 것을 약속한다.[1]

수십 년 동안 기업의 우선순위를 지배해온 패러다임인 '주주 우선주의shareholder primacy'에서 급격하게 벗어난 이런 시도는 엇갈린 반응을 얻었다. 많은 사람에게 이 성명서는 평등과 기회가 모든 사람의 손 닿을 수 있는 곳에 있고, 커져가는 불평등의 흐름을 막아낼 수 있으며, 정직과 정의가 승리할 수 있다는, 희미하지만 반짝이는 희망의 빛과 같았다. 동시에 냉소를 보내는 이들도 많았다. '그 말 뒤에 가시적인 행동은 어디에 있는가?', '과연 주주들이 투자에 미칠 영향을 참아줄 것인가?', '누가 이 새로운 규범을 준수하도록 요구할 것인가?'

유럽의 35개 국가들을 대표하는 비즈니스 유럽Business Europe에서도 '번영, 인간, 지구'라는 의제를 채택하고, 위와 유사한 선언을 발표했다. '비즈니스 유럽'은 성장과 경쟁력을 추구하는 선도적인 기업 지지 그룹으로, 2019년부터 2024년까지 적용될 선언을 통해 다음과 같이 통합과 결단의 뜻을 밝혔다.

"우리는 모두 지구를 보호하기 위한 지속가능한 미래로의 전환을 추구하며, 유럽과 유럽인들을 위해 번영을 창조할 유럽연합을 실현하는 데 힘을 모아야 한다."[2]

이런 선언들이 발표된 후, 몇몇 극적인 사건들이 일어나 선언문의

정직한 조직

취지에 부합하는 기업들의 변화를 가시적으로 보여주었다. 코로나 19 글로벌 팬데믹 이후 많은 기업이 인간성과 공감이라는 측면을 최우선하는 모습을 드러냈다. 기업들은 직원과 고객, 지역사회를 위한 새로운 수준의 서비스, 관용, 희생, 돌봄을 제공하려고 나섰다. 또한 미국에서 일어난 조지 플로이드George Floyd 사망 사건이 도화선이 되어 인종차별에 대항하는 전 세계적인 봉기의 흐름에 불을 붙였다. 이에 많은 기업이 인종차별에 대한 불관용 선언을 당당하게 들고 나왔고, 반인종주의에 대한 확고한 헌신을 약속했다. 그리고 수정된 성명서의 뒤에서 많은 사람이 가시적인 행동을 기다리고 있다. 이 사건들의 장기적인 영향은 계속해서 지켜봐야 하겠지만, 전문가들은 이미 오래전에 이루어졌어야 할 변화의 기폭제가 될 것으로 예측한다.[3]

지속가능경영 관련 컨설팅 기업 KKS 어드바이저KKS Advisors가 협업 기업들과 함께 발행한 2020년 보고서를 보면, '이해관계자 자본주의stakeholder capitalism'(기업이 주주 자본주의에서 벗어나 직원, 고객, 협력업체, 지역사회, 정부 등 다양한 이해관계자의 번영과 공존을 우선시하는 경영 방식과 목표—옮긴이)를 향한 기업들의 약속이 실제로 이행됐는지 확인할 수 있다. 보고서에서는 이를 진정한 약속을 위한 '첫 번째 시험'이라고 불렀는데, 안타깝게도 비즈니스 라운드테이블에 서명한 많은 기업들이 보여준 결과는 긍정적이지 않았다. 보고서에 따르면 대량 해고에도 불구하고 주주에게 배당을 지급한 일을 포함해, 성명서의 약속과는 배치되는 것으로 보이는 여러 사례들이 발생했다.[4] 결국 주주만이 아닌 여러 이해관계자를 아우르는 환경을 구축하는 일은 긴 게임이 될 것이며, 입증된 결론을 도출하기까지는 수년이 걸릴 것이다.

기업의 바깥 영역에서는 진실한 정보를 찾는 전쟁이 매일 공세를 퍼부으며 많은 사람의 영혼을 지치게 하고, 혐오감을 조성한다. 미디어와 수많은 정치 리더들 그리고 한때 신뢰받던 전문가들은 우리에게 숨막히는 회의주의를 전하며, 이는 심각한 발진처럼 우리 사회에 번져나가고 있다. 그들에게 조종당하는 듯한 기분에 휩싸이고, 끝도 없는 거짓말에 질린 나머지 우리는 누군가가 진솔한 한마디를 해주기를 고대한다.

나는 그런 사람이 나타나기를 기다리는 것보다, 차라리 우리 각자가 그런 사람이 되겠다고 결심해야 한다고 믿는다. 부디 이 책이 더 정직하고, 더 정의로우며, 목적의식이 있는 세상을 위해 조직의 힘을 기꺼이 사용하고자 하는 용기 있는 리더들에게 도구가 되어주길, 그들의 화살통에 하나의 화살을 더해주길 바란다. 가장 먼저 그들의 팀과 사업부, 공동체부터 변화는 시작될 것이다.

정직한 조직을 만드는 세 가지 힘

기업들을 점점 더 강하게 몰아붙이는 **세 가지 힘**이 있다.

첫째, 세상은 **목적**이 있는 회사가 되는 방법에 대한 통찰을 강력히 요구하고 있다. 그래야만 하는 이유는 분명하다. 명백한 데이터가 이미 존재한다. 목적이 주도하는 기업들은 여러 측면에서 경쟁 기업보다 더 뛰어난 성과를 내고 있다. 직원들은 업무에서 의미를 찾고자 하며, 이를 연봉 인상보다도 더 우선순위로 삼곤 한다. 다음의 연구 결과를 살

퍼보자.

1999~2019년 동안 나스닥과 뉴욕증권거래소의 재무 성과로 판단해볼 때, 목적이 주도하는 기업들의 성과는 그들과 유사한 S&P 500 기업들보다 100퍼센트 더 뛰어났다.[5] 또 전 세계 60곳이 넘는 국가를 대상으로 조사한 인사이트 2020[Insights 2020] 자료에 따르면, 매출 성장 면에서 뛰어난 성과를 거둔 기업 중 83퍼센트는 그들이 하는 모든 일을 브랜드 목적과 연결했다. 대조적으로 실적이 저조한 기업 중 이를 실천한 곳은 31퍼센트뿐이었다.[6] 그리고 영국에서는 비콥[B Corp](재무적 성과와 사회적 성과를 균형 있게 추구하며 비즈니스로 더 나은 사회를 만들고자 하는 기업에게 부여되는 브랜드로, '사회·환경적 성과'와 '투명성', '책무성' 세 가지 요건을 갖춰야 인증 받을 수 있다—옮긴이) 인증 기업들이 급격히 성장하여, 0.5퍼센트를 기록한 국가 경제성장률보다 28배나 빠른 성장 속도를 보여주고 있다.[7]

2011~2015년간 연평균성장률[CAGR: compound annual growth rate](이하 CAGR)의 경우, 목적이 주도하는 기업들은 성장률이 9.85퍼센트에 달하는 반면, S&P 소비재 기업들의 CAGR은 2.4퍼센트를 기록했다.[8] 대표적으로 직장에서 자신의 일이 의미가 있다고 느끼는 직원들은 다음과 같은 모습을 보인다.[9]

- 노동자 한 명당 평균적으로 연간 9,000달러 더 생산적이다.
- 주당 초과 근무를 할 의향이 있고, 유급 병가 휴가를 이틀 적

게 쓴다.

· 근속 가능성이 더 높고, 평균적으로 다음 6개월 동안 퇴사할 확률이 69퍼센트 더 낮다.

· 더 적은 돈을 받고 일할 의향이 있고, 의미 있는 일을 하는 대가로 평균적으로 전체 미래 소득의 23퍼센트, 수입의 약 4분의 1을 포기할 의사가 있다.

· 일에서 의미를 찾지 못하는 사람보다 직업 만족도가 51퍼센트 더 높고, 행복지수도 높다.

시장 충성도에 관한 데이터는 이보다 더 강력하다.[10]

· 소비자의 77퍼센트가 전통적인 기업보다 목적이 주도하는 기업에 더 강한 유대감을 느낀다.

· 소비자의 66퍼센트가 기존에 사용 중인 제품을 목적이 주도하는 기업의 새 제품으로 바꿀 의사가 있다.

하지만 한편으로는 목적의 외양에만 치중하는 '목적 세탁purpose washing' 쪽으로 퇴보한 기업들도 많다. 말하자면, 기업의 선한 의도에 대해 서사를 입히고 브랜드와 기업에 후광을 두르고자 온갖 수단을 동원하는 것이다. 하지만 직원과 소비자들은 속지 않는다. 제품을 구매할 때 신뢰를 고려하는 소비자는 84퍼센트에 달하지만, 자신이 구매하는 브랜드를 실제로 신뢰하는 소비자는 34퍼센트뿐이며, 또 53퍼센트는 기업들이 목적을 세탁한다고 여긴다.[11]

기억하라. 목적에 관한 한 '그런 척하다 보면 실제로 그렇게 된다'라는 말은 들어맞지 않는다. 무언가를 할 때 당신은 진심이거나 혹은 진심이 아니다. 만약 진심이 아니라면 사람들은 그 사실을 꿰뚫어 본다.

두 번째 힘은, **불평등**에 대한 목소리이다. 불평등의 문제는 오늘날 도덕과 윤리의 문제가 되었다. 소외된 소수 집단의 사람들이 받는 불평등한 대우에 대해 전 세계적으로 민감성이 높아지고 있으며, 이는 곧 진정한 형평성을 향해 나아가는 중요한 한 걸음이 된다. 하지만 조직 시스템 내에서 이런 제도적 편향을 뿌리째 뽑고, 이를 정의와 존엄성으로 대체하려면 갈 길이 멀다. 다양성, 형평성, 포용을 위한 노력은 최선의 의도에도 불구하고, 실제로 더 정의로운 조직을 만들기보다 정의에 관한 '캠페인'을 펼치는 수준에 그치고 있다. 즉 평등을 실현하기보다 메시지를 옹호하는 데 더 초점을 맞추고 있다는 의미이다. 실제로 미국에서는 1985년부터 2015년까지 경영진 중에 흑인 남성의 비율은 3퍼센트에서 3.3퍼센트로 매우 미비하게 증가했을 뿐이다.[12] 그리고 2019년에는 45퍼센트의 미국인들이 지난해 직장 내 차별 혹은 괴롭힘을 경험한 적 있다고 보고했다.[13]

세 번째 힘은, 구성원이 자신의 생각을 자유롭게 말할 수 있는 수준을 보여주는 **직원발언권**employee voice에 관한 것이다. 직원발언권은 기업 문화에 대한 평가를 높이는 주 요인이 되고 있다. 인사팀이나 감사팀 등 내부 관리부서에서는 혁신을 이끄는 급진적인 아이디어를 공유하거나 솔직한 피드백을 제공하며, 위법 행위에 대한 우려를 제기하고자 한다. 또한 직원들이 근거가 부족하더라도 공개적으로 반대 의사를 표할 수 있을 만큼 심리적으로 충분히 안전하다고 느끼는 '거리낌 없이 말하는speak up' 문화를 촉진하기 위한 노력을 시작했다. 하지만 여기서도 의도와 결과는 항상 일치하지 않는다. 이런 문화를 촉진하는 단기 교육 프로그램이나 소통은 물론 바람직하지만, 실제 직원들의 일상과는 동떨어져 있다.

　게다가 양극화된 정치 토양과 자극적인 소셜미디어의 영향으로, 우리는 '진실 자체를 말할 필요성'과 '내 입장에서 말하는 사실'을 혼동하기 일쑤다. 즉 조직 내에서 사적인 대화를 주고받을 때 사람들은 누군가를 불쾌하게 만들거나, 정치적으로 부적절한 발언을 하거나, 인종차별주의자나 성차별주의자로 비치는 것을 두려워한다. '비판적이다', '적대적이다', '편향적이다', '특전을 누린다', '화를 잘 낸다', '보복적이다', '권력욕이 넘친다'와 같은 비난을 받을까 걱정하는 사람들은 마치 달걀 껍데기의 바다에 올라선듯 조심스러운 심정이 된다. 그래서 대부분은 아예 언급하지 않는 방식을 선택한다. 문제는 해당 이슈들이 종종 의식하지 못한 상태로 우리 주변에 존재한다는 사실이다. 사람들은 조직 내에서는 생산적인 대화를 할 수 없다고 여기고는, 위의 경우에 해당하는 것 같은 동료들에 **대해** 직장 바깥에서 독설에 찬 고약한 대화를 나눈다. 그들과 **함께** 이야기하는 것이 아니라 말이다.

지금까지 이야기한 세 가지 힘은 개별적으론 기업에 의도한 영향력을 행사하기엔 미흡해 보인다. 하지만 모두 합한다면 무슨 일이 일어날까?

- 목적**Purpose**: 공공의 선을 위해 봉사하라.
- 정의**Justice**: 올바르고 공정한 일을 하라.
- 진실**Truth**: 타협하지 말고 정중하되 직접적으로 진실을 말하라.

이 세 가지 힘이 함께 작동할 때, 보다 새롭고 더 강력한 역량을 창조한다. 그것이 바로 '**정직**honesty'이다

이 세 가지 힘 중 하나라도 없으면, 정직은 이뤄질 수 없다. 정직하려면 **올바른 말(진실)**을 해야 하고, **올바른 일(정의)**을 해야 한다. 그리고 **올바른 이유(목적)**로 올바른 말과 행동을 해야 한다.

조직의 목적을 추구하겠다는 진정한 욕구, 그리고 그 목적이 직원 개인의 목적을 고양시킨다는 믿음이 있어야 한다. 그렇지 않다면 직원들은 공정한 회사를 만들기 위해 기꺼이 기여하겠다는 동기가 부여되지 않는다. 그저 자신의 이익만 우선할 뿐이다. 조직 시스템 내에 정의에 대한 확실한 약속이 없으면, 그 시스템은 오로지 일부의 발언만 중시한다는 사실을 굳어지게 만들 것이다. 그럴 때 직원들은 결코 자신의 발언이 중요하다고 믿지 못한다. 회사에 존재하는 수많은 정체성과

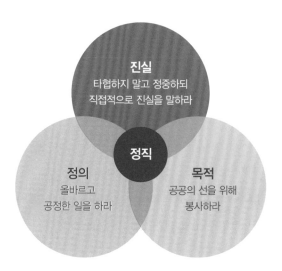

문화, 기능의 차이에 관해서 어려운 대화를 나눌 역량이 없다면, 구성원들은 갈등과 불평등을 논하지 않을 것이다. 대신에 이를 보이지 않는 곳에 방치해버릴 것이고, 조직 통합에 필요한 신뢰를 구축할 수 없게 된다.

자, 각각의 힘이 서로 어떻게 연결되는지 보이는가? 15년간 진행한 내 연구의 근본적인 결론은 이렇다. **정직한 회사를 만들기 위해서는 진실과 정의, 목적이 조화를 이루며 작동해야 한다.** 그때 비로소 필요한 힘이 구축된다.

가장 중요한 하나를 갖기 위해 세 가지 힘이 전부 필요하다. 이것이 정직의 역량을 구축하는 방법이다.

여기서 한 가지 짚고 넘어갈 점이 있다. 이 책에서 말하는 정직의 정의는 일반적으로 생각하는 '거짓이 없는 상태'보다 더 확장된 개념임을 유념해야 한다. 말하자면 앞으로 우리가 이야기할 정직은 **진실, 정**

정직한 조직

의, **목적의 조합**을 의미하며, '부정직'이라는 단어는 이 세 가지가 **모두 없는** 경우를 가리킨다.

정직한 조직이 가진 4가지 측면

이 책을 쓰기 위해 직접 210건의 조직 평가를 수행하고, 우리 회사와 함께 시행한 3,200건이 넘는 인터뷰를 분석하여 15년간의 종단 연구를 완료했다. 인터뷰 대상은 개인적인 기여자부터 고위 경영진까지 다양했고, 그들은 매우 다양한 유형의 조직에 대한 고민을 들려주었다. 데이터를 더 잘 이해하기 위해 IBM 왓슨Watson의 인공지능 애널리틱스 도구를 사용하여 패턴을 추출하고, 얻은 데이터는 검증된 통계 모델로 전환했다.

이 책의 각 파트는 위 연구에서 얻은 네 가지 주요한 발견을 각각 분석하는 데 할애했다. 먼저 정직의 조직적 혹은 시스템적 측면을 분석하고, 다른 한편으로는 정직의 개인적 혹은 리더십 측면을 살펴볼 것이다. 기본적으로 사례 연구나 역사 속 이야기, 현장의 임직원과 다양한 리더를 대상으로 시행한 수많은 인터뷰 그리고 실제 내가 일했던 조직에서 겪은 경험(익명성 보호를 위해 이름과 일부 세부사항은 변경했다)들을 폭넓게 다룬다.

당신과 당신의 회사가 모방하고 싶을 만한 회사들을 중점적으로 조명했으며, 우리가 분명히 더 좋은 사람이 되도록 영감을 주는 이야기들을 담았다. 상황을 비교하여 이해할 수 있도록 몇 가지 스캔들에 대한 이야기도 특별히 다루었다. 무엇보다 나는 당신이 정직, 즉 진실과 정의, 목적을 기본으로 삼는, 영감을 주는 리더나 조직을 주변 가까운 곳에서 만날 수 있기를 희망한다.

각 파트에서 당신이 만나게 될 내용은 다음과 같다.

파트 1. 정직의 DNA를 깨워라

사람들은 흔히 자신이 누구인지 모를 때 거짓을 꾸며낸다. 회사가 스스로를 설명한 바와 실제가 일치하지 않을 때, 혹은 고귀한 목표를 설정했으나 직원들의 일상 업무와 전혀 연결되지 못할 때 회사의 정체성은 혼란에 빠진다. 사명, 비전, 가치, 목적 혹은 브랜드의 약속이 어긋나는 경우는 경영진과 직원 모두에게 심각한 경고가 된다. 내가 연구한 바에 따르면, 정체성에 대한 선언이 불명확하거나 일상적인 업무와 연결되지 않는 기업의 직원들은 진실을 감추거나 왜곡하고, 불공정하게 행동할 가능성이 거의 3배 더 높다. 이 사실이 회사의 순이익에 어떤 영향을 미칠지는 쉽게 예측할 수 있을 것이다.

파트 1의 각 챕터는 조직과 리더, 구성원 개개인이 자신에 대해 하는 말과 이를 실천하기 위한 행동을 어떻게 일치시킬 수 있는지 보여준다. 마이크로소프트, 펩시, 베스트바이Best Buy 와 같은 회사들이 어떻게 기업의 목적을 조직의 중심에 깊게 뿌리내렸는지 알아볼 것이다. 또 기업 목적을 평가하는 콘텍시스Contexis 와 영국의 비콥에서 나온 획기적인 연구, 그리고 이를 직접 실행할 때 달성할 수 있는 놀라운 결과에 대해서도 듣게 될 것이다. 마지막으로 말과 행동을 일치시키는 과정에서 '희망'이라는 가치가 맡은 핵심적인 역할을 살펴본다.

　　　　　　　　　　　　　　　정직한 조직

파트 2. 성공과 실패에 모두 공정해야 한다

직원들은 불공정한 평가를 받고 있다고 생각할 때, 자기 보호와 면피를 위해 기여를 과장한다. 조직에서 성과 관리보다 더 고통스러운 일은 아마 없을 것이다. 리더가 직원들이 공정하지 않다고 느끼는 방식으로 성과를 판단할 경우, 직원들은 마땅히 받아야 할 인정을 확실하게 챙기는 방식으로 대응한다. 필요한 모든 수단을 동원해서 말이다. 하지만 스트레스를 주는 성과 평가에 집중하는 대신, 리더는 직원들이 뛰어난 기여를 했을 때나 부족한 부분이 있을 때 터놓고 대화할 수 있는 환경을 만들면서 서로 신뢰하는 정직한 관계를 형성하는 법을 배울 수 있다. 직원들이 평가에 대한 두려움 없이 기꺼이 도움을 구할 수 있다고 느끼고, 실패를 일종의 학습으로 여기며 자율성을 부여하는 회사에서 일할 때, 다른 동료들을 공정히 대하고 업무 결과에 대해 정직할 가능성이 4배 더 높다.

따라서 이 파트의 각 챕터는 '책임'이 의미하는 바를 새롭게 정의할 것이다. 책임을 묻는 과정 속에 정의와 존엄성을 구축하는 일의 의미와 방법에 대해 이야기할 것이다. 대표적으로 마이크로소프트가 직원들이 실수와 실패에서 배우도록 하기 위해 성과 관리 과정을 어떻게 개조했는지 살펴본다. 또 제도적 편향이 어떻게 불평등을 만들어내는지 검토하고, 이를 제거하는 방법을 저명한 전문가들에게서 들어볼 것이다. 그리고 회복적 정의restorative justice라는 개념을 통해 리더가 팀원과의 관계를 어떻게 쌓아야 하는지 살펴보려 한다. 존엄성을 초석으로 두고서, 직원들의 성취나 부족함에 관한 대화를 이끄는 방법을 알 수 있을 것이다.

파트 3. 쉽게 듣고, 쉽게 말하는 조직

진실을 말할 수 있는 건강한 '광장'이 없을 때, 진실이 있어야 할 곳을 소문과 가십, 공모가 뒤덮고, 진실은 '지하'로 숨는다. 회사에서 의사결정을 내리는(혹은 내리지 않는) 방식은 흔히 직원들에게 혼란의 원천이 된다. 이것은 의사결정을 내리는 위치에 있는 사람들에게도 해당하는 이야기다. 자원이 어떻게 배분되는지, 우선순위가 어떻게 설정되는지, 어려운 결정은 어떻게 내려지는지 등에 대해서 직원들이 그 방식을 모르거나 신뢰하지 못할 때, 그들이 거짓말을 하거나 진실을 왜곡할 가능성은 3.5배 이상 더 높아진다. 바람직한 '거버넌스governance', 즉 조직이 결정을 내리는 방식의 핵심은 바로 효과적인 회의다. 회의를 통해 투명한 의사결정을 내리고, 난해하고 까다로운 문제를 공개적으로 논의할 수 있어야만 한다. 어떤 조직이든 이 일을 더 잘하는 법을 배울 수 있다.

이 파트의 각 챕터에서는 건강한 논쟁을 독려하고, 얼마나 급진적인지와는 상관없이 모든 아이디어를 공개적으로 공유할 수 있는 거버넌스를 살펴볼 것이다. 또한 **심리적 안전**psychological safety의 중요성과 조직 내 심리적 안전이 형성되는 방식, 심리적 안전의 유무에 따른 기업들의 사례와 시사점을 살펴본다. 예를 들어 듀폰과 파타고니아는 모두 자사의 제조 과정에 잠재적으로 치명적 영향이 있음을 파악했다. 두 기업이 이를 알게 됐을 때, 위기에 대응하는 방식에 어떤 차이가 존재했는지를 비교해볼 것이다.

마지막으로 조직 안에서 리더는 어떻게 까다로운 피드백과 급진적인 아이디어를 정직하게 주고받을 수 있을지, 직원들이 진실을 말할 때의 부담을 어떻게 덜어주고 용기 있는 대화를 나눌 수 있을지 그 방법을 살펴볼 것이다.

파트 4. 성공은 혼자가 아니라 '함께' 온다

조직이 분열될수록 사람들은 서로 대립되는 진실을 만들어낸다. 조직 간의 연결고리에서 각각의 부서들은 서로 모여 특별한 역량을 형성한다. 바로 이곳에, 지금껏 아무도 손대지 않은 엄청난 가치가 존재한다. 현실에서는 각각의 이해당사자들이 배타적인 권리를 주장하느라 이곳은 무인지대로 남는 경우가 흔하다. 회사 내 부서 간 갈등을 손쓰지 않고 내버려둘 때, 직원들이 거짓말을 하거나 진실을 왜곡하거나 정의롭지 않게 행동할 가능성은 6배 가까이 높아진다. 특히 부서의 기능에 따라, 혹은 지역에 따라 생겨나는 갈등은 부정적인 감정을 유발하는 정도를 넘어선다. '남의 진실'에 맞서 '나의 진실'을 겨루는 경쟁의식이 사방에서 피어난다. 하지만 현실이 이러할지라도 조직은 다른 부서와 협업해야 하는 직원들 사이에 경쟁 관계가 아닌 협력 관계를 조성하고, 단순한 연결고리를 넘어 건강한 협력을 창조하는 법을 배울 수 있다.

이 파트의 각 챕터에서는 캐봇 크리머리Cabot Creamery 같은 오랜 전통을 가진 회사들과 그들이 조직 내 팽팽한 긴장 관계에서 어떻게 통합을 이뤄냈는지에 관한 놀라운 이야기를 면밀히 살펴볼 것이다. 또 우리가 다른 사람들을 **타자화**Othering하는 방식, 조직 전반에 걸쳐 사람들을 분열시키는 집단 이기주의의 영향, 그리고 똑같은 소리만이 메아리치는 반향실을 벗어나 그 너머에 있는 사람들과 연결되는 일의 의미 등에 대해 생각해보려 한다.

네 개의 파트는 각각 진실과 정의, 목적의 가치를 행동으로 옮기는 기업과 리더가 되기 위해 필요한 것이 무엇인지 분명하게 알려준다. 이는 궁극적으로 우리가 정직의 역량을 갖추는 데 필요한 바를 보여주는 것이다.

정직은 근육이다

모든 연구 결과 중에서 가장 중요한 것은 정직이 성격적 특성이나 도덕적인 원칙 그 이상의 것이라는 발견이었다. 정직은 열망을 넘어선다. **정직은 역량이다.** 보다 정직해지려면 부단한 노력이 필요하며, 이는 당신이 지금보다 더 정직한 사람이 될 수 있다는 믿음에서 시작된다.

분명 정직한 삶이나 조직을 이루는 데는 노력이 필요하다. 이를 위한 연습도 필요하다. 즉 진실과 정의, 목적을 구현하는 일은 능숙한 능력을 요구한다. 다시 말해, 정직이란 당신이 가지고 있거나 가지지 않은, 단순한 도덕적인 특성이 아니다. 정직은 근육이고, 강한 근육을 만들기 위해서는 규칙적으로 노력해야 한다는 사실을 모든 연구 결과가 말해준다. 운동을 열심히 꾸준히 하는 것은 무척 힘든 일이지만 건강해지는 기분이 들 때 보람을 느낀다. 정직해지는 일도 다르지 않다. 당신과 조직이 가치 있는 목적을 실현하겠다고 선언할 때, 이를 방해하는 신만함과 모순을 제기해야 한다. 그 과정에는 통찰력과 지속적인 피드백, 창의력이 요구된다. 또 반대론자들을 막기 위한 투지와 장애물을 제거하려는 용기도 필요하다.

더 공정한 조직을 만드는 일에 착수할 때는, 조직 내 깊이 뿌리내린 제도적 편향에도 손을 대야만 할 것이다. 일부 사람이 다른 사람보다 더 혜택을 누리는 상황을 방치해서는 안 된다. 누구든 상관없이 모든 구성원에게 성공의 기회가 똑같이 돌아가도록 책임을 묻는 과정을 기꺼이 점검해야 한다. 측정 대상이나 기여도를 인정하는 방식, 직원들이 발전하고 빛날 수 있도록 기회를 만들어내는 방식, 직원들의 기여에 대해 그들과 이야기하는 방식 등이 여기에 해당한다. 이를 위해서는 낡은 시스템의 편향성으로부터 혜택을 누려온 일부 사람을 실망시켜야 할 수도 있다. 그리고 그들이 다른 모두를 위해서, 존엄성과 정의에 기반한 책임을 스스로 져야 한다는 사실을 받아들이도록 도와야 할 것이다.

이 과정이 의미하는 바는, 리더로서 당신이 사람들에게 취약함을 드러내야 하며, 한편으로 그들과 충분한 신뢰를 구축해야 한다는 것이다. 그래야만 리더가 사람들이 스스로 한 약속에 대해 책임을 묻고, 부족한 점이 있을 때 이를 공개적으로 이야기할 수 있는 위치에 설 수 있기 때문이다. 무엇보다 스스로 부족함을 인정하고 발전한다는 것이 무엇을 의미하는지 모범을 보여야 한다.

정직하고 공정한 것이 왜 우리에게 좋은가를 말해주는 진부한 이야기는 너무도 많다. 대신에 나는, 부정직하고 부당한 조직 문화를 초래하는 조건을 이해하는 일이 중요하다고 강조하고 싶다. 이에 대해 이해할 때 조직에 한층 더 높은 수준의 참여를 불러올 수 있으며, 더 만족스러운 결과와 궁극적인 의미로 향하게 된다고 나는 믿는다. 물론 고통스러운 일이 될 수도 있겠지만, 부디 당신의 회사가 인식하지 못한 채 직원들을 진실에 침묵하거나 왜곡하게 하고, 부당하게 행동하도록 조성하는 방식이 무엇인지, 또 그런 행위를 하도록 만드는 조건을 어떻게 없애고 개선할 수 있는지 깨닫게 되기를 바란다. 그럴 때 비로소 당신은 다른 선택을 할 수 있는, 훨씬 더 많은 자율권을 가지게 될 것이다.

앞으로 자세히 이야기하겠지만, 진실과 정의, 목적의 가치를 선택한다면 당신과 조직은 더 건강해지고, 더 높은 성과를 내고, 의미 있는 수준으로 경쟁력을 향상시키고, 궁극적으로는 더 행복해질 것이다.

이 책은 당신이 더 정직한 삶을 사는 데 도움을 주기 위해 썼다. 즉 진실을 말하고, 다른 사람을 위해 정의롭게 행동하고, 깊은 만족과 영향력을 가지고 목적을 이루기 위한 삶을 살도록 말이다. 한 개인의 도덕적 나침반이나 가치 시스템을 정의할 의도는 전혀 없다. 이는 각자의 몫이다. 그저 조직 내에서 사람들이 정직을 기꺼이 택할 수 있는 환경을 당신이 만들어낼 수 있다면, 그리고 그 사실을 알게 된다면 좋겠다. 그리하여 당신이 이끄는 사람들과 조직을 자랑스럽게 여기기를 바란다. 이어지는 이야기에서 그 선택의 로드맵을 발견하게 될 것이다.

진실의 역량을 키워줄 '깨달음의 이야기'

각 챕터를 시작할 때, 우리 삶이나 역사 속에서 일어난 다양한 사례들을 통해 먼저 큰 그림을 제시할 것이다. 리더로서 당신은 자신과는 전혀 다른 이야기를 통해서도 배우고, 영감을 얻고, 희망을 발견할 수 있어야 한다. 다른 성격의 공동체나 리더를 통해 보편적 인간성과 새로운 지혜를 발견하려면 당신이 살면서 마주칠 리 없는 환경이나 어려움에도 관심을 기울일 필요가 있다. 호기심과 열린 마음을 갖는다면 이 책에 담긴 개념들 중에서 가장 좋은 사례는 아마 전혀 예상하지 않은 곳에서 발견하게 될 것이다. 그러니 흥미를 가지고 이 이야기들을 읽어보았으면 한다. 조직 생활과 직접적인 연관성을 찾으려 하지 말고, 여러 이야기들이 들려주는 독특한 형태의 정직, **즉 진실과 정의, 목적의 가치를 있는 그대로 마주하라.** 지금껏 결코 들어본 적 없는 사람과 장소, 공동체를 경험하는 특권을 즐기길 바란다. 그들이 겪은 어려움을 당신이 직면할 일은 아마도 없겠지만, 그 이야기들은 결국 당신과 연관되어 있다.

혹여 이야기 속 그들과 자신을 비교하면서 스스로 더 작고, 덜 중요한 존재라는 생각이 들지도 모르겠다. 그런 유혹에 넘어가지 않았으면 한다. 대신 전 세계에 존재하는 놀라운 사람들과 공동체의 승리와 고난을 생각하며 당신의 이야기가 얼마나 더 위대해질 수 있을지를 상상해본다면 좋겠다. 예를 들어, 남아메리카의 국가 콜롬비아가 수십 년에 걸친 전투원들과의 갈등 끝에 평화를 이룬 이야기, 또한 부당하게 유죄판결을 받은 죄수들에게 정의를 찾아주기 위해 나섰던 한 남자의 싸움, 콩고민주공화국에서 정의를 실현하려 했던 한 여성의 투쟁에서 배움을 얻을 수 있을 것이다. 미국에서 태국까지, 1930년대의 오클라호마에서 1960년대의 베트남까지, 뉴질랜드에서 캘리포니아까지 당신을 일깨우고 영감을 제공할 조직과 리더들의 이야기에 귀를 기울여보라. 당신은 머리와 마음을 열고 그들과 만나기만 하면 된다.

"그럼, 지금 할 일을 시작하세요."

수십 년 전, 나는 오랫동안 애써 무시했던 개인적인 문제를 받아들이려고 애쓰며 고통스러운 시간을 보낸 적이 있다. 나는 만형에게 내 상황에 대해 고백하기로 결심했다. 형의 격려가 필요했다. 큰형이란 이럴 때 기댈 수 있는 존재가 아니겠는가. 역시나 형은 연민을 가지고 내 이야기에 귀 기울였으며 공감의 눈물도 '조금' 보였다. 조금을 강조하는 이유는, 우리 가족은 뉴욕에 사는 이탈리아인으로서 저마다 다양한 방식으로 감정을 드러내는 것이 자연스럽기 때문이다. 우리 가족은 시끄럽고 열정적일 때도 있고, 밖에서 보면 화가 난 것처럼 보일 때도 있다. 하지만 그 안에는 타협 없는, 뜨거운 사랑이 존재한다. 우리 가족은 어려운 일을 해야 할 때면 에둘러 말하거나 응석을 받아주는 일이 없었다. 공감은 정서적인 것이 아니라 실용적인 것이어야 한다고 여겼다. 즉 할 말은 하고, 필요한 도움을 주어야 한다고 말이다. 그래서 형은 이내 내 눈을 똑바로 들여다보고 말했다.

"사랑한다. **어서 할 일을 하렴.**"

그날 이후, 나는 강연이나 연설을 할 때마다 "지금 할 일을 하세요"라는 말로 청중을 독려하며 마무리를 짓는다. 그리고 이 책에서도 같은 방식으로 당신을 독려할 것이다. 내 만형이 나를 위해 그랬듯, 나도 당신에게 에둘러 말하거나 정직을 쉬운 대상처럼 만들려고 노력하지 않을 것이다. 당신의 회사를 진실과 정의, 목적의 장소로 변화시키기 위해서는 지금껏 무시하고 부정해왔던 문제들을 인정하고 마주하여 깊게 파고들어야 한다. 그래서 한 챕터가 끝날 때마다 '지금 할 일'에 대한 이야기를 만나게 될 것이다. 해당 챕터의 핵심 요점을 정리하고, 실제로 적용하는 방법에 대한 실용적인 아이디어와 조언도 제공할 것이다.

이는 당신을 독려하고 공감하는 나만의 방식이다. 그러니 '지금 할 일'에 담은 아이디어와 과제에 귀 기울이고 실천하기 위해 노력해주길 바란다. 늘 그래 왔듯, 애정을 담은 당부와 독려의 말로 마무리한다.

자, 지금 할 일을 시작하라!

Chapter 3. 목적이 있는 길에서는 미끄러지지 않는다

Part 2. 성공과 실패에 모두 공정해야 한다

Chapter 4. 책임을 묻기 전에 해야 할 일

Part 3. 쉽게 듣고, 쉽게 말하는 조직

Chapter 6. **투명한 의사결정이 확신에 찬 직원을 만든다**

Chapter 7. **누구든 쉽게 목소리 내는 조직**

Part 4. 성공은 혼자가 아니라 '함께' 온다

Chapter 8. '함께해서 더 좋은 문화'를 구축하라

Chapter 9. '그들'을 '우리'로 바꾸는 법

TO BE HONEST

LEAD WITH THE POWER OF TRUTH,
JUSTICE AND PURPOSE

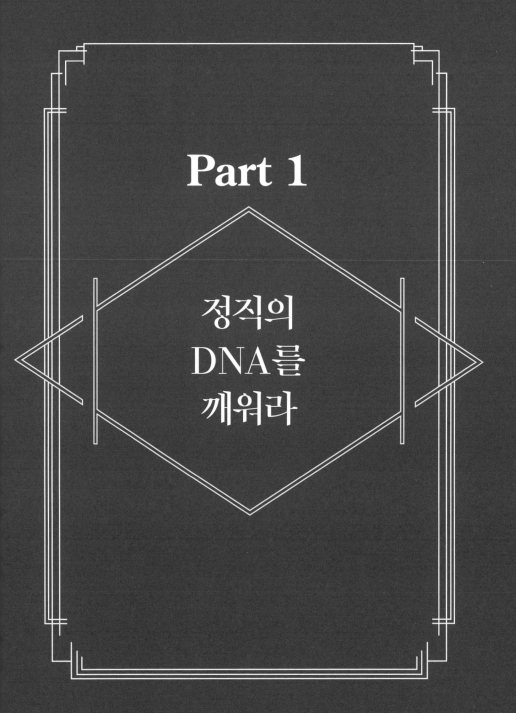

Part 1

정직의
DNA를
깨워라

Chapter 1.

정직은 어떻게 혁신을
이끄는 힘이 되는가

Lead with the Power of Truth, Justice and Purpose

깨달음의 이야기:
정직의 놀라운 회복력에 대하여

1964년 콜롬비아 공산당PCC 당원인 마누엘 마루란다Manuel Marulanda 는 콜롬비아무장혁명군FARC을 창설하기 위해 당시 이념적 지도자였던 하코보 아레나스Jacobo Arenas와 함께 일했다. 콜롬비아는 이전 10년간 잔혹한 내전을 치러왔다. PCC 당원들은 정부로부터 소외됐다고 느끼는 사람들을 모아 집단을 조직했다. 그리고 각자 광활한 시골 지역 도처에 정착해 노동 계급에게도 기회가 제공되고, 또 독자 생존이 가능한 그들만의 공동체를 만들도록 도왔다. PCC가 내세운 의도는 이들 시골 인구의 필요를 대변하고 충족시켜주는 사회를 만드는 것이었다.

　　FARC 활동 초반기에 정부는 이 공동체를 공격해 사람들을 몰아내고, 해당 지역을 다시 자신들의 통제하에 끌어들이려고 시도했다. 마루란다는 FARC가 얼마나 수적으로 열세인지 깨달았다. FARC는 50명도 되지 않은 데 비해 그들을 공격하는 군인의 수는 약 1만 6,000명에 달했다. 결국 시골로 후퇴할 수밖에 없었고, 아레나스는 점점 더 극단적이고 폭력적인 전술을 추구했다. 그 후 50년간 FARC는 마약 매매, 납치, 갈취, 불법적 금광 채굴 등 정부 전복을 목표로 하는 활동에 돈을 댔다.[1]

1999년에 FARC 구성원의 수는 1만 8,000명을 넘어섰다. 그들은 대개 부유한 토지 소유자를 대상으로 삼았고, 그 해에만 3,000건이 넘는 납치를 시도했다. 그들은 자신들의 목표가 콜롬비아 시골의 가난한 사람들을 위해 싸우고, 또 정부의 부패와 폭력에서 보호하는 일이라고 주장했다. 그것이 진정한 목표였든 아니든, 그들과 정부의 충돌이 낳은 결과는 참혹했다. 1958년에서 2013년 사이에 22만 명이 넘는 콜롬비아인이 살해당했고. 그중 4만 5,000명은 어린이로 추정된다. 게다가 500만 명이 넘게 집을 떠나야 했고, 그중 230만 명은 어린이들이었으며 전 세계에서 두 번째로 많은 수의 난민이 발생했다.[2]

2016년, 마침내 평화 협정이 체결됐고, 52년에 걸친 FARC와 콜롬비아 정부 사이의 충돌도 끝이 났다. 이때부터 FARC는 정부에 참여하는 정당으로 변모했고, 대부분 무장을 해제했다. 협정은 놀라운 사건이었다. 하지만 그 후에도 쉽게 끝나지 않는, 잠재적으로 재앙이 될 만한 문제를 하나 남겼다. 바로 시골에 남아 있는 1만 4,000명의 FARC 게릴라 전투원들을 어떻게 할 것인가 하는 문제였다.

콜롬비아 출신의 시드니대학 야생생물유전학자 제이미 공고라[Jaime Góngora]에게 이 질문에 대한 멋진 해답이 있었다. 전투원들이 전쟁을 벌인 콜롬비아의 정글은 미개척 상태의 풍부한 생물다양성을 보유한 지역이었다. 공고라는 이 열대우림 지역에 대한 전투원들의 지식을 잘

　　　　　　　　　　　　　　　　　　　　　정직한 조직

활용한다면 실로 엄청난 과학적 발견으로 이어질 수 있을 거라고 믿었다. 그래서 전투원들을 시민 환경학자로 탈바꿈하여 국가에 봉사하면서 삶의 새로운 목적을 찾도록 도울 결심을 했다. 그리고 실제로 그 일을 해냈다.[3]

그때부터 과거의 전투원들은 영국과 호주에서 온 과학자와 연구원들, 자국 내 열 곳의 기관과 일하면서 100개가 넘는 새로운 종을 발견했다. 이후 공고라는 '자연과 함께하는 평화Peace with Nature'라고 불리는 교육 프로그램을 창설하여 매년 3~4회에 걸쳐 100여 명의 옛 전투원들을 교육시킨다. 그는 이 프로그램에 대해 이렇게 말한다. "이 교육은 (옛 전투원들이) 환경 프로젝트에 기여하고, 생계 활동을 개선하며, 사회와 다시 통합을 이루는 데 핵심 단계입니다. 우리는 그들에게 지속 가능한 환경에 토대를 둔 사업 아이디어를 제시하도록 하는 것은 물론, 생물다양성 자원을 관리하고 보호하도록 가르칩니다. 아울러 이 교육은 그들이 사는 곳이 생태 관광지가 될 가능성이 있다는 사실도 깨닫게 합니다. 또한 그들이 해당 지역 및 국가 기관과 연계해 프로젝트를 실행할 수 있는 기회를 제공합니다."[4]

어떤 교육 과정에서는 옛 전투원들이 콜롬비아 군인이나 경찰관과 나란히 앉은 모습도 볼 수 있다. 공고라는 한 인터뷰에서 환경과학이 어떻게 그토록 오래 지속된 폭력적인 분쟁 이후에 치유와 화해를 위한 중립적인 토양이 될 수 있는지에 관해 놀라움을 표시했다. 옛 전투원들의 도움으로 콜롬비아에는 새로운 생태 관광 경로가 일궈졌다. 한편 그들은 약효가 있는 식물과 식재료를 판별하는 법, 희귀한 야생동물을 포착하기 위해 가까이 접근하는 법, 이외 열대우림의 다른 복잡성과 같은 정글에 대한 광범위한 지식 덕분에 삶에 대한 완전히 새로운 관점을 갖게 됐다.

만약 2015년에 콜롬비아 시민에게 FARC 구성원이 국가를 위해 의미 있고 신뢰할 만한 일을 할 수 있을지 물었다면 '그렇다'라고 답하는 사람이 과연 있었을지 의문스럽다. 시민들도 옛 전투원들이 주류 사회로 돌아오는 것을 열렬히 환영한 것은 아니었다. 대학살과 반세기에 걸친 유혈 사태가 낳은 심적 고통 때문에 FARC 게릴라 전투원들은 시민들에게 극심한 반감을 불러일으킬 수 있었다. 하지만 공고라의 아이디어 덕분에 그들이 공포와 분노 속에서 삶의 대부분을 숨어서 보낸 장소는 높은 수요가 존재하는 지식과 경제적 지혜의 보고로 변모했고, 그들의 이야기는 목적과 자부심이 담긴 이야기로 회복됐다.

이 이야기는 진실과 정의, 목적이 **제대로 작동할 때** 갖게 되는 힘을 생생하게 보여준다. 상충하는 두 가지의 진실은 조화를 이룰 필요가 있었다. 1만 4,000명의 옛 전투원들에게는 유용한 할 일이 필요했고, 그들이 살아온 생태학적으로 풍부한 정글은 탐험과 발견이 필요했다. 콜롬비아의 회복에 기여하는 한편, 잃어버린 세월을 되찾고 의미 있는 생계 수단을 확보할 기회가 제공됨으로써 정의는 실현될 것이다. 게다가 과학적 지식과 국가의 경제를 발전시킨다는, 더 중요한 목적도 달성될 것이다. 공고라의 이야기는 가장 어렵고 불가능해 보이는 환경에서조차 회복이 이루어질 수 있는 방법을 보여준다. 이런 이유로 나는 모든 조직과 공동체, 가족, 개개인에게는 발견되고 들려지기를 기다리는, 회복에 관한 그들만의 이야기가 있다고 믿는다.

진실과 정의, 목적이 신중히 활용될 때, 이런 변화를 일으키는 힘이 생긴다. 그것이 **정직이 가진 회복력**이다. 당신의 조직이 어렵게 보이는 상황을 마주했을 때, 공고라가 그랬던 것처럼 **새롭고 창조적이며 공감하는 시선**으로 보는 법을 배운다면 당신의 조직과 주변 세계는 진실로 더 정직해질 것이다. 이런 일이 불가능한 일처럼 들리는가? 그렇다면 이보다 더 좋은 정보가 있다. 바로 우리 인간은 정직함을 장착한 채 태어난다는 사실이 밝혀진 것이다!

인간은 본능적으로 정직하다

우리 몸은 '공장에서 설치된' 정직 지표와 함께 태어난다. **더 정직할수록 우리의 기분은 더 좋아진다.** 수많은 의학 연구가 정직한 사람들이 병에 덜 걸리고, 긴장과 우울을 덜 느끼며, 더 건강하고 깊은 관계를 즐긴다는 사실을 보여준다.

독일 뷔르츠부르크대학의 연구자들이 실시한 '컵 속의 주사위'라는 유명한 실험이 있다. 이 실험에서 참가자들은 컵 안에 있는 주사위를 세 차례 연속으로 굴린다. 결과는 오로지 참가자만 볼 수 있으며 종이에 적은 다음 익명으로 제출한다. 참가자들은 주사위를 굴려서 나온 결과에 따라 돈을 벌 수 있고, 높은 숫자가 나올수록 더 유리한 보상을 받는다는 설명을 듣게 된다.

적절한 조건을 확보하기 위해 연구자들은 참가자들이 결과를 보고하는 시간을 다양하게 설정했다. 첫 실험에서는 참가자들에게 결과를 '즉시' 보고하도록 요청했다. 두 번째 실험에서는 짧은 지연 시간을 가진 후 보고하게 했다. 그렇게 얻은 결과는 명확했고, 많은 연구자가 오랫동안 추측해온 사실을 뒷받침했다. 즉시 보고했을 때의 결과가 지연 시간을 가진 후에 보고한 결과보다 더 정직했던 것이다. 이는 정직이 **보다 더 본능적인 반응**임을 시사하며, 부정직하게 행동하는 데는 더 많은 인지적 노력이 요구된다는 사실을 보여준다.[5] 이런 결과는 영국 세필드대학의 fMRI(자기공명영상) 뇌 영상화 연구를 기반으로 실시된, 한 연구에서도 확인되었다.[6]

또 다른 연구는 이스라엘 벤구리온네게브대학과 네덜란드 암스테르담대학의 연구자들이 각각 실시한 일련의 실험에 관한 것이다. 해당 실험에서 호주와 캐나다, 영국, 미국의 참가자들은 어떤 조언을 들은 후 결정을 내리라는 요구를 받았다. 실험 목적은 참가자가 조언을 받아들일지 혹은 무시할지를 결정할 때 영향을 미치는 요인을 파악하는 것이었다. 연구자들은 실험 목적을 설명하기 위해 한 삽화를 제공했는데, 한 잠재고객이 자동차 영업 사원에게 구매 의사가 있는 자동차의 연료 효율을 묻는 장면이었다. 영업 사원은 다른 자동차에 비해 연비가 훨씬 더 좋다면서 해당 자동차를 추천할 수 있다. 하지만 고객이 생각하기에 영업 사원이 실제로는 문의한 차의 연료 효율을 알지 못한다거나 판매 수수료가 더 높은 차를 팔기 위해 다른 모델을 제안할, 숨은 동기가 있다고 본다면, 그런 편향에 대한 고객의 의심은 조언을 받아들이는 정도에 영향을 미칠 수 있다. 하지만 영업 사원이 제공하는 정보는 완벽하게 정확할 수도 있다. 그렇다면 고객이 정보가 정직하다고 믿을지 아닐지의 여부를 결정하는 요인은 무엇일까?

연구자들은 다섯 건의 실험을 통해 그 답을 찾아내고자 했다. 각 실험에서는 다양한 의사결정자가 조언을 받았고, 그들에게는 조언 속에 내재된 편향을 의심할 이유가 주어졌다. 판매 수수료 이슈나 제품 관련 사전 지식 수준을 알려주는 등 미묘한 배경 단서가 제공되는 경우도 있었고, 공공연하게 의심을 조장하거나 의사결정권자에게 조언자가 정확하지 않거나 틀린 정보를 제공할 거라고 말해주는 경우도 있었다. 실험 결과는 확실했다. 조언이 정확한 사실이었을 때조차, 의사결정자가 조언이 틀리거나 오해의 소지가 있다고 의심할 때에는 마음을 바꿀 가능성이 더 낮았다.[7] 삶에서 영향력을 행사하고 싶어 하는 사람에게 이 실험이 전하는 시사점은 명확하다. **'진실'만으로는 부족하다는 것이** 다. 당신은 좋은 의도(정의)를 가지고 있고, 개인의 이익을 넘어선 무언 가(목적)를 고려하는 것처럼 보일 필요가 있다.

앞에서 이야기한 두 연구 실험이 확인해준 사실은 인간으로서 우리는 정직하기를 선호하며 그 대가로 정직을 돌려받는다는 것이다.

이때 몸도 우리에게 보답한다. 〈블룸버그〉에서 발표한 글로벌건강지수와 미국과 영국 내 여러 대학의 연구에 따르면, 가장 정직한 국가 또한 가장 건강하다. 전 세계에서 건강한 국가로서 가장 높은 순위를 차지한 이스라엘은 세계에서 열여덟 번째로 정직한 국가다. 정직한 국가로서 가장 높은 순위를 차지한 스위스의 경우, 전 세계에서 여섯 번째로 건강한 국가다. 노르웨이는 각 카테고리에서 2위를 차지했다. 이와 대조적으로 중국, 인도, 러시아는 최하위 사분위수를 차지함으로써 가장 부정직한 국가가 가장 우울한 국가라는 사실을 보여준다.[8, 9] 이 모든 사실이 우리에게 말하는 바는 무엇일까? **몸과 마음은 정직할 때, 풍요로워진다는 것이다.**

하지만 불행히도 우리 뇌는 전자기기와 달리, 초기 설정으로 복구하는 버튼이 없다. 따라서 '정직'이라는 자연스러운 본능이 타락하면 어떤 일이 일어날까? 본래 정직을 추구하는 자연스러운 성향이 부정직성에 노출됐을 때, 우리는 저항할까, 아니면 굴복할까?

이를 알아보기 위해 신경과학과 행동과학 분야 연구자들이 일련의 실험을 실시했다. 한 쌍의 참가자를 대상으로, 동전이 가득 찬 병에 든 돈의 총액을 추정하고 이를 서로에게 조언하게 했다. 참가자들은 각자 자신이 정확한 추정 결과를 공유하는 방향으로 협업 중이라고 믿었지만, 각 실험에서 참가자 중 한 명은 사실 스파이였다. 각 실험에서 다음과 같은 결과가 나오도록 보상 구조를 나눴다. 첫째, 상대 참가자를 희생시키고 한 참가자에게만 혜택을 준다. 둘째, 스스로 희생하면서 상대 참가자에게 혜택을 준다. 셋째, 상대 참가자에게는 아무런 영향을 주지 않으면서 한 참가자에게만 혜택을 준다. 마지막으로 넷째, 자신에게는 아무런 영향이 없지만 상대 참가자에게만 혜택을 주는 방식이었다. 참가자들은 상대가 이런 보상 구조를 알지 못하며, 실험 중에 그들의 추정 결과에 대한 어떤 피드백도 받지 못했다고 믿었다. 실험이 여러 번 진행되면서 참가자들이 혜택을 얻는 경우, 심지어 상대방에게 피해가 돌아간다고 해도 자신의 잇속만 차리는 부정직성이 증가했다.

해당 실험 중에 일어나는 뇌의 반응을 이해하기 위해 연구자들은 참가자의 뇌를 촬영한 fMRI 이미지를 활용했다. 그리고 과거 경험에 대한 감정적 반응을 관장하는 뇌의 영역인 편도체 속 한 신경계통의 메커니즘이 작동하는 것을 발견했다. 즉 뇌의 촬영 이미지에서 밝혀진 사실은 자기 잇속만 차리는, 부정직한 결과를 얻은 실험이 몇 차례 지나갈 때마다 참가자의 편도체에서 포착되는 신호가 '감소'한 것이다. 이는 **뇌가 부정직한 행동에 대해 둔감해진다**는 사실을 시사한다. 특히 신호의 감소량은 이기적인 부정직성이 확대되는 정도를 예측하게 했다. 혜택을 얻은 실험에 참가자가 더 둔감해질수록 다음 실험에서 그들은 더 이기적으로 되었던 것이다.[10]

이 연구가 기업과 경영진에 시사하는 바는 엄청나다. 정직한 대우를 받기를 바라는 정직한 사람들이 정직하지 않은 행동을 유발하는 조건에 놓이면 시간이 지나면서 결국 부정직성에 굴복한다는 사실이다. 심지어 그럴 의도가 '전혀' 없을 때에도 말이다.

앞으로 이야기할 내용에서 당신도 그런 사람이 될 수 있다는 사실을 보여줄 것이다. 그리고 부정직성에 굴복하는 일이 일어날 때, 그 결과가 얼마나 처참할 것인지도 살펴본다.

잃어버린 신뢰만큼이나 값비싼 대가

2018년 글로벌 컨설팅 회사 액센추어Accenture는 기업의 신뢰성이 순수익에 미치는 영향을 측정하는 작업에 착수했다. 그리고 경쟁적 어질리티 지수Competitive Agility Index에 속한 7,000개 이상의 기업 표본에서 54퍼센트가 지난 2년 동안 신뢰의 중대한 손실을 경험했다는 사실을 발견했다. 해당 기업들이 겪은 신뢰 손실은 적어도 1,800억 달러 규모에 해당한다고 추정되었다.[11] 신뢰가 깨진 원인으로는 제품 결함이나 금융 스캔들, 환경 문제에 대한 태만, 사이버 보안 위반과 같은 문제가 포함됐다. 액센추어는 신뢰를 '(기업의) 역량, 진정성, 정직, 투명성, 헌신, 목적, 친근함에 관한 일관된 경험'으로 정의했다.[12]

이 연구에 포함된 두 회사는 정신이 번쩍 들게 하는 사례를 제공한다. 한 회사는 지속가능성에 대한 그들의 헌신을 홍보하는 캠페인을 시작했다. 하지만 환경 및 사회적 책임 관련 적절한 전문가에게서 필요한 인풋을 얻지 못해 캠페인은 마치 홍보성 이벤트처럼 보였다. 그리고 매출은 4억 달러나 하락했다. 또 다른 회사는 자금 세탁 스캔들에 이름이 올랐다. 결국 다음 해 매출은 34퍼센트(10억 달러 상당) 하락했고, 수익성을 측정하는 법인세·이자·감가상각비 차감 전 영업이익EBITDA은 61퍼센트(7억 달러 상당)나 곤두박질쳤다.[13]

글로벌 커뮤니케이션 및 홍보 전문 대기업 에덜먼Edelman은 '에덜먼 신뢰도 지표 조사Edelman Trust Barometer'라는 이름의 연례 연구를 진행하는데, 지난 20년간 전 세계에서 200만 명이 넘는 응답자를 대상으로 설문 조사를 시행했고 2,300만 건의 신뢰 측정치를 산출해왔다. 그중 3만 4,000명이 넘는 직장인과 일반인이 참여한 2020년 보고서는 세계적으로 퍼져 있는 불평등에 대해 고통스러운 수준의 불만족이 점점 늘고 있는 것을 보여주었다. 응답자의 56퍼센트는 자본주의에 장점보다 해악이 더 많다고 믿었고, 74퍼센트는 세계 전반적으로 불평등이 확대되고 있다는 인식을 가졌다. 또 57퍼센트는 미디어 자원을 통해 얻는 정보를 신뢰하지 않는다고 답했다.

이 연구에서 에덜먼은 신뢰를 '역량과 도덕의 조합'으로 정의한다. 2020년 보고서에는 그 두 가지를 모두 보유했다고 판단되는 조직이 없었다. 응답자들은 역량을 가진 조직은 기업이지만, 윤리적인 조직은

NGO라고 인식했다. 이 사실은 2019년 보고서와는 엄연히 대조된다. 2019년 보고서를 보면, 필요한 사회적 변화를 창조할 마지막 희망이 '기업'이라고 봤다. 이제 세상은 한때 기대했던, 긍정적인 영향력을 창조해내는 기업의 능력에 믿음을 잃은 것처럼 보인다. 2020년 설문 조사 응답자 중에 '기업이 모든 사람의 이익을 비교적 동등하고 공정하게 실현하고 있다'라고 믿는 사람은 29퍼센트에 불과하다는 사실에서도 엿볼 수 있다.

그렇다고 기업에 대한 사람들의 신뢰가 완전히 사라진 것은 아니다. 73퍼센트의 응답자는 여전히 기업이 사업을 영위하는 지역사회에 공헌하면서도 수익을 낼 수 있다고 답했으며, 83퍼센트는 기업의 장기적인 성공에 중요한 것은 주주만이 아니라 **모든 이해관계자**라고 믿고 있다. 무엇보다 중요한 사실은 직원들 중에 고용주가 자신에게 **사회의 미래를 만들어나갈 기회**를 제공해주기를 바라는 사람이 '73퍼센트'에 달했다는 점이다.[14]

이 모든 사실은 우리에게 무엇을 말하고 있을까? 사람들은 변화를 이끌어내는 일에 참여하는 데 굶주린 채, 언젠가는 그 일을 할 수 있다고 믿으면서 회사에 출근한다. 그리고 진실하고 정의롭고 목적의식이 있는 행동을 통해 변화의 기회를 창조하는 정직한 회사들은 그렇지 않은 회사들보다 훨씬 더 뛰어난 성과를 이루고 있다.

그렇다면 이루고자 하는 일에 대한 열망과 많은 사람이 경험하는 암울한 현실 사이에서 그 격차를 이어주는 접착제는 무엇일까? **바로 희망이다.**

희망을 잃은 뇌가 던지는 경고

2015년 12월, 당시 아홉 살이었던 소피는 과거의 소비에트 연방에서 도망 나온 난민 신청자로, 부모와 함께 스웨덴에 도착했다. 고향을 떠나게 된 것은 경찰복을 입은 남성들이 아버지를 끔찍하게 납치하는 현장을 목격했기 때문이었다. 남성들은 그녀의 가족을 차에서 끌어낸 후 부모를 잔혹하게 구타하고 소피와 어머니만 도망가도록 내버려뒀다. 이후 아버지가 집으로 돌아오자마자 가족은 스웨덴으로 도피했다. 스웨덴에 도착한 지 며칠 후, 소피의 부모는 그녀가 더 이상 놀지 않는다는 사실을 알아차렸다. 그리고 얼마 후 가족은 스웨덴 이민국으로부터 스웨덴에 머물 수 없다는 통보를 받았다. 이 대화를 엿들은 소피는 더 이상 먹지도, 말하지도 않았으며 심지어 20개월 동안 혼수상태에 빠져들었다. 그녀의 신체 활력 징후와 반사 신경은 모두 정상이었음에도 마치 생명이 없는 듯 보였다.

1990년대 후반부터 스웨덴의 의사들은 '체념증후군Resignation Syndrome'이라고 불리는, 이런 이상한 현상을 보고했다. 2003년부터 2005년 사이에 약 400건의 사례가 보고됐으며, 최근 몇 년 동안에만 수백 건이 넘는 진단이 내려졌다. 이 증후군은 대개 고국에서 겪은 끔찍한 경험이나 이민자들이 흔히 갖는 신분과 안전에 대한 끔찍한 불확실성으로 트라우마를 겪은 아동이나 성인에게 영향을 미친다.[15]

2019년에 넷플릭스는 이 증후군에 걸린 아동들의 힘든 여정을 시간순으로 기록한 다큐멘터리 〈체념증후군의 기록〉(원제는 '인생이 나를 덮치다Life Overtakes Me'이다—편집자)을 제작했다. 아이들은 저마다 고국에서 상상도 할 수 없는 공포를 목격했고, 스웨덴에서는 불확실한 미래와 직면했다. 이 경험은 그들이 가까스로 탈출했던 '잔학한 행위의 땅'으로 되돌아가야 한다는 공포에 사로잡히게 만들었다. 예를 들어, 일곱 살 소녀인 다샤는 현지 공무원들이 아버지를 위협할 목적으로 어머니를 강간하는 현장을 목격했다. 아버지의 인터넷 사업이 정부에 위협적이라는 이유 때문이었다. 또 열두 살 소년 카렌은 가족의 친구가 살해당하는 현장을 마주했고, 같은 운명이 되지 않도록 죽어라 도망쳐야 했다. 마치 연료가 떨어진 엔진처럼, 혹은 하드 드라이브가 부서진 컴퓨터처럼 아이들은 단순히 몸의 기능을 멈추게 하는 것으로 참을 수 없는 미래의 불확실성에 대처했다. 그리고 그들은 수개월, 심지어 수년 동안 그 상태를 유지했다.[16]

체념증후군을 치료할 방법은 무엇일까? 의료 전문가의 말에 따르면 **희망의 회복**뿐이다. 일단 자신의 가족이 망명과 안전을 보장 받으면, 아이들은 천천히 혼수상태에서 빠져나와 몸도, 마음도 제 기능을 되찾는다.[17]

희망을 상실한 채 살도록 강요당하면, 우리 뇌는 극심한 스트레스를 받고, 건강한 신체의 기능을 기꺼이 멈춰버릴 만큼 강하게 희망을 갈망한다. 이토록 중요한 감정적 영양소를 향한 인간 정신의 욕구에 관해 이 이야기가 말하고 있는 것은 무엇일까? 당신이 **상상하는 것 이상으로 희망이 중요하다**는 것이다.

희망, 위대한 무언가를 향해 나아가는 연료

트라우마를 겪는 아이들의 고통과 직장에서의 불편함은 분명 비교할 수 없지만, 공통적인 원인인 '희망의 상실'이 우리에게 시사하는 바가 있다. 직장에 근무하는 인력의 약 70퍼센트가 마음이 다른 곳에 가 있는 이탈 상태이거나 회사를 고의적으로 방해할 길을 적극적으로 모색하는 적극적 이탈 상태에 있다는 말을 들어봤는가? 자주 인용되는 갤럽의 이 직원 참여도 통계 결과는 설문 조사가 시작된 이래 크게 개선되지 않았다. 2019년, 갤럽은 그 수치가 65퍼센트로 떨어졌으나 그것이 축하할 만한 이유는 아니라고 보고했다.[18] 이는 약 1억 5,700만 명의 미국 직장인[19] 중 약 1억 200만 명이 의미 있는 진정한 목적이나 조직에 머물려는 특별한 결심 없이 그저 출퇴근만 할 뿐이라는 사실을 의미하기 때문이다.

직원의 이탈은 희망의 상실을 나타낸다. 그리고 전 세계에 1억 명이 넘는 사람들이 이 문제를 공유한다. 그들은 에너지와 일에 대한 유대감이 전혀 없이 마치 마비된 상태로 돌아다닌다. 어떤 의미에서 그들의 몸과 마음은 멈춰버렸다. 심지어 어떤 이들은 자신의 상태가 너무도 억울한 나머지, 고용주에게 해를 입힐 수 있는 방법을 적극적으로 모색하기도 한다.

희망은 스스로 약속한 존재가 되고자 노력하는 조직과 리더에게 핵심적인 재료다. 지금껏 내게 전화해서 "우리 조직에 희망을 구축하도록 도와줄 수 있나요?"라고 물어본 임원은 없었다. 반면 그 질문을 해야 마땅할 임원들은 매우 많이 만났다. 희망의 존재를 계량화하기는 힘들지만, 희망을 잃은 조직을 본 적 있다면 상황이 그저 얼마나 암울해질 수 있는지 당신은 안다. 앞서 공고라가 옛 전투원들에게 그들의 과거가 독특하게 의미 있는 무언가로 회복될 수 있다는 희망을 불어넣지 않았다면, 그들과 정부의 관계가 얼마나 긴장된 상태로 남아 있었을지 생각해 보라.

희망은 '열정'(더 위대한 무언가를 향한 욕망), '인내'(거대한 역경과 싸워 승리해야 할 필요성) '신념'(역경 너머에는 더 위대한 무언가가 있다는 믿음), 이 세 가지가 만나는 곳에서 탄생한다. 리더나 조직, 심지어 국가도 그들이 가장 어두운 시기를 직면할 때, 이를 이겨 나아가게 해주는 것이 희망이다. 조직의 분기점에서 직원들은 지켜지지 않은 약속으로 그들의 희망이 내동댕이쳐지지 않을 거라는 확신을 가져야 한다. 회사가 고객 서비스에 대한 새로운 약속을 선언했을 때, 고객의 분노 섞인 불평을 해결할 자원과 권한이 부족하다고 느껴온 직원들은 이제 그들이 상상해온 방식으로 해결할 수 있을 거라는 희망을 갖게 된다. 또 회사가 혁신이 새로운 경쟁 우위라고 선언할 때, 연구와 제품 개발을 맡은 사람들은 회사가 자랑할 만한 제품을 만드는 데 자신의 과학적이고 기술적인 역량으로 기여할 수 있을 거라는 희망에 휩싸인다. 그런 열망에 도달하기 위한 기회를 얻으려면 우선 희망을 가지는 것이 중요하다.

아마도 희망이 상징적이거나 실체가 없는 것이라고 생각할지도 모르겠다. 그러나 그렇지 않다. 조직 내 희망의 역할을 연구해온 수잰 피터슨Suzanne Peterson, 크리스틴 바이런Kristen Byron 교수에 따르면, 보다 희망적인 성향의 사람들은 비교적 덜 희망적인 사람보다 더 목적지향적이고, 목표 달성을 위한 동기부여가 더 잘 된다. 상대가 영업 직원이든, 주택저당대출 중개인이든, 기업 임원이든 상관없이 큰 희망을 가진 개인은 실제로 전반적인 업무성취도가 더 높다는 사실을 발견했다. 또 희망을 비축한 리더는 비용 삭감 압력이나 운영상의 차질, 고객의 불만 제기 문제를 직면했을 때, 희망이 부족한 리더보다 더 나은 해결책을 내놓았다. 이는 업무상의 어려움에 직면했을 때, '희망차다'는 특성이 직원에게 도움이 된다는 사실을 시사한다.[20] 이와 유사하게, 플로리다대학의 연구자들은 조직 내 부당성에 관한 연구에서 희망의 상실은 **파괴적**일 수 있으며, 화가 난 직원들과 고의적인 업무 방해 행위 사이에는 **강한 상관관계**가 있음을 발견했다. 자신에게 한 약속이 지켜지지 않는 경우처럼 부당하게 고용되어 있다고 느낄 때, 근로자들은 손해를 입은 만큼 조직에서 얻어내기 위해 되갚음할 가능성이 훨씬 더 높다는 것이다.[21] **낙담된 희망**보다 사람을 복수심에 불타게 하는 것은 없다.

누구나 조직의 위선에 지치고, 희망을 포기하고 싶은 유혹을 느낀 적이 있다. 회사에서 준비되지 않은 임원들을 위해 뒤늦은 임원 교육을 실시하거나 문화적 변화에 대응해 새로운 가치를 선포하고, 낡은 업무 도구를 교체하기 위해 최신 기술을 약속하는 등 변화를 위한 움직임들을 보이지만, 대개 그 노력들은 완성되지 못하고 결국 흐지부지되는 경우가 많다. 그래서 특히나 지나간 잘못된 출발의 흔적 속에서 회사가 대대적으로 행동 양식과 정체성을 일치하려는 작업에 착수할 때, 직원 입장에서 상황이 희망한 대로 전개될 것이라 믿으려면 신뢰의 엄청난 도약이 필요할 것이다. 희망은 결과에 대한 확신을 뒷받침할 가시적인 근거가 반드시 있는 것이 아닌 상태에서 이루기 위한 노력에 대한 확신을 갖기를 요구한다. 결국 상황이 흔들리기 시작하고 희망이 내동댕

이쳐진다면, 그때가 회사에서 가장 재능 있는 사람들이 포기하고 떠나가는 때다. 한편 평범한 재능을 가진 사람들은 희망을 포기하고 영혼 없이 남는다.

만약 당신의 조직이나 팀의 '정직 근육'을 강화하고 싶다면 반드시 희망이라는 것이 필요하다. 만약 그 과정에서 결국 포기한다면 당신을 따르던 사람들은 희망을 잃게 된 데 되갚음할 것이다. 반대로 당신이 그 일을 계속 해나간다면 그들도 훌륭하게 기여하고 보답할 것이다.

이와 관련된 멋진 사례가 있다. 멜로디는 대형 제조업체의 물류사업부에서 근무하는 선임 물류창고 전문가다. 이 회사에서 새로운 조직 설계를 실행하는 프로젝트의 일부로, 내가 진행한 '팀 스타트업' 세션에서 그녀를 만났다. 자동화와 과학 기술은 제조업체들이 생산 제품을 판매 시장으로 이동하는 전통 방식을 파괴해왔다. 이는 한때 안정적이었던 일자리 중 많은 수가 위험에 처해 있음을 의미한다. 기계가 인간의 능력을 대체함에 따라 멜로디는 회사에 반드시 필요한 존재가 되기 위해 첨단 물류 기술 분야 자격증을 땄다. 그녀의 회사는 자국에서 생산 및 운송하는 자사 제품이 해외에서 만든 경쟁 제품보다 가격은 더 낮고, 품질은 더 좋다는 데 자부심을 가졌다. 대부분의 경우, 그 약속은 지켜졌다. 그러나 지속되는 원가 상승의 압박과 커져가는 무역전쟁의 위협으로, 효율성 제고에 끊임없이 집중해야만 했다.

그리고 몇 년 전, 회사는 멜로디에게 훈련된 인원 단 한 명으로, 제조 라인에서 나온 제품을 포장해 박스에 넣고 화물 운반대로 이동시키는 작업을 할 수 있는 기술 플랫폼을 구축하고, 회사의 유통센터 두 곳을 통합하는 중요한 프로젝트를 지휘할 것을 요구했다. 그녀는 이런 전환이 회사 입장에서 '고품질 제품을 저가에 제공한다'라는 고객과의 약속을 지키는 데 도움이 될 것임을 알았다. 동시에 그 일은 동료 중 일부가 일자리를 잃게 되는 것을 의미하기도 했기에 걱정됐다. 실제로 프로젝트가 진행되면서 그녀의 성공은 사람들의 불안을 부채질했다. 유통센터의 효율성이 높아질수록 자신의 역할이 쓸모없어지는 것을 두려워한 직원들의 사기는 떨어졌다. 이런 악순환 속에서 직원들의 태도가 불량해질수록 경영진은 멜로디에게 '불만을 품은 쓸모없는 사람들' 때문에 생기는 '손실을 줄일' 수 있도록 프로젝트를 가속화하라는 압박을 줬다.

그녀는 팀 동료들에게 일자리를 잃지 않도록 기술 훈련을 개선하라고 독려했고, 심지어 그들을 돕기 위한 코칭을 담당하기도 했다. 하지만 그녀의 윗선에서는 희망이 없다고 믿는 사람들을 구제하는 일에 관심이 없었다. 멜로디는 이 문제를 몇 차례씩 호소하며 상사에게 보낸 이메일에 이렇게 썼다. '저는 회사가 고객과의 약속을 지키려고 노력한다는 사실을 높이 평가합니다. 하지만 직원들과의 약속은 어떤가요? 그들에 대한 의무는 없는 건가요? 우리가 조금만 노력을 기울이면 일자리를 구제할 수 있는 기회가 존재합니다. 그리고 저는 그 일을 기꺼이 돕고 싶습니다.' 하지만 추가적인 자원에 대한 그녀의 요청은 묵살됐다. 내가 처음 그녀와 대화를 나눴을 때, 멜로디는 이런 말을 했다.

"희망을 잃지 않고 있기가 점점 더 힘들어집니다. 기술이 온라인화되면서 유통센터에서 벌어지는 놀라운 진보를 경험합니다. 동시에 수년 동안 함께 일했던 사람들의 표정이 점점 더 우울해지고 공포에 질려가는 것도 봅니다. 저는 하나의 약속을 지키는 것이 다른 약속을 깬다는 의미가 되어야 한다는 사실을 이해할 수 없습니다. 상사가 트레이드 오프trade off는 어려운 일이라고 말하는 걸 듣는 데 질렸습니다. 특히 그럴 필요가 없을 때 더더욱 말입니다."

멜로디는 회사가 **고객과 직원 양쪽 모두**에 대해 정직한 회사가 되기를 진심으로 원했고, 우리는 결국 그 방법을 찾아냈다. 대개 이런 상황에서 외부인인 나는 무언가를 시도하기에 상당히 무력하다고 느낀다. 보통 내 고객은 멜로디의 상사보다도 직급이 세 단계 더 높기 때문에 그들에게 한참 아랫 직원에게 다가가라고 하는 일은 부적절하다. 그때 나는 '아마도 기술적 변화가 진전되면서 혹시라도 직원들의 사기가 떨어지기 시작할 수도 있으니 진전 사항을 확인하기 위해 유통센터를 둘러보라'는 식으로 에둘러 제안할 수 있었다. 다행히 내 고객은 제안대로 하기로 했고, 우연히도 그를 안내할 역할을 맡은 사람은 멜로디였다. 덕분에 그 자리를 통해 직원들의 재교육에 관한 그녀의 희망을 전할 수 있었고, 진정성 있는 사람이었던 내 고객은 즉지 일자리를 확보하는 데 필요한 자원 상황을 파악하도록 지시했다. 그리고 멜로디에게 첫 번째 유통센터가 완료되면, 두 번째 유통센터에서 유사한 전환 작업을 이끌어달라고 요청하기도 했다.

멜로디는 회사가 스스로 선언한 대로 될 수 있다는 희망을 꼭 붙잡고 있었고, 그렇게 되도록 만드는 방법에 대해 명확한 비전을 가지고 있었다. 그녀는 '진실'을 말했고, '옳은 일'을 하는 데 헌신했고, 더 위대한 '목적'을 실현했다. 그렇게 그 과정에서 대부분의 동료가 회사에 남아 계속 일하도록 만들 수 있었다. 이렇듯 희망은 상황이 힘들어졌을 때조차 책임을 이끌고 가려는 멜로디의 결심에 **연료**를 공급했다. 또 앞

날이 불안했던 동료들을 위해 그녀가 끝까지 포기하지 않고 지켜온 것이었다.

Q. 멜로디가 처한 상황에서 당신이라면 어떻게 했을까? 당신도 계속 희망을 가지고 끝까지 노력했을까? 멜로디가 다른 방식을 취했더라면 어땠을까 하는 부분이 있는가?

멜로디처럼 우리 모두에게는 조직이 스스로 어떤 모습인지, 아닌지에 대해 정직해지도록 도울 수 있는 역량이 있다. 정직한 조직, 정직한 사람이 되겠다는 결심보다 더 희망이 필요한 도전은 없을 것이다. 조직에서든, 나 자신에게든 약속한 정체성을 선언할 때, 우리는 희망에 불을 붙인다. 그리고 더 위대한 목적의식에 연료로 공급한다. 가장 중요한 것은 우리가 스스로 어떤 사람인지에 대해 **진실**해야 한다는 것이다. 그리고 모든 사람이 최대한 능력을 발휘할 수 있도록 '기울어진 운동장'을 바로잡아야 한다.

우리가 정직할 때, 목적의식은 증폭된다. 모든 사람은 자신이 중요하다고 느끼고 싶어 한다. 즉 자신의 기여가 변화를 이끌어내고, 되고자 열망하는 사람으로 거듭나는 일에 진심이다. 이를 위한 말과 행동이 단절될 때, 우리는 그 격차를 해소할 수 있다는 희망이 필요하다. 조직이 더 포용적이고, 사회적으로 더 책임감이 있고, 더 비용 효율적이 되겠나고 약속할 때 그렇다. 그리고 더 나은 리더나 성취한 작가, 성공한 창업자가 되겠다고 스스로에게 말할 때도 그렇다. 공고라가 옛 전투원들을 시민 환경운동가로 변모시키는 일에 착수했을 때에도 확실히 그

정직한 조직

랬다.

정직함의 문제에서 옳고 그름의 격차를 줄이는 일은 비교적 단순한 여정이다. 견고한 도덕적 나침반과 합리적인 수준의 결심만 있으면 된다. 하지만 옳은 것과 위대한 것 사이의 격차를 줄이는 일에는 매우 많은 희망과 조직의 투지가 필요하다. 이 책이 끝날 때까지 그런 여정이 왜 그토록 가치가 있는지 차근차근 보여주도록 하겠다.

지금 할 일: 나의 정직 지수 알아보기

조직 내 정직의 문화를 심기 위해 알아야 할 네 가지 원칙을 살펴보기 전에 해야 할 일이 있다.

먼저 당신 스스로 정직해지기로 약속해야 한다.

당신은 이미 그렇다고 생각할 수 있다. 사람들은 대부분 스스로 '충분히' 정직하고, 속한 조직 역시 '대체로' 정직하다고 여긴다. 이런 식으로 대강 얼버무리는 것들을 정당화하는 우리의 능력은 가히 대가의 수준이다. 따라서 우리의 정직함에 대해 정직해지기 위해서 보다 더 노력이 필요하다. 지금부터 개인 차원에서의 정직과 조직 차원에서의 정직을 모두 살펴볼 것이다. 이때 조직은 팀이나 부서, 회사 전체 등 당신이 일하고 있는 어떤 규모의 집단이든 해당된다. 자, 이제 조용한 장소를 찾아서 노트와 펜을 꺼내고, 좋아하는 음료를 준비한 다음 지금 할 일을 해보도록 하자!

내 인생의 정직에 대하여

1. 정직에 대해 가지고 있는 최초의 기억은 무엇인가? 그 기억 속에 등장하는 사람은 누구인가? 당신은 그 일로 무엇을 배웠나? 과거를 돌아봤을 때, 그 일이 당신에게 어떤 영향들을 미쳤는가?

2. 어떤 상황이 당신을 부정직함으로 이끌었나?(예를 들어, 올바른 사실을 왜곡하거나 제공하지 않은 경우, 자기 이익만 챙기는 방식으로 행동한 경우, 다른 사람이 불리한 상황에 놓인 것을 무시한 경우 등) 당시 당신의 선택에 영향을 준 것, 혹은 당신을 불안하게 만든 것은 무엇인가? 무엇을 두려워하거나 피하고 싶어 했는가? 정직한 선택에 저항한 적이 있는가? 당신의 부정직한 선택을 사과한 적이 있는가?

3. 당신이 가장 정직한 선택(말과 행동)을 했던 상황이나 환경, 조건은 무엇인가?(예를 들어, 정직하기 힘들 때에도 진실을 말한 경우, 불공평한 상황에서도 올바른 일을 한 경우, 나의 이익보다 공공의 선을 우선한 경우 등) 당신이 그런 행동했을 때 어떤 점을 느꼈는가? 당시 당신의 정직함을 이끌었던 가장 큰 요인은 무엇인가?

4. 만약 친한 친구와 동료들에게 당신의 정직성에 대해 묻는다면 그들이 어떻게 답할 것 같은가? 그 결과에 대해 얼마나 확신이 있는가? 열 명의 친구와 동료들에게 당신이 가장 정직하다고 느꼈던 때(즉 진실, 정의, 목적을 드러낸 경우)와 그렇지 않았던 때를 말해달라고 요청하라.

5. 살면서 정직이 회복력으로 작용한 경험이 있는가? 즉 불편한 결과를 얻을 수도 있던 일을 진실과 정의, 목적이 전혀 다른 방향과 결과로 이끈 경험이 있는가?

6. 당신이 희망을 잃게 만드는 상황은 어떤 것인가? 그런 경우, 어

떻게 희망을 되찾는가? 현재의 삶에서 당신은 누구에게 희망의 원천이 될 수 있는가?

조직에서의 정직에 대하여

1. 교육 프로그램 등을 제외하고, 당신과 동료/팀은 정직에 대해 얼마나 자주 이야기하는가? 정직의 사례를 토론하고 이를 칭찬하는가? 부정직한 사례는 어떤가?

2. 언제 회사가 가장 자랑스럽다고 느끼는가? 회사가 자랑스럽지 않거나 수치스럽다고 느끼는 때는 언제인가? 각각의 경우가 정직과 관련이 있는가? 회사가 정직한, 혹은 정직하지 않은 선택을 한다면 무엇이 이를 결정하는가?

3. 조직이 어려움에 놓인 문제가 있었던 가장 최근의 일을 생각해보자. 그 문제에 대해 당신은 정직했는가, 아닌가? 그런 선택을 이끈 것은 무엇인가?(예를 들어, 가치 혹은 자기 보호, 투명성 혹은 알아야 할 정보 공유, 겸손 혹은 자만심 등) 다시 생각해봤을 때, 어떤 면에서 다르게 행동하겠는가?

4. 당신의 팀에서 조직에 대한(혹은 당신에 대한) 희망을 가지려고 노력하는 사람은 누구인가? 최근 희망을 얻기 힘들게 만드는 요인은 무엇인가? 희망을 회복하기 위해 구성원들이 당신에게서, 혹은 서로에게서 필요로 하는 것은 무엇인가?

정직을 위한 대화

1. 친구나 지인들과 만났을 때 정직에 대한 대화를 시도해보자. 사

람들이 정직할 때와 정직하지 않을 때를 각각 어떻게 알 수 있는지 질문해본다. 자신이 정직하거나 정직하지 않게 행동하는 경우, 각각 영향을 주는 조건이 무엇인지 공유하라.

2. '당신이라면 어떻게 하겠는가?' 게임을 해보자. 공개적으로 부자연스러운 상황에 놓였을 때, 즉 도덕적 혹은 사회적 딜레마를 마주했을 때 어떻게 대응하는지 알아보는 것이다. 당신의 정직성이 시험대에 오를 만한, 진실을 말하거나 올바른 일을 하고 공공의 선을 위해 행동해야 하는 시나리오를 머릿속에 구체적으로 그려본다.

3. 친구나 지인, 동료들과 함께 각자 자신의 가장 자신이 정직했다고 생각되는, 가장 자랑스럽게 여기는 순간을 공유해보자. 어려운 진실을 말해야 했을 때, 불공평한 대우를 받는 사람을 옹호하거나 부당한 정책이나 관행에 맞섰을 때, 공공의 선을 실현하기 위해 희생했을 때와 같은 순간들 말이다. 각자 그 일이 자신에게 어떤 것을 느끼게 했는지, 왜 자랑스럽게 생각되는지 이야기한다(참고로 행동과학은 이런 일에 대해 함께 이야기할 때 우리 뇌의 신경경로가 더 강해지고, 정직을 향한 헌신이 강화된다는 사실을 증명했다).

축하한다! '정직 체육관'의 첫 번째 운동 시간이 끝났다. 당신의 정직 근육은 그 어느 때보다 더 강해 보인다.

이제 정직의 문화를 심기 위한 첫 번째 원칙 '정직의 DNA를 깨워라'를 알아보자.

이 장을 마치며

- 우리는 조직과 자기 자신에게 약속한 정체성을 선언할 때 희망에 불을 붙인다. 이를 통해 더 위대한 목적의식에 연료를 공급한다. 무엇보다 우리는 자신이 어떤 사람인가에 대해 진실해야 한다.

- 사람들은 변화를 이끌어내기를 갈망하고, 자신이 그 일을 해낼 수 있다고 믿으면서 일한다. 그리고 진실하고, 정의롭고, 목적의식이 있는 행동을 통해 변화를 이끄는 기회를 창조하는 정직한 기업들은 그렇지 않은 기업들보다 훨씬 뛰어난 성과를 보인다.

- 우리 뇌에는 정직함이 내장되어 있다. 그러나 시간이 지나면서 부정직한 행위에 노출되면, 그럴 의도가 없을 때조차도 우리의 윤리적 기준은 느슨해진다.

- 진실한 것만으로는 부족하다. 좋은 의도(정의)를 갖고 있으며, 자기 이익을 넘어선 어떤 것(목적)에 관심 있는 모습을 보일 필요가 있다.

- 온전한 정직을 향한 여정에는 그 어떤 도전보다 많은 희망과 조직적 투지가 요구된다.

- 행동과학은 우리가 정직에 관해 이야기할 때 뇌의 신경경로가 더 강해지고, 정직을 향한 헌신이 강화된다는 사실을 증명했다.

- 조직 내 정직의 문화를 심는 네 가지 원칙을 알아보기 전에, 먼저 정직의 근본적인 진정성을 위해 헌신할 필요가 있다. '충분히 정직하다' 정도로는 부족하다.

Chapter 2.

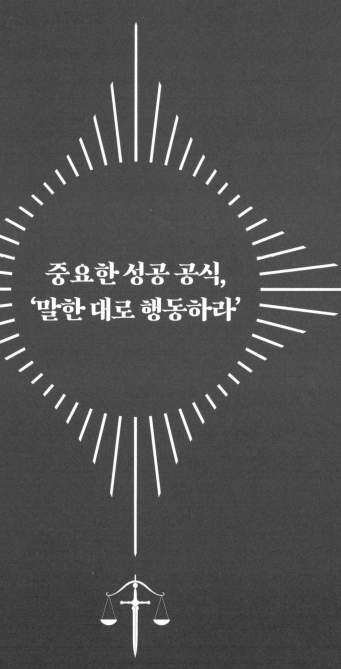

중요한 성공 공식,
'말한 대로 행동하라'

깨달음의 이야기:
목적이 행동과 일치할 때 기적이 일어난다

2007년, 명망 높은 볼티모어교향악단의 지휘자로 마린 알솝Marin Alsop
이 임명되었다. 이로써 그녀는 미국 내 주요 교향악단을 이끄는 자리에
오른 최초의 여성이 됐다. 하지만 알솝의 선구적인 위업은 그것만이 아
니었다. 그보다 2년 전, 일명 '천재상'이라 불리는 맥아더상을 수상한
최초의 지휘자이기도 했다.[1]

 뮤지션인 부모 밑에서 성장한 알솝은 줄리어드음악학교에서 바이
올린을 전공했고, 어렸을 때부터 지휘는 남자들만 할 수 있는 일이라며
지휘자가 될 수 없다는 말을 들어왔다. 하지만 음악이 삶에 가져온 변
화와 마음속 깊이 심어둔 자신감과 가능성 덕분에 그녀는 '너는 할 수
없어'라는 말을 '너는 해내야 해'로 해석하는 법을 배웠다. 알솝의 성공
은 스스로를 수준 높은 음악 교육의 민주화를 위해 일하도록 이끌었고,
덕분에 각계각층의 아이들이 훌륭한 음악 교육을 접할 수 있게 됐다.

볼티모어에 도착한 알솝은 도시 내 혜택 받지 못하는 지역사회가 겪고 있는 다양한 사회경제적 문제(각종 범죄와 마약, 빈곤, 기회에 대한 접근성 부족 등)에 충격을 받았다. 그리고 이에 자신의 교향악단이 어떤 방식으로든 공헌할 필요가 있다는 결정을 내렸다. 그녀의 결정에 영감을 준 사례가 있었다. 1975년에 베네수엘라 카라카스의 빈곤 지역 내 한 지하주차장에서 겨우 열한 명의 아이들을 데리고 엘 시스테마티 Sistema라는 음악 교육 프로그램을 출범시킨 지휘자 호세 안토니오 아브레우José Antonio Abreu의 이야기가 그것이다. 엘 시스테마는 정부의 지원을 받아 자원봉사자들을 중심으로 운영되고, '사회적 변화를 위한 음악'을 모토로 삼는다. 지금은 전 세계에 퍼진 이 프로그램은 가난한 아이들을 위한 인간적인 기회와 발전을 촉진하는 무료 클래식 음악 교육을 제공한다. 아브레우는 음악이 특히 아이들의 삶 속에서 사회적 변화를 위한 힘으로 작용할 수 있다며 이렇게 말했다. "음악은 연대, 조화, 상호 연민이라는 가장 고귀한 가치를 퍼뜨리기 때문에 가장 고귀한 의미에서 사회 발전의 촉진제로 인식될 필요가 있다." 그는 엘 시스테마에 '지역사회 전체를 통합하고 모든 감정을 표현할 수 있는 능력'이 있다고 믿었다.[2]

알솝의 팀은 곧장 엘 시스테마의 접근 방식을 배울 목적으로 카라카스로 날아갔다. 그들은 엘 시스테마가 이끌어낸, 빈곤지역 아이들이 음악을 연주하면서 겪은 변화들을 관찰하는 데 2주를 보냈다. 그들은 아이들의 삶에서 일관성이 주는 힘과 소속감을 느끼며 신뢰할 만한 장소가 있다는 사실이 가진 힘을 관찰했다. 아이들은 일종의 공동체이자 리더십을 상징하는 앙상블의 일원이라는 사실을 자랑스럽게 여겼고,

또 서로에게 의지한다는 것이 무엇을 의미하는지 잘 알고 있었다. 궁극적으로 그들의 삶은 가능성으로 가득 차 있었다.

카라카스도 볼티모어가 가진 문제들을 직면하고 있는 만큼, 알솝은 미국에 엘 시스테마를 도입하는 최초의 지휘자가 되기로 결심했다. 그녀는 볼티모어교향악단의 기금 모금 행사에서 이렇게 말했다. "우리는 음악을 아이들의 가능성 있는 미래를 창조하는 도구로 활용하고 있습니다."[3] 이 임무에 매우 강렬한 감정을 느낀 알솝은 맥아더상으로 받은 상금에서 10만 달러를 출자금으로 냈고, 그녀의 비전에 영감을 받은 다른 기부자들 역시 도우러 나섰다. 미시건주 출신의 음악교육가 댄 트레히Dan Trahey와 닉 스키너Nick Skinner가 이 프로그램의 예술·교육·행정·운영을 관리하기 위해 고용됐다.

첫 번째 과제는 파트너가 되고 싶어 하는 학교를 찾는 일이었다. 초반에는 엘 시스테마의 방식을 국내 사정에 맞게 적용하는 작업에 어려움이 있었다. 학부모들과 공감을 형성하고, 혜택 받지 못한 동네 출신의 아이들을 특별활동에 참여시키는 일의 의의와 같은 문화적 차이를 설명해야 했다. 게다가 흑인과 소수인종이 주를 이루는 동네에서는 단지 무료 음악 프로그램을 제공한다는 이유로, 두 백인 남성을 선뜻 신뢰하려 하지 않았다. 당시 상황을 떠올리며 스키너가 말했다. "사실 미리 예상했던 것처럼 첫 해에는 소득이 없었죠. 우리는 공동체가 실제로 작동하는 방식과 구성원이 서로를 어떻게 지지하는지, 또 그들의 신뢰를 얻으려면 무엇이 필요한지에 대해 배울 것이 많았습니다." 볼티모어의 학부모들의 생각은 이랬다. "(이 지역의) 교육시스템은 내게는 실패한 시스템이었고, 우리 아이들의 경우도 마찬가지였어. 그런데 왜 내가 신뢰해야 하지?[76]

트레히와 스키너가 처음 접근한 학교는 해리어트 터브먼 초등학교였다. 그곳은 모래놀이 상자 안에 부서진 유리조각이 들어가 있거나 모든 벽이 낙서로 뒤덮인, 끔찍하게 낡은 학교였다. 스키너는 "아이들이 교육 받는 장소에 대해 자긍심을 가질 수 없다면, 교육에 대한 자긍심을 가지기도 당연히 어려울 겁니다."라고 설명하며, 볼티모어교향악단이 나서서 환경미화 프로그램을 후원해 학교를 탈바꿈했다고 밝혔다.

2008년 9월, 1학년생 30명을 데리고 올키즈OrchKids가 공식적으로 출범했다. 하지만 오래지 않아 또 다른 문제가 모습을 드러냈다. 프로그램이 진행된 지 4개월이 됐을 때, 볼티모어 공립학교 시스템에서 연말에 해당 학교가 문 닫을 것이며 학생들은 다른 초등학교로 이동할 거라고 발표한 것이다. 프로그램이 2년차로 이어지는 연속성을 확보하기 위해 트레히와 스키너는 30명의 학생들이 같은 학교로 전학할 수 있도록 교육 당국을 설득해야 했다. 심지어 아이들의 형제와 다른 친척들도 함께 말이다! 그리고 기적처럼 그 일이 이뤄졌다.

첫해는 올키즈 팀이 급격한 학습곡선을 그린 해였다. 일부 부모가 이 방과 후 프로그램을 무료로 간식을 주는 보육 서비스로 활용했고, 때로는 프로그램이 끝나기도 전에 아이들을 데려가곤 했다. 이런 분위기의 지역사회를 대상으로 일관성과 약속, 규율의 중요성을 교육하는 일이 중요했다. 그리고 마침내 진전을 이루기 시작했는데 스키너가 그 결과를 설명했다. "부모들이 학교에 와서 곳곳에 음악이 흘러넘치는 광경을 볼 때, 더 중요하게는 자신의 아이가 바이올린이나 트럼펫을 연주하는 모습을 볼 때 그들의 얼굴은 빛났습니다. 그렇게 학부모들은 비전을 포착했고 의심이 잦아들면서 아이들이 꾸준히 프로그램에 참여하도록 허락했습니다."

이후 프로그램은 아이들에게 필요한 부분을 충족하기 위해 음악 이외의 영역까지 확대됐다. 예를 들어 식사시간이나 방과 후 수업 외 정규 수업도 더해졌고, 학업에 어려움을 겪는 아이들을 위한 개인 교습, 아이들이 안전하고, 희망적이며, 자신이 필요한 존재라고 느낄 수 있는 사회적 참여를 위한 곳으로 거듭났다. 첫해는 그리 녹록치는 않았지만, 그해 연말에 올키즈는 볼티모어교향악단과 함께 연주하는 최초의 콘서트를 열었다. 뿌듯해하는 부모들과 지역사회 구성원들이 빼곡하게 들어찬 실내 체육관에서 모두가 그들의 삶의 공간에 무언가 특별한 일이 벌어지고 있다는 것을 확신했다.

두 번째 해가 되자 난데없이 프로그램을 돕기 위한 자원봉사자들이 등장했다. 대학에서는 인턴들이 이 프로그램을 연구하려고 방문하곤 했다. 고학년 학생들은 저학년에게 수학과 읽기를 가르치겠다고 자원했다. 부모들은 자원해서 식사와 간식을 준비했으며 프로그램의 기본적인 운영을 도왔다. 그리고 거의 하룻밤 사이에 프로그램에 참여하는 아이들이 30명에서 120명으로 늘어났다.

1학년생일 때 올키즈에 합류한 키이스 플래밍도 새로 참여한 아이들 중 하나였다. 싱글 맘이 키우는 네 자녀 중 하나였던 플래밍은 거의 날마다 말썽을 부렸다. 싸움에 말려들기 일쑤였고, 올키즈에 올 때마다 의자를 발로 차고, 울고, 소리 지르고 짜증을 부리곤 했다. 하지만 스키너는 올키즈가 정확히 플래밍과 같은 아이들을 위해 존재한다고 생각했다. 그래서 더욱 관심을 기울이고 멘토가 되어 소속감을 느끼도록 도왔다. 그렇게 머지않아 플래밍은 튜바를 연주하겠다고 마음먹었다. 이후 그 악기를 엄청 좋아하게 된 그는 고등학교 시절뿐 아니라 이후에도 계속 튜바를 연주했다. 심지어 미국 내 저명한 음악학교에도 다녔으며, 인기 있고 유명한 음악 축제마다 초대되어 연주했다. 고학년이 되어서는 더 어린 학생들에게 멘토링도 해주었으며 졸업 후 장학금을 받고 마이애미대학에서 음악을 전공하게 됐다.

플래밍은 도움이 가장 필요했을 때 자신을 도와줬다며 올키즈에 공을 돌렸다. "힘든 시간을 겪을 때 선생님들은 항상 저를 지지하고 있다는 걸 보여줬습니다. 저도 다른 아이들에게 그런 도움을 주고 싶어요. 그래서 전 세계에 올키즈 프로그램을 소개하고, 제 삶이 바뀌었듯 아이들의 삶을 변화시키는 일을 하고 싶습니다."[5] 스키너는 올키즈에 플래밍의 사례와 같은 이야기들이 많다고 말했다. 같은 맥락에서 알솝도 올키즈의 비전을 거듭 강조했다. "궁극적으로 우리 목표는 희망과 가능성을 가지고 미래를 바라보는 위대한 뮤지션이자 사회의 위대한 구성원을 만드는 것입니다. 올키즈는 단순한 음악 교육 프로그램이 아닙니다. 꿈을 꾸고 실현하는 일에 관한 것이죠. 제 꿈은 볼티모어가 이 아이들의 오케스트라로 대표되고, '음악의 도시'로 알려지는 모습을 보는 것입니다."[6]

오늘날 올키즈는 유치원부터 12학년까지 2,000명이 넘는 학생들을 가르치고 있다. 프로그램 소속 직원도 풀타임과 파트타임을 합쳐 60명에 달한다. 올키즈는 미국 전역에 걸쳐 생겨난, 다른 비슷한 프로그램들에 영감을 제공했다.

올키즈의 사례를 통해 **말과 행동이 일치한다**는 것이 어떤 의미인가를 생각해볼 수 있다.

- 올키즈는 하나의 조직이 스스로 선언한 목적을 어떠한 미사여구를 더하는 일 없이 구체적인 행동과 고된 노력으로 구현하는 방법에 관한 모델을 제공한다.
- 올키즈는 진정한 필요에서 만들어졌고, 그 필요를 충족할 수 있는 기회를 발견한 리더에게서 시작됐다.
- 올키즈는 볼티모어교향악단이 제공하는 문화적 혜택 이상의 선(善)을 실현하며 젊은이들의 삶을 바꿔놓고 있다.
- 올키즈의 목적이 매우 중요하다고 느낀 사람들은 그 목적에 동참하고자 했다.
- 올키즈는 다양하고 폭넓은 배경을 가진 사람들이 힘을 모았고, 그들은 서로의 다름을 제쳐두고 화합하여 노력을 극대화했다.
- 올키즈는 동등한 기회를 제공 받지 못한 사람들이 보다 공정한 결과를 얻을 수 있도록 도왔다.
- 올키즈의 업적은 그들의 목적이 새로운 방식으로 구현되도록 많은 사람에게 영감을 제공했으며, 현재 미국 내 수많은 도시가 올키즈의 모델을 채택했다.

알숍에게 볼티모어교향악단은 단순한 교향악단 이상의 훨씬 더 많은 의미를 갖는다. 볼티모어에 혁신적인 변화를 가져온 힘 그 자체였다. 음악은 목적이자 도구가 된다. 알솝과 볼티모어교향악단은 그들이 추구하는 정체성에 대해 목소리를 냈고, 이를 실질적인 행동으로 보여주었다.

지킬 마음이 없는 약속을 하고 있는가?

내 연구에 따르면, 회사의 정체성과 지향하는 바가 전략적으로 명확하고, 행동과 말이 그와 일치할 때 회사의 구성원들이 진실을 말하고, 정의롭게 행동하고, 목적의식을 가지고 일할 가능성이 **3배** 더 높다. 정체성이 명확하다는 것은 직원과 시장을 상대로 당신이 선언한 모습과 실제 행동으로 보여준 당신의 모습이 완전히 일치한다는 것을 의미한다. 또한 직원들이 회사가 선언한 가치를 구현하는 데 책임을 가질 수 있다는 의미이며, 회사가 설정한 목표가 조직을 통해 폭포수처럼 흘러내려 모든 직원이 그 목표를 자신의 업무에 통합할 수 있음을 뜻한다. 이런 일들이 일어나지 않는다면 부정직성이 등장하는 무대가 마련된다.

　리더가 팀의 현 상황에 의문을 제기하며 회사가 가장 가치를 두는 혁신의 모범이 되자고 말한 후, 정작 회의에서 팀이 제시한 아이디어를 일축하는 경우가 있다. 이런 모습은 리더가 자신이 한 말에 진정성이 없는 것이라는 신호를 보낸다. 진심으로 말했는데도 말이다. 한편 한 직원이 도무지 신뢰할 수 없다는 질책을 듣고 상사에게 좀 더 책임감 있는 사람이 되겠다고 약속한 후에도 마감일을 두 번이나 놓쳤다면, 그는 공허한 약속을 한 것이다. 또 다른 예로, 조직과 부서, 팀을 위해 주요 전략적 목표가 수립됐으나 모든 직원의 일상적인 업무 및 책임과는 단절된 채로 유지된다면 이 또한 '우리는 진정으로 지킬 의도가 없는 약속을 선언했다'라는 의미가 된다.

많은 기업이 누구도 가능하다고 믿지 않는 새로운 '전략적 우선순위'를 매일 발표한다. 불신이 가득한 눈동자들 앞에 두고, '우리는 업계에서 1등이 될 것이다'라는 슬로건으로 시작하는 사명과 비전 선언문을 전달하는 것이다. 그렇게 리더와 직원들은 매번 하나의 목표를 말하지만 전혀 다른 일을 하리라는 것을 인정하는 무언의 협약을 맺어야만 한다. 그럴 바에는 당신이 하겠다고 말한 것을 하는 편이 궁극적으로 더 쉽고, 장기적으로 훨씬 더 이익이라면 어떠한가? (단 지킬 수 없는 약속은 하지 않아야 한다.) 아이러니하게도, 그 방법도 당신의 생각보다 명백하지 않을 수 있다.

조직이 선언해온 정체성을 실제로 이뤄내는 데 실패하면 그들의 사명과 가치에 관한 선언은 슬로건에 그칠 뿐이다. 설상가상으로 조직의 모든 구성원은 전혀 반대의 증거가 있는데도 선언한 내용이 사실인 척해야 해서 이중성을 갖는 일이 당연해진다. 안타깝게도 이런 현상은 너무나도 많은 조직에서 흔한 일이 되었다. 2014년 호주에서 500명이 넘는 직원들을 대상으로 시행한 연구에 따르면, 회사의 사명과 가치가 영감을 준다고 생각하는 직원은 20퍼센트밖에 되지 않은 반면, 회사의 사명과 가치가 무엇인지 알지도 못하는 직원이 무려 **절반**에 달했다.[7] 또 2016년에 갤럽에서 시행한 한 중요 연구를 살펴보면, 직원들 중 27퍼센트만이 회사의 가치를 믿으며, 23퍼센트가 회사의 가치를 업무에 실제로 적용할 수 있다고 답했다.[8] 일하기 좋은 기업 연구소^Great

Place to Work institute 와 파트너십을 맺은, 시카고대학과 노스웨스턴대학을 포함한 여러 주요 학술 연구기관들이 2013년에 시행한 다른 연구에서는 직원들이 회사의 가치를 실천한다고 느끼는 정도와 재무 성과 사이에는 강한 상관관계가 있는 것으로 나타났다.[9] 이 연구들이 시사하는 바는 명확하다. **'허풍이 심하면 모두가 이를 알게 되고, 조직은 기량을 제대로 발휘하지 못한다.'**

거대한 기업 펩시는
어떻게 새로운 옷을 갈아입었을까?

기업들의 약속(말)과 행동이 서로 단절된 경우가 흔하기는 하지만, 기업들은 목적을 구현하는 일에 (힘든 과정이 요구되기는 하지만) 엄청난 장점이 있다는 사실을 **빠르게 습득**하고 있다.

세정용품과 개인위생용품을 만드는 회사로, '향후 7세대의 건강을 증진하는 소비자 혁명을 고무시킨다'라는 목적을 가진 세븐스 제너레이션Seventh Generation 이나[10] 선도적인 아동 영양식 회사로, '어린이들에게 영양이 풍부한 유기농 식품을 제공하고 미국 내 아동 기아와 영양 불균형에 관한 인식을 재고하여 해결책을 제공한다'라는 목적을 가진 플럼 오가닉스Plum Organics[11] 같은 시장의 선두주자들을 살펴보라. 인도 철강기업 타타스틸Tata Steel 은 진정성, 책임, 통합을 기업의 핵심 가치로 선언했다. 국제적인 상을 수상했으며, 글로벌 기업 윤리 연구소 에티스피어 인스티튜트Ethisphere Institute 가 지명한 '가장 도덕적인 회사'로 8년 동안 순위에 올랐고, 특히 지속가능성과 윤리 측면에서 기업이 약속한 바를 행동으로 구현하는 방식에 있어 세계적인 인정을 받았다.[12] 과테말라의 시멘트회사 세멘토스 프로그레소Cementos Progreso는 혁신을 통한 환경적 책무와 포용적인 글로벌 경제에 헌신했다. 그들은 약속을 가시적인 행동으로 옮겨 청결한 생산 혁신으로 상을 받았고, 유엔 글로벌 콤팩트United Nations Global Compact(유엔이 전 세계 기업을 대상으로 더 지속가능하고 포용적인 세계 경제라는 공동의 목표를 달성하기 위해 동참하도록 제시한 이니셔티브)를 지킨 최초의 과테말라 기업이 되었다.[13] 이 기업들은 말에 그치지 않고 행동으로 몸소 보여줬고, 일상적인 실천을 통해 목적을 실행하고 있다.

비콥 인증을 통해 선언한 내용을 생활화하겠다는 약속을 새로운 수준으로 끌어올린 기업들도 많다. 비콥 인증을 받으려면 모든 이해관계자, 즉 지역사회와 직원, 고객, 공급업체, 환경을 위한 가치 창출에 있어 검증된 성과 기준을 충족해야 한다. 그리고 기업의 목적에 관한 약속을 입증할 것을 요구하는 엄격한 평가 기준도 통과해야 한다. 모든 공인된 비콥 기업들과 수천 개의 다른 기업들은 주주 가치 극대화를 넘어 그들의 법적 의무를 복수의 이해관계자에 대한 혜택 제공으로 확대하는, 소위 '이익 거버넌스 구조benefit governance structure'를 도입했다.

《비콥 핸드북: 선을 위한 힘으로 기업을 이용하는 법The B Corps Handbook: How you can use business as a force for good》을 펴낸 라이언 허니맨Ryan Honeyman은 공인된 비콥 기업인 리프트 이코노미LIFT Economy의 파트너다. 그는 한 인터뷰에서 이렇게 말했다. "공인된 비콥이 되거나 법적 범주를 획득하는 데 필요한 요건을 통과할 때 요구되는 엄격함은 고객과 직원들에게 당신의 회사가 신뢰할 수 있는 회사라는 신호를 보냅니다. 당신이 말한 곳에 실제로 돈과 자원을 투자했으니까요. **목적은 단순한 말을 넘어서는 것입니다.** 사람들은 파타고니아, 벤앤제리Ben&Jerry, 올버즈Allbirds, 다농Danone, 노스아메리카North America와 같은 브랜드가 '더 큰 선을 실현하기 위해 사업을 활용한다'라는 개념을 발전시키고 있다는 사실을 알기 때문에 이 브랜드들을 선호합니다." 덧붙여 그는 심지어 최종 인증 통과를 추구하지 않더라도 목적과 행동을 일치시키기 위해 비콥 인증 과정을 활용하는 기업도 많다고 설명했다. "엄격한 기준을 충족하려고 노력하는 행위만으로도 회사는 그들의 목적을 현실적으로 실현가능한 일로 만드는 데 더 가까워질 수 있습니다."

이미 자리를 잡은 많은 기업이 시작과 동시에 비콥 인증을 받은, DNA의 일부에 목적을 새겨 넣은 유명 신생기업들을 보며 이렇게 생각한다. '어쨌든 목적을 가지고 시작하기는 쉽지. 하지만 애초에 설립될 당시, 목적에 대해 생각해본 적 없는 크고 복잡한 기업들은 어떻게 하란 말인가?' 충분히 이해가 가는 질문이다. 자, 거대한 규모의 기존 기업이라도 목적을 발견하고 매일 그 목적을 실행하는 기업으로 변모할 수 있음을 보여주는, 한 기업의 사례를 살펴보자.

2006년, 인드라 누이Indra Nooyi가 펩시의 CEO를 맡았을 때 변화될 결과를 예상한 사람은 아마도 많지 않았을 것이다. 세계에서 가장 큰 식음료회사 중 하나인 펩시의 제품 포트폴리오는 아동 비만과 당뇨병을 유발한다고 공격 받고 있었다. 인류와 지구의 건강과 웰빙, 지속가능성에 헌신하는 기업들을 생각할 때, 펩시는 가장 먼저 떠오르는 기업은 아니었다. 취임 초기에 누이는 이런 상황을 바꿔놓겠다는 발표를 했다. 그녀는 소비자들이 오랫동안 그들이 소비하는 브랜드의 원칙을 바탕으로 구매 결정을 내려왔으며, 최고의 인재들은 무조건 돈을 가장 많이 주는 회사가 아니라 더 위대한 선을 실현하는 고용주를 점점 더 많이 선택하고 있다는 사실을 인정했다.

누이는 개발도상국의 보다 많은 사람이 깨끗한 물을 이용할 수 있게 하고, 펩시의 전체 탄소 발자국을 줄여나가며, 지역사회와 사내 인적 자원에 존재하는 전 세계 여성들에게 자율권을 제공하는 데 초점을 맞춤으로써 펩시의 제품 포트폴리오를 '더 건강한 선택'이라는 방향으로 이동시키겠다고 약속했다. 그녀는 기업들이 **탁월한 재무 수익을 내는 것 이상의 일**을 할 필요가 있다고 믿었다. 기업들은 관련된 모든 이해관계자의 삶에 **긍정적인 기여**를 할 책임이 있었다. 그렇게 누이는 펩시의 새로운 궤적으로, **목적과 함께하는 성과**Performance with Purpose라는 개념을 도입했다.

사실 누이가 내놓은 약속은 개인적인 것이기도 했다. 깨끗한 물을 구하기 어려운 개발도상국에서 자란 그녀는 물을 얻기 위해 사람들이 길게 줄 서 있는 모습을 늘 봐왔다. 그래서 리더의 약속이 진정성 있고, 겉치레가 되지 않으려면 개인적일 필요가 있다고 생각했다.

누이가 택한 첫 번째 수는 펩시 직원들, 특히 회의론자들에게 그녀가 하는 말이 진심에서 나온 것이라는 신호를 보냈다. 예를 들어, 2007년에 그녀는 연구개발 부문의 새로운 수장이자 최고과학책임자로 마요 클리닉Mayo Clinic의 내분비학자 메흐무드 칸Mehmood Khan을 임명했다. 바로 다음 해에 경기 침체가 시작됐음에도 불구하고, 누이는 칸이 최고의 글로벌 연구개발팀을 구축하는 작업을 돕기 위해 약속한 모든 자원을 제공해주었다. 칸은 우선 식음료회사에서 예상하는 통상적인 수준보다 더 많은 수의 식품과학자들을 채용했다. 아울러 제품 포트폴리오를 정비할 역량을 확실하게 확보하기 위해 수많은 분자생물학자, 약리학자, 영양학자들을 데려왔다. 얼마 후, 펩시의 핵심 제품 중 많은 제품에서 맛은 그대로 유지한 채 소금과 설탕, 지방 함유량이 극적으로 줄었다. 프로바이오틱 음료를 포함한 수많은 건강 스낵과 음료 브랜드가 포트폴리오에 추가됐다. 그뿐 아니라 '목적과 함께하는 성과'라는 약속이 거짓으로 보일 위험을 초래했던 카페인 강화 스낵 같은 제품은 생산을 중단했다. 세계적으로 유명한 치토스가 영양 기준을 충족하지 못한다는 이유로 학교 메뉴에서 퇴출됐을 때에는 2년간의 작업 끝에 스낵 제품에 통곡물을 도입하는 장비를 개발하기도 했다.

펩시는 지속가능성을 위해서 제품 포장을 극적으로 새롭게 디자인했다. 포장지를 식물 기반의 생분해성 재료로 대체했고, 쓰레기를 줄였으며, 폐수를 재활용하는 방법에 투자했고, 재생가능한 에너지 원료의 사용을 늘렸다. 오늘날 미국 내 펩시 설비는 전부 재생가능한 전기로 운영되며, 이는 그들이 쓰는 전 세계 전기 부하의 절반 이상을 차지한다. 포장의 88퍼센트는 퇴비화되거나 재활용 및 생분해가 가능하며, 이 비중을 2025년까지 100퍼센트로 만든다는 목표를 세웠다. 한편 여성을 대상으로, 취업 준비에 필요한 자원 제공 프로그램과 식품 분야와 농업에 종사하는 경우, 자율권을 부여하는 프로그램에 약 4,000억 달러를 투자했다. 또한 고위험 지역에 사는 4,400만 명의 사람에게 안전한 물을 제공해주고, 극심한 물 부족 현상을 보이는 지역에서는 물 사

용의 효율성을 개선했다.[14]

자본 배분과 같은 경영 과정을 통해 펩시의 약속을 유지하기 위해 누이는 모든 자본 투자에 반드시 지속가능성 승인을 얻을 것을 요구했다. 그리고 조직의 최고경영진부터 중간관리자까지 펩시에 근무하는 모든 직원을 대상으로, 목적과 함께하는 성과 목표가 설정됐다. 목표를 달성하거나 초과한 모범적인 리더에게는 상과 축하가 주어졌고 이는 목적에 대한 펩시의 장기적 약속을 한층 더 강화했다.

누이는 기업들이 가치 있는 자선의 명분에 단순히 막대한 돈을 내는 걸로는 충분하지 않다고 믿었다. 세상에서 선을 행하려면 기업들은 **돈을 버는 방식을 바꿀** 필요가 있었다. 처음부터 그녀의 의도는 명확했다. CEO로서 재임 기간이 끝나고 오랜 시간이 지나도 펩시가 **목적이 이끄는 회사**로 남도록 준비시키는 것이었다. 그렇게 그녀는 12년간 최고경영자를 역임한 후, 2018년에 퇴임했다. 그 후로 시간이 꽤 흘렀지만 펩시의 약속은 흔들리지 않았다.[15, 16, 17, 18]

누이는 망설이지 않고 목적이 이끄는 회사가 되는 여정이 매우 힘들다는 사실을 인정할 것이다. 그 길에는 흔들리지 않는 헌신과 어려운 선택 그리고 더 원대한 목적에 뿌리내린 회사로 탈바꿈하겠다는 최고경영진의 강력한 확신이 요구된다. 특히 펩시처럼 제멋대로 뻗어나가며 성장해온 기존 기업의 경우에는 말이다. 결과적으로 그녀가 증명해낸 사실은 부정할 수 없다. 글로벌 회사를 목적이 이끄는 회사로 변모시키는 일은 **어렵지만 전적으로 가능하다.**

실제로 그런 모험에 뛰어든 회사들은 보상을 거둬들이고 있다. 고객의 삶의 질을 개선하겠다고 확실하게 약속한 브랜드들은 주식시장에서 120퍼센트 더 뛰어난 성과를 보인다. 또 지난 10년간 목적이 주도하는 브랜드들은 그 가치가 175퍼센트 급등했다. 그뿐 아니라 17년 간 28개의 기업을 대상으로 시행된 한 연구에 따르면, 같은 기간 동안 S&P 500 기업이 118퍼센트 성장한 반면, 목적이 이끄는 기업들은 무려 1,681퍼센트 성장했다.[19] 실제로 투자자들은 엄격한 기준으로 투자 기업을 평가하는 ESG(환경Environmental, 지속가능성Sustainability, 거버넌스Governance) 투자 펀드로 점점 더 많이 이동하고 있다. 그리고 이들 펀드 역시 S&P 500 기업보다 더 뛰어난 성과를 보이면서 이해관계자 중심의 약속과 주주 중심 결과 사이의 강한 상관관계를 드러낸다.[20]

포춘지가 극찬한 회사의 직원들은 왜 부정을 저질렀는가?

일상적으로 파괴적 혁신이 일어나는, 복잡하고 시끄러운 세상에서 **일관성을 달성하는** 일은 힘든 주문이다. 이런 맥락에서 조직 내에서 신뢰성을 얻기는 어렵다. 이는 직원들이 어느 때보다 그 일에 더 굶주려 있는 이유이기도 하다. 에덜먼 신뢰도 지표 조사에 따르면, 다양한 사회적·경제적 배경과 직업을 가진 전 세계 시민 중 74퍼센트가 회사가 전략적 기획 과정에 자신을 포함시키고, 중요한 의사결정에 목소리를 낼 수 있게 하며, 포용적이면서도 회사가 선언한 가치와 일관된 문화를 조성하는 일이 중요하다고 답했다. **조직이 직원들의 기대에 부응할 때, 그들은 조직을 신뢰한다.** 그리고 그런 일이 이행됐을 때 얻는 결과는 반론의 여지가 전혀 없다. 마찬가지로 에델먼 신뢰도 지표 조사에 따르면, 직원들이 고용주를 신뢰하는 조직에서는 직원의 83퍼센트가 위대한 일을 하겠다고 약속하고, 74퍼센트가 조직에 충성하며, 78퍼센트는 조직을 적극적으로 옹호한다. 반대로 직원들이 조직을 신뢰하지 않을 때, 직원의 52퍼센트가 위대한 일을 하겠다고 약속하고, 36퍼센트가 충성심을 느낀다고 답하며, 39퍼센트가 조직을 옹호한다.[21]

이 사실이 시사하는 바를 잠시 생각해보자. 당신이 소유하고 이끄는 회사에서 직원들 중 절반만이 위대한 일을 하겠다고 약속하고, 고작 3분의 1에 해당하는 사람들만 충성심을 느끼고 있으며 무슨 일이 있을 때 당신을 옹호하겠다고 한다면 어떤 기분일 것 같은가? 안타깝게도 많은 회사가 직원들에게서 최소한을 얻는 데 만족하며 스스로를 최악의 상황에 놓이게 만든다.

조직이 말과 행동을 일치하는 데 최선을 다하지 않으면서 정체성(무엇을 하고 싶은지, 누구를 섬길 것인지, 어떻게 운영할 것인지 등)만 내세우면 재앙과 같은 결과만 남을 뿐이다. 직원들은 회사의 사명과 가치가 신성불가침이기를 원한다. 그렇지 않으면, 그들은 회사가 하는 말이 진심이 아니며, 당연히 사명이나 가치와 모순되는 방식으로 행동해도 괜찮다는 결론을 도출하게 된다.

여기 한 가지 사례가 있다. 한때 분야 내 리더였던 유명 미국 기업의 가치 선언문에 이런 내용이 있다. '고객은 자신을 잘 알고, 신뢰할 수 있는 지침을 제공하며, 다양한 재무적 필요를 모두 충족시켜주는 믿을 만한 공급자와 관계를 맺을 때 가장 좋은 서비스를 받을 수 있다.' 이 회사는 그 약속이 세 가지 근본적인 기둥 위에 구축된다고 선언했다. '평생 동안 유지되는 관계, 고객이 확신을 갖고 결정하도록 돕는 전문성과 지침, 올바른 일을 하기 위해 한 걸음 더 나아가기.' 영감을 주는 이야기처럼 들린다. 그렇지 않은가? 이처럼 원칙을 세운 기업과 누가 사업을 하고 싶어 하지 않겠는가?[22] 실제로 2015년에 《포춘》은 이 회사를 '가장 존경 받는 기업' 22위에 선정했고, 《배런스Barron's》에서는 7위로 꼽았다.[23]

이 이야기 속 기업이 웰스 파고Wells Fargo라는 사실을 알게 될 때까지는 매우 훌륭한 사례처럼 들린다. 두 경제 주간지의 찬사를 받고 불과 2년 후, 이 회사는 수천 개의 사기성 고객 계좌를 개설했다는 이유로 1억 8,500만 달러의 벌금을 내는 데 연방규제기관과 합의한다.[24] 고상한 선언문에도 불구하고, 검사들은 5,000명이 넘는 은행 직원들이 그들의 상품 전반에 걸쳐 교차 판매를 개선한다는 목표하에 고객의 동의를 구하지 않거나 고객이 모르게 가짜 당좌 예금 계좌와 신용카드, 그 외의 다른 계좌들을 만든 사실을 발견했다.[25]

웰스 파고의 사명과 가치, 정체성을 담은 선언문은 수천 명의 직원들이 부정직하게 행동하도록 이끈 일련의 단기 목표와는 모순된 것이었다. 직원 중 일부라도 내부 고발을 하려고 노력했을까? 그렇다. 일부는 심지어 회사를 그만두기도 했다. 하지만 여전히 수천 명의 사람이 범법 행위에 참여했다. 그 결과, 그들은 경력과 양심에 깊은 영향을 미칠 결과를 받아들여야 했다. 스캔들의 여파 속에서 진행된 조사는 이 사건의 가장 큰 원인으로 '선언된 조직 비전·가치와 실제 조직 비전·가치의 어긋남', '공격적인 판매·성과 관리 시스템과 달성이 불가능한 인센티브 메커니즘이 낳은 심한 압력과 치열하게 경쟁하는 영업 문화'

정직한 조직

를 들었다.[26] 그들의 선언문에 있던 '올바른 일을 하기 위해 한 걸음 더 나아가기'에 대해서는 더 이상 말하지 않겠다.

'목적 세탁'으로는 사람들을 속일 수 없다

만성적인 잘못된 행동이나 저조한 성과, 스캔들 때문에 기업이 사명이나 가치에 다시금 집중하는 경우는 매우 흔하다. 인수 혹은 합병 역시 합쳐진 두 기업이 새롭게 출발하는 데 필요한 새로운 사고를 촉발한다. 하지만 실제 변화하려는 노력이 부재한 정체성 선언은 변화에 대한 환상만 만들어낼 뿐이다.

내가 연구한 기업 중 중대한 합병 이후에 가치를 정비한 사례가 있다. 서로 매우 달랐던 두 회사의 조직 문화는 통합을 훨씬 더 어렵게 만들었다. 예를 들어, 한 회사의 의사결정 절차는 공식적이고 절차를 중시한 데 반해 다른 회사는 비공식적인 정보 채널에 의존했다. 전자의 조직은 의사결정을 비교적 심각히 여기고 있었다면, 후자의 조직은 즐겁고 자유로운 분위기에 집중했고 자부심을 느꼈다.

두 회사의 유일한 공통점은 '예의 바른' 문화를 가졌다는 것이었다. 리더를 존중했고, 갈등은 지양했으며, 구성원들이 서로에게 진심으로 매우 협조적이었다. 단점은 영업 활동에 대담하지 못했고, 저조한 성과에 대한 책임을 묻지 않았으며, 모든 사람이 책임 있는 누군가가 결정을 내리기만을 기다리기 때문에 의사결정에 엄청난 시간이 걸린다는 점이었다. 따라서 그들의 새로운 가치 선언문에는 '우리는 서로에게 책임을 묻는다', '우리는 우리 자신과 현재의 상태에 도전한다', '우리는 주인의식을 갖는다' 식의 의도는 좋으나 애매한 문구들이 포함됐다. 모든 사람이 근사한 가치라고 느꼈지만, 실제로는 직원들의 행동에 진정한 변화를 유발하지 못한 채 그저 허울뿐인 선언문이 되고 말았다.

합병 1년 후에 각 회사 출신 직원들은 여전히 응집력과 책임감이 부족한 채로, 또 직원들의 주인의식에는 어떠한 큰 변화 없이 똑같은 방식으로 영업을 했다. 통합하는 과정에서 새로운 정체성을 조직 내에 단단하게 뿌리내리기 위한 작업을 하는 대신, 그저 두 조직에서 나온 '유물 조각'들을 한데 모아서 그 오래된 조각들 위에 새로운 정체성을 색칠했기 때문에 사람들은 대부분 그들이 정확히 어떻게 행동해야 하는가에 혼란을 느꼈다.

기업들은 너무 흔히 진정한 변화라는 어려운 작업을 회피하고, 보기에 **쉬운 해결책**을 향해 손을 뻗는다. 변화의 겉모습 위에 붓질을 하려는, 이런 허울뿐인 시도에는 이름이 있다. 바로 **목적 세탁**이다.

어떤 기업들은 그들 최고의 모습을 명확하게 설명하거나 최고의 모습이 되는 방법을 대부분 알지 못한 채 순수하게 길을 잃는 반면, 일부 기업들은 단순히 이해관계자들에게 보여주기식의 캠페인을 벌이는 의도적인 선택을 한다. 그들의 목표는 순수하게 목적이 이끄는 회사가 되는 것에서 얻는 혜택을 주장하며 실제로 실질적인 변화는 만들지 않은 채 평판이 나쁜 행동을 덮어주는 것이다. 세계 전역에서 마케터들과 기업 전략가들은 시장을 설득하기 위한 방법으로, **목적의 외양**을 만들어내고 자신들이 더 위대한 선을 실현하는 데 헌신하고 있다고 아우성을 친다. 마케터들은 선의의 내러티브를 지어내어 브랜드와 회사 위에 후광을 두르기 위해 쓸 수 있는 모든 수단을 동원한다. 그들에게는 불행한 일이지만, 직원과 소비자들은 그것을 믿지 않는다. 상품을 구매할 때 신뢰를 고려하는 고객은 84퍼센트에 달하는 반면, 구매하는 브랜드를 실제로 신뢰하는 사람들은 34퍼센트밖에 되지 않는다. 또 고객의 53퍼센트는 브랜드가 목적 세탁을 한다고, 즉 그들이 주장하는 만큼 더 위대한 사회적 선에 헌신하지 않는다고 생각한다.[27]

목적에는 '그런 척하다 보면 실제로 그렇게 된다'는 주문이 통하지 않는다. 앞서 언급했듯, 무언가를 할 때 당신은 진심이거나 혹은 진심이 아니다. 만약 **진심이 아니라면** 사람들은 그 사실을 꿰뚫어 본다.

에델먼에 따르면, 목적은 한 조직이 사업을 성장시키면서 동시에 세상에 긍정적인 영향을 주는, 사회 속에서 맡아야 할 독창적인 역할과 가치를 규정한다. 목적은 그 조직과 브랜드, 전달하는 경험 안에 깊숙이 내재되어야 한다.[28]

기업들이 목적과 행동을 일치시키기 위해 어떤 노력을 할 수 있는지 알아보고자, 글로벌 컨설팅 및 리서치 기업 컨텍시스Contexis의 CEO 존 로슬링John Rosling과 대화를 나눴다. 그는 기업들이 목적을 고려할 때 일종의 전략적 성장을 이끌어내기 위한 방법으로 이해하고 평가하도록 돕는 일에 전념하고 있다. 지난 5년간, 공인된 비콥인 컨텍시스는 케임브리지대학 및 플리머스대학과 파트너십을 맺고 야심찬 도전에 착수했다. **목적과 성과의 상관관계**를 증명하는 일이었다. 로슬링은 이렇게 말했다.

"데이터에서 발견한 명확한 사실은 목적이 있다는 것만으로는 충분하지 않다는 겁니다. 직원들은 그 목적이 **활성화될** 때까지 목적을 신뢰하지 않습니다. 머리로는 목적을 이해할 수는 있겠죠. 하지만 그들은 **회사의 행동이 말을 바짝 뒤쫓을** 때까지는 목적을 믿지 않을 겁니다."

말이 중요하다는 것은 분명한 사실이다. 컨텍시스에서 목적이 없는 회사들과 목적은 있으나 활성화하는 데 실패한 회사들을 비교한 내용을 보면, 그 사실을 의심하는 누구에게나 경종을 울릴 것이다. 로슬링은 이렇게 말했다. "우리가 발견한 사실은, 기업들이 목적의식이나 관련 내용을 이야기하는 것 자체는 거의 아무런 영향도 주지 않는다는 겁니다. 만약 목적의식에 대해 말한 후에 그와 반대로 행동할 경우, 상황은 더 나빠집니다. 매우 심각한 수준의 냉소주의와 이탈 발생을 볼수 있죠. 직원들은 오로지 재무 성과만 중시하는 기업은 용인할 수 있습니다. 말하자면 더 위대한 목적을 실현하려는 기업을 선호할 수도 있지만, 그들이 얻을 수 있는 전부가 순이익이라면 그저 순이익에만 집중하는 기업에도 만족할 겁니다. 하지만 기업이 행동으로는 부정하고 있는 목적을 추구한다고 주장하는 순간, 사람들에게 거짓말을 한 게 됩니다. 그런 거짓말을 해버리면 직원들의 신뢰를 잃고, 그들이 자기 이익을 위해 행동하게 만들 겁니다."

컨텍시스의 연구에서 추가로 밝혀진 사실은, 목적을 진심으로 구현하는 기업들은 더 높은 수준의 혁신을 이루고, 이는 직원과 리더 사이의 더 깊은 신뢰에 힘입어 더 많은 재무 수익을 가져온다는 것이다. 또

정직한 조직

한 목적이 이끄는 기업에서는 직원들이 회사의 고객에게 이익이 되도록 행동할 자율성을 갖고 있다고 믿기 때문에 결과에 대해 더 많은 주인의식을 갖도록 독려한다. 반대로 회사가 선언한 목적이 회사의 행동과 일치하지 않을수록 더 많은 불신과 냉소주의(그리고 줄어든 가능성과 기회)가 지배하게 된다.

컨텍시스가 함께 일하는 한 금융서비스 기업의 경우, 그들의 목적과 부족한 성과 사이의 격차를 이해하기 위해 노력했고, 거기서 믿기 어려운 통찰을 얻었다. 컨텍시스에 문제를 의뢰한 리더는 그들의 이슈가 소통 관련 문제라고 믿었다. 즉 공을 들여서 설득력 있는 목적 선언문을 작성했음에도 조직의 하부까지 이를 적절히 소통해서 모든 사람이 명확히 이해하는 데 실패했다는 것이다. 로슬링은 말했다. "경영진을 정말로 혼란스럽게 만든 것은 그들이 목적에 대해 더 많이 이야기할수록 상황이 더 나빠지는 것 같았다는 겁니다." 아마도 경영진들은 목적에 대해 '이야기하는 것'이 실제로 목적을 '실천하는 것 그 자체'라고 생각한 게 명백하다. 하지만 그런 식의 모든 대화는 직원들에게 말과 행동의 차이를 더 선명하게 보여줄 뿐이다.

컨텍시스는 회사의 목적이 성과에 미치는 영향을 평가할 때 **목적지수**Purpose Index라는 도구를 쓴다. 로슬링은 사례 속 금융서비스 기업의 한 사업부에서는 자신들의 점수가 평균인 70점 정도일 거라고 예상했다고 말했다. 하지만 이 사업부는 컨텍시스가 평가해온 점수 중 가장 낮은 '18점'을 받았다. 조직 내에서 가장 낮은 점수를 매긴 직원들은 오래 근속한 중간관리자들로, 그들은 회사가 선언한 목적에 대한 상부 경영진의 약속을 **전혀** 신뢰하지 않았다. 그들은 회사의 목적 선언문을 명확하게 이해하고 있었고, 그저 그것을 믿지 않았다. 결과적으로 경영진은 소통에 실패한 것이 아니었다. 그들은 목적을 실천하는 데 실패했던 것이다.

중간관리자와 상부 경영진 간 조심스럽게 진행된, 일련의 대화에서 경영진에 대한 좌절감과 주변 동료들의 실직을 목격하며 느낀 배신감을 털어놓은 중간관리자들은 그 대화를 통해 자기 삶에서 목적의 연관성을 발견하기 시작했다. 세션 중에 한 관리자는 "나는 이 모든 과정에 정말로 화가 납니다. 아무 의미도 찾을 수가 없군요. 내가 일하러 오는 이유는 자녀를 보호하고 먹여 살리기 위해서입니다."라고 말하면서 격분했다. 그리고 다른 누군가는 이렇게 말했다. "목적을 실현하는 것이 우리가 고객을 위해서 하는 일 아닌가요? 궁극적으로 사회를 보호하고, 모든 사람이 또 그렇게 할 수 있도록 돕는 것이 우리 은행의 목적 아닌가요?"

세션이 진행된 단 7개월 동안 사업부의 매출은 15퍼센트 이상 성장했고, 신뢰는 극적으로 높아졌다. 로슬링은 이렇게 말했다. "그들은 회사의 모든 사업부 중에서 가장 바닥에 가까운 점수를 받는 존재에서 최고에 가까운 점수를 받는 존재가 됐습니다." 부서 직원들은 기업 목적을 현실적인 방식으로 **개인화**하기 시작했다. 예를 들어, 한 대출 담당 관리자는 이전에 누군가가 엉성한 신용보고서를 제출했을 때 가혹한 피드백으로 그들의 의욕을 꺾은 다음 단순히 보고서를 되돌려 주거나, 거부하거나, 다시 작업하도록 시켰다고 말했다. 그러나 이제는 똑같은 일이 일어나면, 그는 단순히 그 직원에게 이렇게 묻는다. "어떻게 이런 부실한 신용보고서가 고객들의 삶을 더 낫게 만드는 데 도움이 될 수 있지?" 그러면 직원들은 그들의 노력을 배가하고 싶어 한다고 말했다.

이 이야기가 보여주듯, 단순히 목적이 있는 것과 목적을 실천하는 것 사이의 차이는 종종 **행동 하나의 차이**에 불과하다. 내가 함께 일했던 한 임원과 관련된 또 다른 사례도 있다(그를 알렉스라고 부르기로 하자). 우리가 처음 만났을 때, 알렉스는 심각한 비용 압력을 야기하는 시장 침체 상황에 대해 깊은 우려를 표했다. 그의 팀이 이런 위협에 어떻게 대응하고 있는지를 묻자, 그는 어리둥절한 표정을 지으며 이렇게 말했다. "글쎄요. 그들은 상황이 얼마나 나쁜지 잘 모릅니다. 제가 솔직하게 경고한다면, 충격을 받을 것이고 가장 능력이 뛰어난 사람들이 빠져나갈 겁니다." 이제는 내가 어리둥절할 차례였다. "하지만 회사의 핵심 가치 중 하나가 **투명성**입니다. 왜 당신은 이 '폭풍우'를 무사히 통과할 수 있도록 최고의 아이디어와 가장 강력한 헌신을 결집하는 데 팀원들을 참여시키지 않는 거죠?" 이에 대한 대답에서 그의 속마음이 드러났다. "글쎄요. 투명성이라는 게 사람들에게 모든 걸 말한다는 의미는 아닙니다. 그렇지 않나요? 정보 공개가 자칫 혼란을 낳을 수 있다면 어떤 정보들은 공개하지 않는 편이 더 낫지 않나요?"

나는 그에게 투명성의 가치 뒤에 내재된 약속은 **신뢰**라는 사실, 즉 정보와 관련해 사람들을 믿어야 한다는 사실을 상기시켰다. 심지어 유쾌하지 않은 정보라도 말이다. 알렉스는 팀원들을 기만하려고 한 것이 아니었다. 그는 순수하게 (자신이 생각한) 투명성의 가치에 따라 살고 있다고 믿었고, 회사가 처한 어려움에 대해 얼마나 오랫동안 밝히지 않았는지 팀원들이 알았을 때 일어날 수 있는 끔찍한 결과를 고려하지 못했다. 따라서 그는 다시 새롭게 시작하기로 결정했다. 팀원들의 사명감에 호소하는 방식으로, 팀과 회사의 재무적 어려움을 공유하기로 한 것이다. 이후 함께 작업하면서 알렉스와 팀원들은 일자리의 손실 없이 비용을 상당한 수준으로 줄이는 방법을 찾아냈다. 혼자서는 결코 찾아낼 수 없을 해결책이었다. 조직이 진심으로 투명성을 가지려고 '의도했다'는 것으로는 충분치 않다. 상황이 특히 어렵고 모든 것이 불안정해졌을 때 실제로 '**투명한 행동을 취해야 한다**'.

Q. 알렉스의 입장이었다면, 당신은 얼마나 투명하게 대처했을 것 같은가? 만일 당신이 알렉스의 팀원이라고 가정했을 때, 그가 무엇을 다르게 했기를 원했겠는가?

진정성이라는 환상을 경계하라

조직이 정체성과 행동을 일치하는 데 실패했음을 인정할 때는 **정직한 겸손**과 **변화를 향한 결의**가 뒷받침되어야 한다. 같은 맥락에서, 당신의 말과 행동이 자신 혹은 회사의 목적/가치와 어긋났음을 인정할 때 **기존에 취한 방식에서 벗어나라**. 내 고객 알렉스의 이야기는 진로를 수정하는 긍정적인 사례를 제공한다. 자신의 행동이 자신이 옹호했던 두병성의 가치와 일치하지 않았다는 사실을 깨달았을 때, 그는 조직을 위해 올바른 일을 하고 싶어 했다. 그는 그저 자신의 선택과 가치를 일치하는 법을 깨닫는 데 도움이 필요했을 뿐이다. 하지만 자기 정직이 없을 때 리더들은 단순히 단호해 '보여야겠다고' 생각한다. 자신의 행동을 고치는 대신 제거하고 싶은 나쁜 행위를 바로잡는 것처럼 '보이는', 그럴 듯한 행위를 적어 내려가는 대응 방식으로 사명이나 가치를 수정한다. 예를 들어, 그들이 속한 산업의 타 기업들보다 시장 진출이 늦어지거나 이사회가 보내는 압력이 커져갈 때 뜬금없이 '긴급함'이 사명의 일부가 된다. 무언가를 은폐했을 때에는 '투명성'이 가치가 된다. 차별에 대한 소송이 너무 많이 발생한 후에는 '다양성'과 '포용성'이 우선순위가 된다.

새로운 정체성 선언이 사람들을 고쳐놓겠다는 암묵적인 의도로 만들어졌을 때, 사람들이 선언을 수용하는 일은 거의 일어나지 않을 것이라고 장담한다. 앞서 살펴본 합병 기업의 사례처럼, 이런 방식으로 새로운 정체성 선언을 활용하는 것은 조직을 정직으로부터 **가로막는** 결과를 낳는다. 관객들을 속이기 위해 날쌘 손재주를 활용하는 위대한 마술사처럼, 새로운 정체성을 홍보하는 캠페인은 변화에 대한 약속이라는 환각을 일으키며 나쁜 행동의 진짜 요인들을 뒤편에 여전히 남겨둔다. 이는 개인과 조직 모두에 적용되는 사실이다. 의식적으로든, 무의식적으로든 자신의 말과 행동이 일치하지 않는다는 사실을 알게 됐을 때, 우리가 느끼는 수치심은 체면을 유지하려는 욕구를 채우는 행동을 촉발한다. 바로 **숨는 것**이다. 하지만 위선을 은폐하려고 노력하는 일은 썩어가는 음식 위에 보자기를 덮는 것과 같다. 악취는 결국 퍼져 나온다. 리더와 조직으로서 우리는 진정성처럼 보이는 환상이 아니라 진정성 그 자체에 가치를 둬야 한다. 이는 우리가 말과 행동 사이에 차이를 발견했을 때, 그 사실을 **인정하고 대응해야 한다**는 것을 의미한다.

회사의 말과 행동이 다를 때

회사가 선언한 정체성과 행동의 차이가 모두 웰스 파고의 이야기처럼 심각하진 않다. 신문에 대문짝만하게 날 일도 아니고, 형사 고발이라는 결과를 가져오지도 않고, 조직의 평판을 파괴하지도 않는다(손상은 분명 입힐 수 있다). 하지만 결과를 과장하거나, 중요 회의에 경쟁 상대를 일부러 부르지 않거나, 보고서에 핵심 사실을 빠뜨리거나, 동료의 공을 가로채는 것과 같은 일상 속 선택과 이를 정당화하고 합리화하는 일은 꽤 해롭다. 그리고 안타깝게도 이런 행태는 생각보다 널리 퍼져 있다. 다음의 이야기 중 어떤 사례가 당신에게 익숙하게 들리는지 살펴보자.

2015년, 160억 달러 규모의 미국 글로벌 소비재 기업 CEO가 내게 연락해 도움을 청했다(그를 블레이크라고 부르겠다). "저는 매일 칼싸움이나 길거리 소동에 심판을 서기 위해 출근하는 것 같다고 느낍니다. 모두를 해고하는 것 외에는 조직 내 인간성을 회복할 방법이란 방법은 전부 써본 상태입니다." 소비자들에게 새롭고 더 나은 선택지가 생기면서 이 회사의 홈 케어 제품 포트폴리오는 전반적으로 저조한 성과를 내고 있었다. 이런 결과의 대부분은 자초한 상처에서 비롯된 것이었다. 3년 전, 당시 경영진은 절박함에 쫓겨 경쟁 집중 측면에서 잭 웰치Jack Welch식 접근 방식을 도입했고, 포트폴리오 전반에 걸쳐 시장에서 1 혹은 2등이 되겠다고 선언했다. 그리고 불행히도 1등이나 2등이 무엇을 의미하는지는 심각할 정도로 불분명했다. 이렇게 '애매한' 열망을 충족시키는 것으로 자신의 경력을 지키려고 노력하는 사람들이 많아질수록 그들은 더 자기중심적이 되었다.

회사의 정체성이 점점 더 불명확해질수록 내부 환경은 불가피하게 점점 더 경쟁적으로 변하면서 최악의 형태의 부정직성이 조직을 뒤덮었다. 직원들은 서로를 훼방하는 일이 일상이 됐다. 경쟁자의 성과를 틀리게 보고하기, 동료에게 필요한 정보 주지 않기, 위법 행위에 대한 가짜 혐의를 주장하기와 같은 일들이, 그들이 흔히 쓰는 무기가 됐다. 경력을 지키려는 사업부 리더들은 경쟁 우위를 확보할 수 있는 공격적인 수단(혹은 최소한 공격적으로 보이는 것)에 의존했다. 또 그들은 1, 2위라는 주장을 뒷받침하기 위해 '창의적인' 방식으로 데이터를 왜곡했다. 그렇게 조직은 먹느냐 먹히느냐의 전쟁터가 됐다. 사업부 리더가 마음에 들지 않으면 재무 담당 이사는 주간 매출 및 수익을 일부러 하루 이틀 늦게 보고했다. 또 브랜드 마케터는 다른 브랜드의 담당 동료가 기획한 창의적인 새 캠페인의 출범을 지연시키기 위해 관련 협업처에 전화를 걸어 '긴급 프로젝트'를 의뢰하기도 했다.

이런 적대적인 흐름을 저지하고자, 블레이크의 전임자들은 더 협력적이고 서로 존중하는 환경을 조성하려는 시도로 새로운 운영 원칙을 다음과 같이 수립했다. '우리는 함께 성공한다.' '우리는 차이를 소중히 여긴다.' '우리는 다른 사람을 우선한다.' '우리는 최고의 진실성을 가지고 운영한다.' '우리는 조직 전반에 걸쳐 파트너십을 구축한다.' 그리고 이를 전달하는 캠페인이 기획됐다. 회사 내 모든 복도에 원칙을 실천하는 사람들의 이야기가 걸렸고, '나는 원칙에 따라 움직인다'라고 적힌 화면보호기가 직원들의 컴퓨터 화면에서 번쩍거렸다. 캠페인 로고가 새겨진 티셔츠와 모자, 가방 등 굿즈도 어디에나 있었다. 선임 리더들을 대상으로, 원칙의 중요성을 논의하기 위한 워크숍도 진행됐다.

대부분이 그렇듯, 겉치레에 그친 캠페인의 뒤편에 여전히 극단적인 개인주의와 해로운 경쟁 문화가 남아 있었다. 한 번의 사업 점검을 마친 후, 블레이크는 내게 말했다. "직원들은 원칙들을 익혔고, 이제 그들이 그에 따라 지내도록 해야 합니다. 나는 사업 점검 당시 들은 내용의 절반도 믿지 않으며, 직원들 역시 믿지 않는다는 사실을 압니다." 왜 아니겠는가? 회사가 계획을 세우고 예산을 배정하는 방식이 자원 공유를 독려한다는 측면에 있어서는 달라지지 않았기 때문이다. 이는 조직 내 파트너십이 형성되는 것을 거의 불가능하게 만들었다. 책임 시스템 역시 새로운 행동을 독려하고 보상하기 위한 방향으로 바뀌지 않았다. 이는 '우리는 함께 성공한다'라고 말은 하지만, 여전히 '네가 성공하지 못하더라도 나는 성공할 것이다'라는 의미의 신호를 보낸다. 또한 직원들은 리더들이 자기인식과 공감과 같은 습성을 함양할 거라고 기대하지 않았다. 그런 것들이 없이는 차이를 소중히 여기는 일은 몽상에 불과했다. 오래된 해로운 행동 양식들이 단순히 새로운 형태로 바뀐 것은 불가피한 결과였다. 리더들은 훼방을 놓고 싶은 동료가 있을 때 그를 완전히 배척하기 위해 격렬한 분노와 함께 "나는 정말로 당신이 그 원칙을 실천하지 않는 것 같다!"라고 일갈하면 된다는 사실을 즉각 깨달았다. 새로운 원칙들은 더 건강한 행동 양식을 형성하는 대신 무기화됐고, 과거의 행동 양식을 파괴적으로 영구화시켰다. 블레이크의 사례는 새로운 원칙을 지키는 조직으로 탈바꿈하려는 어떠한 노력 없이 단순히 선언만 하게 될 때 일어나는 일의 충격적인 결과들을 보여준다. 이처럼 새로운 정체성을 멋있게 디자인한 포스터에 담는 것 이상의 노력은 할 생각이 없는 조직이 새로운 사명과 가치를 찾도록 도와달라는 의뢰를 하는 경우는 셀 수 없을 정도로 많다.

다행히 이 이야기는 해피엔딩으로 끝났다. 블레이크는 이런 어려운 상황을 인정할 용기를 찾았고, 자신의 앞에 놓인 긴 여정과 힘든 결정이 두렵지 않다고 생각했다. 그는 자신이 되고 싶은 사람이 되고자 헌신하는 리더라면 누구나 반드시 해야 하는 어려운 일을 했다. 보다 협력적이고 통합된 방식으로 사람들을 이끌지 못하는 선임 리더들을 내보냈다. 조직의 경쟁적 위치에 대한 **정직한 평가**로 시작해 새로운 조직을 설계했고, 미래를 위한 전략적 목표를 설정했다. 투명하며 전체론적인 접근 방식을 취해서 회사를 변모시키는 과정에 많은 사람이 목소리를 내도록 참여를 독려했다. 다기능팀Cross-functional team은 새로운 전략을 실행하기 위해 회사를 조직할 최고의 대안을 만드는 데 수개월의 시간을 보냈다. 그들은 명확하게 규정된 목적을 가지도록 모든 기능부서와 지역부서를 설계했고, 성과를 추적하고 의사결정 권한의 경계를 명확하게 하기 위해 단순한 매트릭스를 만들었다. 특히 모든 직원의 행동 양식이 회사가 하려고 노력하는 일과 그들이 말한 영업 원칙들과도 일치하도록 하는 데 중점을 뒀다.

블레이크는 회사가 선언한 약속을 실행하는 데 따르는 책임을 회사의 선발, 보상, 평가, 진급 과정에 결합했다. 특히 그는 이를 매일 나누는 대화의 일부로 만들었다. 그래서 300명의 리더들과 매월 회의를 실시하고, 회의 때마다 다음의 질문에 답할 준비를 한 후 참석했다. '지난달에 우리가 선언한 사명과 가치를 진전시키기 위해 당신이 취한 의미 있는 행동은 무엇인가?' 그리고 그는 다른 회의 참석자들도 대답을 준비하기를 바랐고, 그들 역시 블레이크가 자신들의 정직한 대답을 기대

하고 있다는 것을 알았다. 이것이 기업이 말과 행동을 **진정으로** 일치시
킬 때 볼 수 있는 모습이다.

시작부터 마무리까지, 이 회사의 변화는 2년 반이 걸렸다. 작업이
끝났을 때 블레이크는 '가격표'를 계산했다. 과거 경영진의 실패한 변
화 시도, 잃어버린 시장 기회, 원하지 않았던 인재의 이탈, 새로운 인력
보충에 소모한 비용, 사업 점검에 투자한 비용 등이 포함된 총액은 약
3억 4,000달러였다. 여기에 그는 자신이 변화를 완료하지 못했을 경우
회사가 5년 안에 사업에서 철수한다는 경우도 산정해 계산했다. 결코
완벽하지는 않았지만, 블레이크는 조직이 자신의 정체성을 지키는 일
을 스스로 책임지도록 했다. 전략적 정체성을 명료화하는 일에서 단순
히 말을 활용하는 경우와 말과 행동을 활용하는 경우의 차이를 곰곰이
생각하고 있을 때, 블레이크는 나에게 이런 농담을 했다. "'말은 쉽다'라
고 생각하는 사람은 말을 과대평가하는 회사를 바꿔본 적이 없을 겁니
다."

Q. 만약 당신이 블레이크의 회사에서 일하는 직원이라면, 그의 노력을 어
떤 방식으로 지지하거나 혹은 지지하지 않을 거라고 생각하는가? 그가 시도한
일에서 직접 적용해보고 싶은 것이 있는가? 블레이크에게 조언이나 코칭을 한
다고 가정했을 때 무엇을 다르게 시도해볼 수 있을까?

당신의 상황은 블레이크처럼 광범위하지 않을 수도 있다. 아마도
당신은 작은 팀이나 부서 하나에 집중하고 있을 것이다. 당신이 말과
행동을 일치시키기 위해 고민하는 정도와 상관없이, 이 이야기에서 얻

을 수 있는 교훈은 분명하다. 조직의 약속이 모든 구성원의 행동으로 실제 충족될 수 있기를 원한다면, 그 약속이 당신과 당신 팀이 하는 업무의 모든 측면에 장착되도록 해야 한다는 것이다.

좋은 소식은 **작은 승리도 의미가 있다**는 것이다. 내가 연구한 통계 모델에 따르면, 당신이 말과 행동의 일관성을 25퍼센트 개선할 때 직원들이 진실을 말하고, 정의로운 행동을 하고, 목적이 주도하는 행동을 하는 가능성을 10퍼센트 더 증가시킬 수 있다. 이는 '모 아니면 도'와 같은 제안이 아니다. 조직 전체에서 이뤄지는 점진적인 진보는 점점 가시적으로 드러나고 반드시 인정을 받을 것이다.

지금 할 일: 말한 대로 행동하기

약속을 잘 지키는지 점검하라

회사의 다양한 선언문(비전, 목적, 사명, 브랜드, 가치 등)을 분석하고, 그 내용에서 당신과 동료, 고객에게 암시한 약속을 확인하라. 실제로 어떤 약속이 지켜지고 있는가? 당신이 포용과 존중을 소중히 여긴다고 말했을 때, 직원들이 당신의 점수를 어떻게 매길지 평가해보라. 당신의 직장에는 다양성이 얼마나 있는가? 또 다양성은 어떻게 측정되는가? 당신의 고객은 무엇을 경험해야 하는가? 당신이 주변 동료와 직원들에게 최고의 잠재력에 도달하도록 영감을 제공하고 싶다고 선언한다면, 그들을 위해 얼마나 자주 멘토로서 행동하겠는가? 또 사람들의 발전에 얼마나 투자하겠는가?

다음은 회사가 선언한 기준에 맞춰 당신과 당신의 팀이 얼마나 잘 임하고 있는지 평가할 때 활용할 수 있는 단순한 도구다. 당신이 선언한 가치를 포함해 회사의 목적과 사명에 관한 선언문을 살피면서 다음의 질문에 답해보자.

1. 선언문은 나에게 개인적으로 무엇을 의미하는가?
2. 일상 업무나 리더십 과정에서 선언문을 따르고자 의도적으로 노력하는가?
3. 나와 우리 팀은 선언문에 맞춰 일하기 위해 함께 노력하는가?(예를 들어, '우리는 선언문에 내해 얼마나 자주 대화를 나누는가?'를 생각해보라.)
4. 선언문을 실천하는 데 있어서 나와 우리 팀은 어떤 점을 잘하고 있는가?
5. 혹은 어떤 점이 부족한가?
6. 선언문을 구현하기 위해 일관되게 실천할 수 있는 일 한 가지는 무엇인가?

약속은 일상적인 일과 융합하라

회사의 선언문을 활용하여 업무의 우선순위를 정하고, 자원을 투자하고, 회의를 이끄는 방식을 구축하라. 선언문을 충실히 이행하고 있는 영역과 개선이 필요한 영역은 무엇인지 팀 동료들과 대화할 시간을 확보하라. 당신의 일정표를 검토하면서 선언문의 내용을 지키는 데 충분한 시간을 쓰고 있는지 살펴보라. 곁에서 가장 긴밀하게 일하는 주변 동료들과 직원들이 당신을 조직이 선언한 약속의 모범 사례로, 즉 모순되지 않는 대상으로 평가한다는 데 얼마나 확신하는가? 무엇을 근거로 그렇게 생각하는가?

약속은 개인과 팀의 목표와 융합하라

직원들이 조직의 핵심 목표에 그들의 업무가 어떻게 기여하는지 확실하게 이해하길 원하는가? 회사의 목표가 모든 직급의 직원에게 체계적으로 주의 깊게 전달되었는지 확인하라. 그리고 모든 개인과 팀의 목표가 회사의 목표에서 나온 더 폭넓은 조직적 전략과 직접적인 연관성이 있는지 확인하라. 만약 명확한 연관성을 찾을 수 없다면, 개선하기 위해 개인과 팀의 목표를 변경하라.

피드백을 구하라

당신과 팀, 조직 전체가 얼마큼 회사의 정체성(선언문)을 따르며 일하는지 알아보기 위해 다른 사람들의 피드백을 들어볼 수 있는, 설문조사 도구를 활용하라. 이때 '서베이몽키SurveyMonkey'나 '퀄트릭스Qualtrics'와 같은 플랫폼을 이용할 수 있다. 예를 들어, 회사의 약속 중 하나가 '창의성을 소중히 여긴다'라면 응답자들에게 '우리 조직/리더는 다양한 장소에서 나온 새로운 아이디어를 지지한다'와 같은 선언문에 대한 평가를 하게 한다.

말과 행동의 차이에 책임을 져라

만약 당신이 한 말에 스스로 진실하지 않았거나 회사가 약속한 바에 진실하지 않았다면, 아마도 다른 사람들이 그 차이에 대한 결과를 짊어졌을 것이다. 권한 부여를 중시한다고 말하면서 여전히 하지 않아도 되는 일에 관여하고 있다면, 팀원들에게 의사결정권을 당신으로부터 떨어트려 달라고 요청하라. 만약 당신의 사명이나 목적이 특정 이해관계자(예를 들어 환자나 가족, 여성, 아동 등)들을 위한 것임에도 당신의 일이 그들에게 어떻게 영향을 주고 있는지 알려준 적이 없다면, 회의에서 해당 내용을 논할 수 있는 의제를 고정적으로 추가하거나 실제 당사자들을 참여시켜 함께 이야기할 수 있도록 하라. 혹은 당신의 팀이 중요한 업무에서 팀에 의존하고 있는 내부 이해관계자들을 실망시켰다면, 이를 바로잡고 필요하다면 사과하라. 말과 행동의 차이를 없애도록 하겠다는 약속을 하고, 다른 사람들에게 그에 대한 책임은 당신에게 묻도록 요청하라.

어려운 대화를 하라

어떤 회사도 완벽하지 않다. 당신의 정직한 평가는 분명 조직 내 문제가 되는 말과 행동의 차이를 드러나게 할 것이다. 그중 일부는 당신의 통제 밖에 있다. 이에 당신은 "나는 내가 통제할 수 있는 것만 통제할 수 있어."라며 문제를 무시하거나 외면할 수 있다. 혹은 회사에서도 이미 인식하고 있을지 모를 모순과 위선에 대해 논하는 자리를 마련하고, 그 어려운 대화에 임원급 동료들이나 상사들의 참여를 독려할 수도 있다. 가혹하거나 비판적인 분위기일 필요는 없다. 누구도 의도적으로 위

정직한 조직

선적이지 않을 거라 가정하며 대화에 공감하고 호기심을 가져라. 모든 사람이 알고는 있지만 피하는 어려운 대화를 시도해낸 당신의 용기는 변화의 촉매제가 될 수 있다.

실현할 더 위대한 선을 파악하라

당신의 회사가 목적이 이끄는 명분을 사명의 일부로 선언하지 않아도, 당신의 팀도 똑같이 그래야 한다는 의미는 아니다. 회계팀에 있든, 지역부서에 있든 당신은 더 멀리 볼 수 있고, 조직을 위해 변화를 이뤄내길 열망하면서 아침에 침대에서 일어날 이유를 발견할 수도 있다. 겉으로 보이는 개선에 대해 생각하지 말라. 그렇지 않으면, 목적 세탁을 하는 위험에 처할 수도 있다. 당신이 이끌거나 속한 조직이 외부의 고객이든, 내부의 이해관계자든 다른 사람들의 삶을 풍요롭게 하고 있는가에 대해 깊이 생각하라. 당신과 팀을 위해 최선의 역량으로 기여할, 설득력 있는 이유를 찾아라. 다른 누군가의 삶에 도움이 되도록 말이다.

더 큰 꿈을 꿔라

조직 내 모든 사람이 회사에 대해 당신이 말하는 것들이 신성하고 진실하다고 믿을 때, 어떤 일이 벌어질지 생각해보자. 당신의 선언을 진정으로 믿고 자신의 업무에서 구현하는 데 열정을 갖고 매일 출근한다고 가정하자. 그런 모습은 어떤 모습일 것 같은가? 지금과는 무엇이 다르겠는가? 그런 조직에서 일한다면 어떤 기분이 들겠는가? 혹은 그렇지 않은 조직에서 일하는 것은 어떻겠는가?

조직의 전략적 정체성을 규정하고 구현하는 데는 **용기와 자기 정**

직, **인내**가 요구된다. 그 일을 하지 않는다거나 이미 '충분히 근접했다' 라고 가정하는 것은 최악의 악몽 속 신문 헤드라인을 장식할 만한 위험을 감수하는 일과 같다. 일종의 '스캔들 피하기' 식으로 그 일을 정당화하는 것은 좋지는 않지만, 어떤 방식의 동기부여든 상황을 우연에 맡기는 것보다는 낫다. 하지만 당신은 **진실성**integrity을 가진 조직, 즉 말과 행동이 일치하는 회사로 보이기를 원하므로 정체성을 지키는 일에 착수하는 것은 변화를 이루기 위한 이상적인 이유다. 앞으로 당신이 하게 될 가장 힘든 일일 수도 있지만, 당신의 직업적(혹은 개인적) 삶에서 이보다 더 보람 있고 변화를 가져오는 일은 없을 거라고 약속한다.

그럼 이제 이 대화를 개인의 것으로 만들어보자. 당신의 목적을 이야기해보는 것이다!

이 장을 마치며

- 단순히 조직이 사명/비전/가치 선언문을 만든 것만으로는 충분하지 않다. 조직의 목적은 직원들의 일상적 업무에서도 쉽게 관찰되어야 한다.
- 직원들은 회사의 목적이 실행되는 것을 볼 때까지 신뢰하지 않을 것이다.
- 회사가 정체성에 대해 정직하다면 시장은 멋진 보상을 줄 것이다. 목적이 이끄는 기업은 혁신적인 해결책을 내놓는, 신뢰할 수 있고 동기가 부여된 직원들을 통해 경쟁사보다 더 뛰어난 재무 성과를 낸다.

- 시장과 직원은 위선을 점점 더 용납하지 않는다. 회사의 말과 행동이 일치하지 않을 때, 성과와 직원참여도는 악화될 것이다.

- 목적 세탁은 아무런 결과도 얻을 수 없으며, 심지어 기존 문제를 더 악화시킬 수 있다. 목적에 대한 새로운 약속은 새로운 인센티브 프로그램, 성과 평가 기준 및 선정 과정 등의 구조적 변화들을 통해 뒷받침할 필요가 있다.

- 기억하라. 작은 승리도 중요하다. 작은 개선들도 더 강한 수준의 정직함으로 이어질 수 있다.

- 말과 행동을 일치시키기 위해서 당신과 팀이 개선할 수 있는 방법, 잘하고 있는 부분과 부족한 부분 등에 대해 직접적으로 대화하는 기회와 관행을 만들어야 한다.

Chapter 3.

목적이 있는 길에서는
미끄러지지 않는다

깨달음의 이야기:
목적이 이끄는 삶

1987년 6월, 앨라배마 출신의 흑인 벌채업자 월터 맥밀리언Walter McMillian은 18세의 백인 세탁소 직원 론다 모리슨Ronda Morrison을 살해한 혐의로 기소됐다. 실제로 살인이 일어난 시간에 그는 알리바이를 보증할 수 있는 증인 여러 명과 11마일 떨어진 곳에서 파티를 하고 있었다. 하지만 이 사실은 앨라배마의 사법 시스템이 그를 유죄로 무리하게 몰아붙이는 시도를 막을 수 없었다. 정의가 실종된 채로, 이미 사형 선고가 결정된 듯 맥밀리언은 사형장이 있는 호먼주립교도소로 보내졌다. 그리고 1988년 8월 15일에 열린 최종 재판은 하루 반밖에 걸리지 않았다. 재판은 흑인이 압도적으로 많은 카운티에서 주로 백인들이 거주하는 카운티로 옮겨졌다. 증거가 매우 불충분하고, 전문 범죄자들의 참고 증언도 강압에서 나온 것이었음에도 그는 1급 살인죄로 종신형을 선고 받았다. 선고가 이뤄졌을 때, 재판장 로버트 리 케이 주니어Robert

E. Lee Kay, Jr.는 매우 불리한 제도로 논쟁의 대상이 된 '재판관 우선권 judicial override'을 활용해 배심원들이 추천한 양형인 종신형을 무시하고, 맥밀리언에게 사형을 선고했다.[1]

맥밀리언이 체포되기 4년 전, 하버드대학 로스쿨에 다니던 23세의 흑인 학생 브라이언 스티븐슨Bryan Stevenson은 유색인종과 빈곤층의 시민권을 보호하기 위해 설립된 비영리기관인 남부 죄수 변호위원회Southern Prisoners Defence Committee(이하 SPDC)에서 인턴으로 일하고 있었다. 그가 맡은 첫 업무는 조지아주에서 사형 집행을 기다리는 헨리라는 이름의 죄수를 만나 집행일이 아직 정해지 않아서 이듬해에는 사형이 집행되지 않을 거라는 소식을 전하는 일이었다. 전해 줄 유일한 소식이 사형 집행일이 아직 공식적으로 정해지지 않았다는 이야기라는 걸 헨리가 좋아할 리 없다고 생각한 스티븐슨은 말을 하면서 극도로 불안해했고, 말까지 더듬었다. 하지만 헨리는 순수하게 기뻐하고 좋아했다. 곧 죽게 될 상황에서 가족들을 대면하기가 두려웠던 그는 계속 면회를 피하고 있었다. 그런데 이제 그는 가족을 봐도 되겠다고 생각한 것이다. 당시 스티븐슨은 살면서 무엇을 하고 싶은가를 고민하고 있었고, 자신이 진정 변호사가 되고 싶은지 확신하지 못했다. 하지만 부당하게 기소되고 억울하게 유죄 판결을 받은 흑인들을 대변하면서 일한 그때의 짧은 시기는 그의 삶의 여정을 바꿔놓았다.[2]

스티븐슨은 델라웨어의 시골에서 가난하게 자랐고, 초등학교 2학년까지 인종차별을 경험했다. 심지어 미국 민권법이 통과된 후에도, 그는 입법으로 끝내고자 했던 불공정과 부당한 대우를 경험했다. 뿐만 아니라 개인적으로도 깊은 비극으로 고통 받았다. 그가 열여섯 살이었을 때 할아버지가 필라델피아 자택에서 살해당한 것이다. 할아버지를 살해한 자들은 종신형을 선고 받았다. 마음의 고통과 상실을 견디는 데 그의 신앙에서 나온 깊은 원칙들이 요구됐던 만큼, 할아버지의 죽음은 스티븐슨의 삶에 큰 영향을 미쳤다. 후에 그는 《피플》 인터뷰에서 이렇게 말했다. "할아버지가 나이 드신 분이었기에 그의 죽음이 특히 잔인해 보였다. 하지만 나는 복수보다 구원을 중시하는 세상에서 자랐다."[3] 실제로 스티븐슨은 그의 삶 전부를 구원에 헌신했다. 1985년에 하버드대학을 졸업한 후, 그는 지금은 남부 인권 센터Southern Center for Human Rights로 이름을 바꾼 SPDC에서 상근직 변호사로 합류하기 위해 애틀랜타로 이사를 갔고, 앨라배마주의 사업 운영을 담당하게 됐다. 그곳에서 그가 발견한 위기는 두 가지였다. 첫째, 약 100명이 사형 집행을 기다리는 앨라배마주는 미국 내에서 사형 선고를 받은 죄수의 수가 가장 빠르게 증가하는 곳이었다. 둘째, 앨라배마주에는 국선 변호인 시스템이 없었다. 이는 대부분 흑인과 빈곤층인 엄청난 수의 죄수들이 어쩌면 부당하게 판결된 것인지도 모를 사형 선고를 받아도 그들을 대변해줄 사람이 전혀 없음을 의미했다.

스티븐슨은 변호를 받지 못하고 유죄 판결을 받은 여러 명의 죄수를 방문하다가 우연히 맥밀리언과 만났다. 자신의 결백에 대한 맥밀리언의 감정적인 주장은 스티븐슨의 마음에 반향을 일으켰고, 그의 무죄를 밝히기 위한 두 사람의 길고 긴 여정이 시작됐다. 1990~1993년 동안 앨라배마주 형사 항소 법원은 검사가 법을 위반했다는 충분한 증거가 있었고, 유죄 판결을 받은 범죄자들의 허위로 강제된 증언 외에는 맥밀리언의 유죄를 증명할 증거가 없었음에도 그의 항소를 네 차례나 기각했다. 그리고 1993년 2월, 다섯 번째 항소에서 마침내 법원은 앨라배마주가 그에게 적법 절차를 부인했다고 판결했고, 새로운 재판을 위해 그의 사건을 하급법원으로 환송했다. 그 다음 주에 스티븐슨은 모든 혐의를 기각할 것을 청구했고, 1993년 3월 2일에 맥밀리언은 혐의에서 벗어났다.

일찍이 스티븐슨은 1989년에 불법적으로 유죄 판결을 받거나 형을 부당하게 선고 받은 사람들을 위해 법률 대리인의 역할을 해주는 비영리기관 '이퀄 저스티스 이니셔티브Equal Justice Initiative'를 설립했다. 맥밀리언의 사건은 이 기관이 판결 번복을 도운 수많은 사례 중 하나가 됐다. 치매로 고통 받는 유죄 판결된 죄수들을 보호하라는 2019년의 판결을 포함해 그는 수많은 사건을 두고 미국 대법원에서 다퉜고 승리했다. 2012년에는 17세 이하의 모든 아동에 대해 가석방 없는 의무적인 종신형을 금지하는 역사적인 판결도 받아냈다. 그와 그의 팀은 사형 집행을 기다리는, 부당하게 유죄 판결을 받은 135명이 넘는 죄수들을 위해 파기, 구제, 석방을 얻어냈다. 그리고 부당하게 형을 선고 받거나 억울하게 유죄 판결을 받은 수백 명의 사람을 구제했다.[4] 스티븐슨의 이야기와 맥밀리언과의 일은 그가 쓴 《월터가 나에게 가르쳐 준 것》에 연대기순으로 기록돼 있다.

스티븐슨은 수많은 억울한 유죄 선고에 불공정이 깔려 있다고 믿었다. 그는 여러 차례 이렇게 말했다. "우리의 사법 정의 시스템은 당신이 가난하고 죄가 없을 때보다 당신이 부자이고 죄가 있을 때 더 잘 대우해준다. 과실이 아닌 부가 결과에 영향을 미친다." 거기에 더해 스티븐슨은 수십 년 동안 아프리카계 미국인들이 직면했던(지금도 여전히 직면하고 있는) 폭력 문제를 조명했다. 이는 2018년에 평화와 정의를 위한 국립기념관National Memorial for Peace and Justice 개막식 연설에서도 다뤘다. "(이곳은) 노예가 된 흑인들의 유산이자 린치로 테러를 당한 사람들, 인종차별과 '짐 크로Jim Crow'로부터 굴욕을 느끼는 아프리카계 미국인들, 지금 현재 유죄 추정의 원칙과 경찰 폭력으로 고통 받는 유색인종에게 헌정된 미국 최초의 기념관입니다."5

스티븐슨의 이런 놀라운 여정을 이끌어낸 가장 결정적인 영향 중 하나는 그가 인턴이었을 때 헨리를 만난 첫 면회의 마지막 순간이었다. 《월터가 나에게 가르쳐 준 것》을 보면, 그들이 만난 독방에서 한 교도관이 몸에 족쇄가 채워진 헨리를 밀치더니 갑자기 면회를 중단시켰다고 회상한다. 헨리는 스티븐슨을 다정하게 쳐다봤고, 곧 흔히 어린 시절에 교회에서 부르는 찬송가를 부르기 시작했다. 면회가 끝난 후, 스티븐슨은 그의 삶을 바꿔놓은, 그 만남이 가진 영향력을 곰곰이 생각했다. 그리고 새롭게 발견한 목적을 가슴에 품고 학교로 돌아왔다.

나는 헨리가 나의 부족함을 기꺼이 용인해줄지 불안과 공포를 느끼며 감옥으로 갔다. 그가 동정심이 있거나 친절할 거라고 기대하지 않았다. 유죄 판결을 받고 사형 집행을 기다리는 남자에게 어떤 것도 기대할 권리가 내게는 없었다. 그런데 그는 나에게 인간성의 놀라운 기준을 제공해주었다. 그 순간, 헨리는 인간의 잠재력과 구원, 희망에 대해 지금껏 내가 이해해온 바의 일부를 바꿔놓았다.

내가 본 차별과 불평등을 계량화하고 분석하는 기술을 개발하는 일은 시급하고 유의미한 일이었다. 사형 집행장에서 보낸 짧은 시간은 우리가 사법 시스템하에서 사람들을 대하는 방식에 무언가를 놓치고 있음을 깨닫게 했다. 그리고 어떤 사람들을 부당하게 판단하고 있다는 사실도 말이다. 그 경험을 고찰하면 고찰할수록, 나는 평생을 사람들이 어떻게, 그리고 왜 불공정한 대우를 받는지 의문을 가진 채 살아왔음을 깨닫게 됐다.[6]

평소 주변에서 가장 심오한 영향을 미친 사람이 누구냐고 물을 때마다 나는 스티븐슨의 이름을 답한다. 나에게 그의 삶은 목적이 이끄는 정직한 삶을 산다는 것이 어떤 모습인지를 깨닫게 하는 탁월한 예다. 타인을 위한 그의 헌신과 인내, 희생, 고통은 지극히 일부라도 따를 수 있다면 따르고 싶은 표본이다. 변호 받지 못한 사람들을 위한 평등과 정의는 40년 넘게 그의 삶의 기준으로 남아 있다.

나는 무엇을 위해 일하는가

종종 마크 트웨인의 말로 오해 받는 유명한 인용구가 있다. "삶에서 가장 중요한 두 날은 태어난 날과 태어난 이유를 발견한 날이다." 이는 '내가 왜 여기에 있는가?'라는 영원한 실존적 질문에 관한, 우리의 뇌리에서 떠나지 않고 반복되는 선율 같다. 슬프게도 많은 사람이 그 해답을 찾기 위해 평생을 보낸다.

나는 비교적 경력 초기에 깊은 목적의식을 찾았다는 점에서 운이 좋았다. 신기하게도 그 이유는 내가 목적을 '잘못' 선택한 덕분이었다. 원래 나는 공연 예술 분야에서 경력을 시작했고, 뉴욕시의 명망 있는 학교에서 그 기술을 익히기 위해 성실하게 공부했다. 예술가가 되기를 열망하는 사람 대부분이 돈에 쫓기며 사는 것과 달리, 다행히도 배운 것들로 생계를 꾸릴 수 있었다. 그러다 점점 나를 갉아먹는 불안감을 느끼며 고통을 겪었다. 당시에는 몰랐지만, 나는 '지루함'에 압도 당했던 것 같다. 일주일에 여덟 차례씩 같은 공연을 반복하는 일은 누군가에게는 꿈이었지만, 내게는 단조로움의 종신형처럼 느껴졌다. 그래서 뉴욕시를 잠시 떠나 예술을 교육의 매개체로 활용하는 한 비영리기업과 전 세계를 여행하기로 결심했다. 앞으로 작업하게 될 여러 일들과 관객의 다양성 덕분에 결코 지루하지 않을 거라는 확신이 섰다. 무엇보다 전 세계를 여행할 수 있는 기회는 평생에 한 번 가질 수 있을까 싶은 특혜로 느껴졌다.

그 기업은 미국의 주 정부 및 국방부와 계약을 맺었다. 1980년대 중반, 독일이 통일되고 철의 장벽이 무너지기 전에 나는 미국과 독일의 군인과 장교, 주 정부 공무원, 그들의 가족들 그리고 일반 민간인이 포함된 매우 이질적인 그룹을 위한 프로그램을 운영하면서 당시 서독에서 일하고 있었다. 다양성과 포용이라는 용어는 당시에 존재하지 않았지만, 만약 있었다면 그 프로그램의 명칭에 포함되었을 것이다. 프로그램은 과거 나치의 강제수용소였던 다하우에 있는 교회에서 열렸다. 참가자들은 증오의 상징인 '죽음의 수용소' 안에 자리한 사랑과 연민을 상징하는 장소인 교회에서 차이를 용인하는 문제에 대해 이야기하는 프로그램이 진행되는, 복잡하고 난해한 모순을 인지하고 있었다. 시작된 토론 중에 한 젊은 미국 군인이 조심스럽게 일어서더니 용기를 내서 "증오하도록 훈련 받는 것이 저는 그저 너무 힘듭니다."라고 말했다. 방 안은 갑자기 조용해졌고, 토론을 진행하던 나는 충격을 받았다. 처음엔 우리가 하던 것 중 무엇이 그에게 그런 생각을 하게 만들었는지 의아했다. 잠시 후, 우리는 감정적이고 진실한 토론을 이어가며 그의 감정에 대해 다뤘다.

그 군인에 대해 더 알고 싶었던 나는 프로그램이 끝난 후 맥주를 한 잔 하겠냐고 물었다. 그리고 우리는 조국을 위해 싸워온 그의 경험과 입대한 이유, 자랑스럽게 생각하는 점과 고통스러운 점 등 몇 시간 동안 이야기 나눴다. 듣다 보니 그가 타인을 만나면 우선은 적으로, 그 다음에야 인간으로 보도록 강요받았다고 느꼈다. 또 그는 자신의 가치와 살상 훈련 사이에서 심한 내적 갈등을 겪고 있었다. 나는 프로그램이 그의 내면에 미친 영향들에 매혹됐고 끝없는 궁금증을 느꼈다. 그날 이후, 내 마음은 내 일에 대한 완전히 새로운 관점으로 불타올랐다. 헨리와 처음 만난 후의 스티븐슨처럼, 나는 그 대화가 내 삶의 경로를 바꿔놓았다는 걸 알았다. 그저 어떻게 바꿔놓았는지를 최소한 그때까지는 알지 못했을 뿐이다. 내가 결론을 내릴 수 있었던 것은 '위대한 이야기를 다루는 일은 흥미롭다. 반면 사람들이 자신의 이야기를 할 수 있는 기회를 갖게 하는 일은 영감을 불러일으키고 생기를 갖게 한다'라는 것뿐이었다. 그리고 나는 그 일을 하면서 결코 지루함을 느끼지 않을 것

정직한 조직

이란 걸 알았다. 실제로 거의 40년 동안 나는 지루함을 느끼지 않았다.

우리 모두에게는 삶의 궤적을 정하는 결정적인 순간이 있다. 그 신호를 읽고 따를 때도 있지만, 그저 직진하며 지나칠 때도 있다. 자기계발서와 비즈니스 자료들에는 삶의 목적을 발견하기 위한 공식과 도구들로 가득하다. 마치 목적을 발견하는 일이 어려운 수플레 레시피를 따라하는 것과 비슷하다는 암시를 준다. 어렵게 보이지만 지침대로만 따른다면 실패하지는 않을 거라는 식이다. 하지만 이보다 더 진실과 거리가 먼 이야기는 없을 것이다. 당신의 목적을 발견하는 일, 그리고 그것을 당신이 속한 조직의 더 큰 목적과 연결하는 일은 **현재진행형** 활동이다. 반드시 시행착오가 따르는, 녹록치 않은 과정이다. 승리의 순간도 있다. 최선을 다해 일하거나 자랑스러움을 느끼거나 열심히 개발한 자질과 개발을 활용해 사람들에게 변화를 가져다주는 순간들이 그렇다. 그리고 역경들도 있다. 가슴 아픈 실패의 순간들, 끔찍한 상사, 결코 정복할 수 없을 것 같은 기술을 함양하려는 끝없는 분투, 당신의 열정과 기여를 알아봐줄 누군가가 나타날 때까지 묵묵히 노력하는 수년의 시간 그리고 무언가 모자라고, 방향성이 없고, 허망하다고 느끼면서 보내온 어둡고 외로운 수많은 밤들이 그것이다. 이 모두가 목적을 찾고 실행하기 위해 나아가는 여정의 일부다. 이런 순간들은 모두 필요하다. 그리고 당신이 의미 있는 만족스러운 삶을 살고 싶다면 모두 가치가 있다.

다만, 목적의식을 가지고 살겠다는 당신의 결심은 일찍, 그리고 자주 시험에 놓이게 될 것이다.

목적이 시험대 위에 오를 때

약 350명의 사람들로 가득 찬 회의실에서 마지막 세션인 '개인적인 일로 받아들이기: 우리의 가치 수용하는 법 배우기'가 시작됐다. 29세라는 많지 않은 나이에 나는 회사의 문화를 새롭게 정의하는 과제를 맡은 팀의 일원으로 일했다. 모든 직원에게 이 새로운 가치들이 앞으로 우리의 행동에 어떻게 영향을 미칠 것인지에 관한 안내서가 배포됐다. 거대한 파괴적 혁신에 직면해 있는 에너지 산업 분야 회사가 팀워크와 혁신 같은 가치에 새롭게 집중한다는 것은 직원들에게 함께 일하고 성공적으로 변화를 헤쳐 나갈 새로운 방식을 촉구할 것임을 의미했다.

나는 안내서를 활용하는 방법에 대해 발표했다. 질문하는 시간이 되자, 한 직원이 물었다. "당신은 솔직하게 이 책이 사람들의 행동 방식을 바꿔놓을 거라고 생각합니까? 내 말은, 오늘 현재 이 책과는 전혀 다르게 행동하는 공장 사람들 말입니다. 실제로 그 사람들이 신경이나 쓸 거라고 생각하세요?" 첫 번째 줄을 흘깃 보니 CEO와 그의 팀이 내가 어떻게 대답하는지 지켜보고 있었다. 내 손바닥에는 땀이 흘렀다. 나는 CEO가 직접 마이크를 잡고서 새로운 가치들을 창안한 후에 그가 우리 팀에 해준 것과 같은, 설득력 있는 연설을 해주기를 간절히 원했다. "나는 이 가치들을 모든 직원에게 **개인의 문제**로 만들 생각입니다." 그는 이 말을 강조했고, 실제로도 그렇게 했다.

내가 막 대답을 하려고 할 때, 이 프로젝트에서 가장 기억하는 순간이 떠올랐다. 지난 1년간 일을 진행해오는 동안 나는 처음으로 아빠가 됐다. 한창 중요한 마감일이 다가오고 있던 시기였다. 며칠 후, CEO가

정직한 조직

직접 전화를 걸어왔다. 나는 일의 진행 상황과 마감일에 대해 물으려는 연락이라고 생각했다. 불안한 마음으로 전화를 받고서 진행 중인 일에 대해 어설픈 설명을 시작했다. 몇 마디 하기도 전에 그는 너털웃음으로 내 말을 끊더니 이렇게 말했다. "내가 전화한 이유는 그게 아니네, 론. 나는 그저 자네와 부인, 아들이 잘 지내고 있는지 확인하고 싶었다네. 몇 가지 복잡한 일이 생겼다고 들어서 걱정을 했지." 그 순간, 그는 내가 리더에게서 이제껏 보지 못했던 유형의 진실성을 보여줬다. 그렇게 그는 우리 팀을 위한 마감일을 2주 연장하겠다는 말로 통화를 마무리했다. 우연히도 안내서에서 내가 작업 중인 부분이 진실성에 관한 부분이었고, 제목은 '우리의 행동은 말과 일치한다'였다.

인내심 없는 청중들의 쏘아보는 눈빛 덕분에 나는 회상에서 깨어났다. 그리고 마음을 단단히 먹고 냉소적인 직원의 질문에 대답했다. "자, 누구도 이런 문화적인 변화가 쉬울 거라고 믿지 않습니다. 하지만 우리는 이 일을 해야 합니다. 우리 회사를 다시 자랑스러워하고 싶다면, 또 산업의 변화에 맞춰 다르게 경쟁하는 법을 배우고 싶다면 우리는 이 새로운 가치들을 따라야 합니다. 그리고 우리가 함께 동참한다면 이 모든 일이 가능하게 만들 수 있다고 믿습니다." 눈을 돌려 다시 CEO가 앉은 쪽을 흘깃 보니 미소 짓는 모습이 보였다. 나는 임무를 잘 완수했다는 생각에 안도의 한숨을 내쉬었다. 하지만 마음속 깊은 곳에서는 큰 문제가 있다는 사실을 알고 있었다. 바로 지금 막 350명의 사람들을 향해 거짓말을 했다는 것이다. 심지어 그들도 모두 그 사실을 알았다.

CEO는 진정으로 새로운 가치들이 이끄는 삶을 믿는, 선하고 원칙을 지키는 사람인 반면, 안타깝게도 그의 팀원들은 그렇지 않았다. 일부는 입에 발린 말을 했고, 다른 일부는 뒤에서 그를 조롱했다. 게다가 우리 회사의 나머지 사람들에게는 그런 변화를 이룰 수 있는 능력이 없었다. 나는 이 사실을 모두 알고 있었다. 또 회사의 아홉 개의 공장과 두 개의 지역 본부에는 상당한 분열이 존재했다. 산업 규제가 철폐되고 환경과 관련된 저항이 커지면서 현재 회사의 고객 기반과 고객에 서비스를 제공하는 방법이 크게 달라졌다. 그리고 우리가 제안한 안내서의 내용으로는 이런 근본적인 문제들 중 무엇도 해결할 수 없었다. 사실상 우리 팀은 그저 요란스러운 로드쇼 투어에서 멋진 안내서가 딸린 새로운 가치들을 배포하는 중이었다. 1년이 넘는 시간 동안 회사를 위한 '꿈의 문화'를 규정하는 고된 작업을 해왔지만, 이 작업은 어떠한 의미 있는 변화를 이끌어내지는 못할 터였다.

지금 당신은 이렇게 생각할지도 모른다. '하지만 그 일들 중 어떤 것도 당신의 잘못은 아니다. 그런 입장에 놓이게 된 것 자체가 공정하지 않다. 애초에 당신에게는 그 모든 일에 대한 통제권이 없었으니까. 누가 봐도 어렵고 난처한 상황에서 그저 최선을 다해 질문에 답한 것뿐이다.' 일부는 사실일 수 있다. 그리고 내가 굳이 거짓말을 했던 이유를 부분적으로 설명할 수도 있다. 하지만 거짓말을 한 일 자체는 용인할 수는 없다.

바로 그 몇 개월 전에, 나는 삶의 경로에 깊은 영향을 준 멘토에게 이끌려 '개인 사명 선언문 쓰기'라는 워크숍에 참석했다. 재촉해서 가기는 했으나 솔직히는 시간 낭비라고 여겼다. 이런 오만함과 미성숙함은 전혀 잘못된 생각이었다. 워크숍이 끝날 때쯤 나는 노트북 뒤에 이런 말을 써넣었다. '변화의 위대한 촉진자가 될 것. 다른 위대한 변화의 촉진자를 탄생시키는 일에 기여할 것.' 이후 30년 동안 내 삶의 기준이 될 말을 남긴 것이다. 그 뒤로 경력을 걱정하며 중요한 교차로에 서 있을 때면, 그 기준은 나에게 명료하고 확실한 길을 안내했다.

사람들로 가득 찬 방 앞에 서서, 내 삶의 기준과 모순된 일을 한 순간 나는 내가 해야 할 일이 무엇인지 알았다. 내 목적에 진실하고 싶다면, 나는 더 이상 그 회사에서 일할 수 없었다. 의도는 좋았지만, 회사의 이중성이 부정직한 선택을 하는 상황에 나를 처하게 했으니 말이다. 나야말로 이 책에서 소개한 연구 결과의 살아 있는 사례였다. 회사의 말과 행동이 일치하지 않을 때, 사람들이 부정직해지고 불공정하게 행동할 가능성이 **3배** 더 높다는 통계 말이다. 즉시 떠나지 않으면 다시 타협을 선택할까 두려웠다. 그래서 나는 회사를 떠났다.

Q. 만일 당신이 나였다면, 어떻게 답했겠는가? 당신이 나의 멘토였다면 어떻게 하라고 조언해주었을까? 말하자면, 내가 무엇을 다르게 행동해야 한다고 생각하는가?

내가 경험한 그 순간에서 인간이 타고나는, 근본적이면서도 종종 서로 충돌하는 두 가지 욕구가 드러났다. 첫째, 우리 마음속 깊이 자리한, **중요한 존재가 되고 싶다**는 욕구다. 사람이면 누구나 자신의 존재에 중요성이 있다는 사실을 알고 싶어 한다. 둘째, 이 욕구가 채워지지 않으면 우리는 **중요한 존재처럼 보이고 싶다**는 욕구에 매달린다. 다른 사람들에게 똑똑하고, 잘 어울리고, 능력 있고, 좋은 사람처럼 보이려는 것은 전자의 욕구가 충족되지 않을 때 우리가 좇는 욕구가 된다. 그리고 이 둘을 혼동할 때, 타협하는 선택이 너무나 쉬워지고, 당신은 미끄러운 비탈길로 발을 내딛게 된다. 그 비탈길에서 물러서지 않는다면 어떤 일이 일어날까? 우리는 떨어져 내려갈 것이다.

정직한 직원을 사기꾼으로 만드는 비탈길

저명한 행동경제학자 댄 애리얼리Dan Ariely는 사람들이 부정직해지는 환경과 조건을 알아보는 연구에 오랜 경력을 바쳤다. 그가 쓴 《거짓말 하는 착한 사람들》에서 소개한, 한 실험에서 사람들을 세 그룹으로 모은 다음, 각각 풀어낼 과제를 배정했다. 1.82 혹은 2.63과 같은 분수가 적힌 격자판에서 더하면 10이 되는 숫자들을 찾아내는 산술적 매트릭스 문제였다. 과제를 수행하는 중에 첫 번째 그룹에는 가짜 패션 액세서리를 채워주며 그 사실을 알려줬고, 두 번째 그룹은 똑같은 하이엔드high-end 브랜드의 진품을 차게 했다. 세 번째 그룹에는 그들이 차고 있는 액세서리가 어느 쪽인지 알려주지 않았다. 이 실험 결과는 놀라운 성찰을 제공한다. 사실 이 실험은 과제 점수 결과에 따라 보상이 주어졌고, 각 피실험자가 자신의 점수를 자체 보고하는 방식이었다. 가짜 액세서리를 차고 있다는 걸 안 사람들은 배정된 과제에서 실제 점수보다 결과를 71퍼센트 더 높게 보고한 반면, 진품 액세서리를 착용한 사람들은 그들의 성과를 30퍼센트 높게 보고했다. 그리고 중립 그룹에 있던 사람들은 42퍼센트 더 높게 보고했다.

애리얼리의 결론은 일단 사람들이 그들이 **거짓의 방식**으로 행동해왔음을 알게 되면 도덕적 제약이 느슨해지고, 계속해서 부정직의 경로를 택하기가 더 쉬워진다는 것이다. 그는 이렇게 설명했다.

사회과학자들은 이를 **자기신호화**self-signaling라고 부른다. 자기신호화 뒤에 자리한 기본적인 아이디어는 우리가 생각을 하는 존재이지만 정작 우리 자신이 누구인가에 대해 매우 명확한 개념을 갖고 있지 않다는 것이다. (…) 우리는 타인의 행동을 관찰하고 판단하는 방식으로 자기 자신을 관찰한다. 자신의 행동에서 나는 누구이며 무엇을 좋아하는가를 추론하면서 말이다.[7]

사람들은 잘못된 걸 알면서도 남을 속이는 방식으로 행동할 때 자신이 부정직하다고 여긴다. 이는 기회가 생겼을 때 더 부정직한 선택을 하기 쉽게 만든다. 불분명하게 예측하기, 실수 축소하기, 고객과 불공정한 거래 협상하기에서 뇌물 받기와 같은 더 심각한 선택까지 계속하다 보면 결국에는 그저 **괜찮아** 보인다.[8] 대부분의 사람이 처음부터 그런 부정직한 결정을 내리지는 않는다. 부정직한 선택에 익숙해지는 지점에 도달하려면 시간과 점점 더 느슨해지는 제약이 요구된다.

애리얼리와 인터뷰를 했을 때 그는 내게 이렇게 말했다. "우리에게 미끄러운 비탈길은 있지만 미끄러운 오르막은 없습니다. 일단 어떤 환경이 부정직성을 끌어들였을 때, 뉴노멀new normal이 확산됩니다." 직원들이 조직의 가치와 다른 동료의 일상적 행동 사이에 모순을 목격했을 때, 자연스럽게 자신도 그런 기만에 연루된 것처럼 느낀다. 이런 감정은 직원들이 조직의 가치뿐 아니라 자신의 가치와도 모순된 방식임을 알면서도 행동할 때 더욱 강화된다. 예를 들어, 고객 서비스 담당자가 화가 난 고객에게 반복적으로 응대할 암기 스크립트를 받았을 때, 그들은 (좋은) 서비스라는 회사의 공식 약속을 개인적으로 위반한다고 느낀다. 누구나 상품에 불만을 느끼고 고객 서비스 문의 전화를 걸어본 적 있을 것이다. 그리고 이런 모욕적인 답변도 들어봤을 것이다. "제게는 그 문제를 해결할 권한이 없습니다. 저는 관련 방침을 만들지 않습니다. 그저 규칙을 따를 뿐입니다. 죄송합니다. 하지만 그것이 회사의 정책입니다." 결함이 있는 제품이나 형편없는 서비스에 실망했을 때, 무력화된 콜 센터 직원에게 연민을 느끼기는 어렵다. 하지만 '우리 고객은 사업의 가장 중요한 존재이며, 고객을 섬기는 것은 특권이다'라고 적힌 포스터를 쳐다보면서 하루도 빠짐없이 그런 말을 하는 것이 그 직원에게 어떻게 느껴질지 상상해보라. 회사가 어떤 사명을 선언해놓고 다르게 행동을 한다면, 이는 직원들이 스스로를 사기꾼처럼 느끼게 만드는 일이다. 이는 사람들을 사기꾼처럼 행동하게 만드는 '**미끄러운 비탈길**'이다. 애리얼리는 이런 말을 덧붙였다. "만약 당신이 기본적으로 정직한 사람을 뽑아서 부패한 사람이 운영하는 시스템에 놓이게 했다고 가정해봅시다. 그들은 결국 순응합니다. 더 많은 거짓말을 하고, 도둑질을 시작하죠. 이 사실은 상황과 환경의 힘을 드러냅니다."

내가 진행한 연구도 이 사실을 증명한다. 컨설팅 의뢰를 빈아 방문했던 한 전문 서비스 기업에서 인터뷰 대상자들은 조직 내 여성들과 부정한 관계를 빈번히 갖는 남성 시니어 임원에 대한 이야기를 들려줬다. 여성들은 그 대가로 '자격이 없는' 승진을 했다. 이 회사는 분야 산업에서 매우 성공한 곳이었지만 내부 상황은 재앙이었다. 한 임원은 내게 이렇게 고백했다. "우리는 고객에게 회사를 신뢰해도 된다고 힘주어 말합니다. 고객들이 우리에게 의존하게 된 것은 업계 어디에서도 찾아볼 수 없는 가장 정직하고 신뢰할 수 있는 분석 때문이라고요. 하지만 저는 어느 사업부에서 그들의 분석 중 일부를 조작해 그런 신뢰에 대한 무모한 모험을 해왔다는 사실도 압니다. 만약 고객이 우리 조직 내부에서 벌어지는 일을 알게 되어도 여전히 신뢰할지 의심스럽습니다. 조직 내 모든 사람이 출세하는 방법을 압니다. 부적절한 관계를 가져서 최고의 자리까지 올라가거나 그 짓을 해온 사람들을 찾아가 폭로하겠다고 협박할 수도 있겠죠. 한번은 상관에게 별 생각 없이 CEO가 어느 늦은 밤에 내 동료와 함께 사무실을 떠나는 모습을 봤다고 말했는데 바로 직후인 작년에 저는 승진을 했습니다. 그리고 저는 제가 정확히 무슨 짓을 했는지 알고 있었습니다. 당연히 그런 행동을 하고 난 후엔 스스로 역겹다고 느꼈습니다. 하지만 급여가 올랐을 때 저는 극복했죠. 결코 넘지 않겠다고 맹세한 선을 결국 넘었습니다. 언젠가는 이 모든 일들로 우리 주변이 무너져 내릴 겁니다."

애리얼리는 이런 현상을 '될 대로 되라고 해' 효과라 부른다. 기만 행위에 가담한 것처럼 느끼는 사람들은 이윽고 이렇게 결론을 내린다. "될 대로 되라고 해. 이미 난 사기꾼이야. 할 수 있는 한 그 일에서 최대로 얻어내는 편이 나을지도 몰라." 이중성의 태도는 대개 수치심으로 이어지기 때문에 부정직성을 더 발전시키는 장이 마련된다. 어느 누구도 자신이 거짓된 삶을 살고 있다고 느끼는 것을 좋아하지 않는다. 그리고 그런 일이 벌어졌을 때 우리는 **타고난 수치심**을 느낀다. 앞서 인터뷰 대상자의 발언에 주의를 기울여보라. "그런 행동을 하고 난 후엔 스스로 역겹다고 느꼈습니다. 하지만 급여가 올랐을 때 저는 극복했죠." 행동에 관한 수많은 연구는 사람들이 수치심을 느낄 때 수치스러운 행동을 **계속할** 가능성이 더 높아진다는 사실을 보여준다. 굳건한 자기 정직을 함양하는 일, 즉 자신의 믿음과 원칙에 **스스로 진실**하다는 것은 그 가치들을 시험하는 환경을 헤쳐 나갈 때 핵심이 된다. 기만의 유혹이 살아남으려 애쓰는 유일한 환경은 구성원 모두가 자신의 일이 중요하다고 믿고, 자신의 기여에 대해 자랑스러운 목적의식을 느끼는 상태다. 그런 환경 속에서 부정직성의 손짓은 전혀 의미 없다.

그러면 당신 자신과 주변 사람들을 위해 이런 환경을 어떻게 만들어낼 것인가?

마이크로소프트 CEO가 취임 후 가장 먼저 한 일

2014년, 사티아 나델라Satya Nadella가 마이크로소프트의 CEO로서 이 왕국을 차지했을 때, 그가 물려받은 것은 매우 개인주의적이고 비관적인 직원들의 분열되고 경쟁적인 문화였다. 회사의 주가는 수년간 거의 정체 상태였고, 회사는 경쟁 기반을 잃어가고 있었다. 나델라는 취임 연설을 위해 무대로 올라간 당시의 기억을 이렇게 회상했다. "나는 프레젠테이션을 기다리는 청중 속에서 마이크로소프트 직원들의 수백 개의 눈동자를 들여다본 일을 생생하게 기억한다. 그들의 얼굴은 희망

정직한 조직

과 흥분, 긴장으로 혼재된 에너지, 좌절의 기색을 반영하고 있었다. 나처럼 그들도 세상을 바꿔보려고 이곳에 왔지만 지금은 우리 회사의 정체된 성장에 좌절하고 있었다. 그들은 경쟁사로부터 구애를 받고 있었다. 무엇보다 가장 슬픈 일은 회사가 영혼을 잃어가고 있다고 느낀 직원들이 많았다는 점이다.[9]

그는 취임 첫해의 대부분을 전 세계에서 근무하는 10만 명이 넘는 마이크로소프트 직원들의 이야기에 귀를 기울이며 보냈다. 그들의 좌절과 꿈에 대해 들었고, 회사가 바꿔야 한다고 믿는 것 그리고 CEO가 지켜주기를 원하는 것에 대해 들었다. 이후 나델라는 고위 임원팀에 다음의 질문에 답해보라고 요구했다. "우리가 내년 말에 사명을 추구하는 데 실패했다는 이유로 법정에서 재판을 받는다면, 유죄를 선고 받을 충분한 증거가 있을까요?" 그는 단순히 흥미로운 이야기를 나누는 것만으로는 충분치 않다고 생각했다. 자신을 포함해 모든 직원이 그 생각들을 행동으로 옮겨야만 했다. 직원들은 하고 있는 모든 일이 어떻게 조직의 사명과 야망, 문화를 강화하는지 살펴본 후 그와 똑같이 움직여야 했다.[10]

나델라의 목표가 회사만이 사명과 목적을 구현하는 것이 아니라 직원들도 그렇게 하도록 이끄는 것임에 주목하자. 전 직원에게 보내는 이메일에서 그는 '**우리**'라는 차원으로 조직을 결집시켰다. '혁신을 가속화하기 위해서 우리는 우리의 영혼, 우리의 고유한 핵심을 재발견해야 합니다. 우리 모두 오로지 마이크로소프트만이 세상에 기여할 수 있는 것, 우리가 다시 한번 세상을 바꿀 수 있는 방법을 이해하고 수용해야 합니다. 나는 우리 앞에 놓인 이 일이 이제까지 해온 어떤 일보다 더 대담하고 야심찬 일이 될 거라고 생각합니다.'[11] 그는 이렇게 대담한 목적이 모든 직원에게 개인의 문제가 되려면 **의도적인 작업**이 필요하다는 걸 알고 있었다. CEO의 입장에서는 고귀한 목적들을 보기가 쉽지만, 유럽에서 일하는 엔지니어나 아시아에서 일하는 마케터라면 그런 이상적인 가치가 자신과 관계없는 일처럼 느껴질 수 있다는 걸 이해했다. 그래서 글로벌 영업 회의에서 한 연설에서 그는 직원들에게 "자신의 가장 개인적인 열정을 파악하고, 그 열정을 어떤 방식으로든 우리 조직의 새로운 사명과 문화에 연결하십시오."라고 요청했다. "그 과정에서 우리는 회사를 변화시키고 세상을 바꿔나갈 것입니다." 연설이 끝났을 때 많은 직원이 눈물을 훔치고 있었고, 나델라는 그 순간에 대해 이렇게 썼다. "그때 나는 우리가 뭔가를 향하고 있다는 걸 알았다."[12]

2019년에 나는 마이크로소프트의 최고인사책임자이자 나델라의 파트너로 함께 문화를 바꾸려 노력해온 캐서린 호건Kathleen Hogan을 만났다. 그녀는 나델라가 임원팀과 회사 밖에서 가진 초기 행사를 설명했다. 그들은 회의 탁자에 앉는 대신 편안한 소파에 자유롭게 둘러앉았다. 대화를 하던 중 나델라는 그들 각자에게 마이크로소프트를 위해 일한다는 개념을 뒤집어서 마이크로소프트가 그들을 위해 일한다고 생각할 것을 요구했다. "어떻게 하면 마이크로소프트가 이 세상에서 당신의 목적을 실행하기 위한 발판이 될 수 있을까요?" 그가 물었다. 임원들은 각자 자신의 기술적 능력, 리더십 역할, 회사의 혁신을 활용해 세상에 영향을 미치고 싶은 방식에 관해 개인적인 이야기를 공유하며 대답했다. 그런 경험을 통해 호건은 자신의 목적이 회사의 사명과 연결돼 있다고 느끼면서 헤쳐 나갈 수 있는 힘을 얻는다고 말했다. 한 걸음 물러서서 회사가 만들어내는 집단적인 영향력을 지켜보는 일이 일상적인 어려움 속에서 특히 활기를 북돋아준다는 것이다. 그녀는 이렇게 말했다. "우리는 그 어느 때보다 더 단합된 팀이라고 느끼고 있습니다. 전략은 진화하겠지만, 문화와 목적의식은 오래 지속돼야 하죠. 목적이 이끄는 사명과 짝을 이룬 문화는 직원들이 회사를 발판으로 삼아 자신의 열망과 열정을 실현할 수 있게 합니다."[3]

직원들의 개인적인 목적을 회사의 집단적인 목적과 연결시키기 위한 마이크로소프트의 의도적인 노력은, 그와 같은 시도를 하고자 하는 리더들에게 로드맵을 제공한다. 조직의 규모는 문제가 되지 않는다. 심지어 가장 사소한 업무를 하는 가장 작은 팀에서도 목적의식은 촉발될 수 있다. 그저 그들의 목적이 조직의 일 속에서 다시 반향을 일으키는 모습을 확인하도록 직원들에게 요청하기만 하면 된다.

2016년에 하버드대학 경영대학원 연구자들이 한 구내식당에서 실시한 실험을 살펴보자. 대부분의 구내식당에서 음식을 만드는 요리사와 음식을 먹는 고객은 서로 대화하지 않는다. 담당 부교수인 라이언 뷰엘Ryan Buell은 익명성이 사라질 때 요리사들이 다르게 행동할지 실험해보고 싶었다. 다른 보통 구내식당처럼 그곳에서는 고객이 구이 코너로 다가와 주문을 하면 주문이 주방으로 전달되고 음식이 준비됐다. 하지만 실험의 일부 조건으로 고객이 주문하는 구이 코너와 음식을 준비하는 주방에 설치된 기기 사이에 비디오 피드를 설정했다. 즉 소리는 없이 화면만 보였다. 뷰엘과 그의 팀은 세 가지 다른 방식으로 실험을 진행했다. 첫 번째 실험에서는 요리사가 고객이 주문하는 모습을 볼 수 있게 했다. 두 번째는 고객이 요리사를 볼 수 있었다. 세 번째는 양쪽 그룹이 서로를 볼 수 있었다. 그중 요리사가 자신이 음식을 준비하는 대상인 고객을 볼 수 있을 때, 거의 **즉각적인 변화**가 생겼다. 갑자기 그들은 더 이상 달걀과 같은 음식을 미리 준비하지 않았다. 대신 더 신선하고, 더 효율적으로 준비했다. 실험을 마친 후 요리사들은 만족도 수준이 약 15퍼센트 더 높아졌다고 보고했고, 주방을 볼 수 있을 때 고객의 경우도 마찬가지였다. 이런 변화가 생기자 요리사들은 업무에 대한 **더 큰 의미**와 **성취감**을 느꼈다.[14]

이 실험이 보여주듯, 심지어 일상적인 과제에서도 그 일이 누군가에게 중요하다는 사실을 보여주면 과제를 수행하는 사람에게서 목적의식을 끌어내는 데 도움이 된다. 업무와 업무가 기여하는 더 큰 목적 사이에 직접적인 연결고리를 만드는 일은 사람들이 업무를 통해 개인의 목적을 실행할 수 있도록 하는 데 매우 중요하다. 당신의 팀은 그들의 업무가 회사가 추구하는 더 위대한 선에 어떻게 기여하는지 알고 있는가? 그들의 업무가 누구를 위해, 그리고 어떤 방식으로 영향을 미치는지 그들이 **볼 수 있는가**? 만약 당신에게도, 직원들에게도 그들이 어떻게 기여하고 싶은지, 또 실제로 어떻게 기여하고 있는지 확인할 수 있는 연결고리가 없다면, 이는 우리 모두가 가지고 있는 **근본적인 갈망**을 굶주리게 하고 있다는 의미다.

우리 뇌는 의미를 좇는다

《그 회사는 직원을 설레게 한다》를 쓴 조직행동학 교수 대니얼 케이블

Daniel Cable은 우리 뇌가 자연스럽게 의미를 추구하는 이유를 다음과 같이 설명한다.

우리의 탐색 시스템은 세계를 탐색하고, 환경에 대해 배우고, 또 처한 상황에서 의미를 찾으려는 자연스러운 충동을 만들어낸다. 탐색 시스템의 욕구를 따를 때, 이는 동기부여와 즐거움에 연관된 신경전달물질인 '도파민'을 방출한다. 도파민은 우리가 더 탐색하고 싶게 만든다. (…) 탐색 시스템이 활성화될 때, 우리는 더 동기를 부여받고, 목적의식과 흥미를 가지게 된다. 우리는 자신이 더 살아 있는 것처럼 느낀다.[15]

인간으로서 우리는 **의미를 추구하는** 존재다. 우리 뇌가 '중요하다'는 느낌을 갈망한다. 그래서 자신이 중요하지 않다고 느낄 때, 우리 영혼은 쪼그라들기 시작한다. 앞에서 말했듯, '이탈'은 조직의 체념증후군이다. 그리고 **무의미함**은 이탈을 낳는 바이러스다. 의미를 향한 우리의 굶주림이 사생활이 보호되는 욕실에서 머리빗을 마이크 삼아 흘러나오는 노래를 힘차게 따라 부르는 이유다. 또 올림픽 기간 중에 소파 탁자에 올라서서 상상 속의 금메달이 목에 걸릴 때 몸을 굽히고, 우리나라 국기가 펼쳐지고, 국가가 요란하게 울려 퍼질 때 뺨 위로 눈물이 흐르는 이유다. 이것이 아카데미상 수상식 중에 우리가 자신의 수상 연설을 쉽게 상상하는 이유다. 우리는 우리 삶을 **그 이상의 차원**으로 상상할 수 있는 능력을 갖고 태어났다. 그리고 우리 뇌의 탐색 시스템은 이를 추구하도록 우리를 이끈다.

리더들은 자신이 이끄는 사람들에게 이 사실이 얼마나 중요한지를 이해해야 한다. 링크드인이 2016년에 발간한 직장에서의 목적에 대한 글로벌 보고서를 보면, 구직 중인 링크드인 회원 중 74퍼센트가 목적의식을 제공하는 업무를 찾는 일에 높은 가치를 부여했다.[16] 2015년에 스페인 카톨리카데발렌시아대학에서 180명의 대학생을 대상으로 실시한 연구는 삶의 의미를 느끼는 일과 심리적 웰빙 사이의 직접적인 상관관계를 증명했다. 사람들은 목적의식을 더 많이 느낄수록, 정신 건강이 더 좋아졌다.[17] 2017년 일하기 좋은 기업 보고서Great Places to Work Report에서는 자신의 업무에 특별한 의미가 있으며 단순 직업일 뿐인 게 아니다라고 보고한 직원들은 비슷한 기업의 직원보다 더 많은 노력을 기울일 가능성이 4배 높았고, 조직과 함께하겠다고 결심하는 경우가 11배 더 많았으며, 일하러 가는 것을 고대한다고 답한 경우도 14배 더 높았다.[18] 또한 '만족감을 느끼는' 직원들의 생산성 수준이 100퍼센트라면, '몰입하는' 직원의 생산성 수준은 144퍼센트에 달한다. 하지만 '목적의식에서 진정한 영감을 얻은' 직원들의 경우에는 무려 225퍼센트로 엄청나게 높았다.[19]

하지만 불행히도 직원들이 목적의식을 갖고 발전하는 환경을 조성하는 데 있어서 대부분의 리더가 합격 점수를 받으려면 갈 길이 멀다. 2019년 프라이스워터하우스쿠퍼스PricewaterhouseCoopers의 설문조사를 살펴보면, 응답자의 28퍼센트만이 회사의 목적과 완전히 연결돼 있다고 느낀다고 보고했다. 또 단지 39퍼센트만 자신이 창조한 가치를 명확하게 볼 수 있다고 답했고, 22퍼센트만이 일을 통해 자신의 강점을 완전히 활용할 수 있다는 데 동의했다. 심지어 절반이 넘는 사람이 '약간이라도' 업무에 동기가 부여되거나 열정적이거나 흥분된 적은 없었다고 밝혔다.[20] 이런 암울한 상황에도 불구하고, 오히려 상황이 가장 좋지 않아도 조직에서 깊은 목적의식을 촉발하고 이를 불러일으키는 일은 **충분히** 가능하다. 절망적인 상황에서 목적이 있는 충만한 환경으로 만드는 여정에 꼭 필요한 것은 무엇일까? 이를 알아볼 수 있는 마지막 사례를 살펴보자.

베스트바이 직원들을 움직인 한 가지 질문

2012년에 허버트 졸리Hubert Joly가 베스트바이의 CEO 자리에 올랐을 때, 회사는 아마존 같은 온라인 소매업체와의 가격 경쟁으로 분투하면서 생명유지장치로 연명 중이었다. 대부분의 사람은 그가 미쳤다고 생각했다. 어떤 사람들은 그 자리를 맡았다는 이유로, 그가 자멸하고 싶어한다고 말하기도 했다. 직원 이직율은 높았고, 사기는 형편없이 낮았다. 하지만 8년이 지난 후, 졸리는 다른 많은 소매업체가 따라하려고 애쓰는, 소매업체 역사상 가장 놀라운 유형의 턴어라운드turnaround(기업회생) 중 하나를 이뤘다고 해도 과언이 아니다.

졸리와의 인터뷰에서 그의 친절하고 마음 따뜻한 본성은 매력적인 프랑스어 억양을 통해 빛을 발했다. 그는 이렇게 말했다. "저는 그저 듣기만 하면서 5주를 보냈습니다. 배워야 할 것이 너무도 많다는 걸 알고 있었기 때문이죠. 그리고 많은 매장을 방문해 시간을 보냈습니다. 그때 고객들이 직원과 30분 동안 대화를 나눈 후, 빈손으로 걸어 나가는 모습을 보곤 했죠. 그 이유를 알게 됐을 때, 저는 직원들에게 가격을 맞춰 줄 수 있는 권한을 부여하기로 결정했고, 결과적으로 이 결정이 턴어라운드 시작 단계에서 중요한 돌파구가 된 것으로 판명됐습니다." 졸리가 매장을 방문했을 때, 한 매니저는 '신데렐라'를 검색하면 니콘 카메라가 나온다면서 검색 엔진을 고쳐줄 것을 간청했다. 경쟁사에 온라인 매출을 잃는 것이 주요한 위협이었던 만큼, 회사는 이 문제를 신속하게 처리했다. 또 다른 매장 매니저는 본사가 자신에게 40~50개의 핵심성과지표KPI: Key Performance Indicators를 퍼붓고 있으며, 그 지표를 따라잡을 수도, 성공할 수도 없을 것 같다고 불평했다. 졸리는 그들의 고통을 느낄 수 있었다. 그는 내게 이렇게 말했다. "그는 이 모든 일을 절대적으로 단순화해야 한다고 우리에게 말하고 있었죠. 저는 턴어라운드 초기에 회사가 고쳐야 할 문제를 두 가지로 압축했습니다. 매출과 수익의 감소였죠. 저는 생각했습니다. '그저 두 가지 문제를 해결하기가 얼마나 어렵겠어? 다섯 개라면 어려울 수도 있겠지만 두 개뿐인데?' 실제로 그 시즌 동안 베스트바이에 근무하는 누구에게든 회사의 두 가지 문제가 뭐냐고 물으면 모두 똑같은 답변을 했을 겁니다."

처음에 졸리는 회사가 집중할 모든 이해관계자로 고객과 직원, 기술 공급업체와 파트너, 주주를 제시하면서 목표가 이끄는 턴어라운드를 위한 장을 마련했다. 하지만 일단 회사 성과가 안정되자 목적에 더 의도적으로 집중했다. 주주들에게 쓴 서한에서 졸리는 이렇게 말했다. '우리는 선을 행하며 더 성공할 겁니다. 회사는 기술을 통해 (고객의) 삶

정직한 조직

을 윤택하게 만들 겁니다.' 그리고 그는 내게 이런 설명을 덧붙였다. "가격 경쟁력은 게임에 진입하기 위한 입장료에 불과했습니다. 저는 우리가 도움과 편리함, 서비스 측면에서 이기기를 원했죠."

목표에 도달하기 위해 졸리는 곧바로 매장 판매직원들에게 집중했다. "이 이야기가 지나치게 단순하게 들릴 거라는 건 압니다. 하지만 저는 그저 고객과 직접 대화하는 사람들이 **인간적**이 되길 원했습니다. 그들에게 이렇게 말했죠. '당신 자신이 되세요. 고객과 대화할 때 그들을 알아보세요. 기계적으로 대하거나 그들의 지갑만 좇지 마세요. 고객이 당신의 할머니나 절친한 친구라고 생각해봅시다. 그럼 어떻게 대화할 건가요?'" 그의 요청을 실감할 수 있도록 회사는 여러 매장에 걸쳐 워크숍을 진행했고, 직원들에게 그들이 인간적인 모습을 보인 이야기를 공유하게 했다. 그들은 가슴 아픈 이야기도 하고, 희망을 주는 이야기도 나눴다. 졸리는 말했다. "직원들의 이야기는 모두 중요합니다. 그리고 그들이 가장 인간적인 자기 자신을 업무 현장으로 데려오려면 안전하다고 느껴야 했습니다. **심리적 안전**을 느끼려면 직원들은 우리가 그들의 이야기를 듣고 있다고 믿어야 했고요."

졸리는 회사가 다양한 직위의 관리자들을 한데 모았던 일에 관해서도 이야기했다. 한 회의에서 리더들은 모든 사람의 개인적인 동기를 진정으로 이해하기 위해 "당신을 이끄는 원동력은 무엇입니까?"라고 물었다. 그들은 "좋아하는 자선기관은 어디입니까?" 혹은 "당신의 가족이나 공동체에 대해 말해주세요." 같은 질문을 추가했다. 사람들이 답변을 공유할 때는 모두가 볼 수 있도록 화면으로 비춰줬다. 이 일의 의미에 대해 졸리는 설명을 덧붙였다. "기업 목적에서부터 시작하면 안 됩니다. 개인을 이끄는 원동력이 무엇인가로 시작해야 하죠. 현재 기업들이 저지르고 있는 커다란 실수가 바로 이것입니다. 목적은 일종의 유행이라서 종종 기업들은 시류에 편승하고 싶어 하죠. 하지만 조직에 목적을 '강요'할 수는 없습니다. 직원들에게 **'그래서 회사의 목적이 당신에게 어떤 의미인가요?'** 라고 묻는 일로 시작해야 합니다."

이후 새 브랜드 캠페인을 출범하면서 회사는 다시 매장에서부터 일련의 워크숍을 실시했다. 이번에 직원들이 받은 중요한 질문은 '우리가 최선의 상태일 때는 어떤 모습을 하고 있을까요?'였다. 졸리는 말했다. "단순하지만 멋진 질문이었습니다. 직원들에게 뿌듯함을 느끼게 하고, 누구라도 따라하고 싶은 기준을 말하도록 해줬으니까요. 그런 다음에는 '(최선의 상태가 되기 위해) 무엇이 가능할지에 대해 이야기해봅시다' 라는 화두가 나왔죠. 이런 질문은 모두에게 목적이 생생하게 느껴지도록 만드는 대화입니다." 덧붙여 그는 이런 접근 방식이 어떻게 조직의 먼 곳까지 퍼져나갔는지 설명했다. 직원들에게 "여러분의 꿈은 뭐죠?" 라고 물은, 보스턴의 한 매장 매니저의 이야기를 들려주었다. 직원들의 대답을 들은 매니저는 이렇게 말했다고 한다. "모든 사람이 볼 수 있게 그 꿈을 휴게실에 적어두세요. 저는 당신이 그 꿈을 이루도록 도울 것을 약속합니다."

지역사회에 봉사한다는 약속을 실행하기 위해 베스트바이는 미국 전역에 걸쳐 청소년을 위한 기술 센터를 개설하고, 열악한 환경 출신의 아이들이 더 좋은 일자리와 교육을 누리는 데 도움이 되는 기술을 배우도록 지원했다. 졸리는 "우리가 사업을 영위하는 지역사회를 지원하는 한편, 회사 목표의 일부로 기술을 통해 삶을 윤택하게 만드는 것

정직한 조직

이 중요했습니다."라고 말했다. 졸리의 리더십과 턴어라운드를 위한 노력의 결과는 자명했다. 그가 재임한 8년 동안 베스트바이의 주가는 주당 11달러에서 약 100달러까지 상승했다. 직원 이직율은 50퍼센트에서 30퍼센트로 감소했고, 이 같은 변화는 소매업체로써는 상당한 수준이었다. 고객 만족 순위도 그 어느 때보다 높았다. 그들은 2021년 매출 목표를 거의 1년이나 일찍 달성했다.[21, 22]

졸리의 이야기는 직원들에게 개인의 목적을 조직의 목적과 연결하도록 요청한다는 것이 어떤 의미인지를 보여주는 놀라운 사례다. 그는 모든 직원이 최선의 상태를 유지하는 데 필요한 것이 무엇인지를 찾아냈고, 매우 실용적이면서도 단순한 방식으로 그들이 더 위대한 선을 실현하도록 이끌었다.

Q. 만약 당신이 베스트바이에서 일하는 직원이었다면, 졸리의 접근 방식에 어떻게 반응했을 것 같은가? 한편 그 과정에서 당신이 느꼈을 수도 있는 불안감은 무엇 때문이었을까?

지금 할 일: 목적을 파악하고 연결하기

나의 이야기와 목적에 귀 기울여라

아직도 '나는 왜 태어났는가?'라는 질문의 답을 찾고 있다면, 당신 자신의 이야기에서 답을 발견할 수도 있다. 자기 정직을 함양하려면 당신의 이야기를 있는 그대로 마주해야 한다. 고통스럽거나 아름다운 부분 모두를 말이다. 시간을 들여서 자신의 이야기를 자세히 써보자. 중요한 패턴을 포착할 수 있도록 생생한 세부 사항을 반드시 포함해야 한다. 자신에 대한 스토리텔링을 할 때, 일기나 블로그에 쓰듯 단순히 의식의 흐름을 따르거나 감정에 초점을 둔 글쓰기, 혹은 기사문 같이 오로지 사실만 쓰는 글쓰기는 피하라. 도움이 되는 이야기를 쓰려면, 다음의 네 가지 유형을 통합해야 한다. 사실과 감정, 생각, 성격에 영향을 준 세부 사항, 위치에 관한 세부 사항, 주변의 사물 묘사, 중요한 인물 사이의 구체적인 대화 등 말이다. 이야기의 윤곽 속으로 당신 자신을 끌어들여라. 각 유형을 생각할 때, 가장 먼저 떠오르는 장면은 대개 당신이 듣고 싶은 이야기일 것이다.

· 유형 1. 내 자신에 대한 나의 관점

나의 인격이 형성되는 동안 나라는 존재의 중요성에 대해 주변으로부터 어떤 메시지를 들었는가? 나의 잠재력이나 능력 혹은 나의 한계에 대해서는 어떤 메시지를 들었는가? 마음속에 떠오르는 하나 혹은 두 개의 장면을 선택해서 자세히 써보자. 부모님이나 선생님, 혹은 나의 중요성이 무엇인가에 영향을 준, 권위 있는 사람과의 경험을 생각해보자.

· 유형 2. '최선의 상태'인 나

누구에게나 기록적인 성과가 있다. 나는 언제 그런 성과를 거뒀는가? 나의 가장 위대한 성취는 무엇인가? 나의 재능과 재능이 미친 영향이 가장 자랑스러웠던 순간은 언제인가? 마음속에 떠오르는 하나 혹은 두 개의 장면을 선택해서 자세히 써보자. 의미 있는 성취나 고통스러운 수준의 인내 또는 자기 의심과 싸워야 했던 순간들을 두루 생각해보자.

• 유형 3. '최악의 상태'인 나

살다 보면 '왜 내가 이걸 계속하지?'라고 생각되는 일이 있다. 가장 힘들거나 좋지 않은 시기에 나의 최악의 모습이 드러나는 말과 행동들 말이다. '왜' 하는가에 대한 답이 있다. 그렇게 행동하도록 '익숙해진 것'뿐이다. 스스로 원하지 않는 행동은 대부분 고통이 쌓이는 순간들에서 비롯된다. 그러니 내가 그 행동들에 익숙해진 순간을 생각해보라. 마음속에 떠오르는 하나 혹은 두 개의 장면을 선택해서 자세히 써보자.

• 유형 4. 내가 신성시하는 것

사람은 누구나 내면 깊은 곳에 연민이나 진정성, 봉사, 야심, 성과 이루기, 돈 벌기, 생산적으로 살기 등 자신의 삶과 선택을 이끌어가는 가치나 원칙을 유지한다. 내가 가장 소중하고 신성시하는 가치들을 생각해보고, 왜 그토록 중요해졌는지에 관한 이야기를 써보자. 그 가치들은 지금의 나에게 쓸모 있고 유익한가? 그중 일부는 재검토할 필요가 있는가? 어떤 상황에서 나의 가치 중 무엇과 타협하려는 유혹을 느끼는가? 나의 가치와 회사의 가치가 어떤 부분에서 맞다고 느끼는가? 반대로 어떤 부분에서 맞지 않다고 느끼는가?

당신이 쓴 이야기를 모두 훑어보자. 어떤 패턴이 보이는가? 어떤 주제가 반복적으로 두드러지는가? 당신은 언제 가장 충만함을 느끼는가? 반대로 언제 가장 충만함을 느끼지 못하는가? 당신이 신뢰하는 친구나 가족 구성원을 찾아 소리 내서 이야기를 읽어주고, 그들이 당신에 대해 아는 바를 토대로 피드백해달라고 요청하라. 그들이 당신의 언어나 어조에서 보는 패턴은 어떤 것인가? 당신에 대한 그들의 경험에서 공감되는 것은 무엇인가? 나에 대한 이야기는 종종 나를 매우 잘 아는 사람들의 관점을 통해 해석될 때 가장 풍부한 의미가 드러난다.

나와 조직의 이야기가 연결되는 부분을 파악하라

회사가 더 위대한 선을 실현하든 아니든, 회사가 하는 일에서 혜택을 얻는 이해관계자를 살펴보라. 회사의 목적으로 누구의 삶이 더 나아지는가? 심지어 가장 사소한 서비스나 제품일지라도 누군가의 삶이나 일을 개선한다. 나의 일은 그 이야기의 어느 부분에 기여하는가? 나사 NASA에서 일하는 경비원들이 자신의 일에 대해 '나는 인간을 달에 착륙시키는 일을 돕고 있습니다'라고 답했다는 이야기를 기억하라!

팀원들에게 일의 원동력을 물어라

나와 나의 팀이 일의 원동력에 대해 이야기할 시간을 마련해보자. 각자 자신이 하는 일을 사랑하는 이유 뒤에 자리한 원동력이 무엇인지 공유하라. 만약 일을 더 이상 사랑하지 않는다면, 열정을 다시 점화시키는 데 필요한 것은 무엇인지 파악하라. 나와 나의 팀은 최선의 삶을 살아가고, 목적을 실행하는 데 있어서 서로를 어떻게 지지할 수 있는가? 내가 공유하는 기여는 어떻게 조직의 더 원대한 이야기를 지지하는가?

지금까지 당신의 정체성을 있는 그대로 바라보고 인정하는 정직에 대해 살펴봤다. 이어서 '책임'에 있어서 정의의 중요성을 알아보자.

이 장을 마치며

- 목적은 도파민이 풍부한 우리 뇌 속의 보상 시스템과 관련 있다. 개인의 목표와 조직의 목표가 연결된다는 것을 알면 우리는 심리적 충만감을 느끼고, 조직의 목표를 성공적으로 달성할 수 있다.
- 기만의 유혹이 살아남으려 애쓰는 유일한 환경은 구성원 모두가 자신의 일이 중요하다고 믿고, 자신의 기여에 대해 자랑스러운 목적의식을 느끼는 상태다.
- 조직 문화가 구성원들이 남을 속이는 방식으로 행동하는 것을 허용한다면 그들은 스스로를 부정직하다고 여기게 된다. 이는 불분명하게 예측하기, 실수 축소하기, 고객과 불공정한 거래 협상하기, 뇌물받기와 같은 행동으로 이어진다.
- 회사의 사업 전략은 바뀔 수 있지만 열정과 목적을 일관성 있게 유지한다면 전환기에 조직 내 불안을 완화하는 데 도움이 된다.
- 목적은 개인의 문제가 되어야 한다. 직원들에게 자신의 일이 삶의 목적을 실현하는 데 어떻게 도움이 될 수 있는지 생각해보도록 하라. 당신은 회사의 목적과 직원의 목적이 연결되도록 도울 수 있다.

TO BE HONEST

LEAD WITH THE POWER OF TRUTH,
JUSTICE AND PURPOSE

Part 2

성공과 실패에
모두
공정해야 한다

Chapter 4.

책임을 묻기 전에
해야 할 일

깨달음의 이야기:
책임을 지게 하려거든 비난하지 말라

2019년, 콩고민주공화국 동부 지방에 폭우가 쏟아져 심각한 홍수가 발생했다. 불어난 물이 빠지기 시작한 이듬해 1월 어느 날 아침, 킬리바의 작은 마을에 살고 있는 60세 여성 줄리타는 홍수로 망가진 그녀의 땅 위에 거슬리는 뭔가가 있다는 걸 눈치챘다. 자세히 보니 나무였고, 그 나무들은 그녀의 것이 아니었다. 줄리타는 나무를 심은 적이 없고, 무엇보다 가장 화가 나는 것은 나무들이 그녀의 토지 경계선을 표시하고 있다는 사실이었다. 심지어 실제 토지의 맨 끝 부분보다 10미터 안쪽에서 말이다. 이웃에 사는 43세의 부유한 사업가 카타바치가 자신의 사업을 위해 쓰고 있는 땅을 확장하려고 그곳에 나무를 심은 것이었다. 격분한 줄리타는 나무를 뽑아서 카타바치의 땅으로 던져버렸다.

지난 25년 동안, 콩고민주공화국은 두 번의 전쟁과 정부의 부패로 발생한 분쟁, 극심한 가난과 집단 학살, 역사상 최악의 인권 파괴 행위로 생긴 갈등 때문에 분열됐다. 2008년 당시, 500만 명이 넘는 콩고인들이 '위대한 아프리카 전쟁'이라고 부른 전쟁에서 목숨을 잃었다.[1] 현재 현지 마을과 지역들에서 분쟁이 일어나면 자체적으로 문제를 해결하도록 내버려둔 상태일 정도로, 콩고민주공화국의 사법 시스템은 모두 붕괴했다. 여성들, 특히 가난하고 나이가 많은 여성들은 정의를 위해 목소리를 낼 수도, 기회를 얻을 수도 없다. 이런 세상에서 한 부유한 사업가가 나이 든 여성의 땅을 10미터 빼앗은 일은 거의 주목할 일이 아니었다. 실제로 콩고민주공화국 사람들은 자신의 것을 빼앗기는 일에 고통 받으면서도 익숙해진 상태였다.

가진 것 없이 태어나서 땅이 자신이 가진 유일한 전부라는 사실은 줄리타의 상황을 더욱 악화시켰다. 콩고민주공화국과 같은 곳에서 땅은 유산이다. 말하자면 땅이 자신의 가족과 생득권, 역사를 보여준다. 줄리타도 할머니에게서 그 땅을 물려받았다. 그래서 그녀는 싸우지 않고서는 그 땅을 내주지 않을 터였다. 그런 그녀에게 반가울 만한 소식이 있었다. 피스 다이렉트Peace Direct라는 글로벌 NGO가[2] 지원하는 현지 비영리기관 치레지재단FOCHI: Foundation Chirezi이 콩고민주공화국 지역사회 곳곳에 '평화 법정'을 설립했다. 이 재단은 심지어 여성들이 자신의 목소리를 내고 정의를 쟁취할 공정한 기회를 얻을 수 있도록 온전히 여성이 이끄는 지역사회 법정도 만들었다. 이들 법정은 지역사회 구성원을 나무 그늘 아래에 모아놓고, 갈등의 모든 측면을 들여다 보면서 사실을 평가하고 결론에 도달하는 식으로, 해당 지역에서 사법을 행사하는 전통이 이어지도록 했다. 이를 통해 지역사회는 더 이상 분열하지 않고 오히려 회복되고 강화될 수 있었다.

처음에 카타바치는 줄리타와의 갈등을 해결하기 위해 평화 법정에 서고 싶은 생각이 없었지만, 마을사람들이 그를 설득했다. 이후 법원에서는 이틀이 넘는 시간 동안 줄리타와 그녀의 가족을 알거나 그 집에서 손님으로 지낸 경험이 있는 마을사람들에게서 증언을 들었다. 더 중요하게는, 그들이 줄리타의 토지 경계선이 어디인지를 확인해줬다. 줄리타는 법원이 자신에게 유리한 판결을 내리기를 염원했지만, 늙고 가난한 여성으로서 상황이 그녀에게 유리하지 않을까 두려웠다. 결국 정의는 승리했다. 평화 법정은 카타바치에게 그 땅을 전용한 것은 잘못되었으며, 이를 반환해야 한다고 판결했다. 그러나 줄리타의 기쁨과 안도는 오래가지 않았다. 평화 법정에 참여하는 사람들은 시의 공식 치안판사에게 판결을 항소할 권리가 있었기에 카타바치가 즉시 항소했다. 불행히도 줄리타는 항소에 대응할 비용을 낼 수 없었고, 치안판사가 판결을 뒤집으면 자신의 땅을 빼앗길 거라고 예상했다.

지역사회는 그녀에게 항소에 대응할 수 있는 경제적 여력이 없다는 데 분노했다. 그리고 현지인들은 항소 비용을 대신 내주겠다고 약속했다. 하지만 치안판사가 그 사건을 기각하면서 사태는 놀라운 전환을 맞았다. 그는 평화 법정에서 이미 결정을 내렸고, 당사자들은 그 결정을 따라야 한다고 말했다. 평화 법정의 개입은 분쟁의 당사자들이 전체 마을사람들 앞에서 같은 컵으로 음료를 마셔야 하는 공식적인 화해 의식으로 마무리된다. 이번 경우에는 회복에 대한 약속의 표시로 현지 맥주가 사용됐다. 지금도 여전히 줄리타와 카타바치는 어떤 문제도 없이 가깝게 어울리면서 이웃으로 평화롭게 살고 있다.[3]

이 이야기가 조직 내 책임에 대해 우리에게 무엇을 깨닫게 할 수 있을까? **모든 것이다.**

콩고민주공화국의 평화 법정은 지역사회의 단합을 유지하면서 구성원 사이에 갈등을 해결하고 공정한 책임을 확인하기 위해 지역사회가 관여하는 오랜 관행인 '회복적 정의'의 사례다. 이 제도는 놀라운 성공을 이루며 전 세계에서 시행되고 있다. 몇몇 사례를 살펴보자면, 아파르트헤이트Apartheid(인종차별정책)가 종료된 후 남아프리카공화국에서 과거 폭력적이었던 수천 명의 가해자들이 '진실과 화해 위원회Truth and Reconciliation Commission'를 통해 자신의 범죄를 인정하러 나서면서, 새 정부는 분열된 나라를 재건하기 위해 회복적 정의의 다양한 모델을 활용했다.[4] 케냐와 콩고민주공화국에서는 현지의 수많은 NGO가 정부 지원하에 시도된 사법 절차들이 실패한 지역에서 '공동체 정의'라는 전통적 개념을 회복시키기 위해 일해오고 있다.[5] 또 실향민들이 집으로 돌아와 해결해야 했던 지불할 돈과 부채에 관한 의견 충돌과 토지소유권 분쟁 등도 이들 관행을 활용해 효과적으로 조정됐다. 심지어 전쟁으로 분열된 국가들에서 벌어진 대량 학살과 강간이라는 극단적인 폭력 사건의 경우에도, 회복적 실천의 특별 적용 방식으로 어느 정도의 치유와 회복이 이뤄진 사례가 보고됐다. 남아메리카 전역의 토착민들은 몇 세대에 걸쳐 사법 시스템의 핵심적인 부분으로 회복적 관행을 활용해오기도 했다.[6]

미국의 교육 시스템은 학생들이 갈등을 해결하는 방법을 배우는 데 회복적 실천의 접근 방식을 성공적으로 활용해왔다. 심지어 미국의 전통적인 사법 시스템 안에서도 이 접근 방식은 수많은 폭력 범죄 피해자들의 정신 건강 회복을 도왔다. 예를 들어 전 와이오밍주 경찰관이자

정직한 조직

주 의회 의원인 스티븐 와트Stephen Watt는 1982년에 도망가던 은행 강도가 쏜 총을 여러 차례 맞았다. 어려운 화해 과정의 일부로 서로 만나게 된 자리에서 스티븐은 자신의 이야기를 공유했고, 결국 가해자를 용서했다. 그 후로 두 사람은 심지어 우호적인 우정을 이어오고 있다.[7] 유사한 예로, 볼티모어 시의원 리키 스펙터Rikki Spector는 2016년 12월에 10대 청소년들에게 잔혹한 공격을 받았다. 이후 가해자 학생들이 소속된 한 지역공동체가 스펙터를 찾아와 그들의 재활에 동참해줄 것을 요청했고, 그는 동의해주었다. 그 일로 학생들이 잘못을 인정하고 회복 과정에 전념할 수 있는 장이 마련되었다.[8]

사법 전문가들 사이에서 대부분의 문화권이 일정한 형태의 회복적 실천을 개발해왔으며, 이를 뒷받침하는 공통된 몇 가지 원칙이 있다는 데 합의가 널리 퍼져 있는 것으로 보인다(심지어 인과응보식 접근 방식을 옹호하는 사람들 사이에서도 말이다).[9] 그 보편적인 원칙들에는 다음과 같은 내용이 포함된다.

1. 진실 말하기: 관련된 모든 사람이 일어난 일에 대해 정직하게 설명해야 한다.

2. 책임지기: 잘못을 저지른 사람은 그 일이 자신의 선택이라는 사실과 다른 사람들에게 미친 영향에 대해 인정해야 한다.

3. 귀 기울이기: 피해를 입은 사람이 피해를 끼친 사람에게 자신의 이야기를 들려준다.

4. 재활하기: 피해를 끼친 사람은 변화와 학습을 약속하고, 이를 위한 기회와 자원을 제공 받아야 한다.

5. 화해하기: 책임은 잘못에 대한 처벌(인과응보) 측면만이 아니라 그 일로 상처 입은 모든 관계와 공동체가 회복하는 측면까지 고려해야 한다. 늘 그런 것은 아니지만, 때때로 화해가 용서를 낳을 수도 있다.

6. 회복하기: 피해자가 입은 피해를 보상하기 위한 배상 혹은 가해자에 대한 적절한 후속 조치가 있어야 한다.[10, 11]

회복적 정의의 핵심은 관련된 모든 사람의 **존엄성**을 지켜주는 것이다. 이를 통해 공동체는 유지되고, 때로는 강화된다. 잘못을 저지른 사람은 수치심을 느끼지 않고 자신의 실수에서 배우려고 노력하며 실수를 반복하지 않을 것을 약속한다.

전 세계에 많은 사법 시스템이 책임에 대한 회복적 정의라는 접근 방식의 이점을 잘 인식하고 있다. 반면 비즈니스 현장은 뒤쳐져 있는 상태다. 많은 회사에서 책임은 비판하고 잘못을 찾아내는 징벌적 시스템으로 유지된다. 이는 인간성이 결여된 살균 과정 같다. 지나치게 관대하거나 지나치게 불이익을 주는 식으로 일관성도 없다. 그래서 사람들이 자신의 실수를 숨기고, 성과를 부풀리며, 무언가 잘못되면 손가락질부터 하게 만든다. 아무리 극렬한 상황의 기업이더라도, 세계 곳곳에 분열되어 전쟁에 시달리는 국가들이나 미국 내 폭력 문제로 고통 받는 지역들에 비할 수는 없지만, 감정적·심리적 상태는 생각보다 훨씬 비슷할지 모른다. 어느 쪽이든 높은 수준의 불안과 자기 보호를 자극한다. 생각해보자. 회사에서 우리는 권력이 있는 사람들을 가진 힘으로 피해를 주는 악당과 같다고 여긴다. 또 우리의 행동을 끊임없이 정당화하고 방어한다. 다른 사람들은 내가 가진 것을 얻으려 하는 경쟁자로 당연하게 가정한다. 그리고 커져가는 두려움과 무언의 긴장은 언제든 터질 수 있다.

결국 그 결과는 어땠는가?

'책임'이라는 말은
왜 직원을 우울하게 하는가?

경영 분야에서 '책임'이라는 말보다 얼굴을 더 찡그리게 만드는 단어는 없을 것이다. 충분히 그럴 만하다. 수십 년 동안 기업과 리더들은 책임이란 무엇인지와 책임을 어떻게 효과적으로 다룰 것인지를 두고 고심해왔다. 2015년에 에이치알다이브**HR Dive**가 시행한 직장 내 책임에 관한 설문 조사에서 관리자 중 82퍼센트가 다른 사람에게 제대로 책임을 묻는 능력이 **제한적이거나 전혀 없다**고 인정했다. 한편 직원 중 91퍼센트는 효율적으로 책임을 묻는 능력이 회사가 해야 할 리더십 교육에서 가장 필요한 것 중 하나라고 답했다.[12] 책임의 개념은 개선을 독려하기 위한 고결한 관행에서 사람들을 방어적이고 불안하게 만들고 수치심을 주는 과정으로 변질됐다. **비난과 비판**의 동의어가 된 것이다. 조직 내 아무에게나 성과 평가(혹은 상사와의 미팅)를 고대하느냐고 물어보자. 대부분 단호하게 '아니오'라고 답할 것이다.

여러 연구 결과를 살펴보면, 오늘날의 책임 시스템이 직원들에게 얼마나 자신이 중요하지 않은 존재라고 느끼게 하는지 보여준다. 2017년 갤럽 보고서에 따르면, 직원의 14퍼센트만이 성과를 개선할 수 있도록 동기부여 받는 방식으로 관리 받고 있다고 느꼈다. 그리고 26퍼센트는 피드백을 1년에 한 번씩이라도 받지 못한다고 밝혔다. 또 자신이 성과 매트릭스를 통제할 수 있다고 느끼는 직원들은 21퍼센트밖에 되지 않았고, 자신이 설정한 목표에 대해 관리자가 책임을 묻는다고 느끼는 직원은 40퍼센트에 달했다.[13] 2019년도에 실시된 다른 연구에서는 직원의 70퍼센트가 관리자가 성과를 평가하는 방식에 있어서 객관적이지 않아 보인다고 응답했다.[14] 하지만 또 다른 연구에서는 놀랍게도 직원의 69퍼센트가 자신이 직장에서 잠재력을 실현하지 못하고 있는 것 같다고 보고했다.[15]

내가 진행한 연구에서 한 인터뷰 대상자는, 수년간 현장에서 일하면서 내가 들어온 주변 동료의 한탄과 똑같은 이야기를 했다. "솔직히 말해서, 저는 제가 왜 이렇게 열심히 일하는지 모르겠어요. 제 상사는 제가 무엇을 하는지 혹은 얼마나 열심히 일하는지 전혀 모릅니다. 연말마다 그를 위해서 바보 같은 성과 평가 양식을 채우고, 그는 거기에 서명한 다음 인사부로 보냅니다. 그러고 나면 우리는 모든 걸 다시 시작하죠. 완벽하게 조작된 시스템이지만 제게는 지금 일을 바꿀 만한 에너지도 없고, 그런 노력을 한다는 건 사치입니다. 그러니 그저 꾹 참고 받아들여야죠." 그가 보여준 비관주의는 특별한 축에 들지도 않는다. 가트너그룹의 경영자원 사업부인 코퍼레이트 이그제큐티브 보드 Corporate Executive Board가 1,000개의 기업을 대상으로 실시한 연구에서도 유사한 정서가 발견됐다. 참여한 직원들의 66퍼센트가 '책임을 묻는 절차가 생산성을 방해한다'에 동의했고, 65퍼센트가 '성과 관리 방식이 내 업무와 밀접한 관련이 없다'라고 답했으며, 노조 담당 책임 과정에 배정된 인사 전문가의 90퍼센트는 그들이 하는 성과 측정이 실제로 직원들의 기여에 관한 정확한 정보를 제공하지 못한다고 말했다.[16]

또 다른 인터뷰이는 적지 않은 절망감과 함께 책임에 관한 자신의 경험을 털어놨다. "제 상사는 원하는 바에 대한 생각을 끊임없이 바꿉니다. 그가 기대하는 여러 사항 중 하나를 확실하게 해내자마자 뜻을 바꿔서 저를 놀라게 하죠. 마감이 얼마 남지 않은 때에 상사는 패닉 상태에 빠져 있고, 우리는 일을 끝마치기 위해 며칠 밤을 새워가며 '내게 돌을 가져오세요bring me a rock' 게임(경영학 분야에서 부하 직원에게 제대로 소통하지 않으면서 과제를 부과하고, 결코 그 결과에 만족하지 못하는 일을 반복하는 것처럼 보이는 관리자의 행동을 묘사할 때 쓰는 용어—옮긴이)을 합니다. 그러곤 그 과정을 전부 다시 시작하죠. 어떤 날에는 어려운 상황에서 자기를 구해주려는 제 용단을 높이 평가하는 것 같고, 다른 날에는 이 모든 것이 저를 그만두게 만들기 위해 철저히 계산된 음모 같습니다. 저는 제가 어떤 상황에 처한 건지, 혹은 제가 하는 일이 무슨 의미라도 있는 건지도 정말 모르겠습니다." 이런 식의 경험은 흔히 볼 수 있는 일인 것이 확실하다. 앞서 언급한 갤럽 보고서에 따르면, 관리자가 자신에게 무엇을 기대하는지 명확하게 아는 직원은 50퍼센트밖에 되지 않으며, 우선순위를 명확히 하도록 관리자가 계속 도와준다고

답한 응답자 비율은 26퍼센트뿐이었다.[17]

안타깝게도 이런 일들은 조직 내에서 많은 사람이 흔히 책임을 경험하는 방식으로 묘사된다. 그리고 그런 상황이 공정하지 않다고 느낄 때, 이는 그저 신경이 거슬리는 수준을 넘어서 정신 건강을 손상시킨다. 약 4,000여 명의 공무원들을 대상으로 진행된 덴마크의 한 연구에서는 조직적 불공정이 우울과 불안, 번아웃으로 이어진다는 사실을 밝혔다.[18] 깨어 있는 시간의 대부분을 직장에서 보내는 사람들이 가장 느끼고 싶지 않은 감정은 무엇일까? 자신의 기여에 대한 상반된 감정, 자신의 가치에 대한 불확실함 그리고 상황이 공정하지 않다고 느끼는 데서 오는 우울함이다. 하지만 책임에 대한 혼란스러운 문제들이 가져오는 결과는 바로 이런 감정들이다. **존엄성을 부여하면서 건설적으로 책임을 묻는 일에 있어서 우리는 명백히 실패하고 있다.** 도대체 어쩌다 이렇게까지 암울한 상태가 되어버린 것일까? 다른 수많은 관행들이 그랬듯, 이 모두는 좋은 의도로 시작됐다.

똑같은 것이 꼭 공정한 것은 아니다

일부 역사가는 성과 관리가 위^魏 왕조의 황제들이 가족 구성원의 성과를 평가했던 기원후 221년까지 거슬러 올라간다고 본다. 하지만 성과 관리의 더 현대적인 뿌리는 1800년대에 스코틀랜드 면직 공장 소유자인 로버트 오언Robert Owen이 노동자들의 성과를 관찰하고 면밀히 검토하기 위해 비밀 감시자를 고용했던 때로 거슬러 올라갈 수 있다. 그 후

20세기 말에 산업혁명이 공고히 자리를 잡으면서, 사업주들은 노동자들의 기여도를 최대한 끌어내 투자 수익을 극대화하려고 노력했다. 그리고 초기 경영이론가 프레더릭 윈즐로 테일러Frederick Winslow Taylor가 내놓은 생산성 모니터링 및 강화 과제에 대한 접근 방식과 이후 1950년대에 도입된 피터 드러커Peter Drucker의 '목표 관리management by objectives' 개념은 미국 기업들에 투자자본수익률ROI: Return on Investment에 대한 중요성을 강렬하게 알려줬다.[19] 기업이 대규모의 복잡한 사업체로 성장하기 시작하면서 직원을 관리하는 방식에 있어서 효율성과 생산성을 확고히 하겠다는 의도였다.

이 과정에서 책임이라는 개념은 조직 전반에 걸쳐 직원들에게 **공정함을 보장한다**는, 좋은 의도를 가진 방법으로 만들어졌다. 책임을 개별 관리자의 판단에 맡기기보다, 모든 사람이 똑같은(혹은 공정한) 상태에서 책임을 묻고 개인의 기여를 측정할 수 있도록 방법을 표준화하고자 한 것이다. 이로써 기업이 불만을 가진 직원들이 제기하는 소송에 취약해지고, 또 고르지 않은 노력과 결과에 민감해지게 만들었다. 다만 '많은' 근로자가 '비슷한' 산출물에 책임이 있을 때는 표준화가 무난하게 작동할 수 있었지만, 지금은 상황이 그렇지 않다. 산업혁명은 생산성이 아닌 기발함, 창의력, 통찰에 바탕을 둔 경제로 대체됐다. 오늘날 직원들의 산출물은 표준화와 거리가 멀고, 오히려 직원 개개인만큼이나 **독특하다**.

표준화된 성과 관리로 수익이 감소되는 일에 대응하기 위해, 일부 기업은 공식적인 평가 과정을 모두 폐기하기로 결정했다.[20] 하지만 실행가능한 대안이 없을 때 이런 결정은 종종 역효과를 가져온다. 직원들은 신뢰할 만한 피드백이 없으면 방향성이 없다고 불평하기 시작한다. 그래서 일부 기업은 월별 혹은 분기별 미팅처럼 리더와 직원들이 더 자주 만나는 쪽으로 방식을 바꿨다. 하지만 이런 상호작용이 중요하게 여겨지지 않으면 이는 단 한 번의 견디기 힘든 연례행사까지 모아놓는 고통을 1년 내내 경험하게 한다.

진실은 이렇다. 사람들은 책임을 갖기를 바라고, 그럴 필요가 있다. 이때 고유한 인간이자 기여자인 사람들의 **존엄성**에 중점을 둔 과정이 요구된다. 그러니 리더들은 과정에 있어서 일관성은 덜 신경 써야 한다. 비일관성을 바로잡겠다는 시도가 직원들의 개별성을 무력화시키고, 책임의 '비인간적인' 버전이라는 결과를 낳는다. 아이러니하게도, 책임은 조직에서 **가장 영감을 주는** 과정이어야 한다. 한 직원의 고유한 기여를 소중히 여기고, 그가 더 잘하도록 동기를 부여하는 과정 말이다. 불행히도 오늘날 책임에 대한 접근 방식은 문서화를 통해 소송을 피하고, 한 기업의 법적 책임에 대한 노출을 제거하기 위해 설계되는 경향이 더 많다. 그에 따라 기업들은 다양성을 갖는 것보다 훨씬 더 많은 개별성을 제거해왔다. 이는 바로 기업들을 불공정하게 만든 원인이다.

설상가상으로 일부 직원의 사리사욕 추구가 상상할 수 없는 수준까지 늘어나서 기업들은 소송을 일삼는 곳이 되었다. 그래서 위법 행위(혹은 그저 과도한 행위)를 억제하기 위해 익명의 윤리 신문고나 직원 간 관계 등을 활용해 직원을 감시하고 내부 고발 기능을 마련해야 했다. 고소장이 제출되면 광범위한 조사가 시행되는데 심지어 고발된 사람은 누가 자신을 고발했는지조차 전혀 알지 못하는 경우가 많다. 슬프게도, 심각한 위법 행위부터 원했던 승진을 다른 동료에게 시켜줬다는 이유로 상관에게 보복하는 행위까지 이 기능들은 모든 용도로 쓰인다. 달리 말하자면, 나와 남의 책임을 묻는 능력은 소송에서 자신을 지키는 일을 제외하고는 거의 쓰지 않는데, 주로 비난할 거리를 찾아내거나 없애는 데 도움이 되는 유연성 없고 법률적인 과정으로 축소되었다.

좋은 소식은 그런 방식일 필요가 없다는 사실이다.

직원들의 업무만족도가 추락했을 때 해야 할 일

책임을 묻는 과정에서 존엄성과 정의(공정성)에 중점을 둔다면, 두 가지 중요한 요소가 달라진다. 즉 기여와 기여하는 사람 사이의 관계를 새롭게 설정할 수 있다. 아이디어와 통찰의 경제하에서 우리는 더 이상 "이것은 개인의 문제가 아니라 사업이다.", "업무와 결과를 평가해야만 한다." 같은 말을 할 수 없다. 사람들의 기여는 각자의 창의성과 분석력, 아이디어 같은 그 사람의 정체성이 점점 더 반영되면서 **주관성**의 가치가 매우 높아졌다. 따라서 관리자가 직원의 능력을 키우는 일이 능력의 '열매'만큼 중요하다는 사실을 깨닫고 한 사람 한 사람의 고유한 재능을 성장시킬 때, 책임은 공정해진다. 각각의 기여와 기여자들을 통합해서 평가하고 존중할 때 책임에 존엄성이 생긴다. 공정성은 더 이상 '동일성sameness'이 아니다.

존엄성이 있는 책임의 핵심은 리더와 직원 간 **정직하고 배려하는 관계**다. 그런 관계가 이뤄질 때 개인과 팀의 고유한 요구 사항이 고려되고 존중된다. 안타깝게도, 사람들을 서로 구별되게 하는 것은 각자 최고의 기여와 성과를 이루는 데 필요한, 바로 그 고유함을 무색하게 만드는 '융통성 없는 과정' 뒤로 숨겨지는 경우가 많다. 그렇다면 존엄성이 있는 책임은 어떤 모습일까?

내 고객 중 한 사람의 이야기를 살펴보자. 앤절라는 250억 달러 규모의 의류회사에서 60억 달러 수준의 높은 수익을 내는 가장 큰 사업부의 수장이다. 그녀는 긍정적이고 에너지와 의욕이 넘치는 사람이다. 하지만 업계는 끊임없는 파괴적 혁신을 직면하고 있고, 그녀의 사업부는 점점 더 얻기 어려워지는 결과를 달성하라는 압력을 계속해서 받고 있다. 회사에서는 2년마다 직원들의 업무에 대한 만족도와 태도를 평가하기 위해 직원 참여도 설문 조사를 실시한다. 이 과정이 진지하게 받아들여지도록 하기 위해 모든 경영진의 보너스 급여는 이전 설문 조사 이후로 개선된 수준을 포함해 설문 조사로 측정된 사업부별 성과를 반영한다. 전통적으로 높은 참여 점수를 받았던 앤절라가 이끄는 사업부는 2019년 설문 조사에서 성과가 하락했다. 특히 직원들의 '학습과 발전의 기회'에 대한 인식이 반영되는 경력 개발 영역에서 점수가 떨어졌다. 당황한 그녀의 첫 번째 본능은 결과를 부인하는 데이터를 찾는 일이었다. 이번 설문 조사와 지난 번 결과를 비교할 수 있도록 최근 4년간 사업부의 승진, 훈련, 개발, 경력 데이터를 인사부서에 요청했다. 그러나 그 자료들에서는 설문 조사 결과에 나타난 급작스러운 하락을 설명할 중대한 변화가 없었다.

이런 사실에 괴로움을 느낀 그녀는 이 결과의 진짜 이유를 찾아내겠다고 다짐했다. 그 시점에 내가 자문을 해주게 되었고, 나는 그녀에게 실망스러운 결과를 가져온 원인을 조사하는 대신 대안적인 접근 방

정직한 조직

법을 고려해보라고 독려했다. 그녀의 리더십팀 각 구성원에게 설문 조사 피드백을 통해 조직이 말하는 바를 학습하게 하라고 제안했다. 아울러 어떤 구체적인 전략도 요구하지 말고, 그들 나름의 접근 방식을 선택하도록 자율권을 부여하라고 했다. 그녀는 내 조언을 따랐고, 팀 구성원들에게 이후 3주간 발견한 사실들을 정리해 보고하는 책임을 맡기겠다고 알렸다.

　다섯 명의 상무급 임원으로 이루어진 그녀의 팀은 설문 조사 결과를 더 잘 이해하기 위한 과제에 착수했다. 두 명은 그들보다 한 단계 혹은 두 단계 아래에 있는 사람들과 비공식적인 대화를 가졌고, 그 대화는 데이터가 의미하는 내용에 대해 유용한 통찰을 거의 가져다주지 못했다. 더 낮은 단계의 관리자들은 "직원들은 그 피드백을 보고 우리만큼이나 놀랐습니다.", "제가 대화를 나눈 사람들은 우리가 경력과 관련된 문제를 정말로 잘 처리하고 있다고 생각합니다." 같은 이야기를 했다. 다른 두 명의 상무는 앤절라가 처음에 따로 주문했던 인사 데이터를 이용해 담당 지역 곳곳을 찾아가 '로드쇼'에 착수했다. 마치 단합대회처럼 느껴진 여러 번의 가벼운 미팅에서 상무들은 사실상 설문 조사 결과를 부정하는, 그들 사업부가 학습과 발전의 기회를 만드는 데 있어 얼마나 효과적으로 운영하고 있는지 보여주기 위해 매우 확신에 찬 데이터를 제시했다. 그리고 자랑스럽게 사무실로 돌아와 낮은 결과를 낳은 오해가 무엇이었든, 자신들이 담당한 영역에서는 해결이 됐으며, 학습과 발전의 기회를 제공하는 일에 그 사업부가 얼마나 효과적이었는지 직원들이 다시 한번 이해했다고 단언했다.

　남은 상무인 헬레나는 네 명과 매우 다른 접근 방식을 취했다. 그녀는 '경청 서클'이라고 부르는, 14개의 소규모 포커스 그룹을 대상으로 일련의 활동을 진행했다. 각 그룹을 만나면서 그녀는 이렇게 말문을 열었다. "우리가 여러분의 경력을 지원하기 위해서 하고 있다고 생각하는 것이 무엇이든, 제대로 작동되지 않고 있습니다. 그리고 여러분은 얻고 싶은 기회를 활용할 수 없다고 믿습니다. 이에 대해 여러분이 어떤 느낌인지, 그리고 그 문제를 제가 어떻게 고칠 수 있을지 깨닫기 위해서 더 많은 것을 알고 싶군요." 헬레나는 상사가 직원들의 아이디어를 묵살하거나 무시하는 것, 직원들이 사소한 문제 때문에 교육 프로그램 도중에 불려 나가는 것 등에 관한 많은 이야기를 들었고, 대체로 사람들을 희생시키면서 결과만 중시하는 문화라고 지적한 의견도 들었다. 직원들이 앤절라의 리더십팀에 말하려는 메시지는 "당신들은 학습과 발전을 위한 기회를 제공하고 있지 않습니다."가 아니었다. 그들이 하고 싶은 말은 "당신들은 우리가 결과를 거둬내도록 밀어붙이고, 해야 할 일들을 쏟아부어서 발전과 경력에 신경 쓸 여유나 에너지, 욕망이 남아 있도록 내버려두지 않았고, 또 우리에게 그런 부분을 독려한 적도 없습니다."였다.

헬레나가 이 사실을 공유하자 앤절라의 표정이 어두워졌다. 다른 네 명의 상무가 헬레나가 발견한 사실을 묵살하고 사업부를 옹호하려 했지만 앤절라는 이를 막았다. 그리고 전혀 뜻밖으로 자신의 본능에 역행하면서 다음과 같이 대응해 상무들을 놀라게 했다. "헬레나, 당신이 그 일을 하려는 용기를 내준 것에 대해 너무나 큰 고마움의 빚을 졌네요. 당신이 그렇게 하지 않았다면, 우리 마음속에 '문화적 암'이 자라고 있다는 사실을 결코 배우지 못하고, 앞으로 밀고 나가기만 할 뻔 했습니다." 그리고 지역 미팅에서 우려를 해소시키기 위해 인사 데이터를 활용한 상무들에게 말했다. "나는 여러분의 보고를 받으면서 직원들을 '교육시킨다'며 주도권을 잡고서 얼마나 오만한 리더십을 보여줬을지에 대해 생각했습니다. 그리고 여러분의 '강의'가 끝난 후 그 방에 있던 사람들이 얼마나 큰 모욕감을 느꼈을지 생각하면 속이 울렁거리기도 했고요. 저는 그 두 가지 사이에서 오락가락했습니다. 하지만 그 일로 두 분을 비난할 수가 없군요. 그저 제가 시도했던 사례를 따랐을 뿐이니까요."

그리고 상무들에게 당부한 그녀의 메시지는 다음과 같았다. "우리는 이 일로 '두 번째 기회'라는 놀라운 선물을 받았습니다. 다음번 설문 조사까지 기다렸다면, 이런 독성이 널리 퍼졌을 테고 우리의 성과에서 그걸 봤겠죠. 저는 너무나 많은 시간을 말하고 밀어붙이는 데 썼습니다. 그리고 듣고 배려하는 데는 충분한 시간을 쓰지 못했고요. 헬레나는 전체 사업부가 필요하다고 말하는 것을 그녀의 직원들에게 주었습니다. 직원들이 우리에게 책임감을 갖기를 원한다면 우리도 그들에게 책임을 져야 합니다. 그들의 말을 귀 기울여 들을 필요가 있습니다. 그리고 무슨 행동이었든, 우리가 직원들을 신경 쓰지 않는다고 느끼게 한 일들을 사과할 필요가 있습니다. 따라서 저를 포함한 우리 모두 헬레나가 자신의 팀원들을 위해서 한 일을 실행하도록 합시다. 그리고 다시 모여서 각자 자신과 우리 조직에 대해 무엇을 바꿔야 할지 함께 파악해봅시다." 그다음 달, 앤절라는 네 명의 상무와 함께 경청 서클에 참여했다. 거기서 앤절라는 헬레나가 들은 것과 같은, 직원의 불만을 들었다. 그리고 그녀는 자기 자신에 대해 알게 된 내용과 설문 조사 결과,

그녀의 사업부가 어떻게 대응하고 있는지를 자신의 상사인 CEO와 동료들에게 공유했다.

사실상 앤절라는 회복적 접근 방식을 모델로 삼은 방식으로, 자신과 자신의 팀에 책임을 지게 한 것이다. 그들이 취한 단계는 다음과 같다.

첫째, 얼마나 불편한 일이 될지 상관없이, 설문 조사 데이터가 가진 진정한 의미를 탐색했다.

둘째, 직원들의 의견과 왜 그렇게 생각하는가에 대한 설명에 귀를 기울이고, 각자의 고유한 경험을 타당하게 여겼다.

셋째, 자신의 팀과 사업부를 어떻게 진정으로 이끌 수 있을지 새롭게 생각했다.

넷째, 기존에 모델로 삼았던 리더십 환경에 대해 책임을 지는 것으로, 사업부 내에서 신뢰를 회복했고 변화를 약속했다.

다섯째, 실무 리더들이 자신의 행동에 대해 책임을 지고, 중요한 존재로 인정받지 못한다고 느낀 직원들에게 사과하는 일에 심리적 안전을 제공했다.

사실 이런 조정들이 상처 없이 일어나지는 않는다. 이듬해에 앤절라는 리더십팀에 있던 상무 한 명을 포함해 변화를 보이지 않거나 변할 의지도 없었던 아홉 명의 리더를 사업부에서 물러나게 했다. 만약 그녀가 본능적으로 헬레나의 보고를 묵살하고, 설문 조사 피드백은 대체로 중요하지 않다는 다른 상무들의 의견에 동조했다면, 이야기의 결말은 완전히 달라졌을 것이다. 사업부의 성과는 계속해서 추락하고, 임원들은 얼마나 절실하게 변화가 필요한지 결코 깨닫지 못했을 것이다.

Q. 당신이 앤절라의 리더십팀에 있었다면, 그녀의 접근 방식에 어떻게 대응했을까? 당신이라면 그녀에게 설문 조사 피드백 데이터를 어떻게 다루라고 조언했을까? 앤절라의 접근 방식 중 본보기로 삼고 싶은 측면이 있는가?

조직 내 공정성을 이루는 3가지 요소

연구자들은 조직적 정의의 주요 요인으로 '절차적 공정성', 즉 의사결정을 내리거나 자원을 배분하는 과정이 그 결과를 수용해야 할 사람들에게 공정하게 보이는 정도를 폭넓게 연구해왔다. 수많은 연구 결과 중 대부분에서 명확하게 나타나는 한 가지 사실이 있다. 직원들이 불공정한 느낌을 받을 경우, 이는 **고의적인 방해** 행위와 **윤리적인 위배** 행위를 이끈다는 사실이다.[21] 업무를 평가하거나 자원을 배분하는 과정이 공정하지 않다고 느낄 때, 즉 그 절차가 투명성이 부족하거나 상사에 따라 규칙 없이 적용되거나 사람마다 다르게 적용되는 등 어떤 방식으로든 직원들이 성공하는 데 불리하다면, 상사나 조직을 대상으로 앙갚음할 가능성이 매우 높아진다.[22] 내 연구에서도 이것이 사실임을 발견했다. 책임을 묻는 절차가 불공정하게 보일 때, 직원들이 거짓말을 하고, 비윤리적으로 행동하고, 자신의 이익을 우선시할 가능성이 4배 더 높아진다. 2018년에 맥킨지가 실시한 성과 관리의 공정성에 대한 연구역시 이런 중요한 관련성을 더 확실하게 보여준다. 성과 관리 시스템이 공정하다고 인식하는 직원 중 60퍼센트가 해당 시스템은 효과적이라고 응답했다. 연구를 통해 맥킨지는 공정성을 다음 세 가지 요인으로 요약했다.

1. 직원들의 기대와 조직의 최우선순위가 명확히 연결되었는가 확인하기(우선순위가 달라지면 기대도 달라진다)
2. 코치이자 공정성의 일상적 결정권자로서 관리자 능력의 효과적인 발전
3. 합당한 경우에는 차별화된 높은 성과에 대해 보상하기

이 세 가지 요인이 작동할 때, 리더의 84퍼센트가 그들의 성과 관리 시스템이 효과적이라고 보고했다. 또한 그중 어느 것도 갖추지 않은 회사에서 일하는 리더보다 모든 요인이 작동하는 환경의 리더가 성과 관리 노력에 있어서 긍정적인 결과를 보고할 가능성이 12배 더 높았다.[23]

앞서 우리는 개인의 목표와 조직의 목표를 긴밀하게 일치시키는 일의 중요성을 논했다. 사실 책임 시스템은 그 일을 할 수 있는, **가장 강력한** 방법 중 하나다(다음 챕터에서 리더들이 어떻게 더 나은 공정성의 결정권자가 될 수 있는지에 대해 더 깊게 알아볼 것이다).

티파니 아처Tiffany Archer는 파나소닉 에비오닉스의 윤리 및 준법 감시 담당자이자 사내변호사다. 그녀는 인간 행동과 윤리 분야에서 폭넓은 경험과 통찰을 보유한 사상적 리더이기도 하다. 2020년에 직접 만나 진행한 인터뷰에서 아처는 '효과적이지 않은 책임 시스템이 왜 기

업의 입장에서 위험한가'에 대해 중요한 시사점을 던져주었다. "성과가 매우 **주관적**일 수 있다는 것은 누구나 압니다. 따라서 질적인 업무를 양적으로 평가하려고 애쓰고, 그 결과를 객관적으로 파악할 수 있게끔 숫자를 적용해서 이를 '공정하다'고 말하는 순간, 당신은 문제를 끌어들이게 될 겁니다. 저는 그런 과정이 직원들의 사기를 떨어뜨리는 일 이상의 어떤 역할을 한다고 믿지 않습니다. 직원들은 불안을 느끼며 남과 자신을 비교하기 시작하고 이렇게 생각합니다. '잠깐, 나는 업무를 완수하려고 더 늦게까지 일하고 가장 중요한 프로젝트를 맡아서 하는데, 왜 저 사람은 성과도 못 낸다고 질책까지 들었으면서 나보다 더 높은 성과 평가를 받은 거지? 더 노력하고도 더 높은 평가를 받지 못할 거라면, 내가 왜 이렇게까지 애써야 하는 거야?' 그렇게 직원들은 분열하고 서로 불신하게 되죠. 그런 현상이 나타난다면, 당신은 직원들이 부정적인 행동을 하게 될 위험을 초래한 겁니다."

수치심을 일으키는 평가 시스템

내가 수년간 자문을 맡은, 바이오의약회사에서 임원으로 일하는 팀은 격분한 상태로 코칭 세션에 나타났다. 전에 볼 수 없던 수준의 분노를 표출하면서 말이다. 그 주에는 연례 성과 평가가 있었고, 그는 자신이 승진 대상자 중 가장 유력하다는 소식을 듣고 싶었다. 팀은 주먹으로 책상을 내려친 다음 소리를 질렀다. "(상사가) 제게 망할 3등급을 줬어요! 이 회사에 들어온 후로 줄곧 4등급을 받았죠! 이전 회사에서는 최고 등급이 5등급이었고, 저는 항상 5등급이었습니다. 항상 최고 등급을 받았어요! 지금 여기서는 인사부서가 4등급을 받는 횟수에 바보 같은 제한을 두는 바람에 3등급으로 떨어지게 된 겁니다. 도대체 말이 됩니까? 그리고 뻔뻔하게도 상사는 자신이 힘 없는 사람인 척하더군요. '미안해요, 팀. 나로서는 아무것도 할 수가 없네요. 규정상 어쩔 수가 없어요. 그렇다고 나나 우리 회사가 당신에 대해 느끼는 바는 달라진 게 아니에요.' 농담합니까? 이번 평가는 너무나 당연히 내가 상사나 회사에 대해 느끼는 바를 완전히 바꿔놓았습니다! 솔직히 말해, 내 경력 전체를 통틀어서 가장 모욕적인 경험이라고요!"

나는 그를 달래는 데 2시간을 썼다. 당시 그와의 대화에서 나를 놀라게 만든 몇 가지가 있었다. 첫째, 그는 자기 자신과 그를 매우 강력하게 옹호해온 상사 그리고 회사에 대한 객관성을 완전히 잃어버린 상태였다. 둘째, 일단 평가 등급을 본 다음에는 그가 상사와의 대화에서 들은 거나 기억하는 것이 거의 없다는 점이었다. 실제 평가서를 읽어봤을 때, 그의 기여에 대해서 얼마나 극찬을 하고 있는지 무척 놀라웠다. 또 그가 개선할 영역에 대한 의견도 공정하고 정확했다. 팀은 여전히 나와 함께 열심히 준비해 온 역할과 자리에 가장 훌륭한 후보자였고, 향후 12~18개월 안에 그 역할을 맡을 수 있는 궤도에 제대로 올라갈 것으로 보였다. 하지만 그 어느 것도 그에게 소용이 없었다. 자기 자신과 상사, 회사에 대한 경멸의 감정이 모든 것을 무색하게 만들었다. 팀은 자신이 더 열심히 할 수도 있었던, 혹은 더 많은 기여를 했던 영역에 집착하면서, 자신을 제치고 4점을 받을 자격이 있는 사람이 대체 누구인가 하는 편집증적인 생각과 상사를 다시 믿을 수 있을까 하는 의심 사이

　　　　　　　　　　　　　정직한 조직

에서 분노하는 것밖에는 할 수 있는 일이 없었다.

팀의 경험은 동일성과 공정성 사이의 '전쟁'을 생생하게 보여준다. 기존의 다른 4등급과 지금의 3등급이 **동일하게** 취급받는 것은 그에게 가혹하도록 불공정하게 느껴졌다. 이 경험은 그를 극도로 심각한 수치심과 자기 몰입의 감정에 빠져들게 했다. 그는 모욕감에 사로잡혔고, 좀 더 균형 잡힌 관점으로 돌아오는 데 거의 일주일이 걸렸다.

사실 팀의 반응은 극단적이거나 드문 일이 아니다. 신경과학은 그가 느낀 분노의 상당 부분을 설명해준다. 신경리더십연구소 **NeuroLeadership Institute**에서 나온 연구에 따르면, 우리 뇌에서 위협을 느끼는 부분, 즉 편도체는 위험을 감지했을 때 투쟁-도피 반응으로 대응한다. 등급으로 매겨지는 범주에 놓이게 될 때, 우리는 말 그대로 **갇힌 상태**로 위험에 직면했다고 인식하고, 안전하지 않다는 두려움을 느낄 때와 똑같은 **생존 본능**을 작동시킨다. 게다가 **고정된 숫자**는 사람들이 성장을 위해 더 노력할 수 있고 또 그래야 한다는 사실을 무의미하게 만들고, 지금 가진 역량이 향후에도 그대로일 것이라는 영속성을 암시한다.[24] UCLA에서 시행한 또 다른 신경과학 연구에 따르면, 불공정하게 평가되거나 비판 받고 있다고 느낄 때, 사람들은 거절 혹은 배척을 당한 것 같은 감각을 경험한다. 그리고 이 감각은 뇌에서 고통을 등록하는 구역에 똑같이 등록된다. 달리 말하자면, 팀은 실제로 마치 누군가가 자신을 '때린' 것과 같은 느낌을 경험했던 것이다.[25]

책임 시스템이 직원들에게 수치심과 불신, 분노, 거절 당함 혹은 상반된 감정 등을 느끼게 하면서 그들을 광범위한 자기 몰입의 수준으로 이끌고 간다면, 그 시스템은 결코 직원들이 최고의 능력과 기여를 실현하는 데 영감을 제공하지 못할 것이다. 성장하고, 배우고, 실수나 부족함을 반성하고 책임지고, 자신의 기여와 자신이 다니는 회사를 자랑스럽게 느낄 수 있도록 시스템을 바꾸지 않는다면 말이다.

존중 받는 뇌가 잠재력을 발휘한다

책임 시스템이 실패하는 이유를 이해하는 데 필요한 열쇠는 신경과학에 있다. 왜 이 시스템이 **생산성 있게** 작동할 때 직원들의 잠재력이 최고치로 발휘되는가를 알려주기 때문이다. 신경과학자들은 뇌에서 자기 존중을 관장하는 부분이 지식을 통제하는 영역과 동기부여와 보상을 관장하는 영역을 연결하는 경로임을 발견했다. 이 신경경로가 강력할수록 자존감도 강하다.[26] 여러 연구에서는 또한 이 신경경로의 강도가 **남이 나를 어떻게 생각하는가**에 많은 영향을 받는다는 사실도 밝혀냈다.[27] 흥미롭게도 이 연구들은 이 신경경로가 약할수록 불안과 우울, 그 외 다른 기분 장애를 더 쉽게 겪는다고 결론을 내렸다.

현대 경제에서 기여자와 기여가 그 어느 때보다 더 연결되어 있다고 강조했던 것을 기억하는가? 이는 관리자가 직원들의 업무를 평가할 때, 직원은 이를 곧 자신에 대한 평가로 받아들인다는 것을 의미한다. 따라서 관리자가 얼마나 **사려 깊게** 피드백하는가는 중요한 능력이다. 평가의 정확성과 평가를 공유할 때 보이는 공감과 배려, 직원의 일을 직원 자신의 반영이라고 인식하는 수준은 직원들이 스스로를 보는 방식과 일에 최선을 다하고자 하는 동기를 부여 받는 데 영향을 미친다.

그러므로 관리자는 책임의 과정을 통해 직원들의 존엄성을 높여주거나, 반대로 우울, 불안과 같은 감정을 심화하는 방식으로 존엄성을 깎아내릴 수 있다. 이에 대해《창조하기 위해 경쟁하라Compete to Create》에서는 이렇게 설명한다.

인간 경험에 존엄성이 우선될 때, 사람들은 자신이 생산하는 것만이 아니라 자기 자신 그 자체로 가치가 있다고 느낀다. 사람들을 기계 속 대체가능한 톱니바퀴로 여기기보다 한 개인의 인간성을 인정하는 직장은 직원들이 그들이 가진 잠재력의 최대치까지 탐색하도록 독려한다.[28]

마이크로소프트와 같은 통찰력 있는 회사들은 이 사실을 파악했고, 그에 따라 책임 시스템을 구성했다. 나델라는 '모든 것을 아는 척하는 문화'에서 '계속해서 학습하는 문화'로 조직 문화를 전환하는 작업에 착수했다. 전통적으로 마이크로소프트는 분야 내 최고로 인정받고 가장 똑똑하다고 인식되는 명문 학교에서 사람들을 뽑았다. 하지만 이는 의도치 않게 기꺼이 실수를 인정하고 학습하는 능력이 결여된, 매우 경쟁적인 문화를 형성하는 결과를 낳았다. 상상할 수 있겠지만, 이런 문화는 피드백에 귀를 기울여 배우고, 부족함에 책임을 지고, 다른 사람이 목표에 도달하는 일을 돕는 능력을 억압하는 것을 비롯해 책임의 과정에 대한 상당한 어려움을 야기했다.

마이크로소프트 최고인사책임자인 캐서린 호건과 2019년에 가진 인터뷰에서 그녀는 회사가 성공의 정의를 확장하기 위해 어떻게 책임 시스템을 새롭게 구성했는지 설명해줬다. 전통적으로 그들의 성과 관리 시스템의 많은 부분은 개인적인 기여에 초점을 맞췄고, 이는 개인주의와 경쟁 문화를 강화했다. 그녀는 이제 조직 내 '성공'은 '동료에 대한 기여' 항목을 포함해 평가된다고 말했다. 이 항목은 동료들과 얼마나 협력적으로 일하는지, 즉 다른 사람의 목표 달성을 도운 정도를 측정한다. 또 다른 항목은 '동료 활용하기'로, 이는 다른 사람에게서 도움을 요청하고 그들의 아이디어를 활용한 정도를 평가한다. 호건은 이렇게 설명했다.

"더 화합하는 행위를 추구하는 항목들을 평가하고 보상함으로써 사람들은 더 협력적으로 일하는 법을 배우고 있습니다. 무언가를 모른다는 사실을 인정하는 것을 힘들어하는 문화에서 위험을 계산하는 일은 까다로울 수 있습니다. 실패에 개방적인 자세를 취하면, 사람들이 성장 사고방식과 책임 사이의 균형을 이루는 데 도움이 됩니다. 우리는 성공적인 성과에만 보상하는 것이 아니라 구성원들을 더 가깝게 만들면서 뒤처진 사람들에게 보상하는 법을 배우고 있습니다. 이제는 똑똑하게 보이려고 수십 장의 정보를 외워서 회의에 나타나는 사람들이 필요하지 않습니다. '제게는 정보가 없지만 그 정보를 구할 수 있습니다'라고 말하는 것이 완벽하게 수용할 수 있는 일이 됐으면 합니다. 실수로부터 학습하는 일은 원하는 결과에 우리가 더 가깝게 도달하도록 합니다. 이것이 우리에게는 새로운 형태의 '책임'입니다."[29]

성과의 초점에 있어서, 이런 변화들은 한데 합쳐지면서 마이크로소프트의 리더와 직원들이 기여의 의미에 관해 가지고 있었던 의식의 방향을 전환하는 데 도움이 되고 있다. 더 나아가서 이런 변화들은 **존엄성**을 강화한다. 직원들을 먼저 한 인간으로 대하고, 성취와 차이 모두 가치가 있다는 생각을 존중하는 것이다. 나델라는 책임을 이전하는 작업을 톱다운 방식으로 시작할 거라는 점에서 명확했다. 그는 이렇게 말한다. "리더십 수준에서 우리가 해왔던 큰일들 중 하나는 공유 매트릭스에 초점을 맞추는 일입니다. 우리는 '성과 매트릭스'와 '파워 매트릭스'를 구분합니다. 성과 매트릭스는 그 해의 매출과 수익 같은 것이고, 파워 매트릭스는 미래 성과에 관한 것입니다. 저와 임원진을 위한 보상의 많은 부분은 근본적으로 거기에 기반하고 있습니다."[30]

지금의 세상은 직장 밖에서도 존엄성을 갈망한다. 2020년 말, 하버드대학 로스쿨 교수이자 정치철학자인 마이클 샌델Michael Sandel을 만나 그의 책《공정하다는 착각》에 관해 이야기를 나눴다. 그는 내게 이렇게 말했다. "지난 40년간 글로벌화가 확산되면서 승자와 패자 사이의 분열이 심화됐습니다. 새로운 경제 속에서 성공하지 못한 사람들이 현 상황에 훨씬 더 화가 나는 이유는 승자들 사이에 존재하는, 그들의 성공이 그들에게 **마땅히** 주어져야 하는 것이라는 의식 때문입니다. 승자들은 스스로 성공을 일궜고, 따라서 승리할 자격이 있다고 생각합니다. 그들 사이의 이런 태도가 함축한 의미는 뒤에 남겨진 사람들(패자)의 경우에 그들의 운명 역시 스스로 겪어야 **마땅한** 것이며, 그들 자신 외에는 비난할 사람이 없고, 그들이 하는 일은 사회적 가치가 적으며, 자신의 재능과 지식(소위 4년제 대학 학위증)을 쌓는 데 투자하지 않았다면 그것도 그들이 한 행위라는 겁니다." 그리고 이런 현상의 결과로, 사회가 노동 계급이 하는 중요한 일을 귀중하게 여기기를 **그만두었다**고 강조했다. 우리는 누군가가 얻는 보상을 그 일의 가치와 **동일시**한다. 샌델은 2016년 미국 대선에서 능력주의 엘리트들을 향한 포퓰리스트들의 반발이 그저 경제적 기회에서 뒤처졌다고 느꼈기 때문만이 아니라 시민 동료들이 소중히 여기는 일을 함으로써 얻는 **존엄성에서 뒤처졌다**고 느끼기 때문이라고 믿는다. 그의 책에서 샌델은 이렇게 썼다.

> 공동의 선에 기여하고, 우리가 한 기여에 대해 시민 동료들의 존중을 얻을 때 우리는 가장 온전한 인간이 된다. 이런 전통에 따라 근본적인 인간의 필요는 나와 공동의 삶을 공유하는 사람들로부터 요구되는 것이다. 일의 존엄성은 그런 필요에 응답해 우리의 능력을 행사하는 데 있다.[31]

직장과 지역사회에서 우리는 어떤 직업을 가진 사람이든 **서로의 존재와 기여를 존엄성과 존중으로 대하는 법**을 배워야 한다. 코로나19 팬데믹이 우리에게 교훈을 주었다면, 그것은 이전에는 간과되고 있었던, 우리가 삶을 살아가는 방식에 있어서 중요한 '**근로자**'의 가치다. 그리고 근로자는 존중과 배려를 받을 가치가 있다. 그런 존중의 마음을 주변 동료와 이웃 모두에게 확대하자.

어느 스타트업이 설계한
'실수 해결 시스템'

이 챕터를 시작하면서 우리는 회복적 정의의 모델을 살펴보고, 그것이 어떻게 존엄성 있게 사람을 대하는 책임 시스템을 만들 수 있는지 이해했다. 이제 기업 내에서 삶에 존엄성을 제공하는 책임 시스템은 어떤 모습인지 살펴보자.

과거 내 고객이었던 엘리아스는 약 450명의 직원을 보유한 덴마크의 한 기술회사 대표였다. 개인적으로 모욕적이라고 느껴졌던 대기업의 환경에서 일해본 후, 그는 스타트업의 세계를 경험해보기로 결심했다. 회사의 성장과 함께 그는 최고의 자리에 올랐다. 엘리아스는 계속해서 성공적인 성장을 누리기 위해 위대한 성과를 독려하는 책임 시스템을 창조할 방법을 찾아야 한다는 걸 알고 있었다. 하지만 벤처기업을 키워나가는 일처럼, 회사의 기업가적이고 인간적인 환경을 보전하면서도 복잡하고 느리거나 관료적이지 않은 대규모 책임 시스템을 만드는 일은 도전적인 과제였다. 그의 해결책은 우선 회사 곳곳에서 근무하는 다양한 직급으로 구성된 25명의 직원으로 하나의 팀을 만들고, 그들에게 권한을 부여해 이곳에서 일하는 것이 자랑스럽고 또 책임을 지는 일을 즐겁게 느껴지게 만드는 절차를 임원진에 제안하도록 하는 것이었다. 그들의 설계에서 회사의 기술적 DNA를 활용한 첫 번째 기준 중 하나는 '형식이나 종이 없애기'였다. 그들은 모든 데이터가 디지털로 수집되고 공유되기를 원했고, 그 기술이 상사와 직속 부하 사이에 더 의미 있는 대화를 촉진하기를 원했다. 그리고 누구나 쉽게 기술을 접할 수 있도록 헌신하는, 목적이 이끄는 회사로서 또한 그들이 고안한 절차가 회사의 사명과 확실하게 연결된 상태로 유지되기를 원했다.

그 팀이 제시한 내용은 다음과 같았다. 한 해가 시작될 때 모든 직원은 상사를 만나 1년 동안 집중할 '사명 통합 선언문'을 제시한다. 이는 직원들의 개인적 발전을 이루면서 회사의 전반적인 성장과 사명에도 기여하는, 달성하고 싶은 목표의 조합을 담는다. 그런 다음, 직원들은 그들이 책임지고 싶은 매트릭스를 선택한다. 마지막으로 각 팀이 함께 모여서 각자의 사명 통합 선언문을 공유하고, 서로를 어떻게 지원해줄 것인지에 관한 구체적인 합의를 만든다. 그리고 공유할 약속을 '팀 사명 통합'으로 공고화하고, 그에 대해서도 개개인의 노력을 더한다. 엘리아스의 요구는 어떠한 책임 프로세스에서든 한 해가 끝났을 때 직원과 회사 모두 더 나아진 상태를 만들어야 한다는 것이었다.

회사가 제작한 앱을 통해 직원과 관리자들은 정기적으로 피드백을 주고받는다. 관리자와 동료들은 한 직원의 업무상 기여는 물론, 팀과 조직에 대한 그들의 참여도에 대해서도 긍정적이고 발전적인 피드백을 제공한다. 피드백을 받은 직원은 받은 지침들이 유용했는지, 혹은 그렇지 않았다면 어떻게 개선할 수 있는지에 대한 피드백을 관리자에게 즉각적으로 전달한다. 직원들은 동료에게 "오늘 생산성 회의에서 약간 초조해 보이던데 괜찮아? 내가 도울 일은 없을까?"와 같은 식의 일상적인 의견을 묻는 일들에서도 앱을 사용한다. 끊임없이 주고받는 이런 지원 사항들은 직원 간 신뢰를 유지하고, 어떤 오해도 신속하게 해결해준다.

오류나 실수가 있을 때에는, 이를 해결하기 위한 특별한 과정이 있다. 바로 '실력 향상하기'다. 끊임없이 혁신해야 하는 회사의 필요를 감안할 때, 엘리아스와 직원들은 실수를 더 창의적인 방향으로 나아가도록 도와주는 기회로 봤다. 실수(마감일 계산 오류, 비용 초과, 비효과적인 코드, 제품 사양 해석 오류 등)를 저지른 사람은 그들의 실책으로 영향을 받은 모든 사람을 동참시켜 실력 향상하기 회의를 진행한다. 잘못된 일에 대해 자신의 해석을 제시하거나 여전히 원인을 파악하지 못했다면 그 과정에서 주변의 도움을 요청한다. 회의 마지막에는 모든 사람이 그 실수에서 배운 교훈이 어떻게 그들이 실력을 향상하는 데 적용될 수 있을지 토론한다. 대체로 구성원들은 다른 누구보다 자기 자신에게 엄격하면서도 실수를 저지른 사람에게는 자기 자신과 공동체에 대한 확신과 구성원의 지지를 회복할 수 있는 방식으로 안심시키는 데 시간을 들인다. 이것이 다각적인 책임이 가진 모습이다.

엘리아스의 회사에서 책임의 과정은 또한 성공에서 학습하기도 독려한다. 어떤 프로젝트가 특별히 잘 진행됐을 때, 직원들은 '도약하기'라고 이름 붙인 과정을 위해 함께 모인다. 동료, 관리자 혹은 전체 팀 구성원들은 회의를 소집해 성공을 축하하고, 모든 사람이 각자 나름의 '도약'을 취할 수 있도록 무엇이 잘 되었는지에 대한 통찰을 도출한다. 이 회사의 보상은 대개 회사 단위의 성과를 기반으로 하며, 이례적인 성과를 보였거나 사명 통합 선언문을 초과 달성한 경우, 개인 혹은 팀을 위해 소량의 보상을 따로 떼어둔다. 엘리아스는 이런 책임의 과정을 가리켜 자신이 회사에서 가장 자랑스럽게 생각하는 것 중 하나이며 **성장의 핵심 엔진**이라고 말한다. 회사의 고객들도 그들의 솔루션과 서비스에 투입되는, 기대를 초과하는 헌신을 눈치챘으며 회사의 순추천지 수net promoter score for referrals는 10점 만점에 10점을 기록했다. 엘리아스는 이렇게 말했다. "만약 여기 있는 모든 사람이 밤 늦게 귀가하면서 그날 하루가 매우 힘들었더라도 그와 상관없이 자기 일을 자랑스럽게 여기고, 함께 일하는 사람들을 사랑하고, 내일이 빨리 오기를 기다린다면, 저는 제 일을 한 겁니다. (…) 어떤 책임 시스템이든, 기본 작업은 직원들이 자기 자신과 자신의 일이 중요하다는 사실, 그리고 왜 중요한가도 아는 겁니다."

Q. 엘리아스의 접근 방식과 관련해 위험한 점은 무엇인가? 사람들이 그의 아이디어에 어떻게 저항할 수 있었을까? 한편 그의 이야기에서 얻은 교훈 중 무엇을 현실에 적용할 수 있을까?

지금 할 일: 책임의 토대에 존엄성을 두기

책임 시스템에 정직해져라

조직의 책임에 대한 현 관점에는 불가피하게 약간의 **불공정성**이 담겨 있다. 전체 과정을 점검할 권한이 없더라도, 당신은 구성원 일부가 이를 경험하는 방식에는 영향을 미칠 수 있다. 그 과정에서 불공정한 부분은 어디인가? 직원들과 그들의 기여를 분리시키는 부분은 무엇인가? 실수와 부족을 어떻게 다루고 있는가? 직원들의 기대와 조직의 전략적 우선순위 및 목적을 얼마나 긴밀하게 연결하고 있는가? 명백하게 일치하지 않는 한 영역을 선택하라. 당신의 팀을 소집해서 해당 과정에 관한 그들의 경험에 귀 기울여라. 그리고 함께 그 차이를 메울 수 있는 간단한 방식을 도출해보자. 이어서 살펴볼 내용 중 일부가 도움이 될 것이다.

목표와 목적을 연결하라

챕터 3의 '지금 할 일'에서 알아본 당신의 목적을 다시 떠올려라. 그리고 당신의 목적과 팀 구성원들의 목적, 조직의 목적 사이에 연결고리를 점검하라. 현재 당신이 달성하려는 목표들은 당신의 목적 및 회사의 목적과 얼마나 긴밀하게 일치하는가? 그 목표들이 회사의 최우선순위에 직접적으로 부합할 때 이는 어느 정도로 당신이 목적을 구현하는 데 도움이 되는가? 반대로 그 목표들이 회사의 우선순위와 단절되거나 관련 없어 보이는 경우, 이는 어느 정도로 당신이 목적을 구현하는 데 방해가 되는가? 이 모든 요소가 더 잘 일치하도록 하려면 당신은 무엇을 바꿔야 하는가?

존엄성이 보장되는지 확인하라

당신의 회사가 강요된 등급 척도를 쓰고 있다면, 이 사실은 특히 중요하다. 만약 평가자의 위치에 있다면, 인사부서에 이를 폐지하는 방안을 검토해달라거나 최소한 당신의 팀에서는 대안적인 평가를 실시할 수 있도록 허용해달라고 주장하라. 그 일을 시도해보도록 허가 받았다면, 오래된 매트릭스를 사용하지 않는 상태로 온전한 성과 사이클을 지내보고, 어떤 차이가 있는지 살펴보자. 만약 다른 시도가 불가능하다면, 강요된 등급 시스템이 초래하는 결과를 어떻게 다룰 수 있을지에 대해 당신의 팀과 정직한 대화를 나눠보자. 팀원들이 인식하는 그들의 기여와 일치하지 않는 방식으로 범주화되었을 때 어떻게 느껴지는지 공유해달라고 요청하라. 목표 설정, 피드백, 개발, 지속적인 지원 등 팀원들이 자신과 자신이 하는 일에 대해 존중 받는다고 느끼게 하는 접근 방식 중 어떤 것을 당신이 취하면 좋을지 공식적으로 대화를 나눠라.

책임에 대한 기준을 만들어라

당신이 이끄는 사람들은 공정성과 존엄성을 향한 당신의 약속을 이해할 필요가 있다. 당신은 팀의 최고의 성과와 가장 높은 목표에서 당신의 역할을 전달하는 한편, 책임을 어떻게 정의하겠는가? 목표를 이룰 수 있도록 당신이 도울 것이므로 팀원들이 그 기준을 높이기를 원하게끔 하기 위해 무엇을 다르게 해야 하겠는가? 책임에 대한 당신 자신의 기준을 자세히 써보고, 이를 팀과 공유하라. 그리고 당신이 공유한 책임을 묻는 방식에 대한 더 높은 기준에 따라 팀원들도 당신에게 책임을 묻도록 요청하라.

다음 챕터에서는 리더십 영역에서 공정과 책임에 대한 개인의 관점을 살펴본다. 구체적으로 말하자면, 당신의 리더십에 대해서 말이다.

이 장을 마치며

- 책임에 대한 기존의 접근 방식은 다소 불분명하고 창피를 주기

위함이거나 징벌적인 것이었다. 이런 방식은 사람들이 자신의 잘못에 책임을 지는 대신 감추려고 애쓰거나 남을 탓하게 만든다.

- 회복적 정의 관행에서 배운 교훈은 기존의 책임 시스템에 통찰을 제공한다. 이 접근 방식은 잘못한 사람이 피해를 바로잡기 위해 적극적으로 노력하게 하고, 실수로부터 배울 수 있다는 사실을 강조하므로 모든 사람의 존엄성을 지켜준다. 회복적 정의는 잘못한 사람을 배제하는 대신 공동체를 강화해 장기적인 지속가능성을 지원한다.

- 오늘날의 지식경제에서 기여는 기여한 주체를 긴밀하게 드러낸다. 이는 객관적으로 보였던 전통적 매트릭스가 사람들을 '동일한 존재'로 따졌기 때문에 그 기준을 무조건 공정에 두었음을 의미한다. 하지만 기여도가 서로 다를 때, 동일성은 더 이상 공정한 것이 아니다.

- 책임 프로세스는 각 개인의 독특한 재능과 기여를 중요하게 드러낼 필요가 있다. 관리자들은 그들이 이끄는 직원들의 일을 진정성 있게 존중할 수 있는 신뢰 관계를 구축해야 한다.

- 공정함을 독려하는 세 가지 방법은 다음과 같다. 첫째, 구성원들의 기대가 조직의 최우선 순위와 명확히 연결되게 한다. 둘째, 관리자들을 코치로서 능력을 효율적으로 개발한다. 셋째, 합당한 경우에는 차별화된 높은 성과에 대해 보상을 준다.

- 기업들은 성공의 정의를 새롭게 세워서 직원들이 잘못을 인정하고 수정하거나 새로운 기술을 배우거나 혁신을 시도할 때 의도치 않게 억압되는 일이 없도록 한다.

Chapter 5

기울어진 운동장에
공정을 가져오라

깨달음의 이야기:
불공정에 맞선다는 것

1968년 3월, 베트남전쟁이 절정에 이르렀을 때 찰리 중대의 한 부대
가 첩보 하나를 입수했다. 남베트남 해안을 따라 자리한 '선미Son My'라
는 작은 마을에 남베트남 정부와 그들의 후원자인 공산주의 게릴라 부
대 베트콩 잔류병들이 점령해 있다는 것이다. 찰리 중대는 지난 달에
베트콩 저격수들과 부비 트랩의 잔혹한 공격으로 부대원의 거의 절반
을 잃은 터였다. 그 상실에 분노를 머금고 선미로 향한 어니스트 머디
나Ernest Medina 대위는 부대원들에게 임박한 충돌에서 매우 공격적으
로 임하라고 명령했다. 그들은 마을 안에서도 '미라이My Lai'의 아주 작
은 마을이 베트콩 잔당의 근거지라고 믿었다. 머디나는 공격에 착수하
기로 계획한 아침 시간에는 마을 여성들과 아이들은 시장에 있을 테니
무고한 시민을 죽일지도 모른다는 걱정은 없을 거라고 부대원들에게
말했다. 마을에 남은 사람들은 베트콩 일원이거나 그들에게 동조하는

사람들이라고 가정했다.[1] 오로지 적들을 생포하고, 건물을 무너뜨리고, 가축들을 죽이고, 우물을 파괴하라는 명령만 받았다.

16일 새벽에 한 소대를 이끄는 윌리엄 캘리William Calley 소위가 미라이에 도착했지만 베트콩 전투원들이 있다는 증거를 찾을 수 없었다. 대신 아침 식사를 위해 밥을 준비하는 여성들과 아이들, 노인들로 가득한 마을만 발견했다.[2] 그럼에도 일단 마을 사람들을 한데 소집했고, 베트콩 일당과 무기를 찾기 위해 오두막을 모두 수색했다. 발견된 무기는 세 개뿐이었다. 그런 다음 생각할 수 없는 일이 벌어졌다. 캘리가 부대원들에게 마을 사람들을 쏘라고 명령했던 것이다. 처음에 그들은 캘리의 말을 진지하게 받아들이지 않았다. 하지만 부대원들을 사격선으로 밀어 넣은 후, 캘리는 그중 이등병인 메아들로와 콘티에게 마을 사람들을 죽이라고 소리쳤다. 결국 메아들로가 명령에 복종했고, '미라이 대학살'이라고 알려진 민간인까지 포함된 베트남전쟁에서 가장 극악무도한 살상이 시작됐다. 그 후 몇 시간 동안 부대원들은 남녀노소 가리지 않고 끌고 온 후 일부를 구덩이에 밀어 넣고 살해했다.

학살이 일어나기 바로 직전, 헬리콥터 조종사 휴 톰슨Hugh Thompson 준위가 찰리 중대가 임무를 수행하는 동안 공중 엄호를 수행하는 임무에 배치됐다. 지상군과 마찬가지로, 약 6시경에 톰슨이 두 명의 동료와 함께 미라이로 날아갔을 때 적군의 사격은 발생하지 않았다. 그들은 베트콩으로 의심되는 두 명을 포착하고 항복시켰고, 뒤이어 부상당한 베트남 민간인들과 마주쳤다. 톰슨은 도움이 필요하다는 의미인 초록색 신호탄을 쏘아 올려 해당 위치를 전달한 다음 급유를 위해 떠났다. 이후 9시쯤 다시 돌아왔을 때, 아까 마주쳤던 민간인들이 사망했음을 알

정직한 조직

아차렸다. 그러다 부상당한 젊은 베트남 여성이 아직 숨이 붙어 있는 모습을 본 후에 신호탄으로 표시해두었던 가까운 논 근처의 다른 지역으로 관심을 옮겼다. 낮은 공중에서 정지한 상태로 주변을 주시하던 톰슨은 머디나가 그 여성에게 다가가 발로 쿡 건드린 다음에 사살하는 모습을 목격했다.

이후 10여 구의 시체로 뒤덮인 관개용 구덩이 위로 날아갔고, 민간인들을 학살한 것이 미군 동료임을 깨달았다. 그리고 즉시 무전을 보냈다. "아래쪽에 엄청나게 많은, 불필요한 살상이 발생한 것으로 보입니다. 무언가가 잘못됐습니다. 모든 곳에 시체가 있고, 시체들로 가득 찬 구덩이도 봤습니다. 잘못된 일이 일어나고 있습니다!"³ 톰슨은 무슨 일이 일어나고 있는 것인지, 더 중요하게는 왜 일어났는지를 조사하기 위해 헬리콥터를 착륙시켰다. 그가 구덩이에 있는 민간인들을 지키고 있는 군인들 중 한 명과 맞서고 있는 동안 캘리가 끼어들었다. 톰슨은 그를 향해 소리쳤다.

"여기서 무슨 일이 진행되고 있는 겁니까, 소위님?"

"이것은 내 일이요."

"그 일이 무엇입니까? 이 사람들은 누구입니까?"

"그저 명령을 따르고 있는 거요."

"명령이요? 누구의 명령입니까?"

"그저 따르고 있는…."

"하지만 이들은 무장하지 않은 민간인들입니다."

"이봐요, 톰슨. 이것은 내 일이요. 내가 여기 책임자란 말이요. 당신이 관여할 일이 아니요."

"네, 대단한 일이군요."

"헬리콥터로 돌아가서 당신 일이나 신경 쓰는 편이 좋을 거요."

"이게 끝이라고 생각하지 마십쇼!"

톰슨이 다시 이륙했을 때, 그의 동료는 톰슨이 맞섰던 군인이 구덩이에 있는 민간인들을 죽이라는 캘리의 명령을 수행하고 있다는 걸 알아차렸다. 분노한 톰슨은 마을의 북동쪽 끝으로 날아갔고, 거기서 약 열 명의 민간인 남성과 여성, 아이들이 피난처를 찾아 달리고 있는 모습을 봤다. 그들은 찰리 중대 부대원들에게 쫓기고 있었다. 그때 톰슨은 상상하기 어려운 일을 했다. 그는 헬리콥터를 민간인들과 그들에게 진격하는 미 소대 사이에 착륙시켰다. 그리고 옆에 있는 동료에게 그 부대원들이 그에게 혹은 베트남 민간인에게 발포한다면 맞대응할 거라고 말했다. 다행히도 그는 부대원들의 발포를 중지시킬 수 있었고, 곧바로 민간인들을 구조했다.

톰슨의 용기는 대학살을 멈추게 했다. 하지만 대학살이 끝났을 때 이미 500명이 넘는 베트남 민간인들이 살해당한 상태였다. 군에서는 이 사건을 덮으려고 노력했다. 톰슨은 살해 위협을 당하기도 했고, 누군가 그의 집 현관에 죽은 동물을 버려두기도 하는 등 끔찍한 협박 행위들이 이어졌다. 1969년, 미 하원 군사위원회의 비공개 청문회에서 톰슨은 대학살을 가볍게 취급하려고 필사적으로 애쓰는 몇 명의 하원 의원들에게 가혹한 비난의 말을 들었다. 그들은 군법재판에 그를 회부하려고 시도했지만 성공하지 못했다. 캘리는 군법재판에 회부됐고, 톰슨은 증언대에서 증언했다.

하지만 마침내 상황이 바뀌었다. 그 후 30년이 지난 1998년, 톰슨과 두 명의 사병은 미군 최고의 영예인 군인 훈장을 수여 받았다. 그리고 그 해에 톰슨은 대학살 발발 30주년을 맞아 한 사병과 함께 미라이를 방문했고, 그들이 구조했던 민간인 중 몇 명을 만났다. 그들은 톰슨을 기리며 설립한 작은 박물관을 구경했고, 두 사람은 그곳에 새로운 초등학교를 짓는 일을 도왔다. 당시 방문에서 가장 가슴 아픈 순간 중 하나는 그들이 구조했던 한 여성이 이렇게 물었을 때였다. "왜 그런 행동을 저지른 사람들은 당신과 함께 돌아오지 않았나요?" 그 말에 톰슨은 큰 충격을 받았다. 하지만 그때 그녀가 말을 이었다. "우리가 그들을 용서할 수 있게요."[5] 그날 다른 행사 중에 톰슨은 이렇게 말했다. "30년 전 오늘 이곳에서 끔찍한 일이 벌어졌습니다. 저는 왜 그런 일이 벌어졌는지 설명할 수 없습니다. 저는 그저 '그날 우리 동료들이 우리가 도운 분들보다 더 많은 분을 도울 수 있었다면…' 하고 생각합니다."[6]

톰슨의 용기가 얼마나 더 많은 죽음을 막았는지는 알기 어렵다. 하지만 자신을 방어할 수 없었던 이들을 위해 **옳은 일**을 하기로 한 그의 선택, 힘(권력)의 남용과 눈앞에 놓인 심각한 불공정에 맞선 그의 선택은 모든 리더에게 본보기가 된다. 과거 자신이 겪은 고통스러운 배척을 떠올리며 톰슨은 한 인터뷰에서 이렇게 말했다. "보상을 바라고 옳은 일을 하지는 마십시오. 보상은 오지 않을 수도 있으니까요."[7]

살면서 우리는, 톰슨이 정의의 이름으로 행동했던 일처럼, 그 같은 어려움에 처할 일은 결코 없을 것이다. 다만 비할 바는 아니지만 조직 내에서 접하는 불공정을 떠올렸을 때, 톰슨의 용기와 희생이 우리에게 시사하는 바가 분명 있다. 조직 생활에서 우리가 바로잡아야 할, 셀 수 없을 만큼의 불공정이 매일 발생한다. 흥미롭게도 우리는 종종 그런 일들을 묘사할 때 전쟁에 비유한다. "그가 매서운 지적으로 공격했지.", "그녀는 발표하다가 학살 당했어.", "분기 점검 회의는 피바다였다고.", "이사회 미팅은 전쟁이 될 거야. 나 좀 엄호해줄 수 있겠어?", "상사가 내 프로젝트를 중단시켜버렸어." 때때로 우리는 '우리 편이라고 생각했는데…'라고 생각하는 사람들이나 일에서 발생하는 문제들을 가장 인정하기 어려워 한다. 조직의 일상적 정의의 핵심은 잘못을 은폐하거나 관련된 사람들에게 수치심을 주는 것이 아니라 **잘못을 바로잡고** 그 일을 통해 **학습하는 것**이다. 그렇지 않으면 책임 시스템은 영원히 잘못된 왜곡 속에 놓이게 될 것이다.

책임이 존엄성과 정의에 토대를 두려면, 우리는 자신이 맡은 일을 할 **용기**를 가져야 한다.

신임 CEO가 조직 내 부정을 맞닥뜨렸을 때

2020년, 에드 타운리Ed Townley를 만나 인터뷰했다. 그는 뉴잉글랜드에 명성 높은 낙농협동조합 캐봇 크리머리Cabot Creamery (이하 캐봇)의 CEO를 맡고 있었다. 그는 "이 회사를 이끄는 데 무엇이 필요한지에 대해서 제가 너무 순진했던 것일 수도 있습니다." 하고 입을 열었다. 5년 전, CEO로 임명되기 전에 그는 이 회사의 최고재무관리자였다. 낙농협동조합은 효율적으로 운영하기에 매우 어려운 사업이다. 특히 우유를 공정한 가격에 시장에 내놓으려는 농장 주인들과 원재료와 제조 역량을 관리하려고 노력하는 유제품 제조업체 각각의 필요 사이에서 균형을 잡는 문제와 정부의 가격 규제, 상대해야 할 고객 세부 시장의 복잡성에 있어서 그렇다. 타운리가 CEO 자리에 올랐을 때, 이사회는 그 역할을 위한 채용 프로파일을 구축하기로 결정했다. 그들은 **정직**과 **진실성**을 가장 중요한 두 가지 기준으로 내세웠고, 그는 곧 각 영역에서 시험에 들 터였다.

일을 시작하자마자, 타운리는 조직에 필요한 문화를 구현하지 못하는 일부 구성원을 교체할 필요가 있다는 사실을 깨달았다. 그런데 문제가 훨씬 더 심각하게 진행됐다. "저는 사기를 저지르는 사람들을 발견할 거라고는 기대하지 않았습니다. 심지어 리더들이 그런 일을 저지르고 있는 사례를 두 건이나 발견했죠." 각각의 사례는 이랬다. 한 정비 관리자가 회사 자금으로 값비싼 제조 장비를 주문해서 자신의 개인사업을 통해 되팔고 있었다. 또 다른 경우, 기술 부문 수장이 불필요한 장비를 구매해 개인적인 용도로 쓰거나 마찬가지로 직접 되팔아서 그 돈을 챙기고 있었다. 이 일에 어떻게 대응해야 할까? 타운리는 매우 중요한 결정을 내려야 했고, 그 결정은 앞으로 몇 년간 회사의 분위기를 좌우할 것이었다. "저는 그저 그들을 해고하고 모든 것을 덮어둘 수도 있었겠지만, 그것은 매우 잘못된 일을 하는 것이었죠. 그래서 그들을 기소할 필요가 있다고 결정했습니다."

타운리는 약 300명의 농부들이 모인 연례회의에서 무슨 일이 일어났는지 설명했고, 모두 분개했다. 그들은 어떻게 CEO의 바로 코앞에서 수백만 달러짜리 제품을 훔칠 수 있었는지,[8] 당연히 다른 일도 일어났을 수도 있는 것 아닌지 궁금해했다. 당시 분위기를 떠올리며 타운리가 말했다. "버몬트는 작은 주입니다. 이 일은 버몬트를 시끄럽게 만들었죠. 농부들은 당혹감을 느꼈고, 당연히 배신감을 느꼈습니다. 그들은 이런 일이 다시 일어나지 않을 거라고 안심시켜주길 원했습니다. CEO 로서 일한 지 얼마 되지 않았음을 감안할 때, 저는 그렇다고 장담할 수 없었습니다. 그래서 이렇게 말했습니다. '저는 이런 종류의 위법 행위에서 회피하지 않을 것입니다. 안타깝게도 위법 행위가 또 발생한다면, 단언하건대 여러분은 즉시 그 일에 대해 알게 될 겁니다.'"

타운리는 만들고자 하는 조직 문화가 뿌리를 내리려면, 그가 변화에 대해 진심임을 구성원들이 느껴야 한다는 걸 알고 있었다. 그는 "사람들이 제가 위법 행위나 혹은 더한 행위를 용납할 것인지 계속 의심하도록 내버려두거나 리더 자리에 있는 사람들이 그런 일을 벌인다면 자신들도 괜찮을 거라는 결론을 내리게 놔둘 수는 없었습니다."라고 말했다. 그래서 엄격하게 선을 그었다. 직급과 상관없이, 부적절하다는 인상을 살짝이라도 풍기는 어떤 행위도 용인하지 않겠다고 선언했다. 이는 크리스마스를 맞이해 가족에게 300달러 상당의 제품을 보낸 공장 관리자(높은 직급의 선임 리더)도 해고된다는 것을 의미했다. 타운리는 "사람들은 제가 진실성의 문화에 헌신하고 있다는 사실을 확실히 이해했습니다."라고 말했다. 그의 리더십하에 캐봇은 계속해서 낙농산업 분야에서 가장 존경받는 회사 중 하나였고, 공인된 비콥이 됐다(챕터 8에서 그의 리더십에 대한 또 다른 놀라운 이야기와 그가 이끈 초기 몇 년 이후에 캐봇이 어떤 특별한 회사가 됐는지에 대해 자세히 공유할 것이다).

Q. 만약 당신이 타운리가 발견한 문제를 마주했다면, 어떻게 대응했겠는가? 혹은 그와 어떤 부분에서 다르게 행동했을 것 같은가?

정직한 조직

다음은 내가 직접 고객에게서 들었거나 실제 일어난 일들이다. 당신이라면 이런 상황을 어떻게 헤쳐 나갈 수 있을지 생각해보라.

· 직원회의 중에 상사가 필수 사업 점검 과정을 빠뜨렸다며 당신의 동료인 재무전문가에게 공개적으로 잔소리를 했다. 반면 평소 매출을 일으킨다는 이유로 무엇이든 교묘히 모면하기 일쑤인 당신 팀의 영업 부문 리더도 똑같은 실수를 했는데 훈계를 듣지 않았다. 상사가 눈을 돌려 다른 곳을 보자마자 그가 히죽히죽 웃으며 당신을 향해 윙크를 했다.

· 회사 구내 식당에서 줄을 서 있는데 식당 직원이 수년간 근무해온, 당신의 친한 동료인 한 흑인 직원을 멈춰 세우더니 정중하게 명찰을 보여달라고 요청하는 것을 봤다. 그 직원은 지금껏 백인 직원들에게는 단 한 번도 그런 요구를 한 적이 없었다. 동료가 걸어 나갈 때 당신은 그의 어깨가 축 늘어지고 머리가 약간 숙여진 것을 볼 수 있었다.

· 예산 점검 회의에서 당신 옆에 부서장들이 내년 자원을 배분할 검토위원회에 예산을 요청하고 있다. 이 일을 수차례 해온 당신은 완벽한 프레젠테이션을 했고, 요청한 예산은 신속하게 승인됐다. 이어서 프레젠테이션을 한, 최근에 새로 부서장으로 임명된 한 젊은 여성은 눈에 띄게 긴장한 듯 보인다. 그녀는 발표 중에 말을 더듬었고, 당신은 위원들(대부분 남성이다)이 킥킥거리는 웃음과 놀

리는 듯한 표정을 감추려고 애쓰는 것을 알아차렸다. 그녀가 인계 받은 부서는 아수라장이 된 상태였고, 확실히 다른 곳보다 더 많은 자원이 필요했다. 하지만 발표가 끝난 후, 위원회에서는 그녀가 요청한 예산의 75퍼센트밖에 주지 않았다. 나중에 그녀의 사무실을 지나갈 때, 당신은 그녀의 눈이 충혈된 것과 그녀가 당신과 눈을 마주치기를 피한다는 사실을 눈치챘다.

• 당신은 공석인 관리자 자리에 팀 내 후보자 중에서 누구를 승진시킬지 고민하고 있다. 그들은 모두 똑같이 자격을 갖췄으며, 각자 빼어난 장점과 부족한 점이 있다. 회사 내 다양성 및 포용성 팀에서는 정체성 측면에서 과소대표에 해당하는 사람을 승진시키라고 재촉하고 있다. 한편 당신의 상사는 따로 추천하고 싶은 사람이 있다. 그는 이전에 승진에서 부당하게 제외된 적이 있는데, 당신은 그와 상사가 가까운 관계라는 점이 신경 쓰인다. 사실 그 자리에 가장 적합하다고 생각되는 사람은 당신과 친하고 몇 년 동안 함께 일해온 사람이다.

이 네 가지 상황은 세계적으로 어느 직장에서든 매일 일어나는 일들이다. 이런 상황들에 눈을 감아버리는 순간 당신은 공정성에 어긋나는 선택을 하는 것이다.

조직의 일상은 정의의 렌즈로 볼 때, 훨씬 덜 간단해 보이는 선택으로 가득 차 있다. 누군가가 '그건 공정하지 않아!'라고 저항하는 것을

정직한 조직

들을 때마다 그 문제가 얼마나 별것 아닌 것처럼 보이는가에 상관없이, **조직적 불공정을 경계하라!** 정적한 리더가 되고 싶다면, 당신은 절대 수동적인 구경꾼이 되어서는 안 된다. 직접 나서서 공정한 결과를 이루기 위한 대응에 적극적으로 영향력을 행사해야 한다. 그렇다면 위와 같은 상황들에 직면했을 때, 당신은 어떻게 싸울 수 있을까?

최악의 권력은 권력을 포기하는 것

권력은 조직 내 영향력의 복잡한 원천이다. 권력이 남용된 다양한 방식을 소개하는 신문 헤드라인 속에서 권력은 항상 부정적으로 다뤄진다. 하지만 권력은 리더들이 조직적 불공정을 바로잡을 수 있는 **시작점**이다. 공정한 조직을 만들겠다는 결정은 리더가 공정성을 자신과 구성원들이 함께 이뤄내는 것이라고 확신할 때 가능하다. 공정은 조직에 뿌려지는 '공정성 요정의 먼지' 같이 신비한 힘으로 그냥 이뤄지는 일이 아니다. **확신**과 **용기** 그리고 **리더십에서 나오는 힘**을 활용하겠다는 결심이 필요하다. 이 일을 잘 해내기 위해서 먼저 권력이란 무엇이고, 또 어떻게 작동하는지에 관한 이해가 필요하다.

전작《권력에 맞서기 Rising to Power》를 집필하면서 진행한 연구가 있다. 나는 보다 더 높은 자리의 리더십을 맡게 된 리더가 성공할 것인지, 실패할 것인지를 결정하는 요인이 무엇인지 이해하고 싶었다. 지난 수십 년간 리더들이 더 높은 자리에 오를 경우, 첫 18개월 안에 실패하는 경우가 약 50~60퍼센트에 달한다는 사실을 발견했다. 하지만 연구 결과에서 가장 큰 놀라움을 준 것은 가장 심각한 권력 남용이 사리사욕 추구나 부도덕한 이득과 관련이 없다는 사실이었다. 가장 권력이 남용된 영역은 바로 '(권력의) 포기'였다. 말하자면 리더들이 권력을 쓰기를 지나치게 두려워하거나 불안해하는 것이다.

평가 받는 일이 두려웠든, 단순히 인기를 얻고 싶어서든 권력을 포기한 리더들은 그 대신 사람들이 원하는 대로 해주면서 '예스!'를 남발했고, 그 과정에서 조직의 자원이나 집중을 약화시켰다. 그들은 종종 자신의 권력 실패를 부하 직원들이 존중과 포용을 받는다고 느낄 수 있도록 평등주의를 형성하고 싶은 욕망 때문이라고 정당화했다. 그 과정에서 그들은 조직의 기능이 마비될 정도까지 많은 사람을 결정에 포함시켰고, 어려운 선택을 내리느라 고군분투했다. 그렇게 형편없는 성과를 못 본 체했고, 사람들을 편애했고, 비밀을 누설하며 충성심을 돈으로 사면서 궁극적으로 조직에 피해를 입혔다. 연구에서 얻은 데이터는 대부분의 리더가 권력을 효과적으로 쓸 준비가 얼마나 부족한지를 드러낸다. 응답자 중에서 67퍼센트는 과거 성공의 익숙함에 매달리거나, 더 애매모호한 도전 과제의 불확실성을 피하는 방법의 하나로, 기존에 했던 업무를 손에서 놓는 데 어려움을 느꼈다. 또 60퍼센트는 자신이 실제 가지고 있다고 생각한 것보다 더 많은 권력이 부여됐다는 사실 때문에 고전했다. 그리고 50퍼센트는 더 높은 수준에서 일어나는 정치적 권력의 역동성이 동료를 믿고 함께 일하는 것을 더 어렵게 만든다고 답했다.[9]

당신은 아마도 조직의 위계에서 당신이 자리한 위치 때문에 주어진 권력이 제한적이라고 느낄지도 모른다. 이는 흔한 오해다. 조직 내 권력은 다양한 형태를 띠고 있으며, 공식적인 수준의 권한이나 직책 영향력만 있는 것이 아니다. 실제로 내가 실시한 연구에서는 어떤 자리에 있는 관리자라도 불공정을 바로잡기 위해 권력을 행사할 수 있고, 구성원들이 성공하도록 도울 수 있는 세 가지 기본적인 권력의 원천을 갖고 있음을 보여준다.

권력의 원천 1. 직책

여기에는 예산 감독, 성과 관리, 직속 부하 직원의 경력에 대한 영향력, 거버넌스, 조직 내 참여하는 회의와 결정 등 당신의 역할에 따르는 공식적인 의사결정권이 포함된다. 대부분의 리더는 직책의 영향력을 과소평가한다. 실제로 수많은 CEO가 내게 이렇게 말했다. "저는 이 조직 내에서 제가 가진 권력이 제일 작은 것처럼 느낍니다." 이는 대체로 오늘날의 매우 협력적인 직장에서 직책의 영향력이 미칠 수 있는 영역에 한계가 있기 때문이다. 당신의 역할 안에 변화를 촉발할 수 있는 권한이 있다면, 직책은 조직적 불공정을 바로잡을 수 있는 **가장 강력한** 수단 중 하나다. 다만 결코 유일한 방법은 **아니다**. 직책은 당신이 이끄는 팀이나 부서 내에 공정성을 보장하기 위한 강력한 플랫폼을 제공한다.

권력의 원천 2. 관계

관계, 즉 인맥은 권력과 영향력의 특별한 원천이다. 당신이 쌓아온 신뢰의 정도, 구성원의 성공에 기여하면서 얻은 지분, 신뢰할 수 있거나 똑똑하거나 함께 일하기 편하거나 서비스 중심적이거나 심성이 착하다는 이유로 얻은 명성은 모두 당신이 필요한 변화를 창조하는 데 쓸 수 있는 중요한 권력의 원천이 된다.

권력의 원천 3. 정보

여전히 많은 회사가 정보를 권력의 원천으로 여긴다. 정보가 있으면 영향력이 있고, 없으면 영향력도 없다는 식이다. 하지만 오늘날 대부분의 정보는 어디서나 얻을 수 있다는 사실은 이런 인식을 무의미하게 만든다. 데이터의 풍부함은 단순한 정보보다 **통찰**을 더 큰 권력의 원천이 되도록 만들었다. 정보의 새로운 해석은 수많은 소음과 산더미 같은 데이터를 헤치고 나아가게 하는 독특한 형태의 권력이 됐다.

이 세 가지 권력의 원천으로 무장했다면, 당신은 공정성이 부족한 곳이라면 어디든 바로잡을 준비가 되어 있는 것이다. 그러니 그런 영역이 어디인지 세심히 살펴보기만 하면 된다. 이때 도움이 될 만한, 확인 사항은 다음과 같다.

1. 당신의 팀에서 자신의 기술을 탁월하게 만들거나 발전시킬 기회를 빼앗겼다고 느끼는 팀원이 있는가? 당신은 그들에게 학습의 기회를 제공하고, 눈에 잘 띌 만한 업무나 프로젝트를 맡도록 도울 수 있는가?

→ 당신의 직책은 그런 환경을 만들어줄 수 있고, 관계는 팀원을 도울 수 있는 사람과 연결시켜줄 수 있고, 정보는 조직 내에서

팀원의 재능이 가장 잘 활용될 수 있는 영역 혹은 배울 수 있는 영역을 발견하게 한다.

2. 팀원 중 누가 자신의 목소리나 아이디어를 내려고 분투해왔는가? 자신이 소외되고 있거나 중요하지 않은 것처럼 느끼고 있는 팀원이 있는가?

→ 당신의 직책을 이용해 팀원의 우려나 불만을 듣고, 더 높은 직위의 상사에게 그의 입장을 대변해줄 수 있다. 팀원에게 공감하고 그의 이야기를 귀 기울여 들음으로써 관계를 활용할 수도 있다. 팀원의 목소리나 아이디어의 중요성과 이를 무시함으로써 조직이 놓치고 있는 가치를 다른 구성원들에게 알려줌으로써 정보로 활용할 수 있다.

3. 당신의 팀이 성과를 내기에는 장비가 불충분하거나 자원이 부족하다고 느끼게 된 데에는 누구의 책임이 있는가? '실패할 수밖에 없다'라고 느끼는 팀원이나 팀은 누구인가? 모든 조직은 구성원들에게 괜찮을 거라고 안심시키면서 그들이 낼 수 있는 성과보다 더 많은 것을 요구하지만, 그런 다음 성과가 미흡하면 질책하거나 불이익을 주는 것을 정당화한다.

→ 당신은 직책을 활용해 더 높은 직위의 상사들에게 이런 관행에 의문을 제기할 수 있다. 관계를 활용해 자원이 부족한 팀원이나 팀을 위해 지원할 수 있는 바를 중개할 수 있다. 팀원에게 성과를 올리거나 성공하기에 준비가 부족한 부분이 무엇인지를 짚어

서 통찰을 제공하고, 이를 바로잡거나 보완하는 방법에 대한 아이디어를 제공하는 방식으로 정보를 활용할 수 있다.

4. 조직에서 약자를 괴롭히는 사람은 누구인가? 다른 구성원들을 존중하지 않거나 지나치게 가혹하거나 충성을 요구하며 대신 업무를 처리하도록 조종하는 사람이나 리더는 누구인가?

→ 당신은 직책을 활용해 해당 인물이 책임을 지도록 회사 내 인사 시스템을 활용할 수 있고, 혹은 직접 피드백을 통해 그 사람에게 맞설 수도 있다(심지어 당신보다 직급이 더 높다고 해도 말이다). 그런 사람들과 가깝게 지내면서 그들이 약자를 괴롭히는 이유를 더 면밀히 알아보고, 그에 대한 대화를 나눌 수 있도록 신뢰를 얻는 데 관계를 활용할 수 있다. 피해를 입는 사람들에게 괴롭히는 사람에 대해 더 잘 파악하고 보다 효과적으로 대처할 수 있는 방법을 알려줄 때 당신의 정보가 도움이 될 수 있다.

일단 사람들이 불공정하다고 느끼는 일에 공정성의 렌즈로 초점을 맞춰 보면, 조직 내 불공정의 현장들을 발견하기란 어렵지 않다. 그저 기꺼이 마주하고 행동하려는 **의지**만 있으면 된다. 전쟁터에서 헬리콥터를 운전한 톰슨이 그랬듯, 불공정의 원천과 그 피해를 입는 사람들 사이에 당신 자신을 착륙시키려는 **의지**가 필요하다. '어떤 조직도 완벽하지 않아', '결국 바뀌지 않을 일에 개입하느라 경력을 위험에 빠뜨릴 수 없어', '그것은 내 책임이 아니야'라고 합리화하는 대신, 불공정한 일

정직한 조직

이 당신의 시야 안에서 벌어진다면 그런 부당함을 받아들여서는 안 된다고 확신하고 행동으로 옮기려고 노력해야 한다. 보다 더 많은 사람이 이를 실천할 때, 당신의 조직과 회사, 산업 그리고 모든 구성원이 잠재력을 발휘하기 시작할 것이다. 그러면 궁극적으로 우리가 사는 세상의 책임 시스템도 더 공정해질 것이다. 이런 영향으로 부도덕한 일탈이 극적으로 줄어들어 조직 내에 '**정직 근육**'이 강화될 것이다. 점진적인 개선이라도 분명 도움이 된다. 내가 연구에서 사용한 통계 모델에 따르면, 구성원들이 존엄하게 대우 받으면서 자신의 기여가 공정하게 평가받고 있다고 믿는 경우, 즉 책임 속 공정성이 20퍼센트만 개선되어도 정직성은 12퍼센트 더 높아진다.

기울어진 운동장을 바로잡는 법

2020년 5월 25일, 미네소타주 미니애폴리스에서 흑인 시민 조지 플로이드가 백인 경찰관 데릭 쇼뱅Derek Chauvin의 소행으로 살해됐다. 그의 죽음은 인종차별 문제로 벌어져 전 세계에 분노의 불길이 폭풍처럼 번져나갔다. 휴대폰, TV, 컴퓨터… 모든 기기의 화면에서 그 끔찍한 현장이 재생되었고, 수백만이 넘는 사람들이 거리로 쏟아져 나와 항의했다. 이미 이뤄졌어야 할 심판의 날이 마침내 도래한 것처럼 보였다. 전 세계 곳곳에 깊숙이 자리한 채 많은 사람을 괴롭혀온 인종차별 문제를 해결해야 할 순간이 온 것 같았다. 기업들도 인종차별을 규탄하는 선언을 발표해야만 할 것처럼 느꼈다. 하지만 시위나 공식 입장 발표 등은 가시적인 행동과는 전혀 다른 것이다. 분노하는 것은 시작일 뿐, 우리 주변의 시스템과 관계 속에서 불공정을 뿌리 뽑아야지만 진정으로 **기울어진 운동장**을 바로잡을 수 있다. 나는 조직 내에서 불공정을 낳는 **체계적 불평등**이 실제로 어떻게 형성됐는지, 더 중요하게는 이를 어떻게 제거할 수 있는지 알아내고 싶었다.

티파니 자나Tiffany Jana 박사는 다양성, 형평성 및 포용성 분야에서 저명한 전문가로,《제도적 편견 지우기Erasing Institutional Bias》(공저)를 펴내기도 했다. 나는 자나 박사와 책임 시스템에 미치는 편견과 특권의 영향에 대해 대화를 나눴다. 진정한 책임이 가진 모습을 예시하기 위해 그녀는 이 문제의 가장 핵심을 건드리는 두 가지 도발적인 질문을 던졌다. "제가 당신의 조직에서 어떻게 보여지든 상관없이 다른 사람들처럼 성공할 가능성이 있어 보이나요? 남성이든, 여성이든, 백인이든, 흑인이든, 히스패닉계든, 아시아계든, 성소수자든, 앞을 못 보거나 눈에 보이는 장애가 있는 사람이든, 어느 학교 출신이든 상관없이, 동일한 멘토십과 기회를 얻을 수 있나요? 혹은 승진에 대비할 수 있는, 눈에 잘 띌 만한 업무들이 주어지나요? 혹은 다른 인구통계적 배경을 가진 사람과 동등하게 승진을 하게 될까요? 책임에 있어서 형평성이란, 단순히 당신의 의도만이 아니라 당신의 시스템이 이 질문들에 '그렇다'라고 확실하게 대답할 수 있는가와 관련이 있습니다. 그리고 우리의 시스템은 인간이 만드는 것인 만큼 **편향**은 이미 그 안에 심어져 있죠." 예를 들어, 선발 제도는 권력을 가진 사람들의 인맥이나 출신 학교에 기반하고 있기 때문에 종종 편향된다. 만일 당신이 같은 인맥과 학교를 토대로 사람을 계속 채용하고 승진시킨다면, 똑같은 인구 구성만 계속해서

늘리게 될 것이다.

자나는 채용관리자들이 과소대표된 집단을 대할 때 승진하려면 추가적인 도움이 필요한 사람들로 여겨서는 안 되며, **각자의 독특함**을 그들에게 혜택을 주는 **부가가치**로 봐야 한다고 주장한다. "저는 결코 어느 누구에게도 '과소대표된 인구 집단 출신이니 그를 채용하라' 식의 말을 말하지 않을 겁니다. 사실 무엇보다 일할 자격이 준비되어야 하죠. 그런데 만약 당신에게 몇 명의 후보가 있는데, 그중 세 명은 현재 조직 내에 과다대표된 인구 집단에 속하고, 한두 명은 과소대표된 인구 집단 출신이라면, 이런 관점은 그들이 가진 이력에 더해진 추가적인 고급 학위를 따지는 일입니다. 아시아인이라는 점, 흑인이라는 점, 여성이라는 점, 성소수자라는 점… 이런 특성들은 조직에 너무도 다양한 차원과 깊이, 가치를 더해주죠. 그러므로 이를 이력서상에 추가적인 항목으로 봐야 하고, 단지 다양성의 할당량을 채우는 데 도움이 될 사람이 아니라 오히려 독특한 가치를 끌어낼 힘을 가진 그 정체성에 **특권**을 줄 필요가 있습니다."

만약 권력이 당신이 **획득한 자산**이라면, 특권은 당신이 얻어낸 것이 아니라 **물려받은** 것이다. 당신의 정체성에서 피부색이나 성별과 같은 측면들은 특권을 제공할 수 있다. 다른 사람들은 얻지 못하는 혜택을 거기서 얻는다는 뜻이다. 이는 당신을 나쁜 의도를 가진 나쁜 사람으로 만들지는 않지만, 그 특권이 다른 사람에게 어떤 영향을 미치는가를 당신이 이해하고 알고 있어야 한다는 걸 의미한다. 더 넓게는, 당신이 온전히 건강한 신체를 가졌기 때문에, 특정한 대학을 갔기 때문에, 혹은 특정한 종교 집단의 일원이기 때문에 특권을 얻을 수도 있다. 대체로 그런 특권들은 주류 집단 안에 있는 사람들 사이에서 형성되므로 이를 알아차릴 가능성을 매우 낮게 만든다.

사람들이 그런 특권으로 주목을 받은 후, 즉시 자신은 그것을 얻기 위해 열심히 노력했다고 주장하며 방어적인 태도를 취하는 경우는 흔하다. 하지만 이것은 근시안적인 결론이다. 당신이 특권 집단의 일부일 때, '규범적인' 집단 안에 있기 때문에 이를 정확하게 알아차리기 힘들다. 규범적인 집단은 자동적으로 말로 표현하지 않은 **기준**이 된다. 거의 모든 회사에 직업적 특권이 있다. 예를 들어, 하이테크기업에서 엔지니어들은 종종 특권을 누리는 역할이다. 상징적인 브랜드를 가진 회사에서는 마케터들이, 고성장 기업에서는 영업자들이, 매우 가파른 위계질서를 가진 회사에서는 직급이 높은 사람들이 특권을 영위한다. 중요한 것은 그런 특권을 가지고 있다는 사실이 당신을 엘리트주의자, 계급차별주의자, 인종주의자, 성차별주의자 혹은 어떤 다른 '주의자'로 만들지 않는다는 사실을 인식하는 것이다. 하지만 그런 특권의 영향, 즉 당신이 누리는 혜택과 다른 사람에게 미치는 영향을 인식하지 못할 때 당신은 **문제의 일부**가 된다.

자니는 조직 내에서 특권과 편견을 다루는 작업을 시작하기 전에 먼저 스스로 다음의 질문들을 생각해볼 것을 제안한다.

1. 어떤 구체적인 특권이나 편견이 문제가 되는가?
2. 그 특권/편견은 나에게 어떻게 영향을 미치는가?

정직한 조직

3. 나는 그 특권/편견에서 어떤 혜택을 얻고 있는가?

4. 나는 그 특권/편견 때문에 상처를 받거나 제한이 생기는가?

5. 그 편견/특권은 어떻게 조직의 이해당사자들에게 영향을 끼치는가?

6. 그 편견/특권은 어떻게 특정 인구 집단에게 혜택을 주는가?

7. 그 편견/특권 때문에 어떤 집단이 상처를 받거나 제한이 생기는가?

8. 그 편견/특권을 제거할 경우, 위 집단에게 어떻게 도움이 될 수 있는가?

9. 그 편견/특권을 제거할 경우, 누가 위협을 느낄 수 있는가?[10]

일단 염려되는 영역을 확인했다면, 이제 변화를 이루기 위해 결정해야 할 것들이 있다. 당신이 맡고 싶은 역할과 참여시키고 싶은 협력자들 그리고 기울어진 운동장을 바로잡는 일의 과정은 어떻게 만들어나갈 것인지 결정하라. 자나는 다음과 같은 당부로 야심 있는 체인지 메이커들을 독려하라고 제안한다. "이 여정에 착수하면서 당신 자신에게 너그러워지세요. 제도적 편견은 정말로 추잡한 일이 될 수 있으니까요. 일단 당신이 제도적 편견의 효과를 보고, 이를 면밀하게 검토하기 시작하면 문제를 직시하지 않기란 매우 어렵습니다. 화가 나고, 쓸쓸한 기분이 들고, 전체 현상에 대해 지치는 상황을 피하기도 어렵죠. 하지만 **목표를 잃지 않는 것**이 매우 중요합니다. 이런 노력 속에서 당신의 목적은 사람들을 위해 **기회를 개선하는 것**입니다. 강하게 집중하면서 가능한 한 긍정적인 태도를 유지할 필요가 있어요."[11]

자나의 결론은 암스테르담대학 연구자들이 인간은 '다른 동료 인간에게 공정함을 확대하려는 부인할 수 없는 충동'을 가지고 있음을 발견한, **공정의 심리학**에 관한 면밀한 연구로도 뒷받침된다.[12] 기업은 구성원들이 그런 충동을 충족할 수 있는 환경을 조성해야 한다.

조직의 공정으로 향하는 경로로써 권력과 특권에 대해 살펴보았다. 이제 당신이 리더로서 영향을 미칠 수 있는 또 다른 영역, '실패'를 다루는 법을 이야기해보자.

실패를 드러낼 수 있는 안전 공간

리더들이 '실수에서 배워야 한다' 혹은 '혁신을 위해 빠르게 실패하라'라고 말하는 것을 매우 흔히 목격할 수 있다. 그들의 의도는 진심일 수 있지만(혹은 단순히 그럴 듯하게 들려서 하는 말이든) 조직 내 누구도 그들이 진심일 거라고 생각하지 않으며 그 말에 크게 공감하지 못한다. 하지만 크고 작은 실패는 여전히 조직에서 매일 일어나고 있다. 당신이 **실패의 가치**를 활용하는 방법을 이해한다면, 실패는 놀라운 방식으로 공정과 정직으로 이어질 수 있다.

1950년대 IBM의 CEO였던 토머스 왓슨 시니어Thomas Watson, Sr.에 관한 전설적인 이야기가 있다. 붐을 이뤘던 전후 성장에 베팅하면서 왓슨은 수요가 부족한데도 불구하고 재고 수준을 높게 유지했다. 탄탄한 영업 거래의 흐름 없이, 제품을 제조하고 저장하다 보면 현금이 소비되고 보충되지 않는다. 왓슨과 의견이 달랐던 IBM 이사회는 그에게 사퇴를 요구했다. 당시 모든 거래가 중요했고, 회사의 현금 흐름을 건강하게 유지하려면 재고 수준이 낮아져야 했다. 그때 거의 100만 달러 규모의 정부 입찰이 진행 중이었다. 불행히도 이를 관리하던 젊은 영업 사원이 입찰을 놓쳤고, 그는 사직서를 손에 든 채 왓슨의 사무실에 나타났다. 그는 무슨 일이 일어났는지 물었고, 영업 사원은 자신이 한 일을 모두 설명했다. 그런 다음 설명할 수 있는 기회를 준 것에 감사를 전하고 방을 나서기 위해 자리에서 일어섰다. 왓슨은 영업 사원에게 사직서를 다시 건네주며 말했다. "내가 막 자네의 교육에 100만 달러를 투자했는데 왜 이걸 받겠는가?"[13] 분명히 왓슨은 실패의 **엄청난 힘**을 이해하고 있었다. 이후 이 이야기는 회사 전체에서 문화적 전통으로 자리를 잡았다.

우리도 각자 자신에게 왓슨처럼 실패에 대응할 불굴의 용기가 있다고 믿고 싶겠지만, 얼마나 많은 사람이 그렇게 행동할 수 있겠는가?

에이미 에드먼드슨Amy Edmondson은 하버드대학 경영대학원의 리더십 분야 교수이자《두려움 없는 조직》을 쓴 작가다. 2020년 중반, 에드먼드슨을 직접 만나서 실패에서 배우기와 심리적 안전 사이의 관계에 대한 그녀의 연구와 통찰에 대해 이야기를 나눴다. "임원들에게 그들의 회사에서 진정으로 비난 받아 마땅한 실패, 즉 피할 수 있었던 실패가 어느 정도로 발생했는지 물어볼 때마다 그들은 대개 매우 낮은 수치인 4~5퍼센트라고 대답합니다. 하지만 실제로 얼마나 많은 실패가 비난 받아 마땅한 것처럼 다뤄지는지 물으면, 그들은 종종 당황해서 웃으며 약 80~90퍼센트라고 말하죠." 에드먼드슨은 사람들이 실패에서 배웠으면 좋겠다고 말할 때, 대부분의 리더는 진심이라는 사실을 인정한다. 그리고 때로는 많은 비용이 드는, 실패에 관한 광범위한 사후 검토식 연구는 학습하고 개선하려는 순수한 욕망을 보여준다. 하지만 그녀는 내게 이렇게 말했다.

"리더들이 잘못을 찾아내고, 실패가 다시 발생하지 않도록 하기 위해 책임을 지우는 일에 집중할 때, 그들은 자기도 모르게 실패에서 배우는 일은 고사하고, 실패를 인정하는 일도 **안전하지 않은** 일으로 만듭니다. 그리고 책임 시스템이 제대로 돌아가지 않는다면, 즉 기대와 보상, 처벌에서 사람들이 봤을 때 원인과 결과가 들어맞지 않으면, 이는 사람들에게 두려움을 느끼게 하고 무기력함을 학습하게 만듭니다. 누구도 그런 환경에서 실패를 고백하려고 하지 않겠죠." (챕터 7에서 구성원들이 어려운 문제를 거리낌 없이 자유롭게 말하고, 위험성 있는 아이디어도 제시할 수 있는 환경을 조성하는 데 심리적 안전이 하는 역할을 논할 때, 에드먼드슨의 이야기를 좀 더 들어볼 예정이다.)

특히 유해한 형태의 실패는 사람들이 결국 실패할 수밖에 없다고 느낄 때 발생한다. 많은 리더가 높은 기준을 설정하면 사람들이 더 위대한 수준의 성과에 도달하게 만든다고 믿는다. 하지만 그런 기준에 도달할 수 없을 때 사람들의 성과와 정신은 시들해진다. 대기업의 CEO를 직속 상사로 두고 일하는 한 리더와의 인터뷰에서 주목할 만한 사례를 발견했다. 그는 내게 말했다. "제가 하는 어떤 일도 그녀에게는 결코 충분하지 않았습니다. 조직 내 모든 사람이 왜 자신이 노력하려고 애를 쓰는지 자문하기 시작했습니다." 이후 나는 CEO의 입장에서 상황을 이해하기 위해 직접 만나서 이야기를 나눴을 때, 그녀는 이렇게 말했다. "사람들은 일관되게 나를 실망시킵니다. 항상 그런 식이죠. 내 기준은 높습니다. 그것이 내가 지금 같은 결과를 얻는 이유입니다." 그녀의 높은 기준이 가져올 의도치 않은 결과에 대한 우려를 제기하자, 그녀는 자신이 추구하는 매우 높은 성과를 스스로 훼손할 수도 있다는 생각을 결코 해본 적이 없다고 말했다.

기준이 과도하게 높거나 완벽주의 성향을 가진 임원은 이 CEO만이 아니다. 여러 연구 결과는 최대 35퍼센트에 해당하는 임원들이 완벽주의 성향 때문에 실패한다는 사실을 보여준다.[14] 분명히 하자면, 리더로서 당신의 불만족은 자기 자신과 이끄는 사람들이 더 위대한 성취를 향해 박차를 가하도록 하는 데 강력한 자산이 될 수 있다. 하지만 이를 좋은 방향으로 이용하는 법을 배워야 한다. 기준을 높게 설정했다면, 구성원들이 그 목표에 도달하도록 도와줘야 한다. 또 그들의 능력에 대한 믿음을 표현하고, 해야 할 일들이 무엇인지 파악하고 있음을 밝혀서 당신이 현실적인 요구를 하고 있다고 납득할 수 있게 해야 한다. 그리고 결과에 상관없이 당신의 **인정**을 원하는 그들의 욕구를 존중하라. 직원들이 당신 눈에 비친 자신의 가치에 계속 의문을 가진 상태로 남아 있으면, 당신의 완벽주의는 비판과 무시의 끊임없는 원천이 된다. 모든 직원에게 당신이 그들과 그들의 기여를 **소중히 여긴다**는 사실을 확실하게 알려라.

아마 미국 군대보다 리더의 완벽주의가 이끄는 실패로 고통 받는 환경은 거의 없을 것이다. 그 사례로 해군 부장이자 특수전 부대 사령관인 에릭 니하임Erik Nyheim 소령의 이야기만 들여다 봐도 충분하다.

그는 《미국 해군 연구소와 리더십 윤리The U.S. Naval Institute on Leadership Ethics》라는 책에서 실패에 관한 개인적인 경험을 밝혔다. '무결점 리더십이 문제다'라는 장에서 그는 이렇게 설명한다. "두 번의 전쟁을 치르는 동안 수행해야 하는 작전의 압력과 완벽주의의 압력이 결합되자, 제복을 벗으면 항상 형편없는 결정을 내리는 일이 이어졌다. 폭음부터 의문스러운 행동까지 했던 나는 복무의 특권을 잃을 수도 있었다. 공동체 리더를 향한 집중적인 관심과 윤리 및 행동에 관한 확대된 교육, 의회가 지시한 정신·감정 건강에 대한 자원이 없었다면 나는 내가 걸어가고 있던 파괴적인 경로를 깨닫지 못했을 것이다."[75]

니하임은 실패를 공개할 충분한 '안전 공간'을 확보하고, 자신의 행동을 돌아보고, 실패에서 배운 덕분에 실패와 성공을 연결할 수 있었다고 말했다. 또한 완벽보다 정직과 개선을 중시하는 리더가 되자 자신의 선서와 가치, 함께 복무하는 사람들에 대한 헌신이 더욱 깊어졌다고 강조했다. 자신이 맞선 문화적 어려움을 용감하게 인정하고, 자신만의 리더십을 통해 실패의 오명을 바꾸는 일에 노력했다는 점은 대단히 칭찬할 만하다. 그는 이렇게 말했다. "복무 과정에서 실패를 제거하려는 광범위한 노력에는 성과와 인격의 중요성을 감소시킨다는, 의도치 않은 결과가 따랐다. 특히 군 전반에 투사된 실패의 두려움은 리더가 함께 일하는 구성원들에게 실패에서 배우고 성장하는 방법을 가르칠 기회를 빼앗아간다. 정직을 소중히 여기고, 실패와 성공을 연결하는 공간을 창조하는 문화를 조성하는 대신, 구성원들은 종종 완벽주의의 압력에 질식 당할 것처럼 느낀다. 파괴적인 방식으로 드러나는 그런 압력은 인류 역사에서 가장 뛰어난 해군이 된다는 우리의 목표를 손상시킨다."[76]

정직한 조직

그가 제시한 **책임**과 **정직** 사이의 직접적인 상관관계에 주목하라. 이들은 **밀접히** 연관돼 있다!

그는 무결점 사고방식과 완벽주의에 대한 압력을 극복하려 노력했던 과정을 자세히 들려준다. 그는 우선 실패의 내재된 가치가 완벽이 아닌 성장과 발전의 촉진에 있다는 사실을 사람들이 이해하도록 실패의 의미를 재교육하고, 실패라는 개념에 뒤덮인 오명을 벗겨줘야 했다. 그런 다음 해군 복무자들에게 실패는 반성으로, 반성은 자기 인식으로, 자기 인식은 적응으로, 적응은 개선된 성과로 이어진다는 사실을 가르치고, 그들이 실패와 성공을 연결할 수 있는 '안전한' 공간을 만드는 작업을 해야 했다. 니하임은 이런 변화의 중요한 영향을 받은, 한 하사관의 이야기를 전한다. 꾸준히 최고의 성과를 내온 하사관이 부대의 성과를 완벽하게 만드는 데 사로잡혀 매우 파괴적인 결과를 가져올 지경까지 도달했다. 일례로 술과 관련된 몇 가지 행동 규범을 위반하는 바람에 지휘권을 축소 당했다. 그는 자신이 강요받은 완벽 추구의 압력이 어떻게 실패로 이어졌는지 깨닫지 못했다. 다행히 징계 과정을 통해 그는 필요한 도움을 얻었고, 실수로부터 배우면서 실패를 성공과 연결할 수 있었다. 그렇게 그는 상황을 반전시킬 수 있었다. 자신의 행동 때문에 경력을 거의 잃을 뻔했지만 하사관은 지위를 회복했고, 새로운 지휘권을 맡게 됐다고 니하임은 말한다. "우리 리더들이 그의 실패가 성공을 향한 **디딤돌**이 되는 것을 허용한 덕분에 그는 다시 성공을 이루고 있다."[77]

대부분의 조직에서 실패를 받아들이는 방식은 둘 중 하나다. 결과도 확인하지 않고 무시하거나 너무나 치명적인 것으로 여기는 식이다.

실패에서 학습하도록 책임을 지는 경우는 거의 드물다. 니하임의 이야기와 접근 방식은 부담스러울 정도로 기준이 높은 고위험의 환경에서도 실패가 책임의 공정성으로 가는 길이 되는 환경을 만들 수 있는 청사진을 제공한다.

사닌 시앙Sanyin Siang은 듀크대학 푸쿠아경영대학원에서 코치 K 리더십 및 윤리 센터Coach K Center on Leadership and Ethics 센터장을 맡고 있다. 그녀는 세계 각국의 스포츠 분야 및 군 지도자들은 물론, 기업 임원들과도 함께 일한다. 그녀는 인터뷰에서 실패의 중요성에 대한 통찰력 있는 관점을 제시했다. "리더와 직원의 관계에서 실패의 영역만 따로 떼어내는 일은 불가능합니다. 리더가 직원의 성공에 영향을 미칠 수 있는 핵심은 그가 원하는 바는 직원들이 최고의 모습으로 거듭나는 일이라는 암묵적 합의에 깃들어 있습니다. 그런 상황에서는 재앙을 피하면서 사람들이 발전하도록 도와주는, 고무적인 피드백의 꾸준한 흐름이 존재합니다. 경로의 작은 조정은 경로의 거대한 조정보다 더 쉽습니다. 하지만 아무리 심각한 실패가 발생했을 때조차도, 유일한 진짜 비극은 우리가 그 일에서 배우지 못할 때입니다. 리더로서 우리는 다른 사람들의 실패에 있어서 우리가 맡은 역할에 대해 **정직**해야 합니다. '기대한 바가 명확했는가?', '직원들에게 적절한 자원이 있었는가?', '그들이 회복하고 계속 나아가는 데 필요한 배려를 보여주고 있는가?' 실패는 대부분 고립된 요인에서 일어나지 않습니다. 그러니 실패로 이끈 모든 요인을 살펴봐야 합니다. 만약 자녀가 실패했다면, 우리는 성과 개선 계획을 꺼내 그들의 실패를 문서화하지 않습니다. 그저 아이들과 함께 앉아 무슨 일이 일어난 건지, 우리가 무엇을 배울 수 있는지, 이를 통해

정직한 조직

어떻게 성장할 수 있는지를 애정을 갖고서 끝까지 이야기를 나누죠. 리더는 실패를 성공으로 향하는 첫 단계로 보면서, 자녀를 대할 때의 방식처럼 직원들에게 접근해야 합니다. 우리는 단호하면서도 공감을 보여줄 수 있습니다. 너무 높은 기대를 가질 수 있고 상황이 계획대로 진행되지 않을 때, **연민**을 느낄 수 있습니다. 리더가 혁신과 실험, 새로운 접근 방식을 시도하는 일에 열린마음과 시행착오로부터의 회복력을 원한다면, **실패를 존중하는** 일도 리더의 직무에 속합니다."

당신은 일부 측면에서는 실패에 대한 연민의 반응이 기준을 낮추거나 평균 이하의 성과를 수용하는 일이 아닐지 의심할지도 모르겠다. 하지만 실제로 연민의 자세는 오히려 직원들의 기준을 높인다. 누군가 실수했을 때 당신은 단순히 수치심을 주기는 쉽다. 그럼 그 사람은 대체로 자신감을 잃을 것이다. 거기서 나오는 당신에 대한 두려움과 당신이 취한 태도에 대한 분노는 이후 더 발전하는 데 도움이 되지 않는다. 반면 사람들에게 실패하고 성장할 품위를 허용하는 일은 훨씬 힘들지만, 대부분 오히려 더 나은 성과로 이어진다.

잘못된 일을 바로잡거나 불평등에 맞서기 위해 당신의 권력을 쓰는 일처럼, 연민을 가지고 실패를 대하려면 용기가 필요하다. **일상화된 공정**으로 가는 길은 모두 직관에 반하는 리더십으로 포장돼 있기 때문이다. 조직적 불공정은 종종 너무나 일상적이어서 공정성 회복에 대한 필요가 쉽게 떠오르지 않을 정도다. 조직적 불공정을 발견하려면 이를 '의도적'으로 찾아야 한다. 진정한 리더는 어떤 일이 공정하지 않을 때 직원들이 스스로를 하찮다고 느끼거나 혹사 당한다고 느끼게 하는 잘못된 일을 바로잡기 위해 기꺼이 앞장서야 한다 또 모든 사람이 성공을 위한 동등한 기회를 갖도록 확실히 한다. 자신의 권력으로 직원들의 성공을 돕고, 그들이 최선의 능력으로 기여할 기회를 적극적으로 찾는다. 누구도 의도치 않게 다른 사람에게 불이익을 주는 특권을 갖지 않도록 한다. 그리고 실패에서 배우는 일에 심리적 안전을 보장하는 환경을 만들어 누구도 실수를 숨겨야 한다고 느끼지 않게 한다.

회사 전반에 걸쳐 조직의 책임 시스템을 변화시킬 권한이 있든 없든, 당신에게는 당신 주변을 더 공정한 환경으로 만들 기회가 있다. 당신이 당신 몫을 할 수 있는 방법이 이 책에 있다.

지금 할 일: 조직 내 공정성 회복하기

사람들을 위해 당신의 권력을 써라

회사는 많은 사람이 아무도 자신의 말에 귀 기울이지 않는다고 느끼게 되는, 매우 시끄러운 장소가 될 수 있다. 동료나 부하 직원들이 자신의 아이디어를 공유하거나 중요한 청중에게 프레젠테이션을 하거나 다른 사람들의 학습과 발전에 기여할 수 있는 기회를 만들어주는 일은 그들의 목소리를 증폭시켜주는 영향력이 강한 방법이다. 만약 당신이 어떤 정기 회의를 주재하고 있다면, 의견을 말할 기회가 많지 않은 사람들이 자신의 아이디어와 성과를 이야기할 수 있는 고정적인 시간을 마련하는 방법을 고려해보라. 혹은 독특한 전문성을 가진 부하 직원들이 다른 사람들과 지식과 기술을 공유할 수 있는 특별한 이벤트를 개최하라. 내가 함께 일한 한 임원의 경우, 담당 부서 내 아이디어 포럼을 계획했다. 포럼이 진행되는 1년 동안 그의 조직에 속한 다양한 사람들이 이끄는 격월 워크숍, 웨비나, 토론 등이 개최됐다. 당신은 조직의 상급 입원에게 이런 제안을 해볼 수도 있다. 보고 회의가 있을 때, 여러 부서 출신의 직원들이 돌아가면서 동석해 자신의 일에 대해 공유할 수 있는 시간을 포함시키는 것이다. 그런 자리 없이는 상급 임원들이 알기 힘든 직원들의 유망한 재능을 발견하는 기회가 될 수 있다.

기울어진 운동장을 바로잡아라

회사 어딘가에는 특권을 누리면서, 그 일이 다른 사람들에게 어떻게 불리하게 작용하는지에 눈을 감아버리는 사람들이 있다. 조직 내에 불리한 상황에 있거나 소외감을 느끼고 있는 (혹은 그렇게 보이는) 사람들이 있는지 살펴보고, 그들을 위해 기울어진 운동장을 바로잡을 방법을 찾아보자. 특히 그 '불평등의 운동장'이 다른 사람이나 집단이 누리는 특권에서 비롯된 부산물이라면 말이다. 개인 또는 소그룹을 선정해 그들이 언제 불리한 상황에 처했다고 느끼는지 물어보고, 그 일로 침묵 속에서 고통을 겪었던 경험에 대해 대화를 나눠라. 예를 들어, 인사관리나 재무, 윤리와 준법 감시 같은 지원부서나 관리부서에서 일하는 사람들은 종종 부서 특성상 대화에 참여해 영향력을 행사하기 힘들다고 느낀다. 이와 유사하게, 과소대표된 인구 집단 출신의 사람들은 자신이 소외되거나 오해 받는다고 느낀다. 당신은 이런 직원들과 그들의 능력으로 가장 큰 도움과 이점을 얻을 수 있는 사람들을 어떻게 연결시킬 수 있을까? 무엇보다 그들이 열외로 취급된다고 느끼는 데 가장 큰 영향을 주는, 그들의 가치나 특성에 대한 괄시와 무의식적인 편견은 어디에 존재하는가? 그들과 함께 이런 의문을 제기하고, 당신의 팀을 이와 관련된 대화에 참여하게 하는 것만으로도, 모든 사람을 위한 공정성을 보장하는 일이 당신에게 중요하다는 신호를 보내게 될 것이다.

약자를 괴롭히는 사람에게 맞서라

조직 어딘가에는 다른 사람의 존엄성을 훼손하면서 비하하거나 착취하는 식으로, 자신의 주장을 밀고 나간다는 평판을 듣는 사람이 있다. 당신은 그들이 누구인지 안다. CEO의 부당함에 대해 그에 직접 맞서서 당신의 경력을 '정치적 제단'에 바쳐야 한다고 말하는 것은 아니다. 우선 존엄성과 공정성을 존중하려는 당신의 의도를 조직에 공유하는 것으로 시작하라. 당신이 용인할 수 없는 괴롭힘의 행동을 밝혀라. 그리고 적절할 때 당신이 관찰한, 괴롭힘의 행동과 그 행동이 다른 사람들에게 끼친 영향 그리고 그 일로 소문 난 평판에 대해 가해 당사자와 자리를 마련해 개인적이고 심리적 안전이 보장된 대화를 나눠라. 그 사람이 자신의 의도와 실제 일어난 영향 사이에 괴리를 깨닫게 하라(남을 괴롭히는 사람 중 대부분은 실제로 일부러 상처를 주겠다는 의도가 없다). 당신이 그들의 행동이 변화되기를 기대한다는 사실을 명확히 밝혀라.

당신의 완벽주의를 검토하라

당신의 높은 기준을 구성원들이 충족시키는 일이 가능하게끔 실질적으로 도와라. 당신이 더 나은 것을 요구하며 끊임없이 밀어붙여서 부하 직원들의 의욕을 꺾었거나 그들이 부적절하다는 인상을 느낀 적이 있는지 피드백을 요청하라. 직원들을 '위한' 기준이 아니라 직원들과 '**함**

께' 기준을 설정하는 법을 배우고, 그들이 성공적으로 해내기 위해 당신이 해야 할 일이 무엇인지에 대해 정직한 대화를 나눠보자.

부족한 성과를 존엄성과 학습으로 다루어라

가장 최근 부하 직원이 기대에 반하는 저조한 성과를 냈거나 심각한 실수를 저질렀던 때를 떠올려보라. 당신은 어떻게 반응했는가? 상황의 심각성을 최소화해서 그들이 상처 받지 않도록 했는가? 아니면 가혹하게 반응하며 수치심을 느끼게 했는가? 저조한 성과에 대해 정직하다는 것은 직원들을 존엄성 있게 대하는, 가장 중요한 지점 중 하나다. 너무 많은 리더가 직원들에게 생산적이고 발전적인 피드백을 주는 일에 있어서 '조심스럽게' 행동한다. 친절한 사람이 되려는 마음에서 중요한 메시지를 중요하지 않게 다룬다. 하지만 직원들이 발전하도록 도울 수 있는 피드백을 주지 않는 것은 실제로 친절한 것이 아니라 **잔인한** 것이다. 당신은 자신의 에고를 보호하고, 갈등으로 생길 불편함을 회피하려는 것뿐이다. 이는 궁극적으로 직원들의 존엄성을 손상시키는 일이다. 그들은 **정확하게** 당신의 의도를 알고 있기 때문이다. 반대로 모욕적인 피드백으로 사람들을 폄하하는 것 역시 잔인한 일이다. 상황이 어떻게 잘못됐다고 보이는지에 대한 **명확한 피드백**으로 성과의 부족함을 다뤄라. 직원들이 자신의 평가를 바탕으로 대화를 이끌게 하여 상황을 역전시킬 수 있다는 확신을 회복하게 만들어라. 이와 함께, 앞으로 상황이 어떻게 달라질 것인지, (당신과 직원 모두) 실패에서 무엇을 배울 수 있을지, 모두가 원하는 지점으로 성과 수준을 되돌리려면 각자 무엇을 기여할 필요가 있는지에 관한 합의를 도출하라.

이야기를 요청하라

사람들에게 자신이 경험한 중요한 성취에 관해 이야기해달라고 요청하는 것보다 그 사람의 존엄성을 강화하는 것은 없다. 그저 일상적인 칭찬이나 하이파이브와는 거리가 먼, 한 사람의 기여가 자기 자신이 반영된 일임을 인정하는 것은 자존감을 높여주는 일이다. 그저 "우와! 보기보다 어려웠을 것 같은데 어떻게 그 일을 해냈어요?"라고 말하면, 이는 대부분 결코 듣지 못할 이야기의 일부를 공유할 수 있는 장을 마련한다. 그들이 고전하거나 의문을 가진 부분, 장애물을 뚫고 나아간 순간들 그리고 그 성취를 가장 자랑스럽게 느끼게 만든 것 등에 대해서 말이다. 진정으로 귀를 기울이는 사람에게 자신의 이야기를 활기차게 펼쳐낼 때, 말하는 사람은 스스로를 중요한 사람이라고 강하게 느끼게 된다. 이때 질문도 하고, 메모도 하면서 호기심 갖는 상태를 유지하라. 이는 고작 15~20분밖에 걸리지 않는 일이지만, 당신이 누군가에게 줄 수 있는 **가장 오래 지속되는 존엄성**의 경험 중 하나가 될 것이다.

지금까지 책임의 영역에서 공정성의 의미를 두루 살펴봤다. 이제 조직의 투명성을 알아보자.

이 장을 마치며

• 조직적 공정성의 핵심은 잘못을 숨기거나 사람들에게 수치심을 주는 대신, 잘못을 바로잡고 그 일에서 학습하는 것이다.

정직한 조직

- 조직 내 존엄성과 공정을 함양하고 싶다면, 구성원들은 각자 책임을 지기 위해 자신의 역할을 수행해야 한다.

- 조직에서 리더는 공정에 대한 헌신을 보여주는 방법으로, 정직과 공정에 대한 확신을 표현해야 한다.

- 정직한 리더가 되기 위해 대화에 적극적으로 참여하고, 조직적 불공정성이 나타나는 일상적인 위반 사항을 인식해야 한다.

- 리더가 된 후 첫 18개월 내에 50~60퍼센트의 사람이 실패한다. 대부분 권력의 포기에서 비롯된다. 말하자면 자신이 가진 권력을 쓰는 일을 너무 두려워하거나 불안해하는 사람들이 많다.

- 조직 내 권력은 반드시 기업의 위계 구조에서 오는 것은 아니다. 직책에서 나오는 권력도 있지만, 관계와 정보는 더 공정한 조직을 만들기 위해 리더들이 선택할 수 있는 권력의 중요한 형태다.

- 조직 내에 불공정한 영역을 살펴보려면, 구성원들이 부당한 대우를 받는다고 느끼는 부분에 당신이 가진 '공정성의 렌즈'를 집중하도록 노력하라.

- 조직의 공정성 회복을 위한 도구로써 권력과 특권은 관심을 가져야 할 영역을 선별하고, 변화를 위해 당신이 맡고 싶은 역할과 함께 참여시키고 싶은 협력자들을 결정하고, 기울어진 운동장을 바로잡기 위한 과정에서 무엇을 해야 할지 파악하는 일에서 시작된다.

- 조직에서 실패는 단순히 무시되거나 심각히 치명적으로 여겨진다. 에릭 니하임의 사례처럼, 리더들은 실패가 책임의 공정성으로 가는 경로가 되는 환경을 만들 수 있다.

TO BE HONEST

LEAD WITH THE POWER OF TRUTH,
JUSTICE AND PURPOSE

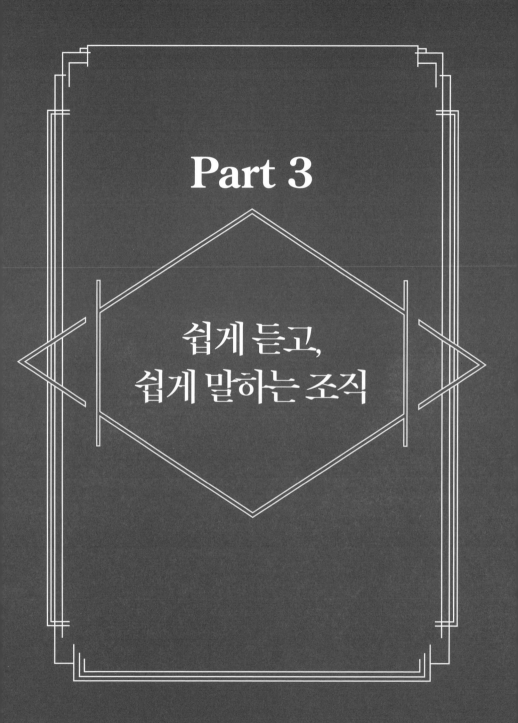

Part 3

쉽게 듣고,
쉽게 말하는 조직

Chapter 6

투명한 의사결정이
확신에 찬
직원을 만든다

깨달음의 이야기: 투명하게 소통하기의 힘

2020년 1월 5일, 세계보건기구(이하 WHO)는 알려지지 않은 바이러스성 호흡기 병원균이 발생했다고 발표했다. WHO에 따르면, 44건의 발병 사례가 모두 중국 우한시에서 포착됐다.[1] 이틀 뒤에 중국 보건 당국은 그 사례들이 나중에 코로나 19라고 명명된 새로운 바이러스와 관련이 있음을 확인했다. 같은 달 30일, WHO는 '국제적 공중보건 비상사태'를 선언했다. 그 시점에 최소 21개국에서 9,976건의 사례가 보고됐으며, 미국에서는 1월 20일에 첫 번째 사례가 보고됐다.[2]

3월 11일, WHO는 거의 100년만에 전 세계가 글로벌 팬데믹 상황에 놓여 있다고 공식적으로 선언했다. 이 시점에는 전 세계적으로 12만 6,599건의 사례가 보고됐고, 사망 건수는 막 4,600건을 넘어선 상태였다.[3] 공중보건 분야 전문 관료 및 정부 관료, 각 현지 보건 기구를 포함해 전 세계 사람이 **신뢰할 수 있는** 정보를 강력하게 요구하고 있었다.

'사태가 얼마나 심각한가?', '그저 독감 같은 질병인가, 혹은 더 심한 것인가?', '노인들에게만 심각한 질병인가?', '이 사태를 멈출 수 있는 최선의 방법은 무엇인가?', '만약 보건 시스템이 감당할 수 없게 된다면, 우리는 개인 보호 장비나 인공호흡기를 충분히 보유하고 있는가?'

늘 그렇듯, 정치인들은 즉시 이 사태를 자신의 정치적 견해를 밝히는 기회로 삼았다. 각종 소셜미디어는 바이러스를 조롱하는 밈들로, 혹은 바이러스를 조롱하는 이들을 비난하느라 흥분의 도가니로 변했다. 우리는 기본적이지만 중요한 질문에 대한 답을 얻지 못한 상태였다. '사회적 거리두기가 정말로 도움이 되는가, 혹은 모두 거짓인가?', '건강과 경제적 웰빙 중에 무엇을 선택해야 하는가?', '부모는 홈스쿨링을 하는 자녀를 데리고 집에서 어떻게 일해야 하는가?', '황산하이드록시클로퀸이 정말로 백신 대신 효과적인가?', '실제로 화장실 휴지가 바닥날 것인가?' 손에 쥔 명백한 답변 없이, 미디어는 모순된 정보의 광풍으로 스스로도 혼란에 빠졌다. 전 세계 국가들은 따라야 할 지침도 거의 없이, 발생 건수와 사망자 수의 증가에 따라 상황이 진행되는 대로 대응 각본을 작성하고 있었다. 리더들은 참고할 만한 어떤 선례도 없이, 그저 이 위기가 조장하는 **불확실한 결정**을 해나가야 했다.

하지만 그런 통제 불능 상태와 무모함 속에서도 예외는 있었다. 모든 정치인이 자기 이익을 위해 바이러스를 이용한 것은 아니었다. 드물게도 몇 명은 정치는 제쳐두고 공중보건을 최우선에 두고 헌신했다. 그런 리더 중 한 사람이 뉴질랜드의 전 수상 저신다 아던Jacinda Ardern이었다. 되돌아보면 사실 뉴질랜드에는 100년에 한 번 나올 법한 팬데믹에 성공적이고 합리적인 대응을 시작할 가능성이 없어 보였다. 2019년

가을, 세계보건안전지수Global Health Security Index로 평가된 바에 따르면, 팬데믹 준비 영역에서 뉴질랜드는 100점 만점에 겨우 54점을 받고 35위를 기록했다.[4] 하지만 아던은 이 새롭고 이상한 바이러스를 **진지하게** 받아들이기로 결심했다. 전문가들로 팀을 꾸린 아던은 전 세계에서 가장 엄격한 팬데믹 대응 프로토콜 중 일부를 시행했다. WHO가 비상사태를 선언하고 불과 3일 후인 2월 2일에 그녀는 중국에서 오는 방문객을 대상으로 뉴질랜드 국경을 폐쇄했다.[5] 3월 20일에는 뉴질랜드 국경이 전면 폐쇄됐다. 그리고 다음날, 국가 전역에서 확인된 발병 사례가 59건밖에 없었지만 그녀는 국가가 폐쇄될 것임을 선언했다. 명령은 6일 후에 효력이 발휘됐다. "이 결정은 현대사회에서 뉴질랜드인들의 이동에 가장 심각한 제한을 가할 것입니다. 하지만 이 결정은 우리가 바이러스의 속도를 늦추고 생명을 구할 수 있는 최선의 기회입니다." 그녀는 결단력과 연민을 발산하면서 전 국민에게 이렇게 호소했다. "강해지십시오. 친절하십시오. 그리고 코로나 19에 대항해 힘을 합치세요."[6]

아던의 목표는 그저 코로나 19의 확산을 늦추는 데 있지 않았다. 그녀는 뉴질랜드에서 코로나 19를 '제거'하기로 결심했다.[7] 그녀는 국민이 현재의 위험성 정도를 이해하도록 돕기 위해 그녀의 팀에서 개발한 평가를 기반으로 모든 가용가능한 데이터를 활용해 싱가포르에서 도입한 '4단계 색깔 비상 시스템'을 시행했다. 1단계는 감염 위험이 가장 낮고, 4단계는 가장 높음을 뜻했다. 발표한 시점에서 뉴질랜드는 2단계에 해당됐다. 각 단계에서 활동이나 이동에 대한 추가적인 제한을 가했다. 그녀는 보건 분야 총괄 담당자에게 신속한 테스트, 철저한 접촉 추적, 엄중한 격리를 실행하도록 했다. 아던은 모든 결정에서 일관성 있고, 명확하게, 동정심을 가지고 소통했다. 정부와 민간 부문 관료들을 위한 일간 브리핑에서는 그녀와 각료들이 고려하고 있는, 향후 전개될 계획과 결정을 제시했고, 더 친밀한 성격의 소셜미디어 라이브 방송을 통해서는 합리적인 설명과 선택 뒤에 자리한 그녀의 통찰로 시민들을 독려했다. 걱정이 많은 부모들을 지원하고, 아이들을 안심시키려면 그들의 질문에 답을 해야 한다는 것을 알고 있기 때문이다. 심지어 '아동만을 위한' 특별한 기자회견까지 열었는데[8] 그녀는 부활절 토끼와 이빨 요정이 사실상 필수 인력이라며 그들을 안심시켰다.

처음부터 그녀는 **공동의 목표**를 중심에 두고 나라를 결집시켰다. "우리는 500만 명으로 이뤄진 **한 팀**입니다."[9] 거기에 아던은 뉴질랜드의 국경 너머까지 내다봤다. 발생 사례가 전혀 보고되지 않은, 그 지역의 다른 태평양 섬들에 뉴질랜드가 전파 허브가 될 수도 있다는 사실을 염려한 외교통상부 장관은 태평양 지역에 있는 그들의 이웃을 지원하기 위해 WHO와 긴밀하게 협력했다. 공급물품들을 확보하고, 해당 국가의 내부 보건 인력을 대상으로 원격 지원 플랫폼을 통해 훈련을 지원했다.[10] 국경을 폐쇄했음에도 그녀는 뉴질랜드인들이 내린 결정이 그들 주변을 넘어서까지 영향력이 있음을 인지하고 이웃에게 두 팔을 벌렸다. 아던의 엄격하지만 협력적인 리더십은 명확하고 설득력 있게 정부와 기업 리더, 뉴질랜드 국민이 전례 없는 목표를 달성하기 위해 하나로 뭉치게 이끌었다. 국가가 성공하려면 함께 희생해야 했다. 같은 해 5월 중순까지 뉴질랜드에는 새로운 발병 사례가 보고되지 않았고, 그 후 3주 동안 그 상태가 유지됐다. 그들은 6월 8일에 시스템의 제한

정직한 조직

사항 중 많은 부분을 해제하면서 2단계에서 1단계로 옮겨갔다. 그러다 8월 초에 오클랜드에서 발병 건수가 약간 증가한 것을 알게 됐고, 아던은 다시 한번 뉴질랜드는 2단계로, 오클랜드는 3단계로 높였다. 8월 30일에 오클랜드에는 공공 집회에 대한 추가적인 제한과 대중교통 이용 시 의무적인 마스크 착용이 부가되는, 2단계의 수정된 버전인 2.5단계가 적용됐다. 뉴질랜드에서는 9월 21일에 1단계가 적용된 반면, 오클랜드에는 9월 23일에 2단계가 적용됐다.[11] 시스템에는 유연함이 있었고 국가 차원에서는 여전히 과학적인 데이터를 바탕으로 명확한 방향을 제시하는 반면, 현장에서는 필요에 따라 시스템을 적용하는 데 자율권을 허용하고, 위험성이 최고조에 달한 기간에는 선제적으로 관리했다.

2020년 9월 당시 뉴질랜드 내 전체 발병 사례는 1,683건, 사망 건수는 22건밖에 되지 않았다. 아던은 이 결과로 열렬한 지지를 얻었다. 당시에 시행된 여론 조사에서 뉴질랜드 국민의 83퍼센트가 국가적 위기 관리에 있어서 정부를 신뢰했고, 88퍼센트는 코로나 19에 대해 올바른 결정을 내리는 측면에 대해 정부를 신뢰했다. 코로나 19에 대한 아던의 대응 방식을 찬성하는 비율은 무려 83퍼센트였고, 이는 당시 G7국가의 리더 중에 가장 높은 수치였다. 다른 모든 리더의 경우, 평균적으로 약 54퍼센트에 머물렀다.[12] 전 세계 미디어와 보건 전문가들은 아던과 뉴질랜드를 '위기 속 리더십'에 있어서 가장 훌륭한 사례로 들었다.[13, 14] 그녀의 투명성, 결단력뿐 아니라 가용가능한 올바른 데이터 자료의 적절한 투입, 핵심 각료들과의 협업 방식은 조직의 거버넌스가 동시에 잘 통합되고 효과적으로 집행될 때 어떠한 모습인지를 보여주는 뛰어난 사례를 제공한다. 뉴질랜드 정부의 닫힌 문 뒤에서 벌어진 혹독한 논쟁과 갈등까지는 알 수 없겠지만, 아던의 신뢰성과 성취한 결과는 이를 명확하게 보여준다. 열띤 대화가 모두 끝났을 때는 **응집력 있고 투명한** 방식으로 의사결정이 이루어지고, 집행되고, 소통된다는 사실 말이다.

기업은 분명 정부와는 다르지만, 이 이야기의 교훈은 충분히 적용할 수 있다. **효과적인 거버넌스**는 아무리 힘들고 어려운 상황일지라도 기업이 **올바른** 일을 하게 한다는 것이다. 말하자면 적절한 사람들로 집단을 소집하고, 그들에게 명확한 결정권과 적절한 자원 그리고 달성하고자 하는 바를 규정하는 헌장을 제공하는 일은 진정으로 탁월한 거버넌스를 구축하게 하고, 궁극적으로는 성공적인 성과의 토대를 세운다.

이는 분명 멋지게 들린다. 그러나 기업들이 실제로 이런 방식으로 운영하는 경우가 얼마나 드문지를 살펴보면 놀라울 정도다. 대개 회의는 사람들이 이메일 내용을 따라잡는 동안 각자 무언가를 가져와서 발표하는 식의, 업무 진행의 업데이트를 위한 무작위 모임처럼 느껴진다. 방에 있는 대부분의 사람은 거기서 내려야 할 결정이 있다 하더라도 그것이 무엇인지, 혹은 어떤 권한과 자원으로 내려야 하는지 **모른다**. 그리고 대부분의 경우, 참석자들은 회의에 와서야 사실 결정은 이미 내려졌다는 것을 알게 된다. 이때 리더의 '진짜' 목적은 비공식적으로 이미 합의된 정보(결정)에 대한 **투명성**을 확보하기 위해 모든 사람이 결정에 참여한 것처럼 **보이게** 하는 데 있는 것이다. 나는 이를 '동원된 무대'라고 부른다. 즉 사람들은 자신이 의사결정에 참여했다는 환상을 갖는다. 설상가상으로 그런 회의에서 나오는 상충되는 메시지들은 사람

정직한 조직

들이 서로 다른 방향으로 일하게 만든다.

많은 직장에서 의사결정 과정 중에 발생하는 '역기능'은 예측가능한 결과를 가져온다. 사람들은 좌절감을 느끼거나 이탈을 결심한다. 혹은 회의 내용에 대한 각자의 해석을 가지고 회의장을 나선 후, 자신이 적절하다고 판단하는 대로 일하기 때문에 구성원 간 협조가 원활하게 이뤄지지 않는다. 또 의사결정 과정부터 서서히 발생하는 신뢰 약화 현상이 확산되고, 리더의 역량에 대한 냉소주의가 점점 더 커지게 된다. 거버넌스의 이런 흔한 묘사는 기업과 직원들에게는 비극이다. 내 연구에 따르면, 거버넌스가 투명하지 않다고 인식될 때 직원들은 **3.5배** 더 거짓말을 하거나 진실을 숨기고, 동료들에게 불공정하게 행동하며, 회사의 필요보다 자신의 필요를 더 우선시한다.

이는 일상적인 상황에서 벌어지는 흔한 일들이다. 지금도 기업의 상황은 이미 충분히 어렵지만, 더 심각한 위기가 닥치면 어떻게 될지 상상해보라. 그때가 당신이 진정으로 회사의 거버넌스가 목적에 적합한지 혹은 오염됐는지 파악할 때다. 특히 그 위기가 당신 자신이 만들어낸 것 중의 하나일 때라면 말이다.

파타고니아의 원칙,
내가 하는 일에 솔직해지라

열정적인 등반가 이본 쉬나드^{Yvon Chouinard}는 1973년에 '파타고니아^{Patagonia}'라는 아웃도어 의류회사를 설립했다. 그는 산을 오를 때 바위

표면에 망치로 박아 넣는 금속 스파이크인 등산용 피톤을 만드는 대장장이 기술을 젊은 나이에 독학으로 익혔다. 다른 등반가들도 그에게 피톤을 만들어달라고 부탁할 정도였다. 쉬나드와 그의 파트너는 망치로 박아 넣고 다시 제거해야 하는 반복적인 필요를 감안할 때, 피톤이 바위를 파괴하고 있다는 사실을 깨달았다. 그래서 그들은 실행가능한 대안을 찾아냈다. 바위 틈에 망치로 박아 넣었다가 빼지 않고 손으로 밀어 넣을 수 있는 알루미늄 초크였다. 결국 그들의 초크 사업은 성장했고, 이는 피톤 사업의 매출 감소를 가져왔다. 피톤에서 초크로의 전환은 검증되지 않은 사업을 위해 성공적인 사업을 '의도적으로' 사양화시킨 것으로, 쉬나드가 **옳은** 일에 헌신하는 기업을 만든 첫 번째 단계였다.[15] 파타고니아는 고품질의 제품을 제공한다는 사실과 함께, 그런 신념 때문에 오랫동안 전 세계에서 가장 존경 받는 기업 중 하나로 여겨지고 있다.[16]

빈센트 스탠리Vincent Stanley는 파타고니아의 기업 철학 담당 이사다. 그는 처음부터 회사와 함께했고, 다양한 임원직을 역임했으며, 쉬나드와 함께 《리스판서블 컴퍼니 파타고니아》라는 책을 썼다.[17] 나는 스탠리를 만나 파타고니아에 관한 대화를 나눴는데, 그가 회사의 여정에서 가장 힘든 변곡점 중의 하나였다며 '유기농 면'으로 전환한 사건을 들려주었다. 그 일은 보스턴 매장 개업과 함께 시작됐다. 직원들이 설명할 수 없는 두통으로 아프기 시작하면서 개업에 대한 흥분이 곧 우려로 바뀐 것이다. 스탠리가 당시 상황을 설명했다.

"우리는 공기를 테스트했습니다. 환기시스템에 결함이 있어서 포름알데히드formaldehyde 가스를 배출하는 작업이 직원들을 중독되게 만들고 있었다는 걸 알게 됐죠. 전통적인 기업들이라면 두통이 사라지도록 환기시스템을 고치는 방법으로 대응했을 겁니다. 그때 우리 모두는 생물 시간에서 외웠던 포름알데히드를 알고 있었습니다. 양의 심장과 함께 병에 들어 있던 화학약품으로요. 하지만 매장에서 나온 포름알데히드의 원천은 직물이 줄어들거나 주름 잡히는 것을 방지하기 위해 공장에서 추가하는, 우리 회사 면 의류의 마감 물질인 것으로 밝혀졌죠."[18]

이후 몇 가지 유형의 암을 비롯해 포름알데히드가 야기할 수 있는 피해를 연구하면서 제조 과정의 일부를 바꿨고, 약품 사용을 상당히 최소화하기 위해 면을 미리 줄어들게 했다. 대부분의 기업에게 그런 접근은 **책임감 있는 기업**이 되는 일에서 거의 마지막으로 고려하는 일이었을 것이다. 하지만 이번 사건의 경험은 그들이 전체 면 의류 제조 과정에 의문을 품도록 동기를 부여했다. 스탠리는 "솔직히 저희는 회사 의류 제품에 사용되는 면이 어디에서 왔는지, 어떻게 가공되는지 전혀 몰랐습니다."라고 말했다. 그래서 그들은 이를 알아내기로 결정했다.

일찍이 1980년대 후반에 파타고니아는 환경에 대한 우려를 심각하게 받아들이기 시작했지만, 포름알데히드 사건은 상황을 더욱 빠르게 진행시켰다. 1991년에 그들이 의류 제품에 사용하는 모든 섬유의 환경 영향을 측정하는 주요한 연구를 시작했다. 그리고 알게 된 사실은 매우 충격적이었다. 그 내용을 《리스판서블 컴퍼니 파타고니아》에 이렇게 밝혔다. '토지에 목화를 심을 준비를 하기 위해 직원들은 모든 다른 살아 있는 유기체를 죽이는 (인간의 중추신경계도 손상시킬 수 있는) 유기인제를 뿌린다. 일단 처리가 끝나면 토지는 완전히 죽게 된다(토지 건강의 지표인 지렁이가 그 땅으로 돌아오려면 살충제를 뿌리지 않고 5년이 지나야 한다). 목화가 자리를 잡을 때까지 땅에는 인공 살충제를 집중적으로 사용한다. 목화밭에서 씻겨나간 빗물은 해양 '데드존dead zone'(산소가 고갈되어 생물이 살 수 없는 영역)의 성장에 상당 부분 기여한다. 경작지의 2.5퍼센트를 차지하는 목화밭에 농업 분야에서 사용되는 화학 살충제의 15퍼센트, 농약의 10퍼센트가 뿌려진다. 이 화학물질이 목표로 삼은 해충에 도달하는 비중은 '1퍼센트의 10분의 1'이다. (…) 목화밭은 매년 온실가스 배출에 1억 6,500만 메트릭톤을 기여한다. 재래식 목화밭은 냄새가 고약하다. 목화밭의 화학물질은 눈을 매캐하게 하고, 속을 메슥거리게 한다. 캘리포니아처럼 서리가 내리지 않는 지역에서는 수확 전에 농약 살포 비행기로 제초제인 파라콰트를 목화에 뿌려야 한다. 그중 목표물에 맞는 분량은 약 절반이다. 나머지는 이웃 밭에 떨어져서 개울로 스며든다."[19]

스탠리는 일단 목화가 사람들과 지구에 입히는 피해를 알고 나니 완전히 유기농 목화로 전환하는 결정은 반드시 내릴 수밖에 없는 유일한 결정이었다고 말했다. "이 모든 끔찍한 화학물질의 25퍼센트가 경작에 적합한 땅의 8퍼센트에서 사용되고 있으며, 이것이 불균형적이고 불필요한 일임을 인정하는 것은 너무 간단한 문제였습니다. 우리가 하고 있던 일에 대해 **그저 솔직해지는 것**이었죠. 제2차 세계대전 이전에는 목화가 이런 식으로 자라지 않았습니다. 하지만 당신이 버스를 탔는데 창문을 열 수조차 없을 정도로, 포름알데히드를 쏟아 부은 것 같은 냄새가 나고 눈이 매캐하다면 이건 더 이상 남의 일이 아니죠. 인간의 본성은 다른 사람이 내가 가진 가치에 반대되는 사실을 제시할 때, 내 가치를 더 강하게 밀어붙이고 남이 제시한 정보를 평가 절하하려 합니다. 하지만 **경험은 사람을 바꿔놓습니다.** 핵심 이해관계자들을 목화밭으로 데려간 경험은 우리를 바꿔놓았습니다. 경험은 세상에 대한 당신의 의식을 확장시키고, 세계관을 바꾸고, 당신의 마음이 확대되도록 합니다. 그 순간이 우리 이야기에서 중요한 전환점이었습니다."

1994년 가을, 파타고니아는 18개월 안에 면 의류 제품 전체 라인을 유기농 면으로 바꾸겠다고 약속했다.[20] 이 일은 한 가지 문제를 제외하면 완벽하게 들린다. 전통적인 브로커를 통해서 구할 수 있는 유기농 면은 공급이 충분하지 않다 보니, 면화를 유기농으로 기르는 전 세계 소수의 농부들과 직접적으로 함께 작업을 해야 했다는 사실이다. 그런 다음에는 면을 처리하는 상인, 조면공, 방적공들에게 상대적으로 적은 파타고니아의 물량을 처리하기 전후에 기계를 청소해달라고 설득해야 했다. 파타고니아와 그들의 파트너들은 면 생산의 공급 사슬 전반에 걸쳐 **혁신**을 이뤄야 했다. 그리고 그들은 1996년까지 그 일을 해냈다! 파타고니아의 모든 면 의류는 유기농 면으로 만들어졌다. 현재 파타고니아는 2007년에 출범시킨, '발자국 연대기Footprint Chronicles'라고 불리는 대화형 온라인 포털을 통해 제조를 위한 선택에 있어서 **투명성**과 **지속가능성**에 대한 약속을 확대해왔고, 일반적으로 인식하는 기업의 사회적 책임보다 더 많은 일에 관여하고 싶다고 결정했다. 그들은 고객과 파트너들이 디자인부터 섬유, 염색, 직조, 물류, 배송이라는 전체 생산 사이클에 대해 알기를 원했다. 지금까지 그들은 발자국 연대기에서 그들의 제품 150개에 대한 모든 여정을 추적하고 발표해왔다.

발자국 연대기의 기원은 진정으로 **자율성이 부여된 거버넌스**가 어떤 모습인지를 보여준다. 스탠리는 이렇게 말했다. "그 일을 위한 예산은 없었고, 책임을 맡은 부서도 없었습니다. 지속가능성이 **모두의 일의 일부**가 되기를 원했기 때문에 환경 부서에는 의도적으로 두 명의 사람만 배치했습니다. 그래서 다른 부서 직원들 중 여러 명이 한데 모여서 그저 그 일을 한 것입니다. 우리는 이렇게 생각했죠. '이건 환상적인 아이디어야! 그러니까 우리는 이 일을 할 거야.' 사실상 거의 자원봉사 활동과 같았죠. 하지만 기여한 사람들의 가치를 반영하는 프로젝트였기 때문에 우리는 이 일을 해냈습니다. 일단 모든 사람이 발자국 연대기의 가치를 알게 되자 회사는 이를 좀 더 전면적으로 채택했습니다. 파타고니아에서는 **보충성**subsidiarity(의사결정이 언제나 그들이 영향을 미치게 될 가능한 한 가장 낮은 단위 혹은 가장 가까운 곳에서 내려져야 한다는 원칙―옮긴이)을 존중합니다. 사람들에게 영향을 미칠 결정을 해야 할 때, 모두가 그 결정에 관여할 필요가 있고 이로써 주인의식을 느낄 수 있습니다. 이것이 발자국 연대기가 시작된 방식입니다."

파타고니아가 처음부터 투명성과 주인의식을 조성했다는 사실은 명확하다. 《리스판서블 컴퍼니 파타고니아》에 나오는 다음의 말은 파타고니아의 정신을 아주 간결하게 포착한다. '책임감 있는 회사는 직원들에게 '가벼운' 손길로 '세심한' 관리를 해야 한다. 숫자에 대해 정직하기, 필요에 따라 혹은 프로세스를 끊임없이 개선하기 위해 사업부 간 경계를 넘어 서로 협력하고 독려하기, 업무 흐름의 지연이나 상급자의 간섭을 최소화하고 이를 조직화할 자율권 부여하기, 위법 행위에 대해 불이익 없이 내부 고발하기[21] 같은 것들이다.'

Q. 당신의 회사 제품에서 파타고니아가 발견했던 문제와 같은 이슈를 발견

했다면, 당신은 어떻게 대응했겠는가? 파타고니아가 한 선택에서 고려해야 할 위험은 무엇일까?

　파타고니아는 투명성과 거버넌스 그리고 위기에 직면했을 때 올바른 선택을 하는 일에서 빛나는 사례를 제공한다. 하지만 안타깝게도 그들은 많은 측면에서 '예외적인' 기업이다. 현실은 많은 다른 기업이 파타고니아의 선택이나 행동 방식대로 하지 않는다는 것이다. 그들은 파타고니아가 마주한 심각한 문제와 같은 일이 생겼을 때, 너무나 흔히 수용하는 대안적인 경로를 '쉽게' 선택할 것이다. 그리고 들키지 않을 거라는 오만한 가정을 하면서 수십 년 동안 진실을 묻어버릴 것이다. 이럴 경우, 상황이 어떻게 풀리는지 알아보기 위해 일반적으로 수용하는 경로를 선택한 한 기업의 사례를 살펴보자(미리 경고하건대, 이 사례의 전략은 **급진적인 부메랑 효과**를 가져올 수 있는 정말 나쁜 전략이다).

　얼 테넌트Earl Tennant는 웨스트버지니아주 워싱턴에 사는 목장주였다. 1996년 7월, 그가 기르는 소와 송아지 절반이 영문을 알 수 없이 죽었고, 나머지는 기형으로 태어나거나 사산됐다. 이상하게도 독수리조차 소의 시체를 먹으려고 하지 않았다. 그리고 이해할 수 없이 죽어가는 것은 그의 가축만이 아니었다. 새와 사슴, 토끼와 같은 다른 야생동물들도 죽은 채 발견되고 있었다. 테넌트는 동물들이 무언가에 중독된 것은 아닌지 의심했다. 개울물 위에 거품을 머금은 초록색 점액이 떠다닌다는 것이 첫 번째 단서였다. 몇몇 보건 기관에 연락해 호소했음에도 누구도 그에게 귀 기울이지 않았다. 결국 그는 캠코더를 써서 기르던 소의 죽음, 실험실에서 볼 법한 수준으로 적출해놓은 소의 내부 장기, 소들에게서 목격된 기형들을 면밀히 기록했다. 그런 다음 1998년 10월, 수십 개의 비디오테이프와 메모로 가득 찬 노트들을 상자에 챙겨서 환경변호사 롭 빌럿Rob Bilott을 찾아가 넘겼다. 빌럿은 증거를 검토하고 결과를 알려주겠다고 말했다.[22] 그 순간, 테넌트는 자신이 세계에서 가장 크고 성공적인 기업 중 한 곳을 상대로 20년 넘게 싸우는 일에 발을 들였다는 사실은 꿈에도 몰랐다.

빌럿은 그 사건을 깊게 파고들었다. 그는 테넌트의 농장이 있는 워싱턴에서 약 7마일 떨어진 웨스트버지니아주의 파커스버그에 듀폰DuPont의 공장이 있는 것을 알아챘다. 그리고 그 공장에서 수많은 가정용 조리 제품에 사용되는, 들러붙지 않는 코팅인 테플론teflon을 생산한다는 사실을 알게 됐다. 테플론은 1938년에 발견됐지만, 조리하는 표면에 들러붙지 않을 뿐 아니라 방수가 되고 오염물이 배지 않게 해주는 특성 때문에 다양한 용도에 적용될 수 있어서 1960년대에 상업용으로 인기를 얻게 됐다. 빌럿은 곧 테넌트의 가축들이 물을 마시는 오하이오강의 한 갈래인 드라이 런 크릭Dry Run Creek에 테플론의 주요 구성성분 중 하나인 과불화옥탄산PFOA (산업용 명칭은 'C8'이다)이 가득 차 있다는 사실을 발견했다. 참고로 듀폰의 공장 단지는 미 국방부 본부 청사 규모의 35배에 달할 정도로 거대했다.[23] 그런데 그 공장에서 수년 동안 오하이오강에 수백만 파운드의 화학물질 C8을 버려온 것이다. 빌럿은 또한 듀폰 내 화학자들이 그 행태를 폭로하기 위한 시도를 여러 차례 했으나 결국 침묵해야만 했다는 사실도 알게 됐다. 듀폰은 의무 사항임에도 사내 화학자들이 이룬 발견 중 어느 것도 미 환경보호국Environmental Protection Agency (이하 EPA)에 보고한 적이 없었다. 하지만 그들의 내부 파일에 따르면, 듀폰은 1950년대부터 C8의 위험성과 해당 물질이 어떻게 동물들에게 암을 유발는지를 알아보는 연구를 시행해왔다. 심지어 1980년대 후반에는 그 물질이 인간에게 암을 유발했다는 증거까지 확보했다. 또한 듀폰의 파일에는 C8의 제조 과정에서 나온 폐수가 공공 수자원으로 흘러들어가지 않도록 할 것을 촉구하는 내부 보고서도 실려 있었다.

1999년 여름, 열정적인 환경주의자이자 워싱턴 지역 시민들의 곤경에 마음이 움직인 빌럿은 테넌트를 대리해 듀폰을 상대로 소송을 제기했다. 그리고 곧바로 난관에 부딪쳤다. EPA와 듀폰 측이 해당 사건 조사에 배정한 수의사들이 테넌트의 가축 사망 원인이 그의 열악한 '축산 관리' 때문이라고 판단한 것이다. 그들이 조사 결과에서 주장했듯, 실제로 테넌트의 소들은 영양실조 상태였고, 의학적 돌봄이나 환경 위생 문제도 제대로 관리되지 않았다.[24] 게다가 듀폰은 파커스버그 시민들의 주된 고용주였다. 그 도시 사람들은 자신의 생계를 좌지우지하는 회사를 상대로 소송을 건 테넌트에게 적대적으로 돌아섰다. 하지만 이런 지독한 상황에 직면해서도 빌럿은 소송을 이어나갔다. 무려 15년 넘게 다각도적인 의학 연구를 시행하고, 또 개인적으로는 건강 위기도 겪으면서 보상 받을 수 있도록 약속했던 원고들이 사망한 후에야 2017년에 빌럿은 승소했다. 그의 노력 덕분에 약 3,500명의 사람들이 받을 배상금은 6억 7,100만 달러가 넘었다. 지금은 전 세계 인구의 98퍼센트에게 존재하는 것으로 추정되는 독소인 C8의 문제를 숨긴 사실에 대한 벌금으로 단 1,650만 달러만 지급하기로 하면서 듀폰은 EPA와도 합의를 했다.[25]

이 스캔들을 다룬 다큐멘터리 〈우리가 아는 악마The Devil We Know〉에 등장한 미 환경 비영리 단체인 환경작업집단Environmental Working Group의 켄 쿡Ken Cook은 중요한 지적을 했다. "인간성의 오염을 적절하게 처벌하는 판결이 어떤 건지는 확실히 모르지만, 그 금액이 1,650만 달러를 넘을 것이라는 건 상당히 확신합니다."

돈이 웨스트버지니아주의 그 구석진 곳에서 상실된 생명과 생계를 대체하거나, 희생자의 고통과 아픔을 경감하거나, 셀 수 없는 사람들이 해온 몇 년간의 일을 보상할 수는 없는 반면, 그 결과는 열정적으로 정의에 헌신하는 사람이 있다면 부당함을 덮으려는 어떠한 노력도 승리할 가능성이 없음을 보여준다. 그런 기업의 불법 행위를 폭로하기 위한 전쟁은 빌럿이 그가 겪은 시련에 관한 책《폭로: 독이 든 물, 기업의 탐욕, 한 변호사의 20년에 걸친 듀폰과의 전쟁Exposure: Poisoned water, corporate greed, and one lawyer's twenty year battle against DuPont》을 쓰게 했다. 그리고 그의 이야기는 영화 〈다크 워터스〉에 영감을 제공했다.

나는 어떻게 그런 부끄러운 행동이 그리 오랫동안 계속될 수 있었는지, 그리고 상상할 수 없을 만큼 오래 지속된 힘든 법적 투쟁 동안 정의감을 유지하게 한 것은 무엇인지에 대해 더 알고 싶어서 빌럿과 대화를 나눴다. 그는 이렇게 말했다.

"글쎄요, 여러 요인이 있습니다. 우선 테넌트를 만나게 된 건 특권이었다고 생각합니다. 그는 무언가 매우 잘못된 일이 벌어지고 있다는 사실을 마주하는 데 진지한 열정을 가진 사람이었습니다. 얼버무림도 없고, 회색지대도 없었죠. 문제가 있었고, 문제는 해결돼야 했고 그리고 우리는 그 문제의 바닥까지 도달해야 했습니다. 그런 지점들과 사람들

정직한 조직

이 사실을 제대로 본다면, 알고 이해할 것이라는 제 믿음이 합쳐졌던 것 같습니다.

영화에도 묘사가 됐지만 CEO에게서 선서 증언을 받을 때조차도 제 목표는 그에게 사실을 보여주는 것이었습니다. 저는 그가 내부 파일에 있던 것의 현실을 보길 원했습니다. 그런 일들이 **실제로** 일어났다는 것을요. 그것이 지난 수십 년 동안 저를 지탱해주었던 이유입니다. 그저 제가 사실을 가져다주면 그 파일에서나 다른 의학 연구에서, 혹은 일반 과학에서 누구나 볼 수 있는 사실들을 봐주길 바랐습니다. 그러나 눈앞에 엄연한 사실이 있는데도, 그들은 그 과정에 무엇이든 결함이 있거나 조작되었다고 말했습니다. 비슷한 유형의 연구들 중에서 가장 광범위하게 시행된 7년간의 의학 연구 결과들에 동의하지 않았고 그런 일들은 결코 일어난 적이 없다고 계속해서 주장하려 했습니다. 그런 사실들을 보고서도, 그들이 여전히 그런 부정에 빠져 있을 수 있다는 게 놀라웠습니다."

나는 빌럿에게 무엇이 그토록 힘들게 느껴졌는지, 또 기업 리더들이 그 사건에서 어떤 교훈에 귀 기울여야 할지를 물었다. 그는 긴 대답 속에 정신이 번쩍 들게 하는 의견을 제시했다.

"듀폰은 과학 회사라는 사실에 대해 스스로 자랑스러워했던 회사입니다. 과학적 명성으로 유명했던 기업이죠. 그들은 여러 규제 기관이 사용해온 과학적 절차 중 많은 것을 발명했습니다. 심지어 EPA가 만들어진 1970년보다 몇 년 전부터 존재해온 기업이기도 합니다. 듀폰의 하스켈연구소Haskell Labs는 그보다 수십 년 전에 설립됐고, 수천 명의 세계적인 수준의 과학자를 고용해왔습니다. 실제로 그 연구소는 동물

표본을 추출하는 방법과 테스트를 시행하는 법, 적절한 해석을 하는 법 등에 있어서 독성학 영역의 개발을 도왔습니다. 따라서 EPA가 설립됐을 때, 그곳에 있는 과학자들을 훈련시키기도 했기 때문에 듀폰은 거의 멘토처럼 보였죠. 그런 자만심은 그 투쟁의 모든 곳에서 보여졌습니다. '우리는 과학 회사다.' 그들은 단순히 그렇게 생각했죠. '우리가 과학에 대해 말하는 것에 어떻게 의문을 품을 수 있지?' 듀폰은 그들의 과학자들이 내린 결론 혹은 그 결론을 해석한 내부 직원들이 내놓은 결론에 대해 일반인들이 의문을 갖는다는 것은 이해할 수 없는 일로 여겼습니다. 그들은 이런 믿음을 가졌죠. '우리가 이 분야를 개발했어. 어떻게 감히 당신이 우리가 결과를 정확하게 해석하고 있지 않다고 말할 수 있는 거야?' 만일 당신도 어떤 기준과 테스트 그리고 이를 통해 전체 시스템을 만들었을 때, 외부 사람들이 당신에게 상황을 정확하게 보고 있지 않다고 말하면 받아들이기가 힘들 겁니다.

그런데 시간이 흐르면서 듀폰이 애초에 분리했던 사업 영역과 과학 영역의 경계가 흐려지기 시작하고, 갑자기 과학이 사업적 이익의 동인으로서만 행해지게 됐습니다. '과학을 위한 과학'은 순이익 추구에 우선순위를 양보하게 됐죠. 따라서 **나쁜** 결과를 보여줄 수도 있는 연구는 더 이상 시행되지 않았습니다. 그런 수준의 성공과 오만이 존재하면 사람들은 더 이상 기꺼이 귀를 기울여 듣지 않습니다. 듀폰 내부의 변호사들도 이메일에서 그들의 절망을 표현하면서 회사가 승소할 가능성이 별로 없다고 경고했습니다. 하지만 경영진들은 듣기를 거부했습니다. 너무 단순한 말 같지만, 리더들은 열린마음으로 사람들의 말에 기꺼이 귀 기울여야 합니다. 자신이 생각한 맥락에서만, 말하자면 마치

구멍에 맞게끔 만들어진 못처럼 데이터가 딱 들어맞을 때에만 그러는 것이 아니라요. 하지만 그렇지 않으면 관심을 갖지 않죠. 전체 상황을, 심지어 자신이 믿고 있는 '모든' 것을, 필요하다면 기꺼이 **재평가**하려고 해야 합니다.

듀폰의 방식과 같은 시스템을 유지하는 데 투자하지 않는 리더들이 필요합니다. '이것이 우리가 일하는 방식'이라는 사고방식에 갇힌 리더들은 위험에 처하게 됩니다. 만약 당신의 리더가 복잡한 문제들에 '우리가 찾아봐야 하는 다른 방법이 있을지도 모른다'라는 사고방식으로 접근하지 않는다면, 이는 걱정할 만한 문젭니다. 리더가 눈앞에 있는 사실들을 보기를 거부한다면 자신이 이미 믿고 있는 것과 모순되는 데이터를 가져오지 말라는 의미죠. 그런 일이 일어난다면 매우 걱정할 만한 일입니다."

이 이야기는 소를 키우는 한 목장주가 자신의 목소리를 내면, 기꺼이 함께 외쳐줄 누군가가 (고통스러울 만큼 오랜 시간이 걸리더라도) 상황을 바꿔놓을 수 있다는 것을 보여준다. 빌럿의 정의감, 변화를 가져오려는 열정, 엄청난 저항에 대항한 오랜 인내는 모든 리더가 따를 만한 본보기다. 이 이야기에서 얻을 중요한 교훈은 이것만이 아니다. 무모한 해악에 대한 듀폰의 과거 기록은 테플론만 있는 것이 아니다. 그들의 만연한 태만과 해악, 수년에 걸쳐 이뤄진 무수한 위법 사례들에 매겨진 벌금에 잘 기록되어 있다.[26] 현재 듀폰은 쪼개져서 다양한 다른 기업들에 인수된 후 하나의 회사로서는 사라진 것이나 마찬가지이며, 작은 사업부가 듀폰 브랜드를 보유하고 있을 뿐이다. 한때 소중했던 기업의 유산은 그들이 세상에 끼친 피해로 영원히 얼룩졌다.

파타고니아와 듀폰은 투명한 거버넌스의 스펙트럼에서 양 극단을 대표한다. 아마도 당신의 회사는 이 두 회사 사이의 어딘가에 자리하고 있을 것이다. 만약 듀폰의 자만심과 부정 행위에서 어떤 의뭉스런 힌트들을 얻고서 '오, 우리는 저렇게까지 불명예스러운 일은 절대 하지 말아야지'라고 비교하며 위험성을 최소화하는 방법을 고민하는 자신을 발견했다면 당신은 이미 미끄러운 비탈길을 내려가기 시작한 것이다. 어느 누구도 듀폰의 부정에 면역되는 사람은 없다. 사실 성공은 조직의 불완전성을 가장 크게 가리는 **안대**와 같다. 그러니 당신의 믿음에 대해 더 확신을 가질수록 그 확신을 다른 사람들이 철저하게 검토하도록 공개해야 한다.

투명한 거버넌스는 결정이 내려지는 방식에 가시성을 제공하는 것 이상을 의미한다. 투명성은 **명료성, 민첩성, 공감**을 요구한다. 이 요소들이 합쳐졌을 때, 의사결정의 뒤편에서 신뢰를 만들어내고, 조직 전반에 걸쳐 확신을 가지고 의사결정이 실행되도록 해준다. 그렇다면 명료성(구성원에 부여된 권한의 영역을 분명히 하는 것), 민첩성(회의에 다수의 관점, 경쟁의 관점을 갖추는 것), 공감(결정에 대한 주인의식을 갖도록 소통하는 것)을 제공하는 의사결정 시스템은 어떻게 구축할 수 있을까? 말 그대로 그 기본적인 요소들이 부재한 상황에 절망감을 느끼고 하늘에 대고 주먹을 휘두르는 사람들이 많다. 투명성을 갖춘 의사결정 시스템을 만드는 데 있어서 당신이 얼마나 많은 통제권을 가지고 있는지 알게 되면 놀랄 것이다.

정직한 조직

권한의 시작과 끝을 분명히 하라

여러 연구 데이터에 따르면, 우리에게는 거버넌스 영역을 개선할 수 있는 **충분한** 여지가 있다. 예를 들어 2,207명의 임원을 대상으로 진행한 맥킨지 글로벌 연구에 따르면, 응답자 중 그들의 회사가 '전략적으로' 좋은 결정을 나쁜 결정보다 더 자주 내린다고 인식하는 사람은 28퍼센트였다. 또 60퍼센트는 좋은 결정이 나쁜 결정만큼이나 자주 이뤄진다고 생각했으며, 12퍼센트는 좋은 결정은 매우 드물다고 답했다.[27] 우리가 평소에 하는 회의가 조직의 의사결정 능력을 보여주는 것이라면, 이런 통계 결과는 별로 놀랍지 않다. 생각해보자. 평균적으로 우리는 회의에 연간 370억 달러에 달하는 돈을 지출하고, 근무시간의 3분의 1 이상을 회의에 쓴다. 그런데 2014년에 시행된 연구에 따르면, 70퍼센트의 사람들이 회의 중에 몰래 처리할 다른 일을 챙겨가고, 39퍼센트는 잠이 든 적이 있다고 답했다. 이런 사실들이 입증해주듯, 회의가 가장 큰 시간 낭비라고 여기는 사람들은 47퍼센트에 달했다.[28]

다행히도 이런 엉망인 상황에서 빠져나올 방법이 있다. **명료성과 정직**이 그것이다. 위에서 언급한 맥킨지 연구에서 의사결정의 질을 향상할 수 있는 주요 요인은 데이터 분석의 개선이 아니라 편향을 뿌리 뽑고, 구성원들을 정직한 대화에 참여시키는 과정임을 발견했다. 그런 결과를 얻으려면 세심한 설계 과정이 필요하다. 셀 수 없이 많은 결정 경로를 응집력 있고, 투명하고, 효과적인 의사결정 과정의 조합으로 구성하고 동시에 통합하려면 노력이 필요하다. 쉽지 않겠지만, 그런 노력을 시도하지 않았을 때 얻게 될 결과는 참담할 가능성이 크다. 좋은 소식은 아주 조금만 진보가 이루어져도 **오래 지속될 수 있다**는 점이다. 내가 연구한 통계 모델에 따르면, 의사결정이 누구에 따라 어떻게 이루어지는가를 폭넓게 살펴서 입증되는 거버넌스의 효과성이 23퍼센트 개선되면 정직한 행동을 할 가능성이 10퍼센트 더 높아진다. 이 일을 시작하는 방법은 다음과 같다.

효과적인 거버넌스를 설계하는 일의 첫 단계는 당신이 이끄는 조직 내에서 실제로 어떤 의사결정들이 이루어지는지를 파악하는 일이다. 고객과 건강한 거버넌스를 규정하는 작업을 할 때, 나는 의사결정을 세 가지 범주로 구분하는 일부터 시작했다.

· **기업의 결정**에는 기업의 비전과 방향을 설정하는 일, 최고의 리더를 선임하는 일, 기업 가치와 문화를 규정하는 일, 외부 평판을 관리하는 일이 포함된다.

· **전략적 결정**에는 기업이 해야 할 투자, 타깃으로 삼아야 할 고객, 기술이나 새로운 설비 등의 자본 지출, 직원들이 준수해야 할 기업 정책 등을 설정하는 일이 포함된다.

· **운영상의 결정**에는 예산 설정, 제품의 개발과 출시, 인재 관리 (고용, 해고, 승진, 인력 개발), 성과 측정과 모니터링이 포함된다.

회사나 부서, 팀의 규모와 성숙도에 따라 위에서 제안한 것과 다른 의사결정 범주를 선택할 수도 있다. 핵심은 적절한 사람이 결정이 내리

정직한 조직

도록 하기 위해, 결정의 유형을 구분할 **방식**을 확보하는 것이다. 그것이 지금부터 알아볼 다음 단계다.

의사결정이 내려질 때, **누구**의 목소리가 회의 탁자 위에 있어야 하는지를 아는 것도 중요하다. 아마도 당신은 회의실이 꽉 찰 정도로 사람이 많지만 아무것도 얻지 못한 회의를 참석해본 적 있을 것이다. 혹은 결정을 내릴 때 핵심 주체들이 없어서 그들에게 진행상황을 공유해주기 위해 왔던 길로 되돌아가거나 끝없이 반복해야 했던 회의에도 참석해봤을 것이다. 의사결정에 참여한 모든 사람이 자신의 부서와 역할의 경계에 대해 **명확하게** 인식할 수 있도록 권한은 신중하게 배분돼야 한다.

권한을 어디에 둘지 결정할 때, 도움이 될 두 가지 과제가 있다. 첫째, 조직 내 **어느 단위**에서 결정이 이뤄져야 하는지를 결정하라. 즉 기업 차원에서는 중앙에서 이루어져야 하는 결정을 배치해서 조직 전체에 '일관성'을 확보할 수 있도록 하라. 부서나 사업부 차원에서는 기능이나 지역에 따라 분리되어 이루어져야 하는 권한을 배치하라. 그리고 마지막으로 팀이나 개인 차원에서는 개인과 팀의 독특성, 혹은 직원이나 고객의 특별한 필요를 위해 보존되어야 할 결정들을 배치하라. 당신의 회사가 권한 위임에 진심이라면 이 과정은 필요한 일이다.

둘째, 어떤 **연결 지점**에서 결정이 이루어지는지를 명확히 하라. 부서 간 참여가 요구되는 결정이 많다. 예를 들어, 마케팅과 영업, 연구개발, 제조 영역이 서로 교차되는 부분에서는 혁신 사항이나 제품 출시 결정을 조정할 필요가 있을 수 있다. 만약 조직이 고성장 모드에 있다면, 핵심 인재를 동참시키거나 보유하기 위해 다기능부서 인재 위원회가 필요할 수도 있다. 핵심은 다기능적인 결정이 가능한 한 매끄럽고 효율적으로 이루어지게 하는 데 있다.

일단 위의 과제들을 완료하면, 다음에 해야 할 일은 정기적으로 만나는 각 그룹이 권한의 정도와 자원에 대해 명확하게 설명을 들은 상태로 특정한 목적을 가지고 운영되도록 하는 것이다. 내가 함께 작업했던 한 다국적기업에서는 임원팀, 사업부팀, 지역팀, 국가팀이 각 그룹에서의 업무를 고통스럽게 복제하고 있었다. 손익계산서 관리부터 핵심 채용 결정, 고객 관계 관리까지 모든 일이 중복되어 분노에 찬 혼란을 야기하거나 회의장을 전쟁터로 만들고 있었다. 각 그룹의 대표들은 다른 그룹 중 하나가 그들이 할 일이라고 믿는 일을 어떻게 침해하고 있는지에 대해 불평하는 데 긴 시간을 썼다. 그래서 이를 전체적인 관점에서 재설계하면서 각 단위는 각각 독창적으로 집행할 수 있는 일에 집중하도록 운영됐다.

전략과 우선순위는 임원팀에 설정됐다. 인재, 고객 세분화, 마케팅은 사업부팀들에게 집중하도록 주어졌다. 지역 및 국가팀들은 손익과 고객 관계 관리, 지역에 특화된 우선순위에 집중했다. 각각의 회의 의제는 정해진 집중 영역에 따라 배타적으로 구성됐고, 모든 필수적인 권한과 자원은 그에 따라 배분됐다. 의제는 몇 주 전에 미리 안내됐고, 각 팀의 영역에 해당되지 않는 것은 무엇이든 배제됐다.

효과적인 거버넌스를 설계하는 과정에 있어서 사소한 부분에서 문제가 등장할 수도 있다. 조직을 동기화하고 싶다면, 그 일을 하는 데 시간을 들여라. 지금 값을 치르거나 나중에 어차피 값을 치르는 문제이기 때문이다. 선택지는 두 가지다. 그 일부터 처리하거나, 아니면 그 일이 가져온 결과에 좌절하며 속이 뒤집히는 상황을 감당하거나. 일단 당신이 거버넌스의 명료성을 확보할 수 있다면, 그 다음에는 조직 전반에 걸쳐 의사결정 시스템을 통합할 수 있다.[29]

모든 결정은 문을 활짝 열고서 내리라

조직 내 어느 사람이(혹은 그룹이) 어떤 결정을 내릴 권한과 자원을 갖고 있는지 파악했다면, 다음 단계는 효과적인 조정을 위해 구성원들을 **연결하는** 일을 해야 한다. 결정은 단독으로 이뤄지지 않는다. 결정을 위해 구성원들은 서로 의존하고, 이때 두 가지 유형의 연결이 만들어져야 한다.

첫째, 해당 사업을 위한 예측가능한 '리듬'을 만들기 위해 회의 '운율'을 구축해야 한다. 즉, 보다 단기적인 우선순위를 다루는 팀은 더 짧은 주기로 자주 만나야 하는 반면, 장기적인 우선순위에 집중하는 팀은 더 긴 간격을 두고 비교적 덜 만나야 한다. 어떤 기업들은 개인 및 그룹 간 동기화를 강화하기 위해 매주 같은 날에 정기회의 일정을 잡는 방식을 선택하기도 한다. 조직 내 모든 회의를 보여주는 연간 거버넌스 달력을 만들면, 구성원들이 어떤 결정이 언제, 그리고 누구로부터 이뤄지는지 이해하는 데 도움이 된다. 앞서 언급한 다국적기업의 경우, 회의 주기는 각 단위에서 적절한 연결과 정보 공유를 위한 방식으로 설정됐다. 그래서 각 팀은 매월 2시간 동안 회의를 진행했는데 임원팀은 첫 번째 주 월요일에, 사업부팀은 두 번째 주 월요일에, 지역팀은 세 번째 주 월요일에, 국가팀은 네 번째 주 월요일에 만났다. 한 팀에서 다른 팀과 관련된 인풋이나 아웃풋이 있으면 어떤 것이든 즉시 전달되어서 각 팀이 집중을 유지하도록 했다. 또 한 팀에서 내린 결정이 다른 팀들에 영향을 주는 경우에도 즉시 알렸다. 덕분에 각 팀이 그와 해당되는 그룹에 진행 사항이나 변동된 우선순위, 상대 팀 담당자의 일에 대한 최신 정보를 계속해서 알려줄 수 있었다.

둘째, 조직 내 운영되는 그룹들을 연결하는 데 필요한 정보 연계 사항을 파악하라. 각 그룹에는 회의를 통해 얻은 예측가능한 정보의 조합과 회의를 마친 후 얻은 결론의 조합이 있다. 이러한 인풋과 아웃풋은 다른 의사결정 그룹에 중요한 정보를 제공한다. 그룹 간 정보 공유를 어떻게, 누가, 언제 할 것인가를 정하면 혼란과 갈등을 피하면서 조직이 동일성을 유지하는 데 도움이 된다. 정보 연계 사항에는 다른 그룹에 대한 연락 담당을 맡은 그룹 일원들, 정보와 관련된 사람들에게 보내는 회의 후 간략한 업데이트, 의사결정과 회의록이 실시간으로 게시되는 온라인 포털 같은 것들이 포함된다. 공유 달력과 투명성을 독려하는 기술을 통해 그룹들이 연계된 상태를 유지되면 조직 내 어디에서 의사결정이 이루어지며 그 근거가 무엇인지를 이해하는 데 도움이 된다.[30]

마지막으로 각 그룹이 만났을 때, 그 자리에서 일어나는 일에 대해 넓은 범위의 유연성을 가질 필요가 있다. 미팅이나 회의가 '동원된 극장'에 불과하다면, 사람들은 방 안에서 일어나는 일은 신뢰할 수 없다는 암묵적 믿음을 갖게 된다. 그리고 정직한 정보의 유일한 원천은 **방 밖에 있다**라고 믿는 문화가 뿌리내리게 된다. 내가 함께 일한 한 CEO

는 복잡한 결정을 내릴 때, 그의 팀에게 회의실에 **서로 싸울 수 있는** 사실의 근거를 가지고 들어오도록 해서 그런 위험에 대응했다. 이때 고려할 만한 모든 관점에 대해 데이터에 기반한 반론들을 쌓을 수 있도록 사람들을 의도적으로 나눴다.

그는 팀원들이 자신이 원하는 이야기를 말하려고 사실을 만들어내는 데 능숙하다는 사실을 알았기 때문에, 팀원 사이에 이뤄지는 막후거래가 닫힌 문 뒤에 숨어서가 아니라 모든 사람 앞에서 이뤄지도록 해야겠다고 결심했다. 그리고 그의 도박은 성공했다. 그의 팀은 열정적으로(그리고 존중하면서) 모순되는 관점을 논쟁하는 일과 그들이 모두 지지할 수 있는 결정에 도달하는 일을 더 편안하게 느끼게 됐다. 이런 연습은 특정한 결정이나 이니셔티브를 옹호하거나 방어하는 리더들 사이에서 특히 그렇지만, 많은 조직 문화에서 무심코 독려하는 위험이나 고질적 확실성을 줄이는 데 도움이 된다.

회사 문화가 확고한 신념을 높게 평가하는가? 의사결정이 경쟁적인 것으로 인식되고 있는가? 구성원들은 자신의 관점에 확신을 갖지 못한 듯 보이면 약한 사람으로 인식될 거라고 느끼는가? 자신이 얻지 못하는 무언가를 다른 사람이 얻을 수도 있다고 인식한다면, 전략적 계획, 예산 수립, 인재 관리 같은 프로세스들은 의도치 않게 잘못된 특권의식을 창조할 수 있다. 그런 환경에서는 확신을 갖고 있는 것처럼 보이는 일은 **생존의 문제**가 된다. 경쟁적인 직장에 대한 연구들에 따르면, 사람들은 경쟁적인 프로세스에 대해 불안감을 느낄 때, 비도덕적으로 행동할 가능성이 더 커지며 바라는 것을 얻기 위해 논쟁을 꾸며낼 수도 있다.[31]

확실히 이해할 때까지는 '소통'이 아니다

저신다 아던의 이야기는 공감이 무엇인지를 보여주고, 어려운 정보를 소통하는 일에 있어서 훌륭한 사례를 제공한다. 그녀는 명백하게 다양한 청중을 고려했고, 각 청중에 맞게 메시지를 만들었고, 사람들이 받아들일 수 있도록 일관되고 반복가능한 메시지를 전달했다. 공감적이고 진정성 있는 소통 방식은 그녀를 신뢰할 수 있게 만들었다.

어려운 정보, 혹은 중요한 결정을 전달하는 역할을 맡게 됐을 때, 청중이 할 수 있는 모든 가능한 **해석**을 고려하도록 하라. 청중이 긍정적으로 반응할 것인가? 걱정되거나 언짢을 수 있는 부분은 무엇인가? 자칫 해석이 잘못될 가능성이 있는 부분은 무엇이며, 그런 상황을 피하려면 무엇을 해야 하는가? 당신이 전달하기에 가장 불안한 메시지는 무엇인가? 그리고 그 메시지들이 청중을 동요시키지 않기 위해 좀 더 쉽고 가볍게 전달하는 방법이 있는가? 지연되는 상황을 정당화하거나 반발을 줄이거나 갈등을 피하기 위해 어떤 지점에서 당신이 가져야 할 불편함을 감수하는가? 결정을 너무 늦게 내렸거나 문제가 악화하는 상황을 막을 수도 있었던 정보를 무시한 일에 죄책감을 느끼는가? 만약 이러한 일들이 일어난다면, 있는 그대로 받아들여라. 그리고 필요하다면 사과하라. 충격을 완화하여 안정을 제공하는 것보다 당신의 **정직함**이 훨씬 더 많은 신뢰를 얻게 해줄 것이다. 기억하라. 사람들은 당신의 허식을 바로 꿰뚫어 볼 것이다.

일단 효과적으로 소통했다면, 다음에 해야 할 가장 중요한 일은 **귀 기울여 듣는 일**이다. 복잡한 결정에 대해 소통한 후에 자신의 할 일은

정직한 조직

끝났다고 여기며 안도하는 리더들이 너무나 많다는 사실은 놀랍다. 소통은 그저 **시작에 불과**하기 때문이다. 많은 리더가 메시지를 전달하는 일 자체가 소통이라는 잘못된 인식을 갖고 있다. 하지만 구성원들이 메시지를 이해했다고 확신할 때까지는 소통이 **아니다**. 소통은 듣는 사람이 메시지를 어떻게 해석했는가에도 귀 기울이는 일이다. 방어적인 태도를 보이거나 무시하지 않으면서 다양한 청중과 활발하게 대화를 나눠야 한다. 구성원들의 좌절감이나 비합리적인 해석, 불합리한 요청도 청취하면서 당신이 그들의 목소리에 귀 기울이고 있다는 확신을 가질 수 있게 하라. 물론 그들이 하는 말에 동의하거나 반드시 요구를 들어줘야 하거나 호전적인 태도까지 다 받아줄 필요는 없다. 그저 적극적으로 이해하고 공감하기 위해 노력해야 한다.

감당할 것이 많아 보이는가? 그럴지도 모른다. 명료성과 민첩성, 공감을 토대로 조직 거버넌스를 설계하는 일은 쉬운 과제가 아니다. 20명으로 이뤄진 부서를 이끌든, 2만 명으로 이뤄진 회사를 이끌든 당신이 직면하는 일상적인 결정과 정기회의가 흘러 넘친다면 이는 힘든 일일 수 있다. 하지만 희망을 잃을 필요는 없다. 의사결정에 관여하는 이들이 각자 독립적이고 정직한 관점(이는 모든 사람이 같은 관점에 순응하는 '집단사고groupthink'와 대조적이어야 한다)을 대변할 수 있도록 반대 의견에도 활발하게 참여하고, 같은 데이터 자료를 동등하게 활용하고, 데이터들은 자유롭게 공유할 수 있게 하라. 거버넌스의 질이 **의미 있는** 수준으로 개선될 것이다.[32]

다음 챕터에서는 이 모든 조치를 통합하는 과정을 창조하는 작업을 더 심도 있게 파고들어갈 예정이다. 특히 우리는 심리적 안전의 중요성과 함께, 앞으로 나아가면서 구성원들이 그들의 온전한 관점과 최고의 아이디어를 제시하는 일에 확신을 느낄 수 있도록 심리적 안전을 이용해 '발언권'의 문화를 조성하는 방법을 살펴볼 것이다.

지금 할 일: 투명한 의사결정 만들기

피드백을 요청하라

의사결정을 해야 하는 정기회의를 주재하거나 참가한다면, 당신이 얼마나 잘 이끌고 있는지에 대한 피드백이 필요하다. 단순한 익명의 설문조사 도구를 활용해 회의 참석자들에게 다음과 같은 질문에 대해 평가해달라고 요청하라.

- 명료성: 모든 사람이 당신의 원칙, 결정권, 권한을 명확하게 이해하고 있는가?
- 민첩성: 모든 사람이 다양한 관점을 자유롭게 공유하고, 서로 솔직하게 반대 의견도 내놓는가? 당신의 조직 내 그룹은 조정이 효과적으로 이루어지도록 다른 의사결정 그룹들과 적절하게 동기화하고 있는가?
- 공감: 당신의 팀은 공감하면서 효과적으로 결정을 소통하고, 그런 다음 영향을 받은 사람들이 당신의 결정을 해석하는 방식에

관여하고 귀 기울여 듣는가?

반대 의견을 연습하라

특별히 예외적인 경우가 아닌 이상, 당신의 팀에서도 서로 피드백을 주려고 하지 않거나, 완전히 동의하지 않는 결정에 순응하거나, 애매한 이중화법을 쓰거나, 내키지 않는다는 내색을 하면서도 동의를 가장한 수동적인 공격성 발언으로 갈등을 피하려고 하는 경우가 있을 것이다. 대화 능력은 숙달하기가 어렵고, **의도적인 연습**이 필요하다. 다음번 회의에 참석했을 때, 당신이 얼마나 자주 여러 주제에 참여하는지, 한편 구성원들은 얼마나 자주 선언적인 문장으로 말하는지, 또 얼마나 자주 다른 사람의 관점을 더 잘 이해하기 위해 관심 갖고 질문을 던지는지, 서로 얼마나 자주 상충하는 아이디어를 제시하는지 관찰하고 적어보자. 반대 의견을 더 다양하게 확보하고 싶다면, 이를 연습할 시간을 마련하라. 명확한 답이 없는 허구이지만 그럴듯한 시나리오도 만들어보자. 그리고 당신의 팀이 논쟁을 통해 마주할 수도 있는 미래를 **미리 경험**해볼 수 있도록 하라. 외부 전문가를 초청하여 구성원들의 토론 기술을 개선하기 위한 코칭을 받도록 하라.

어수선함을 몰아내라

회의에서 적절한 내용과 발언권이 다뤄지도록 회의 안건과 구성을 철저히 검토하라. 회의 참석자 수가 확대된 적이 있는가? 참석자들이 자신의 의제를 가지고 오는가? 다른 회의나 업무에서도 다룰 수 있는 자료를 가져와서 발표하는 식으로 회의를 그저 이용하고 있는가? 안건에 오른 주제들은 오직 참석한 그룹이 함께 있는 동안에 다룰 수 있는 독특한 결정과 사안들을 대변하는가? 너무나 많은 적절하지 않은 참석자들과 너무나 많은 잘못된 내용들이 있다면, 회의를 없애고 새롭게 시작하라. 누구도 반발하지 않는다는 데 장담한다. 스스로 물어라. '이 그룹이 내일 회의를 중단한다면, 우리 외에 누가 신경을 쓸 것인가?' 만약 15초 안에 대답할 수 없다면, 당신이 해야 할 일이 무엇인지 알 것이다.[33]

정직하게 정보를 공유하라

당신의 팀과 관련해 당신 자신의 투명성을 점검하라. 당신은 어떤 정보를 다른 사람들보다 더 자유롭게 공유하는가? 당신은 그 정보를 특정한 일부와 더 많이 공유하는 편인가? 만약 그렇게 하고 있다면, 정보를 공유하지 않으려는 당신의 선택으로 생기는 편향성이나 두려움을 인식하고 있는가? 당신이 정보와 이를 공유하는 사람들에게 있어서 보다 공평하고 투명한 태도를 갖는다면 어떤 일이 일어나겠는가? 공유한다고 생각할 때 당신을 더 불안하게 만드는 일부 정보가 있는가? 팀과 회사를 위해 투명성을 개선하고 싶다면, 당신 자신의 투명성을 제한하는 편향성을 알아낼 필요가 있다.

당신의 의사결정 과정을 분석하라

당신의 팀과 특정한 유형의 결정을 할 때, 어떤 접근 방식으로 하는지를 의도적으로 관찰하라. 어떤 결정이 보다 폭넓은 구성원들의 참여를 요구하는가? 당신은 주로 어떤 결정을 위해 공감대를 추구하는가? 당신이 선언하고 팀은 실행하기를 바라는 결정은 어떤 유형인가? 사전에 인풋(데이터 준비나 정보)을 요청하는 결정은 어떤 유형인가? 당신은 어떤 결정을 위임하며 왜 위임하는가? 만약 당신의 팀이 결정의 유형과 결정 방식을 명확하게 의식하고 있지 않다면, 아마도 당신이 무심코 그들에게 혼란을 주었을지도 모른다. 누가 어떤 결정을 내렸으며 구성원들에게 기대하는 바는 무엇인지가 불확실한 채로 구성원들이 회의장을 떠나게 했다는 의미다. 당신과 당신의 팀이 내리는 모든 결정과 결정의 유형에 대한 목록을 만들어라. 그리고 각각에 대해 가장 좋은 접근 방식을 정하고 이를 준수하라.

당신의 조직에서 의사결정 과정을 개선하고, 보다 더 투명하게 만드는 방법을 살펴보았다. 이어서 구성원들이 자신의 온전한 목소리와 마음, 생각을 공유하기에 충분히 안전하다고 느끼는 환경을 조성하는 방법에 집중해보자.

이 장을 마치며

• 의사 결정 과정의 역기능은 조직의 효율성에 위협이 된다. 연구 결과에 따르면, 거버넌스에 건강한 투명성이 부족해 보일 경우 사람들은 서로 거짓말을 하거나, 진실함이 없이 다른 사람들에게 불공정하게

행동하거나, 자신의 필요를 조직의 필요보다 우선시할 가능성이 3.5배 더 높다.

• 파타고니아가 기존에 제조해온 면이 얼마나 독성이 있는지 발견한 후 유기농 면만 사용하는 방향으로 전환할 수 있었던 방식처럼, 투명성은 조직이 가장 최악의 상황을 헤쳐 나가도록 도울 수 있다.

• 투명한 거버넌스는 결정 방식을 가시적으로 만드는 일 이상을 필요로 한다. 여기에는 명료성, 민첩성, 공감이 포함되며, 이 요소들이 함께 합쳐졌을 때 조직 전반에 걸쳐 확신을 가지고 집행될 수 있는 결정들 뒤편에 신뢰를 형성한다.

• 의사결정 시스템을 설계하는 일에는 다음 세 가지를 포함해야 한다. 구성원들에게 그들이 가진 권한의 영역을 알려주는 '명료성', 다양한 관점이 제시되는 환경을 형성하는 '민첩성', 결정과 관련된 구성원들이 주인의식을 가질 수 있는 방식으로 소통하는 데 필요한 '공감'이 필요하다.

• 명료성을 갖기 위해서 조직 내에서 실제로 어떤 결정이 이루어지는지를 파악한 후, 결정을 내릴 때 누구의 목소리가 존재해야 하는지를 알아야 한다. 덧붙여 정기적으로 만나는 각 그룹은 구체적인 목표를 가지고 운영되어야 하며 그들에게 권한의 정도와 자원을 명확하게 설명해야 한다.

• 민첩성을 갖기 위해서 결정을 내리는 데 필요한 권한과 자원을 가진 그룹들 사이에 효과적인 조정이 이루어지도록 해야 한다. 사업을 위한 예측가능한 리듬을 만들기 위해 회의 운율을 구축해야 한다. 또한 운영하는 그룹들 사이에 정보 연계 사항이 파악되어야 한다. 마지막으

로 그룹이 만나는 시기에 관해 폭넓은 유연성을 구축할 필요가 있다.

  • 공감을 이루기 위해서 당신은 결정을 할 때, 정보를 전달 받는 청중이 각자 해석할 만한 모든 결정 사항을 고려해야 한다. 이를 효과적으로 소통한 후에는, 당신이 해야 할 일은 귀 기울여 듣는 것이다. 그런 다음 다른 사람들을 이해하고 그들과 공감해야 한다.

Chapter 7

누구든 쉽게
목소리 내는 조직

Lead with the Power of Truth, Justice and Purpose

깨달음의 이야기:
관습을 깨는 목소리

마이클 아브라함 샤디드Michael Abraham Shadid는 1882년에 지금은 레바논으로 알려진 지역에서 가난에 찌든 부모의 열두 번째 아이로 태어났다. 형제 중 아홉 명은 오염된 음식과 열악한 위생으로 생긴 이질로 사망했다. 그가 태어난 지 몇 달 후에 사망한 아버지는 어머니에게 단칸방과 두 마리의 노새, 1,000달러 정도에 해당하는 돈을 남겼고, 그것으로 가족들은 10년 동안 살아남았다.[1] 1893년, 샤디드의 어머니는 가족과 함께 베이루트로 이사했고, 그곳에서 그는 시리안개신교대학(후에 베이루트아메리칸대학이 되었다)에 갈 수 있는 장학금을 받았다. 가족을 위한 더 나은 삶을 이루려는 그의 꿈이 형성되기 시작했다.

샤디드가 그 대학을 알게 된 것은 그곳을 졸업한 내과의사 조지 포스트George Post 박사가 종종 가난한 사람들을 치료하기 위해 그의 마을을 방문한 모습을 보면서 의학을 공부하려는 열정이 생겼기 때문이었다. 1898년에 그와 그의 누나는 미국으로 건너갔고, 4년 동안 장신구를 팔러 다니면서 의대 등록금을 낼 만큼 충분한 돈을 모았다. 그리고 2년 뒤, 어머니와 형도 미국으로 데려왔다.[2] 경제적 어려움이 컸지만, 샤디드는 1903년에 세인트루이스에 있는 워싱턴대학 의과대학에 입학했다. 의사가 되는 훈련을 받으면서, 그의 가치를 형성한 것은 삶의 초반에 겪은 가난과 양질의 의료 돌봄을 받기 어려웠던 경험들이었다. 자서전에서 그는 이렇게 회상했다. '인생 가장 초기의 기억 중에는 가난과 관련된 것들이 많았다. 왜 나는 맨발이었을까? 왜 내 옷은 항상 추레했고, 다른 아이들과 비교했을 때 내 점심은 변변찮았을까? 왜 어머니는 하찮은 일을 했을까?'[3] 너무도 강하게 뿌리내린 이런 가치들은 그가 자신의 병원을 개원한 후에도 그를 계속 따라다녔다.

샤디드는 워싱턴대학을 떠난 후에도 의학 수련을 계속했고, 결국 개업을 위해 오클라호마의 시골 지역에 정착했다. 그 후 20년간 그는 진정한 서부 개척시대의 시골 의사였다. 그는 마을에서 마을로 여행하면서 촛불을 켜고 수술을 집도했다. 가난한 농부들과 그들의 가족이 거주하고 있는, 금방이라도 무너질 듯한 판자촌에 도착하기 위해 먼지 폭풍과 눈보라를 뚫고 걸었다. 그들은 맹장 파열과 같은 치료가능한 질병으로 죽어가고 있었고, 그들의 부인과 아이들은 폐렴, 당뇨병, 결핵으로 고통을 겪으면서도 할 수 있는 일이 없었다. 샤디드 본인의 추정에 따르면, 그가 직접 받은 아기들만 해도 3,000명이 넘었다. 그는 양질의 의료적 돌봄이 그토록 접근하기 어렵다는 사실에 깜짝 놀랐고, 농부들이 병원 치료에 드는 돈을 마련하려고 가축을 전부 팔거나, 곡물을 바치거나, 심지어 집을 잃게 되는 경우를 매우 자주 보면서 더 낙심했다.

정직한 조직

그리고 그는 동료 의사들이 오로지 치료 비용을 늘리기 위해 자주 불필요한 수술과 치료를 강요해 농부들의 취약성을 이용하는 모습을 보고 깊게 괴로워했다. 한 외과의사의 보조로 일하는 동안, 샤디드는 능력 없고 욕심 많은 한 의사가 어떤 노인의 확장된 방광을 난도질하고, 궤양으로 고통 받는 환자를 그냥 그 자리에서 수술을 하고, 또 엉망으로 자궁절제술을 집도하는 모습을 지켜봤다. 이 모든 일이 하룻밤 사이에 이뤄졌고, 세 명의 환자는 모두 숨졌다.[6]

이때쯤 샤디드는 농업협동조합을 구성하기 위해 협업하는 농장 공동체에 주목하고 있었다. 1906년, 그의 주변에 있는 몇몇 농장 집단이 오클라호마농민조합에 한데 모였다. 그리고 이 조합은 각 집단에서 소유한 조면기나 대형 곡물 창고 등을 통해 농부들을 위한 금융 자본을 확보했고, 점점 증가하는 농업 장비 비용의 부담을 공유했다. 샤디드는 그와 유사한 협동 모델이 의료서비스에도 적용될 수 있을지 궁금했다. 이후 1929년 10월, 미국이 금융시장 붕괴 직전에 있을 때 샤디드는 오클라호마 엘크시티에 있는 카네기도서관 지하에 한 그룹의 농부들을 소집했다. 거기서 그는 그들이 농장을 운영하면서 만든 것과 같은 협동조합을 통해 비용을 공유해서 이용가능한 의료서비스의 품질을 개선할 수 있다는 계획을 제시했다. 그들이 이미 이해하고 있는 모델을 통해 제안을 구상했기 때문에 농부들은 샤디드를 신뢰하는 쪽으로 마음이 기울었다. 그는 농부들에게 연간 비용으로 그들이 감당할 수 있는 수준인 주당 50달러를 2,000명이 투자한다면, 엘크시티에 지역사회 병원을 지어 설비를 갖추고, 전문가들을 채용하고, 상당한 비용 할인을 해주면서 양질의 의료서비스를 제공하기에 충분한 돈을 갖게 될 거라고 말했다. 그는 현금에 쪼들리는 농부들도 참여할 수 있도록 지급 계획을 제시했다. 이듬해 5월까지 샤디드는 700개의 멤버십을 판매했고, 엘크시티에 지역사회 병원을 세우는 공사가 시작됐다.

그러자 위협을 느낀 기존의 전통적 의료 공동체가 신속하게 반응했다. 그들은 샤디드의 제안이 사기라는 소문을 퍼뜨렸고, 그가 추진하는 지역병원은 파산할 수밖에 없으며 서비스의 품질은 열등할 거라고 주장하는 신문광고를 내놨다. 그들은 샤디드를 향해 노골적인 인종차별적 발언을 맹렬하게 퍼부었고, 심지어 그의 생명을 위협하기도 했다. 심지어 일부 전문의 협회에서는 그의 의사 면허를 취소하려고 시도하기도 했다.[5] 기존 병원들이 부추긴 논쟁 때문에 공사를 중단해야 했음에도 샤디드의 의지는 꺾이지 않았다. 그는 반박하는 데 집중하기보다 결연한 마음으로 인내심을 가지고 신경 써야 할 환자들에게 집중했다. 마침내 1931년 8월에 병원이 문을 열었고, 3,000명에 달하는 농장 공동체 구성원들이 개업 행사에 참석했다.[6] 그 후 10년 동안 이 병원의 성공을 목격하려고 전국에서 의사와 관료들이 몰려왔다. 신문에서는 농부 공동체에 미친 이 병원의 영향에 대한 이야기가 등장했다.

황진의 피해가 심했던 시기와 대공황의 시대와 겹치는 병원의 초기 몇 년간, 오클라호마 사람들은 곡식을 망가뜨리고 가축을 죽게 만든 가뭄과 여러 날씨 상황으로 고난을 겪었다. 언제나 그렇듯 환자들은 멤버십 비용과 의료비용을 지불하느라 분투하고 있었다. 하지만 샤디드는 끈기 있게 버텼으며 계속해서 새로운 일원들을 가입시켰다. 1934년부터 1949년 사이에 병원은 일곱 차례나 확장됐으며, 1932년부터 1937년까지 수술 과정은 121회에서 1,000회가 넘는 수준으로

정직한 조직

늘어났다. 1949년에 멤버십의 숫자는 2,500명을 넘어섰다. 샤디드의 의료협동조합의 진보적인 모델은 성공하고 있었다는 사실은 명확했다. 심지어 거대한 역경에 직면해서도 말이다. 1943년에 저명한 내과의사 폴 드 크루이프Paul de Kruif 박사는 샤디드에 대해 이런 글을 남겼다. '용기 있고 추진력 있게, 샤디드 박사와 오클라호마인들은 전국적인 의사 부족 현상을 해결할 방법을 개척했다. 그들은 심지어 가난한 지역사회에서도 자체적으로 병원을 세우고, 돈을 지불하고, 역량 있는 내과의사와 외과의사들을 고용할 수 있음을 증명했다. (…) 선불형 집단 체제로 지역의료의 미래를 보여주었다.'[7]

조합형 모델을 더 널리 전파하려는 희망을 가지고, 샤디드는 이 모델의 다음 기본적인 원칙과 혜택에 관심이 있는 지역사회를 교육시키기 위해 여러 주를 방문했다. '첫째, 환자들을 위한 의료 비용을 낮춘다.', '둘째, 불필요한 의료 시술 없이 양질의 돌봄을 장려하면서 급여를 받는 내과의사들로 병원 인력을 구성한다.', '셋째, 예방을 목적으로 하거나 초기에 치료가 이뤄지도록 환자들을 독려하는 선납형 시스템이다.' 샤디드의 선구적인 프로젝트는 현재 성공적으로 운영 중인 미래형 조합 기관들이 탄생할 수 있도록 새로운 발판을 마련했다. 엘크시티 지역사회 병원의 유산은 곳곳에 생생하게 남아 있으며, 현재 엘크시티 내 그레이트 플레인 지역 의학센터the Great Plains Regional Medical Center로도 계속해서 유지되고 있다.[8]

비록 샤디드의 노력은 매우 특별한 시기에 하나의 특정 영역(의료)에서 이뤄진 것이지만, 그의 이야기는 의미 있는 변화를 이루기 위해 노력하는 사람들과 조직들에 보편적인 교훈을 제공한다. 조직은 매일 문제들을 관습적인 방법으로만 해결하려다가 거듭 실패하는 딜레마에 직면한다. 이때 우리는 질문해야 한다. '얼마나 많은 마이클 샤디드가 자신의 새로운 아이디어에 귀 기울이게 하려고 시도하면서, 혹은 더 안타깝게는 그런 시도를 결국 포기한 채 지금 우리 회사의 복도를 배회하고 있을까?' 신경에 거슬리는 소리를 내는 바퀴들을 묵인하거나 그런 목소리들을 지배하려 하지 말고, 우리 조직 안에서 '**샤디드의 목소리**'를 적극적으로 찾아내고자 노력하라. 사려 깊으면서도 기존과 다른 아이디어와 건전한 확신에 뿌리내린 신중한 접근 방식, 혹은 아이디어를 현실로 만들기 위해 끈기 있는 회복탄력성을 가진 목소리들을 말이다. 샤디드가 그의 목소리와 지혜를 사용하는 여러 방식 중에 가장 현명한 방식은 고착화된 의료 관행에 맞서 단순히 말만 하는 일에 시간을 낭비하지 않았다는 점이다. 대신 그는 환자들의 삶의 질을 개선하기 위한 방법들을 옹호하면서 실질적으로 환자들을 위해 말하는 일에 자신의 열정과 재능을 집중했다.

당신의 조직에 '샤디드의 목소리'가 더 많이 존재한다면, 어떤 일이 일어나겠는가?

목소리 내는 비용을 없애라

조직 내 구성원들이 자유롭게 아이디어를 제안하거나 위법 행위나 부적절한 행동, 예상되는 문제와 같은 불편한 사항들을 기꺼이 말할 때 필요한 조건은 무엇일까? 행동과학 분야에서 그 조건들을 설명할 때

쓰는 **직원발언권**이라는 개념은 수십 년 동안 주요 연구의 주제였다. 해당 연구의 대부분은 구성원이 목소리를 내지 못할 때, 혹은 조직이 그 목소리에 귀 기울였다면 피할 수도 있었을 나쁜 결과들을 분석하는 데 초점을 맞춰왔다. 예를 들어, 나사 내부에서 제기되고 또 무시된 대표적 사안들로 알려진 1986년의 우주왕복선 챌린저호, 2003년의 콜롬비아호와 같은 참사가 있다.[9] 혹은 체계적인 실패의 결과물로 유명한 사건도 있다. 오늘날까지 역사상 최악의 환경 재난 중 하나로 꼽히는 2010년에 멕시코 걸프만에서 일어난 딥워터 호라이즌호 기름 유출 사건이다.[10] 최근 2019년에 기계 결함 문제로 이륙 금지 조치를 당한 보잉사의 737 맥스 항공기 사례도 있다. 자격을 갖춘 테스트 조종사들과 보잉의 엔지니어들이 이 새로운 세대의 항공기에 대해 경고했음에도 불구하고, 두 건의 치명적인 사고가 발생할 때까지 보잉사는 그들의 경고를 무시했다.[11]

위의 사례들을 들여다보면, 자신이 들은 내용을 토대로 행동하고 재난을 예방해야 할 위치에 있던 사람들이 그렇게 하지 않기로 선택했다. 정보가 제시되는 방식이 비효과적이었을까? 혹은 목표 달성을 위한 의욕에 넘쳐서 잠재적인 영향을 무시한 것일까? 지금부터 우리가 탐색할 질문들이다. 조직 내에서 매우 흔히 볼 수 있듯, 직원이 목소리를 내는 일과 그 목소리를 수용하는 일 사이에 어딘가에서 비극적인 결과와 함께 사고가 일어날 수도 있기 때문이다.

침묵의 대안은 **권력에 진실 말하기**speaking truth to power라는 개념이다. 운동권, 정치권, 인권 집단들이 검증해 온 이상적 개념인 이 아이디어는 정치 지도자들이 미처 인식하지 못하거나 고의로 못 본 척하는,

변화가 필요한 일들에 대해 용기 있는 시민들이 듣기 싫고 불편한 진실을 전하는 일을 묘사한다. 역사적으로 이런 행동의 사례는 셀 수 없이 많지만, 이 용어가 처음 등장한 것은 1950년대에 출판된《권력에 진실을 말하라Speak Truth to Power》라는 책에 나오는 퀘이커 교도들의 이야기에서다. 슬프게도 이 이야기 속 권력에 진실을 말하는 사람들은 참혹한 결말을 맞이한다. 그들은 부당함과 위법 혹은 범죄 행위들을 주목받게 하려고 시도하다가 경력과 명성, 생명까지 희생 당하는데, 권력을 쥔 사람들이 보복을 하거나 또 다른 방식의 나쁜 행위들을 통해 시선을 분산시키거나 모면하는 식으로 빠져나갔기 때문이다.

하지만 그런 목소리가 **집단**으로 등장할 때, 이는 숫자적으로 안전하기도 하고 때때로 상황을 역전시킬 수 있다. 오랫동안 지속되어 온 성적 학대를 고발하는 여성들의 목소리가 할리우드와 산업계, 정치계의 거물들을 쓰러뜨린, 최근의 미투MeToo 운동의 힘을 생각해보라. 1989년에 체코슬로바키아에서는 '신사혁명Gentle Revolution'으로 알려진 사건 덕분에 40년 만에, 그리고 단 6주 만에 대부분 학생들로 구성된 그룹들의 협상과 저항이 단일 정당인 공산주의 체제에서 국가 역사상 최초의 비공산주의 정부로의 평화로운 전환을 이뤄내기도 했다. 하지만 대부분의 경우, 특히 조직 내 대규모 행동주의는 효과가 덜하다. 만약 조직 내 구성원들의 활기찬 목소리와 관점들을 수용하는 거버넌스 시스템이 형성되어 있다면 대규모 행동주의는 전혀 필요하지 않다.

흔히 조직 내 거버넌스 시스템은 이런 방식이다. 문제를 해결하고, 아이디어를 공유하고, 새로운 개념을 배우고, 중요한 결정을 내리고, 중요한 정보를 교환하기 위해 매일 수많은 직원을 소집시키거나 온라인 형식으로도 참석하게 한다. 직원들이 **온전한** 발언권을 갖고 회의에 참여해 그들이 가진 최고의 아이디어와 비판적인 관점, 도전적인 과제, 예상되는 문제에 대한 경고 등을 제공하는 거버넌스 시스템을 창조하고 싶은가? 조직 내 구성원들이 직급을 넘어서고 조직 내 경계를 가로지르며 활기차게 의견을 교환할 수 있는 환경을 만드는 일부터 시작해야 한다. 하지만 그런 활기찬 의견 교환의 뒤편에는 이를 환영하려는 사고와 마음가짐이 필요하다는 사실을 항상 기억해야 한다. 이는 무조건적 동의나 묵인을 의미하는 것이 아니다. **열린마음**을 말하는 것이다. 또 리더로서 당신이 해야 할 일은 진실을 말하는 데 존재하는 위험을 제거하여 사람들이 **두려워하지 않고** 진실을 말할 수 있도록 하는 것이다. 이 두 가지가 토대를 이루지 못한다면, 아무리 잘 설계된 의사결정 거버넌스라도 실패할 것이다.

목소리를 내지 않는 직원들이 가장 많이 언급하는 이유는 **보복의 공포**와 **허무감**이다. 의견을 냈을 경우 치러야 할 비용을 따지면서 직원들은 이런 고민을 한다. '내가 목소리를 냈을 때, 발생할 수 있는 위험은 무엇일까?', '아무도 진정으로 신경 쓰지 않는다면, 내가 왜 굳이 애써야 할까?'[12] 슬프게도 대개 그 질문들에 대한 답은 목소리를 내려는 의지를 북돋지 않는다. 고민하는 직원들에게나 그들의 리더인 당신에게나 마찬가지로 말이다. 직원들은 꼬리표가 붙거나 어떤 형태로든 보복을 당하거나 배척을 당하거나 혹은 그보다 더 심한 일을 겪을 것을 두려워한다. 이런 우려들은 **강한 소속감의 상실**에 그 뿌리를 두고 있다. 만약 공동체 내에서 자신의 관계나 지위가 위험에 처한 것처럼 느껴진다면, 구성원들이 진정한 목소리를 내려고 할 가능성은 훨씬 줄어든다.

그러니 당신의 할 일은 그런 위험을 제거하는 것이다.

당연하게도, 소통과 관계가 열악한 조직이 심각한 어려움을 마주하는 순간, 자연스럽게 균열은 강화되고 공동체가 파열될 위험도 높아진다. 사회심리학자 조너선 하이트와의 인터뷰에서 그는 협력하고 또 분열되는 인간의 능력에 대해 다음과 같은 관점을 제시했다.

"저는 어떤 점에서 인간은 스스로 설정한 제한 위에서 살아간다는 관점을 가지고 있습니다. 즉 우리는 많아야 30명에서 150명 정도로 이뤄진 집단으로 살아가도록 진화한 종입니다. 부족의 일원으로 말이죠. 우리는 집단적인 일에 매우 능합니다. 동시에 이는 우리가 항상 갈등과 전쟁을 겪는 이유입니다. 하지만 이는 또한 우리가 친족이 아닌 사람들과도 협력할 수 있음을 의미합니다. 세상에 어떤 다른 동물도 친족 간이 아닌 대규모 집단 속에서 협력할 수 없습니다. 이것은 상당히 기적적인 일이죠. 우리의 부족중심주의에는 장점과 단점이 모두 있습니다. 상황이 좋고, 어떠한 위협 없이 안전하다고 느낄 때, 부족원들은 실제로 **상당히 개방적**입니다. 진정한 부족들은 교역과 물물교환, 동맹, 함께 일하는 일에 관심이 있습니다.

하지만 위협의 첫 번째 신호가 오면, 우리는 물러나 방어벽을 구축합니다. 평소 "이봐, 미래는 멋질 거야. 모두를 위한 것이 충분히 있으니까."라고 느낄 때는 부족중심주의가 그다지 문제가 되지 않습니다. 하지만 "망치가 떨어져 내리고 있어.", "시장이 추락하고 있어." 혹은 "규제 기관이 우리를 찾아올 거야."라고 느낄 때는 사람들이 갑자기 그들의 부족 안에서 방어적으로 변합니다. 기원전 5세기, 누구도 믿을 수 없었던 전쟁을 치르는 동안 투키디데스^{Thucydides}가 이렇게 말했죠. "하나의 문제에 대한 다양한 관점을 볼 수 있는 능력은 사람을 행동에 적합하지 않게 만든다." 이는 그가 자신의 군대에 한 말과 맥락이 같습니다. "생각이 많다면 내게서 떠나라. 나는 헌신적인 사람이 필요하기 때문이다. 그저 해야 할 일을 하라. 생각하지 말라. 미묘한 차이로 상황을 복잡하게 만들지 말라." 우리 부족원들은 똘똘 뭉칠 때, 이렇게 됩니다.

당신은 우리 인간의 마음을 실제로 열림과 닫힘의 차원에서 작동하는 것으로 봐야 합니다. 우리가 개방적인 상태가 되도록 만드는 특정한 조건들이 있습니다. 그때 우리는 아주 성공적이며 협조적인 모습이 됩니다. 반대로 폐쇄적으로 만드는 특정한 조건들도 있습니다. 더 많은 것이 위협적으로 느껴질수록 우리는 더 폐쇄적인 모습이 됩니다."

개방적이고 협조적이며 진실을 말하는 일은 일상적인 조건에서도 충분히 어렵다. 그러므로 상황이 나빠질 때 사람들은 반사적인 반응으로 입을 닫아버리기 쉽다. 이것은 끊임없는 변화와 기술적 격변을 마주해야만 하는 세상에서는 큰 문제다. 어려운 과제에 직면했을 때 불리함을 극복하는 방법을 파악한 한 기업의 영감을 주는 이야기를 한번 들어보자.

가이던트Guidant는 소통이 제대로 되지 않던 기업에서 직원발언권을 조직 문화의 핵심이 되도록 만든 대표적인 사례를 제공한다. 이야기는 진저 그레이엄Ginger Graham이 1994년에 가이던트로 분사한 기업이 된 어드밴스카디오바스큘러시스템Advanced Cardiovascular Systems(이하 ACS)의 회장이자 CEO로 선임된 1993년에 시작된다. 그녀가 회사를 인계 받았을 때, 성과는 하락하고 있었고 핵심 그룹 사이에 사업부 간 전쟁은 역대 최고조에 달했다. 연구개발 부문과 제조 부문은 서로 대화조차 하지 않았다. 그동안 경영진은 많은 약속을 깨뜨렸고, 직원들의 사기는 더 이상 낮아질 수조차 없었다. 그레이엄은 최근 5년 동안 네 번째로 선임된 CEO였다. 직무를 맡고 난 얼마 후, 회사에 있는 수많은 다른 직원과 마찬가지로 몹시 불행했던 미국 영업팀을 대상으로 연설을 하라는 과제를 받았다. 그녀는 연설을 들을 사람들이 자신을 신뢰하지 않는다는 걸 알고 있었고, 어느 모로 보나 그들이 그녀를 신뢰할 이유도 없었다. 그래서 직원들의 사기를 진작하려고 노력하기보다 그들에게 **진실**을 이야기할 필요가 있다고 판단했다.

인상적인 혁신의 역사와 의료장비 산업에서 왕관의 보석 같은 존재였던 ACS의 명성에도 불구하고, 회사는 더 이상 그런 회사가 아니었다. 그리고 이 사실을 모두가 알고 있었다. 그레이엄의 연설은 그 방을 흔들어놓았다. "저는 ACS가 얼마나 멋진 회사인지를 항상 들어왔습니다. 하지만 솔직히 내가 보고 있는 회사는 그렇지 않군요." 그녀는 이렇게 말을 시작했다. "제가 본 것은 심각히 저하된 사기, 환멸을 느낀 고객들 그리고 직원 간 서로 손가락질하는 모습이죠. 저는 연구개발과 제조 부문이 사실상 전쟁 상태인 것도 봤습니다. 영업 부서에 있는 여러분은 제조 부서를 비난합니다. 연구개발 부서에서는 마케팅 부서를 비난합니다. 모두 서로를 비난하느라 너무나 바빠서 아무 일도 이루어지지 않고 있습니다. 고객들이 우리에게 분노하는 것도 당연하죠."**73** 믿거나 말거나, **쓴 약은 효과가 있었다.** 일단 청중이 그녀가 기꺼이 사실을 인정했다는 사실에 안도했음을 깨닫자, 적어도 당분간은 그들이 호의적일 것이라고 확신했다. 그녀는 그 순간을 유리하게 활용해 '최고경영진부터 하역장에서 일하는 사람들까지 회사에 있는 모든 구성원이 자

유롭게 **진실**을 말하도록 허용하는 문화를 만들겠다'고 약속했다.[14]

　그레이엄은 직원들이 직급 간에 서로 진행되는 일을 거의 모른다는 사실을 알고 있었다. 그녀는 그런 환경에 대해 〈하버드 비즈니스 리뷰〉에 쓴 글에서 이렇게 지적했다.

　어두운 상황 속에 놓인 사람들은 벌어진 일들에 대한 자신만의 해석(주로 부정적인)으로 공백을 채운다. 그들은 자신의 관점에서 잘못이 있다고 생각하는 사람, 즉 대부분 경영진을 향해 손가락질한다. 또 상황이 잘못되면 자신이 비난을 받을까 두려워한다. 누구도 일어난 일에 대해 자유롭게 말할 수 없다고 느끼기 때문에 조직의 문화는 추측, 책임 전가, 자기 보호적인 행동들로 오염된다.[15]

　그레이엄은 직원들이 경영진의 형편없는 소통에 얼마나 절망하고 있는지 알았다. 심지어 그들에게 그 절망에 대해 더 많은 피드백을 얻겠다고 시행하는 비싼 조사·연구의 무의미함(누구도 그 결과에 대해 행동을 취하지 않을 거라고 확신했다)을 깨달은 그녀는 상황을 신속하게 뒤집기 위해 **급진적인** 행동이 필요하다고 결정했다. 이후 가이던트의 모든 임원에게 상급자가 아닌 '일반 직원'이 코치로 배정됐다. 코치들은 솔직한 피드백을 수집하고 공유하도록 훈련 받았다. 그리고 임원들을 대상으로 접근성과 명료성, 소통에 대한 신뢰성, 결정에 대한 확신, 직원 의견 청취 후 행동으로 이행하는 능력에 대한 정보를 모아서 담당하는 각 임원에게 전달하게 했다. 코치들은 1년 동안 해당 정보들을 모았고, 그런 다음 정기적으로 일정이 잡힌 회의에서 자신이 맡은 임원에게 피드백을 전달했다. 조직 내 직원들이 경험하는 내용을 토대로 **실행 가능한** 피드백을 받게 되자 임원들의 행동은 **신속하게** 변화했다.

처음에 코치들은 피드백을 익명으로 전달했다. 하지만 경영진과 직원 사이에 신뢰가 커지면서 재무 성과, 제품 개발 진행 상황을 비롯해 어느 영역이 성공적이고 혹은 부족한지에 대한 공개적인 대화가 점점 더 빈번해졌다. 대규모의 직원들이 모인 타운홀 미팅town hall meeting(일종의 '주민 회의'로, 지역주민에게 정책과 공략을 설명하고 주민의 의견을 듣는 자유 토론 형식의 공개회의─옮긴이) 형태의 회의에서 회사의 목표가 어떻게 진척되고 있는지 공개적으로 논의됐다. 목표를 달성하지 못했을 때는, 모든 구성원이 목표를 달성하지 못한 이유, 부족한 부분에서 학습한 내용, 경로 수정을 위해 해야 할 일을 이해할 때까지 논의가 계속됐다. 이 회의에서 모든 질문은 환영 받았고, 어떠한 우려도 수용되었으며, 심지어 경영진에 대한 피드백도 가감 없이 요구됐다. 그레이엄은 만약 회의 밖에서 문제가 있을 때는 관리자들에게 이를 직접 논의하라고 지시했다. 즉 직원들에게 무슨 상황인지, 어떤 조치가 필요한지 이야기하고 도움을 청하도록 했다.

모든 직급의 가이던트 직원들에게 정직의 문화를 심기 위해 그레이엄이 한 일은 이것이 전부가 아니다. CEO로서 일할 때, 그녀의 접근 방식에서 또 다른 핵심 요소는 **스토리텔링**이었다. 마치 불가에 둘러앉은 원로들처럼, 위대한 진실을 말하는 이야기는 임원들부터 다음 세대의 직원들까지, 특히 신입사원들에게까지 전달되었다. 유지되기를 원

정직한 조직

하는 그 문화가 확실하게 전파되도록 말이다. 한편 피드백과 취약성에 대해 임원들이 더 편안하게 느끼도록 하기 위해 그녀는 팀 내 각 리더를 일명 **뜨거운 의자**hot seat에 앉히는 개별 피드백 과정을 도입했다. 한 리더가 그 자리에 앉아 있는 동안 팀의 나머지 사람은 그가 개선할 수 있는 하나의 영역에 대한 피드백과 방법을 제안하는 것이다. 이 과정은 임원들이 구성원들에게 부족함을 받아들이라고 요구할 권리를 갖기 전에, 자신의 부족함을 받아들여야 한다는 사실을 끊임없이 상기시키면서 겸손하고 개방적인 태도를 유지하게 했다.

그레이엄의 기존과 다른 강력한 접근 방식의 결과는 달리 설명이 필요 없을 정도였다. 그녀의 재임기간 동안 가이던트는 기하급수적으로 성장했고, 직원들의 근속률과 사기와 함께 시장점유율과 이익도 상승했다. 가이던트가 속한 심혈관 기기 산업 분야에서도 극적인 돌파구와 함께 혁신이 폭발했다. 1994년에 3억 달러였던 회사의 규모는 2001년에는 27억 달러 규모로 성장했고, 직원 수는 1만 명이 넘었다. 그 이후로 가이던트는 확실히 그들 몫의 새로운 고충을 겪어야 했다. 하지만 그레이엄의 리더십하에 겪은 10년간의 변화는 직원들의 발언권을 환영하는 리더들과 함께 발언권의 문화를 구축하기 위한 청사진을 제공했다. 위계질서를 뒤집어서 임원들이 직원들에게 코칭을 받는 것, 직원들에게 모든 진실(심지어 직원들이 감당할 수 없다고 생각하는 부분까지도)을 말하고 문제 해결을 위한 도움을 요청하는 것, 대화와 회의에서 진실을 말하는 사람을 존중하는 것, 진정한 공개회의와 지속적인 피드백을 통해 구성원 각자가 정직함에 책임감을 갖게 만드는 것이 바로 그것이다.

Q. 만약 당신이 그레이엄을 코칭한다면, 그녀가 인계 받은 상황을 개선하기 위해 어떤 조언을 했겠는가? 만약 당신이 그레이엄의 팀에 있었다면, 그녀의 급진적인 접근 방식에 어떻게 반응했겠는가? 그레이엄의 이야기에서 실천해보고 싶은 점은 무엇인가?

조직 내 활기찬 발언을 독려하는 환경이 조성될 때, 어떤 일이 일어나는지를 살펴보았다. 이제 당신의 조직에서 이를 실현하는 데 필요한 두 가지 핵심 요인을 분석해보자. 바로 **심리적 안전**과 **기술**이다.

사람들은 왜 회의실에서 입을 열지 않는가?

직원발언권이라는 개념에는 내재된 역설이 있다. 책임은 발언을 하는 사람에게 있는 반면, 변화에 영향을 미칠 힘은 듣는 사람(대체로 기꺼이 귀 기울여 들으려는 의지가 없다)에게 있다는 점이다. 한편 위계질서의 모순은 최소한의 권한을 가진 사람들이 기회와 문제를 포착하기에 가장 좋은 위치에 있다는 점이다.

앞서 실패에 관한 이야기에서 언급한 에이미 에드먼드슨은 심리적 안전 분야의 개척자다. 심리적 안전은 사람들이 자신의 생각을 자유롭게 말하고, 우려를 제기하고, 실험적인 아이디어를 공유할 수 있으며, 만약 일이 경로를 이탈하거나 누군가가 받아들일 수 없는 행동을 할 때 솔직한 피드백을 내놓을 수 있는 환경을 창조하는 일이다. 심리적으로 안전한 환경은 정직의 문화를 창조할 때 토대가 되는 재료다. 정직의 문화를 심기 위한 네 가지 원칙(정체성의 명료함, 책임의 공정함, 거버넌스의 투명함, 조직을 잇는 단합력)에 있어서, 심리적 안전은 각 원칙이 어떤 역할을 맡고 있는지 이해하기 위해 집중적으로 연구했던 요소 중 하나였다. 심리적 안전은 진실을 말하고, 공정하게 행동하고, 더 큰 목적을 실현하는 데 있어서 각각에 미치는 영향의 20~35퍼센트를 설명한다. 달리 말하자면 심리적 안전이 없다면 거짓말을 하고, 다른 사람을 속이고, 자기 이익을 우선할 위험이 그만큼 더 증폭되는 것이다. 이 주제에 관한 에드먼드슨의 최초의 관심은 조직이 어떤 것을 학습하거나 학습하지 않는 방식에 대한 호기심에서 비롯된 것이라고 말했다. "(이 개념에 대한) 큰 아이디어는 오늘날과 같이 속도가 빠르고 끊임없이 변화하는 세계에서 조직들은 학습할 필요가 있다는 것이었습니다. 하지만 구성원들이 그들 자신의 실제 데이터와 경험, 아이디어에 접근하지 못하면 학습할 수 없습니다. 그래서 구성원들이 특히 민감한 성과나 수준 이하의 성과에 대해서 기꺼이 목소리를 내려고 하지 않는다면, 그 조직이 학습할 수 있는 방법은 없죠."

에드먼드슨이 지적한 문제는 많은 사람이 심리적 안전이 실제로 무엇인지에 대해 오해하고 있다는 것이다. "가장 흔한 오해 중 하나는 심리적 안전이 '친절함'에 관한 것이라는 인식입니다. 하지만 불행히도 친절함은 종종 '상대방이 좋아하지 않거나 체면이 손상될 수 있는 이야기를 하지 말라'라는 뜻으로 해석됩니다. 특히 직장에서 그렇죠. 이것은 '솔직해도 된다'라고 말하는 심리적 안전과는 정반대의 뜻입니다. 또 다른 오해는 심리적 안전이 불편함을 촉발하거나 불쾌함을 느낄 일이 절대 일어나지 않는 안전한 공간에 관한 것이라는 생각입니다. 진정한 심리적 안전은 때때로 불편함을 요구합니다. 마지막으로 일부 사람은 심리적 안전에 대해 '우는 소리를 해도 괜찮다'는 맥락으로 해석합니다. 상대방이 무언가를 해줄 것이라는 기대를 갖고서 자신이 우려하는 일을 이야기한다는 뜻이죠. 하지만 진정한 심리적 안전은 솔직함을 드러내는 사람과 그 솔직함을 받아들이는 사람 모두가 노력하도록 합니다. 심리적 안전은 **성과**에 관한 것입니다. **혁신, 품질, 경쟁적인 성찰**에 관한 것입니다. 이것은 감정에 대한 솔직함이 **전혀** 아닙니다. 심리적 안전이 형성된 환경을 창조하기는 쉽지 않습니다."

에드먼슨은 심리적 안전이 만병통치약이 아니라고 믿는다. 높은 성과를 달성하기 위한 하나의 요인일 뿐 이와 함께 회사는 높은 기준을 유지해야 한다. 심리적 안전을 확보하기 위해 기대하는 성과에 대한 기준을 낮춰야 한다고 오해하면서 그 관계를 뒤집어 생각하는 사람들이 많다. 하지만 이는 진실과 **너무나** 거리가 멀다. 에드먼슨은 《두려움 없는 조직》에서 이렇게 밝혔다.

틀에 박히고 예측가능하고 모듈화된 업무가 줄어들면서, 사람들의 업무 대부분에서 판단과 불확실성에 대한 대처, 새로운 아이디어 제시, 동료들과의 조정과 소통을 요구한다. 목소리를 내는 일이 그만큼 중요해졌다. 따라서 가장 의존적이거나 틀에 박힌 일을 제외한 어떤 것에 대해서도 심리적 안전은 탁월함을 추구하기 위해 사람들을 자유롭게 하는 일과 밀접하게 연결돼 있다.[16]

정직한 조직

구성원들이 자유롭게 발언할 수 있다고 느끼기에 심리적으로 충분히 안전한 업무 현장을 조성하는 것은 리더에게 중요한 일이다. 사람들이 목소리를 내는 것보다 침묵하기를 선택하는 이유는, 대개 그런 선택을 독려하는 환경상의 요인들이 작동하기 때문이다. 하지만 활기찬 발언을 독려하는 안전한 환경을 창조하려면 단순히 피드백이나 사람들의 인풋을 요청하는 일보다 훨씬 더 많은 것이 요구된다. 진저 그레이엄의 이야기는 구성원들이 자신의 **온전한** 목소리를 낼 수 있는 시스템을 창조하기 위해 리더들이 어느 정도까지 나아가야 하는지를 보여준다. 구성원들이 자신의 목소리를 내는 일로 불편함을 느끼지 않을 것이라는 기대를 갖게 하는 일은 목소리를 내라고 독려하는 일만큼이나 중요하다. 그런 기대를 가지는 일이 왜 중요한가를 보여주는 고전적인 사례가 있다.

안드레아는 내가 자문을 맡았던 대형 부동산개발회사의 CEO다. 그녀는 임원팀의 회의에서 자신이 얼마나 좌절감을 느꼈는지 내게 설명했다. 토론의 주된 주제는 오랫동안 높은 성과를 내온 사업 중 하나가 현재 고전하고 있다는 것이었다. 그 사업부의 리더는 직책을 맡은 지 6개월밖에 되지 않았고, 마케팅 계획에 약간의 변화를 준 상황이었다. 안드레아는 성과 하락에 영향을 미친 문제가 그것이라고 생각했다. 임원팀 내 모든 사람이 그 점에 동의한다는 사실을 알고 있었지만, 누구도 회의 중에는 이런 문제를 제기하지 않았던 것이다. 절망하고 당혹한 그녀는 내게 자신의 감정을 털어놓았다. "우리는 어려운 논쟁을 하는 데 있어서 수줍어하는 사람들이 아닙니다. 서로에게 매우 직설적일 수 있는 사람들이죠. 그런데 왜 분투하는 동료를 돕기 위해 자신의 통찰을 제공하는 사람이 아무도 없는 걸까요? 그 일을 항상 제가 해야 한다면 팀이 있어서 좋은 점이 뭐죠?"

그녀는 옳았다. 대체로 임원팀에 있는 사람들은 의견 불일치를 피하는 사람들이 아니었고, 의견이 다를 때는 서로 편안하게 티격태격할 수 있었다. 하지만 내가 그들을 만나 동료 직원의 마케팅 계획 전환 문제에 대한 우려를 왜 제기하지 않았냐고 물었을 때, 그들은 하나같이 어리둥절한 표정을 지었다. 내가 들은 이야기들은 이랬다. "왜 그렇게 하지 않느냐고요? 그건 제 일이 아니니까요.", "맙소사! 저는 제가 무언가를 말해야 한다는 생각은 전혀 하지 않았습니다. 최고마케팅책임자가 그 문제를 제기해야 할 사람이라고 생각했어요.", "만약 제가 그렇게 했다면 잘난 척하는 것처럼 보였을 겁니다." 그들이 보여준 반응은 흔히 침묵을 선택할 때 사람들이 정당화하는 이유 중 일부다. 간단히 말하자면, 직원들은 종종 중요한 문제를 **다른 누군가가 제기할 것**이라고 믿는다.[17] 2018년에 코펜하겐의 연구자들이 수행한 '방관자 효과 bystander effect'에 대한 광범위한 연구는 심지어 대단히 심각한 상황에 있는 사람조차도 다른 누군가가 무엇이든 말할 거라고 믿으면서 침묵을 지킨다는 사실을 보여준다.[18] 또한 사람들은 마주한 일에 대해 자기 생각이 틀렸을지도 모른다고 되뇌면서, 자신의 결론에 의구심을 가지거나 문제를 최소화해서 침묵을 정당화하며 스스로 위안한다. "이런 선택이 사실 그렇게 나쁘지 않아."라면서 말이다. 그리고 앞서 살펴봤듯, 사람들이 어려운 문제를 제기하는 일을 고민할 때 사회적 연대를 깨고 중요한 관계를 흔들어놓을지 모른다는 두려움을 느끼고, 특히 팀 내에서의 일인 경우에 그 감정은 더 고조된다.

안드레아의 팀은 열정적인 논쟁과 반발에 참여하는 데 편안함을 느끼는 반면, 서로에 대해 그런 대화를 시작한다는 개념은 낯설어했다. 수백 개의 리더십팀과 함께 일해온 내 경험에 비추어 볼 때, 리더들이 서로의 영역을 밟지 않는다는 무언의 합의가 조성된 경우는 드물지 않다. 심지어 목소리를 내는 일이 충분히 심리적으로 안전하고, 리더들이 피드백을 환영하도록 요구하는 환경에서도 마찬가지다.

만약 사람들이 자신에게 중요한 문제만 제기한다면, 그들은 팀워크와 응집력을 약화시키는 개인주의를 강화하는 것이다. 조직 내 구성원들과 리더들이 누구에게 이익인가에 상관없이 뜨거운 쟁점이 되는 문제를 일상적으로 제기하기를 원한다면, 당신은 그런 선택이 '안전하다'는 사실을 알려주는 것 이상의 일을 해야 한다. 당신은 구성원들이 어려운 대화를 하는 일 자체를 기대하는 일로 만들어야 하고, 이를 강화하는 절차와 행동으로 뒷받침해야 한다. 그 목적을 달성하기 위해서 당신이 할 수 있는 몇 가지 방법은 다음과 같다.

1. 솔직한 대화가 왜 필요한지 명확히 한다

공동의 성공에 대한 공유된 감각은 조직을 통합시키고, '다른 사람에게 영향을 미치는 문제들은 내 문제이기도 하다'라는 기대를 강화한다. 조직 내 구성원들에게 동료의 일(상황)에 대한 통찰이 생겼을 때, 존중을 담아서 건설적인 방식으로 자유롭게 공유하기를 기대한다는 사실을 알려줘라. 이를 실현하지 않는 조직에서는 리더가 상황을 동기화하는 주요 원천이 되고, 구성원들은 자기 일만 하면 된다고 생각할 것이다. 리더가 이런 믿음을 너무 오래 강화하면, 이는 구성원들이 걱정해야 할 유일한 문제는 자신의 문제라는 뜻을 전달하게 된다. 사람들이 당연하게 그런 상황을 피해야 하는 이유를 알 것이라고 가정하지 마라. 리더가 조직에서 더 높이 올라갈수록, 그 자리에 오르는 데 자신을 차별화시켜준 개인주의를 더 드러낸다. 리더들이 자신의 경력을 발전시키기 위해 동료들과 거리를 두려고 노력하는 방향에서 공동의 성공을 이루기 위해 동료들과 힘을 합치는 방향으로 달라지도록 도와라. 이는 조직 내 다른 구성원들을 위한 모범 사례를 설정하도록 도와준다. 이는 특히 비판에 대한 침묵을 뿌리 뽑는 데 중요하다. 불공정한 보상 시스템, 괴롭히는 관리자, 귀 기울이지 않는 관행 혹은 목소리를 낸 일에 대한 보복 등과 같이, 구성원들에게 침묵을 독려하는 요인들이 있다면 리더는 비상 경계 태세를 취하고 그 요인을 반드시 제거해야 한다.

2. 다양한 관점에서 의견을 주고받게 한다

내가 함께 일했던 많은 팀에서 우리는 실제로 날카로운 관점과 피드백을 주고받는 연습을 구현했다. 라운드 로빈Round-Robin(모든 참가자가 다른 참가자들과 차례로 만나는 토너먼트 형식─옮긴이) 형식으로 진행하는 연습은 마치 스피드 데이트와 같다. 사람들끼리 돌아가면서 20~30분씩 일대일 대화를 진행하고 주어진 주제들을 다양화하면서 대화를 주고받는다. 주제는 리더십의 효율성, 전략 실행 혹은 각 관계의 건강함을 중심으로 대화를 구성할 수 있다. 각 라운드에서 두 사람은 각자 준비한 관점을 교환하며 필요한 경우 지원하겠다고 약속한다. 이 접근 방식은 동료의 성공을 자신의 우선순위로 삼는 일에 익숙해진 일부 팀에 변화를 가져왔고, 그들은 조직 내 다른 사람들에게 규범이 됐다.

3. 문제 해결 공유를 일상으로 만든다

성과가 뛰어난 팀들은 동료의 문제를 해결하는 일을 업무의 일부로 여긴다. 이런 접근 방식은 피드백을 받는 사람을 더욱 주도적으로 만든다. 나는 새로운 팀들이 출범할 때, 특히 선임 리더를 대상으로 이 방법을 활용한다. 대화의 시작 단계에서 한 팀원이 약 15분 동안 맥락을 설명하는 것으로 해당 과제의 틀을 잡으면서, 그들이 직면하고 있는 특정한 사업상의 어려움을 제시한다. 그러면 구조화된 과정을 활용하면서 나머지 팀원들은 그들의 이해를 명료화하기 위한 질문을 던질 수 있다. 질문들이 해결된 후, 그 팀은 아이디어와 피드백 그리고 어려움을 해결하기 위한 지원까지 제안한다. 나는 리더들이 자신의 리더십과 관련된 사안들을 발견하거나, 완전히 새로운 관점에서 문제를 바라보게 되거나, 심지어 한 리더의 부서에서 다른 리더의 부서로 자원을 이동시키는 경우도 봤다. 이런 접근 방식은 당신이 명시적으로 다른 사람들의 관점을 요청한 만큼 그들이 도전적인 관점을 제시해도 방어적인 태도를 취하거나 무시하려는 선택을 최소화하는 데 도움이 된다.[19]

직원들을 발언의 테이블로 초대하려면

킴 스콧Kim Scott은 《실리콘밸리의 팀장들》이라는 획기적인 책의 저자다. 이 책에서 스콧은 솔직함이 효과적으로 실천됐을 때 어떤 모습인지에 관해 단순하지만 강력한 관점을 제시한다. 그녀의 모델에서 '급진적 솔직함radical candor'이라는 개념은 직접적으로 도전하면서도 개인적으로 배려한다는 두 가지 자세의 조합을 뜻한다. 도전이 없는 배려는 **파괴적인 공감**으로 불리고, 배려가 없는 도전은 **불쾌한 공격**이라고 부른다.[20] 스콧과의 인터뷰에서 그녀는 직원들이 '쉽게' 우려를 제기할 수 있는 시스템을 준비하는 일이 매우 중요하다고 말한다. 덧붙여 그녀는 다양한 피드백과 관점을 공유할 수 있도록 비공식적으로 다른 사람들도 참여시킴으로써 우려에 대한 대화에서 심리적 안전을 느끼게 하는 관계적 연결도 중요하다고 말한다.

"자기 인식을 위한 시작은 다른 사람의 생각을 물어보는 겁니다. 사람들에게 이렇게 물어보는 것으로 시작하세요. '나와 함께 일하는 것을 더 쉽게 하기 위해 내가 할 수 있는 것 혹은 하지 않아야 할 건 무엇인가요?' 이 질문을 가장 많이 하도록 하세요. 또 이런 질문도 해보세요. '무슨 일이 일어나고 있는 거지? 내가 어느 부분을 망치고 있는 거야?' 물론 이런 질문들은 정말 당신답게 던져야 합니다. 내 친한 친구는 이렇게 물어보길 즐깁니다. '왜 내가 제정신이 아닌지 나에게 알려줘!' 그리고 질문을 한 다음에는 최소한 6초 동안 그저 입을 다물고 있어야 합니다. 당신이 6초간 입을 다물고 있을 수 있다면, 사람들이 당신에게 하게 될 말은 당신을 놀라게 할 겁니다. 그 짧은 침묵은 마치 영원처럼 느껴질 수 있겠지만 정말로 침묵을 지켜야 합니다. 사람들은 대개 당신에게 무언가를 말할 겁니다. 그들이 모든 것을 말하지는 않을지도 모르지만, 당신이 6초만 조용히 있을 수 있다면 유용한 조언을 얻게 될 겁니다.

이제 당신은 상대방이 참여하고 싶었는지 확신할 수 없는 위험한 대화에 그들을 끌어들인 만큼 비판 받을 때에는 방어적이고 싶은, 피할

　　　　　　　　　　　　　　정직한 조직

수 없는 마음을 다잡아야 합니다. 공감과 경청으로 반응하는 법을 배우세요. 예를 들어, '그저 내가 이해했는지 확실히 하고 싶어서 말인데, 내가 듣기에 당신이 말한 내용은 이거야'라고 말하세요. 그리고 당신이 동의할 수 없는 말이었을지라도, 그들의 의미하는 바를 이해했다는 사실을 분명히 하기 위해 그 내용을 반복해서 들려주세요. 마지막으로 덧붙일 중요한 점은 피드백에 솔직함으로 보상해야 한다는 겁니다. '피드백을 줘서 고마워'라고만 말한다면, 당신은 결코 어떤 피드백도 더 이상 얻을 수 없을 겁니다. 사람들이 한 말에 동의한다면, 문제는 상당히 쉬워집니다. 그럼 그 문제를 고치세요. 반대로 동의하지 않을 때 해야 할 일은 좀 어렵습니다. 우선 피드백에 동의하지 않는다면, 다음 단계는 몇 분의 시간을 들여서 당신이 동의할 수 있는 부분에 집중하는 겁니다. 일반적으로 당신이 100퍼센트 동의할 수 없는 의견을 말해주는 사람은 거의 없습니다. 따라서 5~10퍼센트 정도로 동의할 수 있는 영역을 찾은 다음, 거기에 모든 관심을 집중하세요. 때때로 누군가의 솔직함에 대한 최선의 보답은 당신이 왜 동의하지 않는지 그저 조심스럽게 더 자세한 설명을 하는 겁니다. 피드백을 구할 수 있고, 그에 대해 당연히 후속 행동을 하는 것은 사람들이 자발적으로(심지어 당신이 요청하지 않았을 때에도) 당신에게 진실을 제공하기를 원한다면 꼭 실행해야 할 중요한 자세입니다. 당신이 리더일 때, 아첨은 위험한 안개처럼 당신에게 접근할 겁니다. 그리고 당신은 그것을 차단하는 방법을 배워야 합니다. 당신이 얻고자 하는 진실을 요청하고, 기꺼이 귀 기울여 듣는 법을 배우는 것으로 시작하세요."

스콧의 통찰은 다른 사람들의 발언을 테이블 위로 초대하기 위한 가장 중요한 부분 중 하나를 지적한다. 바로 **수용성**receptivity이다. 직원들은 권한 위임, 포용, 피드백에 관한 온갖 경영학적 수사를 잘 알고 있다. 그들은 당신이 이런 개념을 믿도록 훈련 받았으며, 당신이 그것을 적용해야 한다는 사실을 안다. 하지만 다른 사람들의 발언을 요청하는 의무를 **충족하는** 일은 실제로 다른 사람들의 목소리를 듣기를 **원하는** 것과는 전혀 다르다. 말하자면 그들은 그저 발언을 요청 받은 것이 아니라 그들의 발언이 **환영 받는다**고 믿어야 한다. 그들은 당신이 그들을 환대한다고 느껴야 한다.

아직 당신의 일은 끝나지 않았다. 일단 구성원들이 당신에게 목소리를 낼 수 있도록 심리적 안전을 마련해두었다면, 그들이 심리적 안전을 **활용할** 능력도 가질 수 있도록 해야 한다.

'지지의 언어'는
'반대의 언어'보다 생산적이다

지난 10분 동안 올라온 소셜미디어 피드를 훑어보라. 무언가에 분노를 표출하는 사람을 쉽게 찾을 수 있을 것이다. 마치 중력처럼 새로운 자연의 법칙이 생긴 것 같다. '화를 내라. 짜증을 내라.' 비속한 말들과 결합된 수많은 이모티콘은 '당신의 목소리를 활용하라'는 메시지의 새로운 표준이 됐다. 이것은 부분적으로는 발언과 행동주의 사이의 경계가 놀랄 만큼 흐려졌기 때문이다. 우리는 '진실'을 말하는 것과 '나의 진실'을 말하는 것을 혼동한다. 어떤 무언가가 우리를 격분시키는 순간 거대한 가운뎃손가락을 들어올리기에 바쁜, 호전적인 본능이 조건화됐다. 서로 다른 관점에 이점이 있을 수도 있다는 가능성에 대한 호기심과 개방성은 건너뛴다. 그리고 우리가 좋아하지 않는 관점을 가진 사람들을 반박하거나 인간으로서 그들을 거부하거나 우리의 사고 방식으로 그들을 설득하려는 조건반사적인 충동에 굴복한다. 이제 우리는 정중함이나 품위 없이 마음대로 그렇게 할 수 있다. 활기찬 발언을 환영한다는 것이 의미하는 바는 저런 태도가 아니라는 건 말할 필요도 없다.

그럼에도 독설에 찬 발언은 무리 속에서 쉽게 등장하는 것처럼 보인다. 몇몇 사례들을 살펴보면, 2019년에 **구성원 행동주의**employee activism는 어느 때보다 더 성공을 거두는 것처럼 보였다. 보스턴에서 웨이페어Wayfair 직원들은 회사가 미국과 멕시코 국경 근처에 이민자들을 붙잡아 두는 수용소에 가구를 팔기 위해 연방 정부 도급업체와 맺은 계약에 항의해 거리로 나왔다.[21] 그해 후반에 2만 명의 구글 직원들은 전 임원인 앤디 루빈Andy Rubin을 상대로 제기된 성희롱 주장에 취할 점이 있다는 조사 결과에도 불구하고, 그에게 9,000만 달러를 지급한다는 사실을 포함해 회사의 성희롱 사건 처리 과정에 항의했다.[22] 과거에 아마존 직원들은 석유 및 가스 회사와 사업을 하는 데 항의했고, 또한 법 집행 기관에 안면 인식 소프트웨어를 파는 일을 중단할 것을 촉구하며 함께 뭉쳤다.[23]

구글과 같은 진보적인 회사들은 직원과 경영진 사이의 열린 소통을 자랑해왔다. 그리고 구글은 역사적으로 시민권이나 환경보호와 같이 직원들이 신뢰하는 명분에서 행동주의를 독려해왔다(구글의 원래 가치

중 하나가 '악마가 되지 말자'였음을 잊지 말자).[24] 하지만 과연 그 명분이 회사를 향한 행동이 될 때 구글과 다른 진보적인 기업들처럼 스스로 선언한 '열린' 문화가 열린 채로 유지될까? 이상하게도 그들 자신의 회사에 대한 구성원 행동주의의 대부분의 사례는 큰 변화를 가져오지 못했다. 사소한 양보는 얻어낸 반면, 대개 경영진은 직원들의 항의에 굴복하지 않았다. 특히 그것이 직원들이 부적절하다고 생각한 고객을 섬기는 일과 같이 근본적인 사업 결정의 문제에 관한 것일 때는 말이다 (미 국방부와 구글의 계약 혹은 중국을 위한 검열된 검색 엔진을 구축하는 일 등이 그 예다).[25]

이 모든 사례는 수많은 질문을 제기한다. 가장 중요한 질문들은 이렇다. '구성원 행동주의가 직원 발언권의 한 형태인가? 아니면 직원들이 그들의 목소리를 들리게 할 수 있는 다른 선택지가 없을 때, 빈 곳을 형식적으로 채우기 위해 등장한 대체재인가?', '직원들에게 권한을 준다는 명분하에 기업들은 그들이 목소리를 내서 얻을 수 있는 것에 대한 비현실적인 기대를 내세워 왔는가?', '우리는 자기 뜻대로 하는 것 having your way 과 목소리가 들리게 하는 것having your voice heard 을 혼동하는 권리 의식을 영속화하고 있는가?', '화를 표출하기 위한 디지털 플랫폼을 보유하는 것이 글을 올리는 사람들에게 지속적인 위안이나 순간적인 카타르시스를 진정으로 제공하는가? 그리고 그들의 익명성은 직원발언권을 피하거나 침묵을 지키기 위한 그저 또 다른 방법인가?' 오늘날의 환경에서 **발언**과 **분출**의 차이가 무엇인지는 명확하지 않다.

점점 더 많은 연구 데이터에서, 공개적으로 부정적인 감정을 표현할 때 생기는 결과는 긍정적인 것보다 부정적인 것이 더 많다는 사실이 드러나고 있다. 한 연구에서 인디애나대학 출신 연구자들은 사람들을 온라인상의 다양한 관점에 노출시키는 것이 불안과 분노를 높이는 결과로 이어질 수 있고, 명분에 대한 더 적극적인 참여(예를 들어, 정치 참여)로 이어지지는 않으며, 리포스팅이나 조롱, 주변과 공유하는 식으로 감정을 분출하는 등 '얕팍한' 참여로 이어지는 경우가 더 많다는 사실을 발견했다.[26] 오슬로대학 출신 연구자들이 진행한 또 다른 연구는 분노를 온라인으로 표출하는 사람들이 자신의 관점을 확인시켜주는 정보만 찾아낼 가능성이 더 높다는 사실을 확인했다.[27] 무더기 트윗과 트위터 무리들은 폭력에 가까운 행동들을 정당화하면서 모든 사람의 분노를 도덕적인 것으로 바꿔놓았다. 영국의 심리요법 의사이자 《소셜 네트워킹의 정신역동The Psychodynamics of Social Networking》을 쓴 작가 에런 발릭Aaron Balik 박사는 소셜미디어 때문에 감정적 전염병으로서의 분노가 증가하고 있다고 믿는다. 하루 24시간 내내 뉴스 피드와 미디어에 접근할 수 있다는 것은 우리가 휴대폰을 볼 때마다 언제든 끊임없이 자극을 받을 수 있고, 우리의 가치와 정체성이 공격 당할 수 있음을 의미한다. 발릭은 책에서 이렇게 말한다. "분노는 상당히 자극적인 감정이다. 심지어 분노와 같은 불쾌한 감정일지라도, 뉴스 피드를 통해 얻는 흥분되는 자극에 집착하게 되는 곳에는 '눈덩이 효과snowball effect'가 발생할 수 있다. 그리고 그것은 거의 **감정적 전염병**이다."[28] 그는 소셜미디어에서 대부분의 사람이 하는 방식으로 그저 분노를 표현하는 것은 생산적이지도 않고, 도움이 되지도 않으며 때로는 역효과를 낸다는 점을 경고하며 분노를 **표현하는** 것과 분노를 **처리하는** 것 사이의 중요한 구분을 지적한다. "만약 당신이 항상 당신을 쿡 찌르는 누군가에게 화가 난다면, 그리고 그 사람에게 이 사실을 이야기한다면, 그 사람은 사과하고 당신을 찌르는 일을 멈출 수 있다. 만약 당신이 그저 거리로 달려 나가서 '나는 나를 찌르는 사람을 싫어해'라고 소리 지르고, 친구들이 동참해서 '찌르는 사람들은 나빠'라고 말한다고 해서 어떤 문제도 실제로 해결되지는 않는다.'[29]

심리학자들은 우리가 긍정적인 변화를 추구할 때, 지지하는 태도가 반대하는 태도보다 훨씬 더 생산적인 결과를 얻는다는 사실을 늘 확인한다. 어떤 것에 반대하는 일은 우리 신체에 훨씬 더 소모적이고, 부담이 크며, 유지하기도 매우 어렵다. 실제로 우리가 하는 행동의 대부분은 무의식에서 이뤄지는데, 무의식은 이미지로 작동하며 우리가 원하지 않는 것을 처리하느라 분투한다. 반대의 언어는 소외감을 느끼게 하고 분열적이며 비판적이다. 반면 지지의 언어는 우리가 싫어하는 것에 반대하는 분노가 아니라, 긍정적인 어떤 것을 지지하는 욕망에 뿌리 내리고 있는 만큼, 우리가 공동의 근거를 발견하고 변화를 위한 동기부여를 더 오랜 기간 동안 유지할 수 있게 돕는다.[30]

분노와 분노의 불만족을 좀 더 이해하고 싶다면, 하버드대학 케네디스쿨의 공공 정책 및 비영리 리더십 교수이자 《적을 사랑하라Love Your Enemies》의 저자인 아서 브룩스Arthur Brooks에게 귀를 기울일 가치가 있다. 그는 자신의 책에서 분노에 대한 사람들의 만족할 줄 모르는 굶주림에 대해 지금까지 이야기한 맥락에서 더 자세히 설명한다.

정직한 조직

우리 중 많은 사람이 여전히 선출된 관료, 학계 인사, 연예인, 일부 뉴스 미디어 등이 제공하는 각성제 수준의 이념을 강박적으로 소비하고 있다. 수백만 명이 다른 사람을 대할 때 (특히 소셜미디어에서) 혐오의 사이클에 참여하는 방식을 통해 적극적으로 그들의 습관을 충족시킨다. 우리는 국가적 논쟁이 영양가 있고 실질적이기를 원하면서도, 상대편을 모욕하려는 만족할 줄 모르는 굶주림을 가지고 있다.[31]

그렇다면 어떻게 하면 직원들이 불편한 것을 말할 때 비난이 쏟아지지 않도록 하면서 그들의 목소리를 균형 있게 참여시킬 수 있을까? 답의 일부는 **유능함**에 있다. 시위대 가운데서 소리를 지르기는 쉽다. 피켓 사인이나 온라인 포럼, 당신의 분노를 공유한 사람들에게서 분노를 일으키는 것 외에 필요한 것은 없다. 그런 행위들의 전제는 다른 누군가가 그 일을 해결할 거라고 기대하면서 반대하는 것에 목소리를 낸다는 데 있다. 우려 사항들, 특히 논쟁의 대상이 되는 문제에 유능한 목소리를 내려면 의미 있는 변화를 가져오기 위한 능숙한 작업이 필요하다. 그러려면 **사실에 기반한 추론**과 함께, **설득력 있는 주장**을 분명하게 설명할 필요가 있다. 진정성이 있으면서 신중한 방식으로 절망을 표현할 **감정지능**이 필요하다. 반대 의견이 당신에게 아무리 이상해 보일지라도, 어떤 측면에서는 타당하고 또 이점이 있다는(이에 대해 챕터 9에서 좀 더 자세히 이야기한다) 관념을 가지고 접근하는 일에는 어느 정도의 공감이 필요하다. 그리고 이를 위해서 당신은 당신이 해결책의 일부로 역할을 할 수 있는 실질적인 방안을 가지고서 직접 **행동**해야 한다.

불편한 이야기가 편하게 오가도록 하라

바네사는 다리와 댐, 발전소와 같은 주요 공공 프로젝트를 건설하는 글로벌 엔지니어링 회사의 대외 협력 부문 선임 부회장이다. 그녀는 주로 회사의 CEO인 디크에게 업무를 보고한다. 수년간 바네사는 회사가 사업을 영위하는 지역사회에 참여하는 방식을 재고해야 한다고 주장하며 디크와 회사를 밀어붙였다. 전통적으로 회사의 기조는 겸손함을 가장해 주목도를 낮게 유지하며 회사에 대한 관심을 끌지 않는 것이었다. 그들은 조용하지만 넉넉한 자선 기부를 하는 것이 충분한 기여라고 생각했다. 절망감이 점점 더 커지면서, 바네사는 해당 지역사회에 대한 다른 기업들의 기여와 그 기업들에 대한 평판, 지역사회와의 친선 관계가 어떻게 향상됐는지를 보여주는 수많은 기사와 뉴스를 디크와 임원팀에 보내곤 했다. 지역사회 행사 후원에 관한 요구를 거듭 거부당한 후, 그녀는 자신의 실망감을 사람들에게 표현했다. 디크는 바네사에게 아직 그녀에게 없는 '정치적 자본'을 소모하고 있으며, 동료들로부터 그녀를 방어하기가 점점 더 어려워지고 있다고 경고했다. 그리고 그가 내게 직접 말하길, 임원팀이 바네사의 발언에 면역이 생겼으며 그녀가 조직에 자신의 가치를 강요하려고 노력하는 방식에 분개하고 있다고 강조했다.

바네사의 배경에는 깊은 신앙심이 있었고, 임원들은 회사를 변화시키려는 그녀의 의제가 사실상 종교에 뿌리를 두고 있다고 가정했다. 하지만 그녀의 진짜 동기는 회사를 좀 더 목적이 이끄는 회사로 만들고, 그들이 구축한 프로젝트를 넘어서서 회사를 자랑스럽게 여길 수 있는, 더 많은 이유를 제시하려는 것이었다. 한편 디크와 임원팀은 그녀에게서 가혹한 비판을 받고 있다고 느꼈고, 더 적극적인 사회적 참여를 옹호하는 그녀의 말을 '당신들이 하는 일은 충분하지 않다'는 말로 해석했다. 또 바네사가 보낸 수많은 기사는 자신들의 부적절함에 대한 메시지라고 여겼다. 그런 상황에서 바네사는 자신의 요구가 거절되는 원인을 개인적인 차원에서 받아들였다. 마치 남성 집단이 자신감 있는 여성에게 위협 당했다는 식이라고 생각하며 사임한 것이다.

그러자 디크는 나에게 바네사가 떠나기 전에 마지막 노력으로 그녀에게 코칭을 해달라고 요청했다. 이후 내가 몇 명의 임원들을 인터뷰하고 바네사와 대화를 나눴을 때, 서로에 대한 편견이 깊게 자리 잡고 있음을 발견했다. 그녀는 매우 좋은 전략적 아이디어일 수도 있었던 생각에 대해 제대로 주장하지 못했고, 임원들은 반사적으로 그녀를 묵살하는 것 외에는 그녀의 제안에 마음을 잘 열지 못하고 있었다. 또 디크는 서투른 중재자이자 바네사의 지지자로서 성공하는 방법에 대해 그녀를 제대로 코칭하지 못하고 있었다. 더 넓게는, 많은 긍정적인 특질에도 불구하고 회사에는 실제로 성별에 대한 편견이 존재했다.

하지만 잃은 것만 있는 것은 아니었다. 세심히 구성한 세션을 통해 나는 바네사가 건전한 추론을 바탕으로 아이디어를 제시하도록 도울 수 있었다. 그녀는 다른 임원들이 느낀, 의도치 않은 가혹한 판단에 대해 사과했다. 그녀의 아이디어를 회사의 전략을 이끄는 데 도움이 될 수 있는 방법과 긴밀하게 결부시켰고, 제안한 노력을 진두지휘하는 책임을 그녀가 맡을 것임을 명확하게 밝혔다. 추가적으로 임원들이 바네사에 대해 가진 부적절한 편견을 유예하고, 객관적으로 귀를 기울일 수 있도록 도왔다.

다행히도 이 이야기의 끝은 해피엔딩이었지만, 상황은 위험할 정도로 끔찍한 결말에 가깝게 갔었다. 매일 조직 내에서는 현상 유지에 도전장을 던지는, 엄청난 이점을 가진 아이디어들이 **제대로** 표현되지 못하거나 청취되지 못한다. 그리고 이런 아이디어를 가진 직원들은 무시당했다고 느낀다. 바네사가 자신보다 선임인 리더들에게 영향력을 행사하는 데 있어서 더 노련했다면, 그녀와 임원들은 필요 없는 불협화음을 겪지 않았을지도 모른다.

Q. 만약 당신이 바네사를 코칭했다면, 그녀에게 어떻게 조언했겠는가? 만약 디크와 다른 임원들을 코칭했다면, 그들에게 어떻게 조언했겠는가? 이 사례에서 당신은 어떤 부분을 다르게 했겠는가?

어려운 이야기를 할 때 전문성이 필요하다는 사실은 사람들이 그 일을 더 잘하려고 노력하거나 부족함과 씨름하는 일에 집중하게 한다. 버지니아대학 다든경영대학원의 경영학과 교수 제임스 디터트[James Detert]는 업무 현장에서의 용기에 대해 연구하는 데 매우 많은 시간을 보냈다. 특히 어떤 환경에서 사람들이 권력 앞에서 진실을 말하기 위해 그들의 발언을 성공적으로 사용하는가에 초점을 뒀다. 나는 디터트를 만나 **유능한 용기**를 위한 그의 프레임워크와 어려운 사안에 효과적으로 발언하는 방법에 대해 인터뷰했다. 우선 그는 용기와 같은 속성은 오로지 소수의 특별한 영웅들이 가진 능력이라는 신화를 깨뜨려야 한다고 말했다. "저를 괴롭혔던 것 중 하나는 용기나 정직과 같은 미덕이 일부의 사람들에게만 요구되는 것이라는 흔한 잘못된 믿음이었습니다. 고결한 행동이 단지 우리 중 일부에게만, 또 특정한 상황에서만 필요하다고 말하는 철학이나 종교 시스템, 사고 시스템은 없을 겁니다."

매일 용기를 구현하는 사람들을 조사하는 그의 연구에서 디터트는 기존에 존재하는 것이지만 성공을 위한 새로운 장을 마련하는 데 중요한 두 가지 조건을 발견했다.[32] 첫째, 용기 있는 사람들은 '능력 있고, 신뢰할 수 있고, 믿을 수 있는 사람'이라고 평가 받았다. 그들은 따뜻하고, 감정지능이 높고, 판단력이 훌륭하며, 회사의 이익을 최우선한다는 명성을 얻었다. 말하자면 용기 있는 사람들은 마치 포커의 칩 은행처럼 심리학자들이 '개인신용점수idiosyncrasy credits'라고 부르는 것을 쌓아두었기 때문에 순응할 수 없는 일들에 언제든 참여할 수 있다. 둘째, 유능한 용기를 가진 사람들은 그들의 '전투'를 현명하게 선택한다. 마주치는 모든 적을 공격하려고 애쓰는 것이 아니라 그들이 가장 큰 신념을 갖고 있는 사안들을 선택한다. 이런 전제조건은 중요하다. 디터트는 만약 이것들이 갖춰져 있지 않다면, 당신이 우려를 제기했을 때 조직이 갑자기 당신에게 귀 기울일 가능성은 없다고 말한다.

디터트는 자신의 연구에서 가장 놀라운 결과 중 하나는 문제를 제기한 후에 취하는 후속 조치의 중요한 역할이라고 말했다. "저는 후속 조치를 취하는 일이 유능한 용기에서 가장 무시되는 부분이라고 생각합니다. 여기에는 상당히 명백한 이유가 있죠. 만일 당신이 단단히 준비해온 어려운 논쟁을 벌였거나 힘든 대중 연설을 하고 난 후, 본능에 따라서 패배를 곱씹거나 축하하기 위해 사무실로 돌아가고 싶을 것입니다. 당신의 본능이 가장 말리게 될 일은 즉시 그 현장으로 다시 나가는 일일 겁니다. 그렇지만 그것은 종종 해야만 하는 가장 중요한 일이죠. 일이 잘 진행됐다고 생각하더라도, 그 순간에는 실제로 변화에 시동을 걸기 위해 필요한 모든 약속을 실제로 확보하지 못한 경우가 대부분입니다. 후속 조치에 관한 다른 중요한 측면은 당신의 아이디어나 관점을 포용하지 않은 사람들과의 후속 조치도 있습니다. 당신의 제안에 대해 누군가가 잠재적으로 위협을 받거나 불쾌하게 느낄 가능성이 있으니까요. 그러니 당신은 그 사람과 직접 후속 조치를 취할 용기를 가지고서, '당신의 표정이나 침묵으로 눈치챘습니다. 아마도 당신은 제 아이디어에 동의하지 않겠죠. 이에 대해 이야기 나눌 수 있을까요?'라고 말해야 합니다. 이 일은 당신이 결코 하고 싶지 않은 일일 수 있는 반면, 다음에 올 것을 성공시키는 데는 필수적입니다. 중요한 변화로 이어지는 대부분의 용감한 행동은 한 순간의 용기로 시동이 걸릴 수도 있지만 용기 있는 사람들은, 특히 첫 번째 시도가 잘 진행되지 않았을 때 그렇지만, 그들이 그만둘 수 없다는 것을 알기에 계속 움직입니다. 유능한 용기를 가진 사람들은 그 과정이 한 번의 사건이 아니라 반복 학습이자 지속적인 학습 경험이 될 것임을 압니다."

내 개인적인 경험에서도 디터트의 조언에 동의한다. 그렇지만 여기서 좀 더 나아가보자. 당신의 조직에서 끊임없이 지속되는 문제에 대해 가장 창의적인 아이디어와 새로운 해결책을 가진 '샤디드의 목소리'를

정직한 조직

해방시키고 싶다면, 다음의 추가적인 지침을 참고하라.

협력자가 되어라

권력을 가진 사람에게 의견을 제안할 때 그들이 적이나 바보인 것처럼 느껴지지 않게 주의하라. 그들에게 어려운 말을 해야 할 때, 긍정적인 의도를 가정하고 당신이 그들의 편임을 명확하게 하라. 손에 가지고 있는 선택을 무시하지 말고, 그들의 역할과 상황이 가진 어려움에 대한 공감을 보여줘라. 특히 당신의 동기를 좌우할 수 있는 사리사욕이나 앙심, 분노에 대해 바짝 경계하라.

더 위대한 선을 강조하라

조직이 추구해야 할 더 위대한 선을 권력을 가진 사람의 문제로만 만들지 말라. 위기에 놓여 있는 조직을 위한 더 광범위한 사명과 가치에 관한 것으로 만들어라. 그들의 선택이 가진 장기적인 영향을 지적하고, 당신이 느끼기에 그들이 혹은 조직이 지지하는 가치와 더 일치한다고 느끼는 대안을 제시하라. 그들이 더 폭넓은 영향을 고려하도록 돕는 방식으로 접근함으로써, 지나치게 방어적이거나 저항적인 반응이 나오는 위험을 줄일 수 있다.

훈계하지 마라

당신의 관점은 당신이 명확하게 설명해야 하는 원칙에 근거를 두어야 하지만, 그런 가치들을 다른 구성원들에게 강요하지 말라. 사람들은 자신이 비판 받는다고 느끼거나 도덕적 우월주의가 담긴 말을 듣는 순간,

입을 다물 것이다.

자기 뜻만 고집하지 마라

당신의 제안을 무조건 수용하게 만들겠다는 생각으로 대화에 임해서는 안 된다. 당신의 역할은 당신이 맞서고 있는 사람을 위한 선택지를 만드는 것이라고 생각하라. 당신이 도움이 되는 어떤 방식으로든 참여할 준비를 하고 있더라도, 최종 결정은 그들의 것임을 분명히 하라. 그리고 당신이 부담하는 위험을 인식한 후에 대화를 시작하라. 상황이 잘 진행되지 않는다면, 기꺼이 대가를 치를 의사가 있어야 한다. 나 역시 매일 어렵고, 때로는 마음을 심란하게 하는 일들을 리더들에게 말해야하는 일과 직면한다. 때때로 그들은 방어적으로 발끈하고, 때로는 자신의 행동이 의도한 바에서 얼마나 멀어졌는지를 알고 상처 받는다. 내일은 나의 존재를 리더의 머릿속에 깊게 자리한 사안들을 촉발시키는전이 대상으로 만드는 것이다. 나는 리더들이 분출하는 분노들을 개인적으로 받아들이지 않으면서 어떤 지침을 내놓더라도 그들을 더 나아지도록 돕는 방향으로 임할 준비가 되어있다. 무엇이 나를 직설적으로 솔직하면서, 동시에 연민을 가진 사람이 되게 해주는지 질문을 받을 때마다 나는 이렇게 대답한다. "저의 가장 큰 공포는 제가 말하는 것에 대한 리더의 반응이 아닙니다. 그들이 주요하지만 피할 수도 있었을 문제를 직면하고, 제게 '당신은 알았군요. 그리고 아무 말도 하지 않았네요?'라고 말하는 것입니다."

당신은 다른 사람들의 활기찬 발언을 독려하는 일을 결코 멈출 수 없다. 바로 당신이 그렇게 대우 받기를 희망하는 것처럼, 환영하는 마

정직한 조직

음과 사고로 그 목소리들을 초대하고 받아들여라. 내가 모든 고객에게 제공하는 매우 단순한 기준은 이것이다. 당신 주변에 일주일에 몇 번씩 당신의 사무실에 와서 듣기 불편한 말을 하는 사람이 없다면, 확신을 가지고 당신의 리더십이 형편없다고 결론을 내려도 좋다.

지금 할 일: 침묵을 조장하는 요소 제거하기

당신의 회피를 모니터링하라

우리 각자에게는 스스로 침묵하게 만드는 상황들이 있다. 피하고 싶은 갈등, 개인적으로 우려하는 위험, 자신을 약하게 만드는 성격 유형 같은 것들이다. 이를 마주한 순간, 우리는 몸을 웅크린다. 만약 이런 식으로 당신의 목소리를 스스로 박탈시켜버린다면, 잃어버린 기회보다 더 큰 비용이 따른다. 바로 당신 이끄는 사람들이 지켜보고 있다는 사실이다. 동료들과 가족들이 지켜보고 있다. 흔히 우리는 반드시 목소리를 내야 하는 시점에서 스스로 침묵을 용납한다. 당신을 침묵하게 하는 상황에 대한 목록을 작성하고, 이유를 파악하고, 목소리를 내는 용기를 북돋게 할 전략을 세워라. 어떤 환경에서 당신은 어려운 대화를 피하는가? 어떤 일에서 용기가 필요한 순간들로부터 뒷걸음치는가? 그런 순간을 돌이켜봤을 때, 당신이 치른 회피 대가는 무엇이었는가?

전문적으로 맞서는 법을 배워라

다른 사람에게 심한 피드백을 주는 일은 흔히 선호되지 않는 방식이다.

대개 리더는 상대방의 입장을 봐준다. 긴장을 완화하기 위해 결론을 길게 끌면서 장황하게 말하지만, 도우려고 노력하는 구성원들을 혼란스럽게 만들기만 한다. 또 '사람이 좋다'는 평판 뒤에 숨어 그저 어떤 피드백도 하지 않는다. 하지만 리더의 책임은 구성원들이 최고의 상태가 되도록 돕는 것이다. 말하자면 때로는 그들의 부족한 점에 대해 연민을 담으면서도 직접적인 피드백을 하는 것을 의미한다. 기억하라. 다른 사람이 발전하도록 도울 수 있는 피드백을 하지 않는 것은 결코 **착하거나 친절한 일이 아니다.** 그것은 '잔인한' 일이다. 따라서 당신이 피드백 문제에 어려움을 겪고 있다면, 수업을 듣거나 코치와 훈련하거나 스스로 익숙해질 때까지 개인적으로 연습하라. 피드백하는 일을 결코 편안하게 느낄 수 없을 것이다. 하지만 그것이 목표가 아니다. 그저 그 일을 잘 하도록 하라. 다른 사람에게 맞서는 문제에 있어서 어떤 기술을 가장 많이 함양할 필요가 있는가? 당신은 사정을 봐주는 편인가? 결론을 맺지 못해서 고생하는가? 혹은 지나치게 노골적이어서 메시지를 완화하는 법을 배울 필요가 있는가? 당신이 개선할 수 있는 영역을 선택하고, 관련 능력이나 기술을 개발하기 위해 노력하고 집중하라.

다른 사람들의 발언을 독려하라

이 챕터를 통해서 구성원들이 독창적인 아이디어나 솔직한 피드백, 우려 사항을 마음 놓고 제시하거나 개인적인 취약성을 표현해도 된다고 느끼는 환경을 만들어낸 리더들의 수많은 사례를 살펴봤다. 이런 연습을 표준화하는 의식은 조직 내에 제시되는 관점의 질을 높이고, 그런 관점을 제시하는 사람들의 폭을 넓힌다. 정기회의를 시작할 때 가장 먼저 인덱스카드에 아이디어나 피드백, 우려 사항을 적은 후, 그중에 한두 개를 무작위로 선택해서 논의하라. 혹은 제3자에게 인풋을 수집하도록 요청하여 분기 단위로 팀과 이를 공유하라. 그리고 익명성을 넘어서고 싶다면 비공식적인 점심시간이나 커피 타임을 주최하여 의견을 직접 청취하라. 하지만 공모를 개방성과 결코 혼동해서는 안 된다는 데 주의하라. 사람들이 그 대화에 참여하지 않은 동료에 대한 우려를 제기하게 해서는 안 된다. 당신이 이끄는 사람들이 목소리를 내게 하려면 어떤 부분에서 더 큰 지지가 필요한가? 그들을 돕기 위해 당신은 어떤 연습을 시도할 수 있는가? 회의나 팀 내 상호작용, 당신이 이끄는 방식에 그들의 솔직함을 막고 있는 측면들이 있는가?

소음 억제기를 뿌리 뽑아라

만약 당신의 팀에 목소리를 내는 일을 막는 규범이나 사람들이 있다면, 이 문제를 즉시 제거하라. 목소리가 크거나, 공격적이거나, 따지기 좋아하는 사람들은 상대적으로 더 조용한 사람을 위협한다. 당신의 일은 그들에게 행동을 스스로 규제하도록 돕는 피드백을 주는 것이다. 같은 맥락에서, 너무 내용이 많고 복잡한 회의 의제는 사람들이 자유롭게 말할 기회와 시간을 빼앗는다. 또한 확실성과 완벽성을 높게 평가하는 문화는 아직 확신이 없는 문제에 대해 가늠해보는 일을 방해할 수도 있다. 심지어 당신이 원인일 수도 있다. 당신의 팀은 당신이 그들의 말에 귀 기울이고 싶어 하지 않는다고 믿고 있을 수도 있다. 팀원들에게 발언권을 행사하는 일을 단념하게 하는 것이 있다면 무엇인지 물어보고, 그런 장애물을 제거함으로써 당신의 헌신을 보여줘라. 당신의 조직 문화는 어떤 방식으로 사람들을 침묵하게 하는가? 솔직함에 대한 당신의 욕구와 기대를 다른 사람들에게 어떻게 전달했는가? 당신이 이끄는 사람들은 목소리를 내는 데 더 많은 훈련이 필요한가? 당신은 그들의 신뢰를 얻는 데 실패했는가? 단순하게는, 당신의 대화 중에 어려운 문제들이 표면에 다뤄질 시간이 부족한가?

생각을 바꿀 의지를 보여줘라

만일 당신이 다른 사람들의 목소리에 귀 기울겠다는 뜻이 분명하거나 행동중심적인 사람이라면, 생각을 바꿀 의지가 있다는 것을 보여줘라. 당신의 팀은 당신이 구성원들의 영향을 받을 수 있다는 사실을 함께, 결정에 대해 당신이 얼마나 확고할지라도 그들에게 우려를 제기할 이유가 있다면, 당신의 생각을 기꺼이 바꿀 의지가 있다는 사실을 확인하고자 한다. 또 당신의 아이디어에 대해 반대 의견을 요청하라. 특히 당신이 가장 확신하는 생각들에서 말이다. 의사결정을 할 때, 당신의 팀에게 그들이 살펴봤을 때 고려해야 할 위험이 있다면 이를 제기할 수 있도록 최종 결정을 24~48시간 동안 미룰 수 있다고 말하라. 당신이 완고한 태도를 취하게 되는 특정 사안이나 상황은 무엇인가? 당신의 관점에 있어서 어떤 측면이 가장 독단적인가? 다른 사람들이 당신의 아이디어(심지어 당신이 가장 확신하고 추진하고 싶은 것일지라도)에 도전하는 일을 환영한다는 사실을 알고 있는가?

인간다움을 보여라

리더의 개방성보다 팀 내에 신뢰를 더 증진하는 것은 없다. 부족한 점을 인정하고 도움을 요청하고, 확신하지 못하거나 분투하고 있는 삶의 측면을 밝히고, 모르는 것이 있을 때 솔직하게 인정하는 것은 인간다움을 드러내는 일이고, 이는 신뢰를 얻는 데 가장 큰 원천이다. 이는 또한 구성원들에게 그들이 일할 때 온전한 자기 자신과 온전한 목소리를 보여줘도 안전하다는 신호를 보낸다. 사람들이 그저 상사로서가 아니라 인간으로서 당신을 진정으로 안다고 얼마나 확신하는가? 당신의 어떤 부분을 다른 사람에게 적극적으로 숨겨왔는가? 그런 부분에서 더 취약해지는 것에 대한 당신의 두려움은 무엇인가? 당신의 부족한 점이나 고군분투하는 것들에 대해 얼마나 자주 말하는가?

용기를 존중하라

당신이 이끄는 사람들이 자신의 목소리를 낼 때마다, 특히 그것이 당신에 대한 피드백일 때 마음속으로는 얼마나 방어적인 느낌이 들지라도 감사와 칭찬으로 그들의 용기를 존중하라. 조직 내 구성원들이 기존과 다른 아이디어를 제안하거나, 토론 중에 동료의 관점에 도전하거나, 원칙에 모순되는 당신의 행동에 우려를 제기할 때 그들의 용기를 인정하고 또 모범으로 삼아라. 한번 생각해보자. 누군가의 용기를 존경했지만 인정하는 데 실패한 적이 있는가? 지난 몇 주 동안 당신이 더 일찍 발견하거나 얘기해야 했을, 뛰어난 아이디어나 제기하기 어려운 사안들을 내놓은 사람은 누구인가?

지금까지 거버넌스의 투명성과 활발하고 솔직한 발언이 이뤄지는 문화를 창조하는 방법에 관해 알아보았다. 이제 마지막으로 조직 내 구성원을 통합하는 방법을 자세히 파헤쳐보자.

이 장을 마치며

- 구성원들이 온전한 사고와 영혼, 목소리를 가진 채 대화에 참여하는 거버넌스 시스템을 창조하려면, 그들이 자유롭고 활기차게 피드백과 아이디어를 주고받고, 직급과 조직의 경계를 넘나들면서 문제를 공유할 수 있는 환경을 조성해야 한다.

- 구성원들의 소속감은 그들의 목소리를 낼 수 있는 정도와 연관되어 있다. 그러므로 리더들은 구성원들이 자신의 생각을 말하는 데 있어서 보복의 두려움과 허무감을 느끼지 않아도 되는 환경을 보장해줘야 한다.

- 구성원들의 활기찬 발언이 이뤄질 수 있도록 독려하는 두 가지 핵심 요인은 '심리적 안전'과 '기술'이다.

- 리더는 구성원들이 목소리를 온전히 낼 수 있는 시스템을 만들기 위해 노력해야 한다. 조직은 구성원들을 위한 심리적으로 안전한 환경을 창조하면서도 목표에 대한 높은 기준을 유지해야 한다.

- 당신의 팀이 어려운 문제를 일상적으로 제기할 수 있도록 안전한 환경을 보장하는 것 외에 추가적인 작업이 필요하다. 더불어 팀원들에 대한 기대를 설정하고, 이를 강화하는 절차와 태도 역시 뒷받침되어야 한다. 이 작업은 3단계로 이뤄진다. 첫째, 모든 발언을 공유하고 이를 귀 기울여 듣는 것이 왜 필요한지 명확히 밝힌다. 둘째, 리더들은 필

요한 경우에는 후속 조치를 하겠다는 약속과 함께, 각자 준비한 관점을 교환하는 라운드 로빈식 대화를 세심하게 준비한다. 셋째, 문제 해결을 공유하는 일을 토론의 일상적인 일부로 만들어라.

- 리더는 구성원들의 발언을 이끌어낼 의무를 충족해야 한다. 이는 단지 사람들을 회의실로 초대하는 일뿐 아니라 그들의 목소리가 환영 받는다고 느끼는 환경을 조성하는 것을 의미한다.

- 오늘날에는 발언권과 행동주의의 경계가 희미하다. 활기찬 발언들이 나올 수 있도록 하려면, 직원발언권에 대한 지지와 그들의 발언을 활용하는 데 필요한 기술이 균형을 이루어야 한다. 구성원 행동주의는 직원들이 발언할 채널의 부재를 느낀다는 사실의 신호다.

- 심리학자들은 지지의 언어는 공동의 근거를 찾고 변화를 위한 동기 요인으로 작용하는 반면, 반대의 언어는 소외감을 느끼게 하고, 분열적이고, 비판적이라는 사실을 발견했다.

- 제임스 디터트에 따르면, 유능한 용기의 두 가지 핵심 역량은 권력이 있는 사람들에게 우려를 표현할 때 자신을 다스리는 것과 그 후에 후속 조치를 행하는 것이다. 추가적으로 권력이 있는 사람들에게 진실을 말할 때는 그들의 협력자가 되는 것, 더 위대한 선을 강조하는 것, 훈계의 태도를 취하지 않는 것, 자기 뜻만 고집하지 않는 것이 중요하다.

- 당신에게는 열린마음으로 대화에 다른 사람들의 목소리를 참여시키고 환영하는 한편, 업무 현장에서 당신의 활기찬 발언이 필요한 기준을 설정하는 힘이 있다.

TO BE HONEST

LEAD WITH THE POWER OF TRUTH, JUSTICE AND PURPOSE

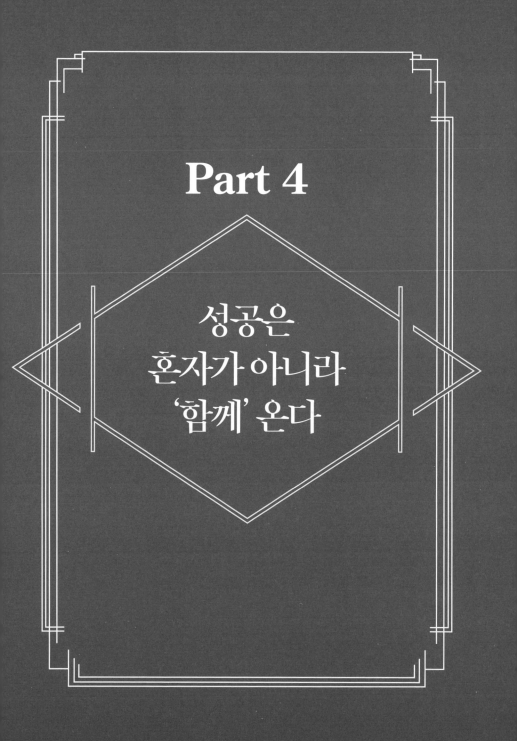

Part 4

성공은
혼자가 아니라
'함께' 온다

Chapter 8.

'함께해서 더 좋은 문화'를 구축하라

깨달음의 이야기:
'생존 가능성 제로'를 이겨낸 원동력

2018년 6월 23일 토요일, 피라팟 솜피앙자이Peerapat Sompiangjai는 열일곱 살이 됐다. 그의 부모는 축하해주기 위해 멋진 생일 파티를 준비했다. 한편 피라팟은 오후 연습을 끝내고 집으로 돌아가기 전에 축구팀 동료들과 코치와 함께 그들이 좋아하는 장소에 들렀다. 바로 태국에서 네 번째로 큰 동굴 지대인 탐 루앙Tham Luang이었다. 소년들은 이전에 가본 적이 있었지만, 이번에는 더 깊이 들어가 안쪽 벽에 자신의 이름을 새기는 10대들의 통과의례를 치르고 싶었다. 그들은 자전거를 타고서 최근 비로 흠뻑 젖은 논을 통과했고, 어느 한 곳의 입구 근처에 자전거와 가방을 숨겨둔 채 모험을 시작했다. 그들은 그곳에 한 시간 정도만 있을 생각이었고, 피라팟은 나오는 대로 집에 가서 생일 파티를 즐길 생각이었다. 하지만 그날 그런 일은 일어나지 않았다.[1]

태국의 6월 하순은 몬순 시즌이 다가오고 있음을 의미했다. 폭우가 내리면 동굴 내 수위가 5미터까지 높아질 수 있어서 동굴을 위험하고, 잠재적으로는 치명적인 곳으로 만든다. 그 마을에 사는 사람은 누구나 아는 사실이었다. 그날 오후에 갑자기 폭우가 내리기 시작했고, 열두 명의 소년과 코치는 동굴에 갇혔다. 패닉 상태에 빠진 부모들은 메시지 앱에서 탐 루앙을 방문한다는 소년들의 계획을 알게 됐고 당국에 통보했다. 이후 공원 관리인들이 그들의 자전거와 짐을 발견하면서 대규모 구조 작전이 시작됐다. 한편 소년들은 동굴 입구에서 약 3킬로미터 정도 떨어진 위치에 갇혀 있었다. 그들은 바위를 이용해 동굴 안쪽으로 5미터 정도의 선반 모양의 지층을 파내고, 온기 유지와 안전을 위해 거기에 옹송그리고 모여 있었다. 그들은 당연히 공포에 질렸지만, 한때 불교 수도승이었던 코치가 소년들이 침착함을 유지할 수 있도록 명상하는 법을 알려줬다. 또 산소를 아끼기 위해 절약하며 숨 쉬는 법을 익혔다. 다행히 그들은 손전등을 가지고 있었고, 음식은 없었지만 동굴 벽에서 흐르는 물방울을 마실 물로 이용할 수 있었다. 그저 구조될 거라는 희망을 유지해야 했다.

동굴 바깥에서는 해군 특수부대가 대규모 구조 작업을 준비하고 있었다. 하지만 동굴 다이빙 구조는 위험하기로 악명이 높았고, 대부분 시신 수색으로 바뀌었다. 게다가 특수부대는 이런 일을 해 본 경험이 거의 없었다. 며칠 안에 전 세계에서 최고의 동굴 다이버들이 도착해 지원을 제공하기 시작했다. 그들은 대부분 호주 같은 지역에서 살고 있는 영국 시민들이었고, 소방관을 포함해 의료, IT 분야와 같은 다양한 전문직에 종사하거나 은퇴한 사람들이었다. 그들은 본업을 중단하고 태국으로 날아왔고, 마찬가지로 전 세계 각지에서 온 수백 명의 다른 구조 전문가와 다이버, 동굴 탐험 및 등반 전문가들과 합류했다. 상황은 대단히 심각했다. 동굴은 금세 물에 잠기고 있었다. 그들이 가야 할 방향에서 흙탕물이 쏟아져 나오고 있었다. 엔지니어들은 조금이라도 쉽게 접근하기 위해 동굴 지하 공간에서 수천 갤런의 물을 퍼내면서 미친 듯이 일했다. 당시 구조에 동참한 한 다이버는 나중에 인터뷰에서 "콜로라도강 바닥으로 빠져드는데 양손을 허우적거리며 위로 올라오려고 애쓰고 있는 것" 같았다고 말했다.[2] 4일이 넘는 동안 다이버들은 물에 잠긴 어두운 동굴들과 싸우면서 길을 만들었고, 하루에 12~14시간씩 일하면서 소년들을 찾아 한 지하 공간에서 다른 지하 공간으로 한 번에 약 1미터씩 나아갔다.

실종 후 10일이 지났고, 생존 가능성은 10퍼센트도 되지 않는 것으로 예상됐다. 하지만 다이버들은 산소를 조금씩만 사용하면서 할 수 있는 한 멀리 가려고 결심하고 버텼다. 마침내 소년들의 문자 메시지를 통해 그들이 견디고 있을 것으로 추측했던 지점에 도달했지만, 그들은 거기에 없었다. 다이버들은 계속 나아갔다. 그리고 도착한 아홉 번째 동굴에서 시신이 부패하고 있는 것이 아닐까 싶은 두려움을 주는 썩은 냄새와 마주쳤다. 하지만 다행스럽게도 그들의 손전등 불빛에 비친 것은 굶주리고 피곤하고 공포에 질리고 심한 냄새를 풍기며 웃고 있는 열두 명의 소년들과 코치였다. 열세 명 전원이 생존해 있었다. 하지만 기쁨과 안도는 오래가지 않았고, 이제 중대한 문제의 답을 찾아야 했다. '그들을 어떻게 데리고 나올 것인가?'

이들을 데리고 나오기 위한 선택지는 모두 아주 위험했다. 한 가지 방법은 물이 빠질 때까지 6개월 동안의 식량과 보급품을 동굴에 채우는 것이었다. 하지만 산소 농도 수준이 한 달 정도밖에 버티지 못할 정도로 낮았다. 또 다른 방법은 동굴에 터널을 뚫는 것이었지만 위험성이 너무 극심했다. 암벽 등반가, 엔지니어, 심지어 야생 생존 전문가들이 소년들에게 도달할 또 다른 경로를 찾기 위해 산을 샅샅이 뒤졌지만 아무 성과가 없었다. 그들은 구멍을 파고 소년들의 위치를 정확히 찾아내기 위해 열 감지기를 장착한 드론을 보내려고 노력했다. 하지만 모든 합리적인 선택지가 소용없는 것으로 증명됐다.

유일한 해결책은 그들을 잠수시켜서 빠져나오게 하는 것이었다. 하지만 이 방법은 두 가지 심각한 문제를 갖고 있었다. 첫째, 소년들과 코치는 다이빙 경험이 없었다. 둘째, 그들이 있는 곳에서 동굴 입구로 가는 경로는 위험투성이였다. 몇 개의 지하 공간은 천장까지 물이 들어차 있었고, 일부 존재하는 깊은 틈은 깊이가 약 15미터 이상이었다. 가장 좁은 한 관문은 넓이가 60센티미터도 되지 않았다. 빠져나오는 긴 여정 동안 유지해야 할 제한적인 산소 공급으로 어둠 속에서 수없이 굽이진 길을 가로질러야 할 상황이었다.

마지막으로 선택할 수 있는 방법은 터무니없어 보였다. 소년들과 코치를 각자 코마와 비슷한 상태가 되도록 진정제를 투여한 다음, 머리는 전체 마스크로 덮고, 혹시나 깨어나더라도 놀라서 임무를 망치지 않도록 팔과 몸은 캔버스 천으로 묶은 후 케이블 타이로 조여서 '인간 더플 백'처럼 끌고 헤엄쳐서 나오는 방법이었다. 전 세계에 단 두 명밖에 없는 동굴 다이빙 마취과 의사로 일하는 한 다이버는 암울한 추측을 내놨다. "저는 그 방법이 효과가 있을 거라고 전혀 생각하지 않았습니다. 처음 한두 명의 아이가 익사를 하게 되는 사태가 일어나서 결국 다른 방법을 추진할 수밖에 없을 거라고 예상했죠. 안타깝지만 솔직히 그들의 생존 가능성은 제로라고 봤습니다."[3] 하지만 그의 예상은 틀렸다.

일단 소년들은 그 작전을 준비하기 위해 수영과 다이빙에 대한 기본적인 훈련을 받았다(일반적으로 태국에서는 수영 강습이 드물고, 15세 미만 아이들의 주된 사망 원인이 익사다).[4] 모든 준비를 마친 후, 그들은 수영복을 입고, 케타민[ketamine]을 써서 깊게 진정된 상태로 묶여서 다이버에 의해 실려 나왔다. 일부는 오는 길에 다시 진정제를 투여해야 했다. 가장 경험 많은 다이버들이 그들을 아홉 번째 동굴에서 세 번째 동굴로 옮겼다. 그 지점에서 미군 의료 전문가가 소년들의 각자 상태를 살핀 다음, 수백 명의 자원봉사 구조 요원이 그들을 구조 썰매에 싣고 동굴 입구까지 이송을 마무리했다. 이 작전에는 거의 비극의 일보 직전까지 가는 수많은 소동이 따라다녔다. 전화선이 감기거나 구조 케이블을 잃어버린 적도 있었고, 심지어 한 다이버가 데려오던 소년을 떨어뜨리는 바람에 뒤따르던 다이버가 그 소년까지 붙잡고 헤엄쳐서 두 명의 소년을 데리고 나오기도 했다. 작전을 끝내는 데는 약 3일이 걸렸다. 그 여정 중 800미터 이상이 온전히 물속이었다. 비극적이게도 38세의 해군 특수부대 요원 한 사람이 소년들과 코치에게 산소를 전달하려고 노력하다가 산소 부족으로 숨졌다.[5] 소년들이 실종된 지 18일 후, 너무나도 위험했던 구조 작전은 전원을 구출해내며 결국 성공했다.

이 구조 작업에는 100명의 다이버를 포함해 약 7,000명의 자원봉사자가 기여한 것으로 추정된다. 구조팀을 위해 하루에 2만 명분의 식사가 조리됐다. 구조 요원들에게 시간을 벌어주기 위해 물의 흐름을 우회시키려고, 일부는 동굴 꼭대기에서 임시변통으로 만든 펌프를 돌렸다. 수문 시추 전문가들이 불가피하게 수백 명의 가난한 태국 농부들의 논을 물속에 잠기게 하면서 물을 빼냈지만, 농부들은 모든 작물을 잃었음에도 결코 보상을 요구하지 않았다. 현지 자원봉사자들은 공항과 기차로 전 세계에서 온 구조 요원들을 실어 날랐고, 구조팀의 옷을 세탁했고, 장비들을 전달했고, 모두가 쉴 수 있는 임시 쉼터도 만들었다. 소년들이 다니는 학교의 교사들은 아이들을 환영하기 위해 동굴에 모였고, 소년들의 가족을 먹이기 위해 식사 준비를 할 단체를 만들었다. 수백 명의 현지 마을 사람들은 그저 소년들과 코치 그리고 그들을 안전하게 데려오려고 노력하는 모든 구조 요원들을 위해 기도를 하려고 산으로 모여들었다.

문화와 기술 분야, 교육 수준, 신념 체계, 문제 해결 방법에 대한 관점이 급진적으로 다른, 그토록 많은 사람이 어떻게 불가능한 가능성에 대항해 서로 동기화되고 통합된 노력으로 기여하여 그런 엄청난 성공을 거둘 수 있었을까? 당신은 아마도 이런 놀라운 협업은 긴급한 상황에서나 가능한 것이지 일상적인 일에서는 일어나기 어렵다고 가정할지도 모르겠다. 말하자면 보편적인 위기를 마주했을 때 누구나 느끼는 공감에서 비롯된 일이었다고 말이다. 아이들의 목숨을 구한다는 명분이 있을 때, 이 일을 성공하기 위해 필요한 것은 무엇이든 하려고 하지 않는 사람이 어디 있겠는가? 그러나 당신이 그런 가정을 했다면, 나는 당신이 **틀렸다**고 말하게 되어 기쁘다.

정직한 조직

뇌, 지극히 사회적인 기관

우리의 뇌가 '사회적'이라는 사실은 새로운 발견은 아니다. 수년간 신경과학자들은 긍정적인 사회적 상호작용 혹은 상호작용의 부족이 우리 뇌에 미치는 영향을 연구해왔다. 연결을 원하는 인간의 욕구에 대해 우리가 알고 있는 모든 것에도 불구하고, 우리는 계속해서 그런 욕구를 **부정하는** 방식으로 조직을 설계해왔다. 심리학자이자 《사회적 뇌》를 쓴 매슈 리버먼Matthew Lieberman은 뇌에 대한 그의 광범위한 연구에서 비사회적 추론을 지배하는 신경망은 사회적 추론을 지배하는 신경망과 확실하게 **별개**라는 사실을 발견했다. 비사회적 추론 신경망이 사용되고 있을 때, 사회적 추론 신경망이 꺼지면서 뇌는 그가 일명 '신경 시소'라고 묘사한 것처럼 행동한다고 지적했다.

우리가 일종의 비사회적 사고를 끝내자마자 반사작용처럼 거의 즉각적으로 사회적 사고를 위한 신경망이 돌아온다. 뇌는 왜 이런 식으로 설정이 됐을까? 이런 조건반사는 우리가 다른 사람을 볼 때 행동 뒤에 있는 생각에 집중하면서 삶의 다음 순간으로 나아가도록 준비시킨다는 사실을 발견했다. 진화는 잠깐의 순간에 우리 뇌가 할 수 있는 최선의 일은 세상을 사회적으로 볼 준비를 하는 것이라고 믿었다. 나는 이 사실이 우리가 얼마나 **사회적 존재**가 되도록 만들어졌는가에 대한 중요한 선언이라고 생각한다.[6]

리버만은 또한 우리가 다른 사람들의 생각과 의견에 자연스럽게 매혹되는 일(때로는 집착이 되기도 한다)이 다른 사람들에게 영향을 받아야 할 타고난 욕구를 암시한다는 사실을 발견했다. 이는 종종 다른 사람들의 인정을 갈망하는, 건강하지 못한 욕구가 되기도 한다. 하지만 그는 정체성이란 우리가 이해할 수 있는 것보다 훨씬 더 많이 다른 사람에 따라 형성된다고 설명한다.

우리의 믿음과 가치가 우리 정체성의 핵심 부분이라고 생각할 수도 있지만, 그런 믿음과 가치는 종종 미처 깨닫지도 못한 상태로 우리 마음속에 몰래 들어온다. 내 연구를 통해 개인적 신념에 관한 신경 기반은 다른 사람의 신념이 우리 자신에게 영향을 미치도록 허용하는 일을 주로 관장하는 뇌의 영역 중 하나와 상당히 겹친다는 사실을 발견했다.[7]

연결을 추구하는 타고난 욕구는 소속감을 느끼기 위한 우리의 극심한 노력에서도 나타난다. 우리가 집단을 처음 만나면 편도체는 높은 경계 태세를 취하고, 모르는 사람들의 손에 있는 잠재적인 위협이나 고통을 감지한다. 그리고 어느 쪽인지 결정하려고 노력한다. '내가 이 사람들을 신뢰할 수 있을까? 이들은 내게 상처를 입힐까? 아니면 내 최고의 이익을 마음에 두고 있을까?' 이때 상대방의 미소나 우리의 정체성이나 생각에 대한 친절한 질문, 어떤 아이디어에 대한 긍정적 반응 같은 단순한 신호를 통해 **소속**을 포착하는 순간, 위협을 느끼던 우리 뇌는 보호하려는 쪽으로 즉각 전환한다. 그리고 결정한다. '이 사람은 내게 중요하다. 따라서 나는 이 관계를 보호하고 싶다.'[8]

하지만 우리 뇌가 가진 사회적 조건화의 가장 매력적인 측면은 뇌가 **연결의 부재**를 어떻게 치리하는가 하는 문제일 수도 있다. 소외되거나 외롭다고 느낄 때, 부정적인 감정을 등록하는 뇌의 영역은 신체적 고통을 등록하는 영역과 동일하다. 우리는 말 그대로 다른 사람과 함께 있을 때의 즐거움을 갈망한다.[9]

우리의 사회적 욕구가 타고나는 것임을 고려할 때, 또 우리가 깨어 있는 시간 대부분을 직장에서 보내고 있음을 감안할 때 직장(대면이든 원격이든 상관없다)은 사회적 욕구를 충족시킬 가장 좋은 기회를 일부 제공해야 한다. 조직의 입장에서 직원들이 서로 연결되고 소속되려는 욕구를 만족시킬 때 얻을 수 있는 결과는 결코 사소하지 않다. 정신건강 관련 스타트업 베터업BetterUp은 다양한 산업군 내 1,789명의 직원이 속한 직장을 대상으로 조사·연구하고 다음과 같은 결과를 밝혔다.

- 직장에 대한 소속감은 업무 성과를 56퍼센트 상승시키고, 퇴직율을 50퍼센트 감소시키며, 병가 횟수를 75퍼센트 감소시킨다.
- 직원들이 소속감을 느낄 때, 자신의 회사를 일하기 좋은 회사로 추천할 가능성은 167퍼센트 더 높아진다.
- 단 한 건의 미시적 배제micro-exclusion(성별, 연령, 장애, 인종 등

다양한 요인으로 개인이나 집단을 미묘하게 혹은 종종 의도적이지 않게 차별하거나 배제하는 현상—옮긴이) 사례가 발생하는 즉시, 팀 프로젝트에서 개인의 성과는 25퍼센트 감소할 수 있다.

• 강한 소속감을 느끼는 직원은 비교적 약한 소속감을 느끼는 직원보다 전반적인 업무 성과 수준이 56퍼센트 더 높다.

• 1만 명 규모의 회사에서 '모든' 직원이 높은 수준의 소속감을 느낀다고 가정했을 때, 이는 생산성의 증가로 생기는 연간 5,200만 달러 이상의 이윤과 상관관계가 있다.

• 만일 한 직원이 팀에서 배제 당하고 있을 때, 다른 팀원 중 공정하고 포용적인 태도를 보이는 단 한 명의 협력자가 존재한다면 사회적 배제의 부정적인 결과를 상당히 예방할 수 있다.[10]

소속감에 대한 욕구는 연결되고자 하는 욕망을 충족시키기에 충분하고, 조직적인 맥락에서 그 중요성은 더 커진다. 이런 욕구는 단지 자신의 이야기뿐 아니라 더 원대한 이야기의 일부가 되기를 원하고, 또 자신이 중요한 사람이라는 느낌을 충족하기 위해 조직에 기여하기를 원하는 욕망을 보여준다. 통합된 조직은 개인과 조직의 목적이 모두 살아 움직이는 역동적인 환경이다. 혼자서는 결코 해낼 수 없는 일을 다른 사람과의 협업으로 성취할 때, 우리의 목적의식은 증폭된다. 일단 소속감이 형성되면, 사람들은 이 '신성불가침의 유대'를 배신한다는 개념을 본능적으로 거부한다. 당신과 연결된 사람에게 거짓말하는 일은

정직한 조직

소속감을 소외감으로 바꿀 수 있는 위험을 감수하는 일과 같기에 진실을 말하는 것이 명예 규율honor code이 된다. 그리고 앞서 말했듯, 우리 뇌는 그런 경험을 전염병처럼 피할 것이다. 간단히 말해서, 진실을 말하고 공정성을 확인하는 일에서 생기는 불편함은 조직에 소속되어서 하나의 공유된 목적을 수행하는 특권에 대해 치러야 할 합리적인 값이다.

이것이 태국의 탐 루앙 동굴 위쪽 산에서 7,000명의 자원봉사자들이 그들이 행한 일을 달성할 수 있었던 이유다. 그들을 이끈 것은 그저 열세 명의 생명을 구하는 긴급한 일보다 더 큰 것이었다. 즉 자신이 기여가 얼마나 큰지 혹은 작은지에 상관없이 그들은 서로에게, 그리고 소년들의 미래에 **함께 속해 있다**는 명확한 목적의식에 이끌린 것이다. 만일 당신이 진정제를 맞은 10대들을 나르기 위해 위험한 물결 사이를 다이빙하든, 구조 대원과 의료 종사자들을 위해 밥을 짓거나 빨래를 하든 당신은 그 모든 일이 똑같이 중요했을 것이며 똑같은 노력을 쏟았을 것이다. 많은 인간의 정신들이 더 크고 공유된 이야기에 힘을 더할 때, 어떤 이야기에서든 그 유대감은 난공불락이다.

경쟁 부서 사이의 이음새를 매끄럽게 연결하려면

조직이라는 환경에서 구성원의 연대하는 능력을 망가뜨리는 것이 있다. 바로 업무를 **조직화**하는 방식이다. 응집력 있는 소속감을 창조하고 유지하는 일의 중요성을 깨닫기 위해서 이와 반대로 작동하는 힘들을 이해할 필요가 있다.

자궁에서 자라는 아기의 신체 세포들처럼, 조직이 커질수록 업무는 더 특화된 부분으로 쪼개지고 나뉜다. 이 사실은 고도 성장이 노동의 가속화된 분열에 부채질하는 스타트업의 세계만 봐도 명백하다. 더 많은 직원이 등장하면서 업무는 그들 사이에서 잘게 나뉘었다. 하지만 성장이 점점 느려질 때조차도 조직은 결과를 최적화하기 위해 업무를 조직화하는 방식을 일관되게 재구성한다. 조직 대부분은 영업, 마케팅, 연구개발, 재무 등과 같이 기능적 분야를 중심으로 업무를 분류한다. 일부는 유럽, 중부 지역과 같이 지역을 중심으로, 혹은 '산업용 기기', '가정용 기기'와 같이 고객의 세부 사항을 중심으로 분류하기도 한다. 동시에 이런 분류 선택은 한 구성원이 지역부서 리더이면서 기능부서 리더로도 근무하는 '매트릭스 구조^{matrix organization}'을 형성한다. 이는 규모가 더 크고 복잡한 기업에서는 상당히 표준화된 관행이다. 그리고 당신이 이런 조직에서 일하고 있다면 그 안에서 일하기가 얼마나 힘든지 알 것이다.

매트릭스 구조의 성과가 저조한 이유 중 하나는 업무 자체에 있다. 과거 제품이나 일상적인 서비스가 표준화되어 업무의 산출물이 예측 가능한 수준에서 비슷했던 시절에는 구조의 경직성이 효율적인 규모의 경제를 창조했다. 그룹 간의 협업은 성취해야 할 '일관된' 과정을 요구했고, 산출물의 '반복'이 목표였다. 하지만 이제 업무의 본질은 아이디어나 분석, 맞춤형 통찰, 경쟁자의 움직임, 고객의 니즈 파악과 관련된 것으로 변했다. 이처럼 지적이고 창조적인 성격의 일들은 다양한 관

정직한 조직

점과 기술적 전문성을 갖춘 사람들이 정기적으로, 때로는 일시적으로 모여서 눈앞에 닥친 문제가 무엇이든 협력하여 해결한 다음 해체하고 다음 일로 넘어가는 방식을 요구한다. 이런 일을 효과적으로 하려면, 이들 분류 선택을 둘러싼 경계가 허술해서 건너기 쉬워야 하며, 구성원들을 화합시키는 조정 메커니즘이 기민하고 난순할 필요가 있다. 불행히도 대부분의 조직은 아직 그들의 구조를 오늘날의 업무 필요에 부합하도록 적응시키는 법을 배우지 못했다. 높은 성과를 내는 협업을 위한 일상적인 필요는 낡은 구조와 이를 좌절시키도록 설계된 프로세스 때문에 제대로 촉진되지 못하고 있다.

유연하지 못한 구조를 피해서 일하기 위해, 일부 조직에서는 슬랙Slack, 마이크로소프트 팀즈Microsoft Teams처럼 다양한 협업 도구와 기술들을 활용해 조직 내 다른 부서의 사람들과 연계하여 작업하고 있다. 이러한 플랫폼들은 사용자들이 서로의 정보에 접근하고, 아이디어와 피드백을 공유하고, 전 세계 어디에서나 24시간 내내 언제든지 프로젝트를 진행할 수 있도록 돕는다. 이 기술들에는 수많은 이점이 있지만, 구성원 간 응집력을 창조하는 주된 수단으로써는 거의 작동하지 않는다. 조직 내 사일로의 지배적인 시스템이 만연하고, 구성원들과 그들의 충성은 자신이 '배정된' 그룹으로 중력처럼 회귀하기 때문이다. 내가 함께 일했던 중소 기술회사의 경우에는 운영 중인 슬랙 채널이 240개가 넘었다. 예상되는 일이지만, 회사 내 누구도 어떤 채널이 어떤 목적으로 사용되는지에 전부 파악하고 있지 않아서 사람들은 어느 채널이 '맞는' 채널인가를 두고 논쟁하느라 극도로 혼란스러웠고, 부서 간 조정은 실제로 더 악화됐다.

넘어서기 어려운 경계 안에서 업무를 분류하는 전통적인 조직 구조와 오늘날의 업무마다 특성을 부여하고, 경계가 없으며, 협업적인 환경 사이의 긴장은 조직과 구성원들에게 대혼란을 일으키고 있다. 여기에는 몇 가지 이유가 있다. 우선 특정 사업부를 향한 깊은 충성심은 구성원들에게 항상 자기 집단의 필요를 다른 집단의 필요보다 우선시하도록 만들기 때문에 다기능팀 활동을 매우 어렵게 만든다. 그리고 대부분의 회사가 그 격차를 좁힐 준비가 되어 있지 않다. 2016년에 딜로이트에서 실시한 한 연구에서는 설문 조사에 참여한 임원 중 21퍼센트가 그들의 회사가 다기능팀을 구축할 준비가 돼 있다고 답했으며, 12퍼센트만이 조직 전반에 걸친 네트워크 안에서 사람들이 함께 일하는 방식을 이해하고 있었다.[11] 직원 참여에 대한 또 다른 연구에서는 직원 중 24퍼센트만이 자신과 협업하는 타 부서 동료와 효과적으로 연결돼 있다고 느낀다고 밝혔다.[12] 이런 결과들은 단순히 직원들의 좌절감을 넘어서 고객 경험을 악화한다. 2017년에 영국에서 시행한 고객 경험에 관한 한 연구에 따르면, 직원들의 40퍼센트가 부서 간에 서로 다른 의제를 가지고 있을 때 고객 경험이 악화된다고 말했다.[13]

대부분의 가치는 조직의 연결고리에 걸쳐 있는, 수평적 관계 안에서 창조된다는 사실에도 불구하고, 전통적 위계질서 혹은 수직적 구조가 너무도 오랫동안 조직의 양상을 지배해왔다. 안타깝게도 대부분의 리더는 직감적으로 이 사실을 알지만, 함께 일해야 할 사람들을 분리하는 벽을 부수는 데 어려움을 겪는다. 한편 유럽의 관리자들은 적어도 동료를 돕고 협조하기 위해 경계선을 가로질러 작업한다는 개념을 높게 평가하는 것처럼 보인다. 2019년에 2만 4,000명이 넘는 직원을 대상으로 실시한 유럽 기업 설문 조사에서는 93퍼센트의 관리자들이 직원 성과 평가를 할 때, 조직 내 부서와 영역을 넘나들며 다른 구성원들을 돕는 일은 직원의 자유재량에 따른 노력을 근거로 삼는 것이 중요하다고 밝혔다.[14]

히지만 경쟁적인 매드릭스나 KPI(핵심성과지표)가 관여됐을 때 특히 그렇지만, 조직이 파편화되면 진실도 파편화된다. 효율성과 비용 매트릭스에 대한 한 사업부의 헌신은 신제품 출시 매트릭스에 집중하는 경쟁 사업부에게는 분노의 대상이 된다. 두 사업부가 성공을 위해 사실상 서로에게 의존하고 있음에도 말이다. KPI와 같은 평가 시스템은 조직 내 충돌을 단순한 관계의 문제보다 더 큰 문제로 만든다. 이제 충돌은 전체적으로 퍼진다. 협조해야 할 두 기능부서의 능력은 '너희가 일을 제대로 못해서 나는 약속을 지킬 수 없어'처럼 들리는, 대립하는 진실로 쪼개진다. 이 사실은 내 연구에서 가장 놀라운 발견 중 하나로 이어졌다. 다기능팀 간 협업이 잘 조성될 때, 연결고리 위에 자리한 관계는 경쟁에서 자유로워지고, 그 조직에서는 구성원들이 진실을 말하고, 서로에게 공정하게 대하고, 자기 팀의 이익보다 공동의 이익에 먼저 기여할 가능성이 6배나 높아진다는 사실이다.

하지만 직원들이나 관리자가 이 사실을 깨닫는다고 해도 소용이 없을 수도 있다. 특히 조직이 경쟁을 독려하는 방식으로 설정된 상태라면 말이다. 내 인터뷰 대상자 중 한 사람은 내게 이렇게 말했다. "저희 회사는 너무도 명령과 통제식으로 운영돼서 다기능팀 협업자에게 신경쓸 시간이 없습니다. 제가 속한 팀이 운영 계획을 세우고 KPI를 설정하는 방식은 저희가 치르고 있는 '경계 전쟁'을 독려합니다. 말하자면 저희 팀은 웹사이트로 끌어오는 트래픽으로 평가를 받는 반면, 다른 팀은 그 트래픽을 고객에게 돌리게 만드는 정도로 평가를 받습니다. 각자 자기 팀이 반드시 **이기도록** 하기 위해 저희는 서로의 업무를 갉아먹게 됩니다. 서로 성공하도록 돕기 위해 데이터를 공유할 수도 있지만 이를 거부합니다. 사실상 서로가 필요하다는 걸 알면서도 대신 서로를 적처럼 대합니다. 정말 말이 안 되는 상황이죠."

이렇듯 조직 내 구성원들이 각자의 '종족'에 중력처럼 끌려가는 상태에서 경쟁할 때, 어떻게 진정한 협업을 활성화할 수 있을까? 그리고 어떻게 하면 더 폭넓은 다기능팀 협업자들의 조합까지 포함되도록 '종족'의 정의를 확장할 수 있을까?

분열된 조직에 던져야 할 4가지 질문

내가 함께 일했던, 냉동식품을 만드는 한 글로벌 소비재 회사에는 운영 관리 조직(신제품을 개발하고 이를 시장에 출시하는 책임을 맡은 부서들의 조합)과 연구개발 조직 사이에 논쟁의 여지가 많은 분열이 생겼고, 이는 각자 실제로 한 일에 대한 깊은 오해로 이어졌다. 각 집단이 성공적으로 상업화된 제품을 정의하는 방식에 날카로운 차이가 존재했고, 상대 집단이 어떻게 그들의 업무를 곤란하게 만드는 것처럼 보이는지에 관해 분노를 불러일으키는 오해가 있었다. 예를 들어, 연구개발 조직은 운영 관리 조직을 "기회에 대해 '아니오'라고 말하는 것밖에 모르는 사람들"이라고 말했고, 운영 관리 조직은 연구개발 조직을 "조직의 돈과

326 정직한 조직

시간을 낭비하는 사람들"이라고 봤다.

분노와 의심에 찬 격차를 좁히도록 돕기 위해, 나는 각 집단의 리더가 원활한 대화를 성공적으로 마칠 수 있도록 일련의 질문에 바탕을 둔 프로세스를 창안했다. 그 질문은 다음과 같다. 만일 조직 내 구성원들을 화합하기 위한 신선한 접근 방식이 필요하다면 당신에게도 똑같이 유용할 것이라고 확신한다.

우리는 어떤 가치를 함께 창조하는가?

회사의 가장 경쟁적인 차별화 요인은 복수의 기능부서가 **함께할 때** 창조된다. 마케팅과 분석, 연구개발, 제조 부서들이 시장이 원하는 새로운 제품을 만들기 위해 협력할 때, 혁신이 일어난다. 기억하자. 위대한 제품은 영업, 고객 서비스, 운영 관리가 고객에게 매끄럽게 제품을 제공할 때 일어난다. 하지만 현실적으로 다른 기능부서와 함께 기여하는 가치를 실현하는 데 실패하는 기능부서가 많다. 그들은 전적으로 그들이 책임을 지는 영역만 통해서 세상을 본다. 경쟁하는 기능부서와 협력하면서 그들이 함께 어떤 가치를 창조하는지 물어보는 일은 모든 사람을 위해 중요한 것이 무엇인지에 대한 이해를 공유하는 데 도움이 된다. 내 고객 회사의 경우, 연구개발 조직과 운영 관리 조직은 이제는 서로를 다르게 보며, 더 협력적으로 일한다. 오로지 그들의 전문성이 합쳐졌을 때 시장에 제품을 더 빨리 내놓을 수 있다는 사실을 깨달았기 때문이다. 속도를 높이려면 연구개발 부서는 제품 사양을 제조 부서에 제공하는 방식에 있어서 일정 수준의 규율을 존중하고 적용해야 한다. 그리고 관리 부서는 그들이 전에 결코 만들 필요가 없었던 신제품을 수용하기 위해 더 기민해져야 한다. 마케팅과 연구개발 부서 사이에서 가치는 '고객 우선'의 혁신으로 규정됐다. 조직 전략 중에 그들이 공동으로 기여하는 목표를 파악함으로써 그들은 서로 경쟁하는 우선순위를 조정했다. 그들은 이제 비용을 제한하는 일과 구체화되지 않을 수 있는 기회에 대한 필요한 투자와 같은 일 사이에서 건강하고 자연스러운 긴장을 더 잘 관리할 수 있었다.

가치 제공을 위해 무엇에 능숙해져야 하는가?

조직 내 관계가 함께 창조하는 가치를 이해하는 데 기반을 둔 지금, 이제는 그 가치를 가장 잘 달성할 수 있는 방법에 집중해야 한다. 당신과 다기능팀 협업자는 첫 번째 질문에서 규정한 가치를 제공하기 위해 공동으로 필요한 네다섯 가지의 역량을 파악해야 한다. 그 역량은 시장 분석을 제품 기회로 해석하는 일일 수도 있다. 혹은 개발 과정을 통해 프로젝트가 진행되는 만큼 기술적인 문제 해결이나 빠르고 정확한 학습의 교환일 수도 있다. 이때 필요한 것은 각자의 노력을 통합하는 데 요구되는 역량에 격차가 있는지, 혹은 누락된 프로세스가 있는지를 파악하는 정직한 평가다. 당신과 협업자는 상대방의 성과 수준에 대해 정직한 피드백을 제공하고, 또 각자 자신이 가진 능력의 현재 수준을 인정해야 한다. 내 고객의 경우, 프로젝트에 관한 문제를 논의하기 위한 상업적인 핵심 인풋을 제공하는 모든 사업부(규제, 포장, 제조, 마케팅)를 한데 모으는 정기회의가 없다는 사실을 알아차렸다. 그래서 적절한 의사결정권자에게 정보가 늦게 전달됐고, 때로는 전달될 때 왜곡되기도 했다는 것을 파악했다. 관련 사업부들이 어려움을 논의하고 문제 해결을 위해 함께 모일 수 있는 월례 포럼을 만든 덕분에 사람들은 더 정직해질 수 있었다. 조직 내 부족했던 점을 인정함으로써 그들은 그 격차를 메우는 데 함께 헌신하게 됐다.

신뢰를 유지하면서 갈등을 해결할 방법은 무엇인가?

어떻게 하면 조직 내 신뢰를 유지하면서 갈등을 해결하고 결정을 내릴 수 있을 것인가? 이것은 조정 문제가 어디에서 갈등을 조장할 수 있느냐에 관한 어려운 대화다. 하지만 문제를 가장 잘 해결할 방법을 결정하기 위해 미리 발생할 수 있는 갈등을 '시연'해볼 기회이기도 하다. 당신과 다기능팀 협업자들은 앞서 파악한 가치를 창조하고, 최종 결정권이 어디에 있는지를 정하는 데 필요한 중요한 결정도 파악해야 한다. 또한 상호 간에 존재하는 역사적 앙금이나 해결되지 않은 불신을 솔직하게 인정해야 한다. 이를 통해 '종족 보호' 신호에서 경계심을 풀고 서로 공유한 성공의 일부가 되었다고 느끼는 '소속감' 신호로 변환하는 일이 특히 중요하다. 신뢰를 제한하는 서로에 대한 모든 편견이 다뤄질 수 있도록 우려를 가감없이 배출해야 한다. 전에는 이해하지 못했던 상대방 업무의 부담과 어려움을 알게 되면서 서로에게 더 많이 공감하게 될 것이다. 이런 대화에서 흔히 "당신이 그 일을 해야 하는지는 전혀 몰랐어요. 저희의 요구가 당신의 팀을 미치게 한다고 해도 놀랍지 않네요!"와 같은 말들을 듣게 된다. 당신과 협업자는 서로 더 많이 존중하게 되고, 공동의 성공을 위한 각자의 헌신이 커질수록 대화를 나눌 때 어조와 표정이 눈에 띄게 달라지는 것을 보게 될 것이다.

성공을 이루기 위해 서로에게 필요한 것은 무엇인가?

이 과정을 잘 마무리하려면 상대방을 위한 상세한 지원 수준이 담긴 합의서를 작성해야 한다. 정보를 언제 공유하는 것이 시의적절한지, 품질 기준은 어느 정도에 맞춰야 하는지, 의사결정이나 수정·보완을 위해 사전 통보는 얼마나 일찍 해야 하는지, 일상적인 업무가 어떻게 조정돼야 하는지와 같은 사항들을 협상하라. 이 일은 또한 기술 플랫폼에 대한 접근성이나 특정 회의에 참석해야 할 책임처럼 후속 조치가 필요한 항목들을 파악하는 것이기도 하다. 이런 식의 약속은 확정된 사항으로 간주하고, 이를 정한 당사자들이 각 부서를 대표해서 해당 사항들을 이행할 권한을 부여 받는다.

합의서 안에는 성과와 관계 매트릭스를 담아내야 한다. 그리고 처음 6개월은 최소한 월별로 모여서 진행 상황을 평가한다. 이를 통해 각자 어느 영역을 개선을 할 수 있는지, 어느 영역에서 성공적이었는지, 또 각각 도움이 됐는지, 협업을 새로운 수준으로 이끌 방법은 무엇인지를 학습하면서 소속감이 깊어질 것이다.[15]

조직의 분열을 잇는 다리를 건설하는 일에는 신뢰할 수 있는 연결고리로 강화하는 과정 이상의 것이 요구된다. 또 사람들의 다양한 기여에서 나오는 공통된 이야기를 창조하는 일에는 노력을 공유하는 일 이상이 필요하다. 비록 이 두 가지 모두가 핵심임에도 불구하고 말이다. 조직이 심하게 쪼개졌을 때, 다시 말해 전체가 부분의 합보다 적을 때, 리더들은 그 조각들을 다시 온전한 전체로 바꾸려는 용기와 확신이 필요하다. 흥미롭게도 진실성integrity이라는 단어는 라틴어에서 파생됐으며, '전체이면서 나누어지지 않은 상태'를 의미하는 **온전함**integritas에서 비롯됐다는 사실은 눈여겨볼 만한 가치가 있다. 진실성의 현대적 의미는 정직하고 도덕적인 것을 말한다. 하지만 핵심에 있어서 이 단어가 '완전함wholeness을 회복한다'는 의미라는 사실은 우연이 아니다. 다니엘 루베츠키Daniel Lubetzky는 일반적으로 카인드KIND라는 성공적인 사회적기업이자 스낵회사를 설립한 CEO로 유명하지만, 분열된 사람들 사이에서 **완전함**을 회복하려는 용기와 확신을 보여준 리더로 더 주목해야 할 필요가 있다. 그의 이야기에 있어서 그 여정이 어떻게 시작됐는지는 덜 알려져 있다.

루베츠키의 아버지는 제2차 세계대전 중에 남부 독일에 있던 나치 강제수용소인 다하우의 포로였다. 그의 아버지는 아들에게 자신이 붙잡혔던 이야기를 들려주며, 인생이 끝날 수도 있었지만 끝이 아니었던 두 번의 중요한 순간을 강조했다. 첫 번째는 나치가 처음에 리투아니아에 있는 그의 집에 쳐들어 왔을 때였다. 군인들은 그 건물에 있는 모든 유대인을 죽이라는 명령을 받았지만, 한 장교가 아버지에게 이렇게 말했다. "당신은 항상 내게 손을 내밀고 악수를 하곤 했던 사람이기 때문에 나는 당신을 살려 주겠습니다. (⋯) 당신은 작은 보드카 한 병을 주기도 하고, 품위 있게 대화를 나눠주곤 했죠. 이것이 당신이 죽지 않기를 바라는 이유입니다. 당신은 좋은 사람이니까요."**16** 두 번째 순간은 아사 직전까지 갔던 아버지에게 한 독일 병사가 썩어가는 감자를 던져줬을 때였다. 그 일로 병사는 총살을 당할 수도 있었다. 아버지에게는 아무리 악의가 있고 자격이 없는 사람일지라도 친절을 베풀고, 다른 사람을 인간적으로 대하는 일은 삶을 살아가는 방식의 중심이었다. 인생을 바꿔놓은 교훈은 아들의 삶을 형성하며 전수됐다.

그의 첫 번째 벤처는 1994년에 마케팅, 컨설팅, 유통회사로 시작된, 이스라엘과 팔레스타인 간의 경제적 벤처였던 피스워크PeaceWorks였다. 루베츠키는 텔아비브에서 일하면서 맛본 말린 토마토 스프레드를 만들고 유통하는 일로 사업을 시작했다. 제조업체는 폐업했지만, 루베츠키는 자본 투자와 자신의 사업 지식이 사업을 되살리는 데 도움이 될 수 있다고 믿었다. 그의 책 《카인드 스토리》에서 루베츠키는 그 사업의 원래 창업자였던 요엘과 맺은 최초의 파트너십 이야기를 회상한다. '나는 요엘에게 한 유리병 제조업자를 소개했는데, 그는 요엘이 거래하는 포르투갈 제조업체보다 훨씬 낮은 가격을 청구할 사람이었다. 동시에 우리는 이탈리아 업체들보다 훨씬 경쟁력이 있는 터키의 말린 토마토 공급업체를 찾아내는 작업을 했다. 그리고 오우자와 서안 지구 전역에 있는 여러 작은 마을의 팔레스타인 농부들과 언제나 쾌활한 할아버지 같은 인상의 압둘라 가넴을 포함해 움멜 파헴 근처의 바카 엘 가르비야 마을에 있는 이스라엘의 팔레스타인 시민들로부터 올리브와 올리브오일, 바질의 공급자를 찾았다. 지리적으로 더 가깝고, 더 경쟁력 있는 가격의 재료와 유리병을 선별한 우리는 이 사업을 시도해보기로 결정했다.'

루베츠키는 대학을 다닐 때, 풀리지 않는 갈등에 놓인 사람들이 그들의 경제적 이익이 한 방향으로 일치될 때 평화에 더 헌신하게 될 것이라는 주제에 대한 논문을 썼었다. 그 내용은 간단히 이랬다.

갈등 속에 있는 집단 출신의 사람들로 주주와 직원을 구성한 벤처를 설립하는 일은 그들에게 싸우지 않아야 할 이유, 궁극적으로는 서로를 미워하지 말아야 할 이유를 제공한다. 이런 사람들이 협력하거나 거래를 할 때, 세 가지의 확실한 혜택이 등장한다. 개인적 차원에서 그들은 보편적인 인간성을 발견하고 문화적 편견을 깨버리게 된다. 사업적 차원에서 그들은 서로 경제적으로 혜택을 주기 때문에 관계를 보전하고 강화하는 데 확정된 권리를 획득한다. 지역적 차원에서 성공은 그들에게 시스템에 대한 지분을 제공한다.[17]

루베츠키는 자신의 노력이 성취할 수 있는 것과 성취할 수 없는 것에 대해 결코 순진하지 않았다. 그는 작은 병에 든 말린 토마토 스프레드가 수십 년에 걸친 지정학적 갈등과 여러 세대에 걸친 증오를 끝낼 거라고 기대하지는 않았다. 그저 이것이 시작이 될 수 있다고 믿었다. "내 작은 노력은 항상 서로 오랫동안 투쟁해온 문화에 평화롭고 생산적인 경험을 제공하면서 협력과 협업을 구축하려는 의도였다. 나는 단순히 미래의 더 큰 다리를 위한, 어쩌면 토대의 역할을 할 수도 있는 작은 다리를 짓고 싶었다."[18]

나는 공동체나 조직에서 당신이 직면한 부서 간의 경쟁이 이스라엘과 팔레스타인의 갈등 수준으로 높아지지는 않을 거라고 예상한다. 다만 공통된 기반과 공동의 관심사를 찾는 일이 진정한 협업의 시작이자 적대감이 희미해지기 시작하는 지점이라는 루베츠키의 단순하지만 심오한 이론에 주목하길 바란다. 이를 통해 당신의 조직에서 다음에 이어서 살펴볼 모습들을 만나게 될 것이다.

하나의 조직을 가로지르는 '협력의 다리' 설계하기

하나의 조직을 가로지르는 다리들을 구조적으로, 또 문화적으로 구축하는 데는 고된 작업과 지속적인 노력이 요구된다. 팀워크 캠페인 혹은 다양성 및 포용 워크숍과 같은 일회성 행사를 통해 의식을 고취할 수는 있지만, 오랫동안 지속하는 변화로 이어지는 경우는 드물다. 이 일에 모범이 될 만한 방법을 보여주는 두 회사가 있다.

성 다양성 문제에 관한 한 건설 산업보다 더 편향된 산업은 거의 없을 것이다. 스웨덴 기반의 글로벌 건설회사인 스칸스카Skanska는 기업 문화를 더 포용적이고 협업적인 문화로 바꾸는 작업에 착수했다. 먼저 그들은 피아 훅Pia Hook을 이 글로벌 조직의 문화 부문 부회장으로 선임했다. 그녀에게 맡겨진 일은 무엇보다 '생명을 존중하고'(안전을 중시하고), 부분적으로는 '서로에 대한 신뢰와 존중을 보여주면서 개방적이고 공정한 포용적인 문화를 육성'한다고 정의된, '함께해서 더 좋은' 문화를 창조하는 것이었다.[19] 피아는 이들 가치가 서로 깊게 연결됐으며, 다양성이 안전의 핵심 동인이라고 봤다. 그녀는 자신의 책에 이렇게 밝혔다. '아울러 우리는 위계적 직급은 물론, 인구통계학적 · 전문적 차이를 가로지르는 배려의 문화를 강화함으로써 다양성과 포용이 우리의 안전 성과에 영향을 미친다는 사실을 안다. 스킨스카에서 최고의 우선순위는 안전이다. 우리는 일하는 장소에서 사람들이 다치는 것을 허용할 수 없고, 허용하지도 않을 것이다. 다양성과 포용, 특히 전통적인 마초 행동에 도전히는 성 포용적 문화는 무사고라는 우리의 안전에 대한 열망을 달성할 수 있게 해줄 것이다.'[20]

최고경영진을 시작으로, 스칸스카의 리더들은 바람직한 행동을 잘 인식하기 위해 이론을 실천으로 옮기는 임원 개발 프로그램에 참여했다. 현실에 적용하기 위해 설계된 과정들은 리더들이 배운 내용을 업무에 적용하도록 만들었고, 그들은 실제 사업의 도전 과제를 목표로 삼은 6개월간의 프로젝트에 참여해 조직 전반에 걸쳐 협업했다. 피아는 당시 상황을 설명했다. '통문화cross-cultural팀에서 스킨스카의 다른 사업부, 다른 시간대, 다른 전문적 배경에서 온 사람들과 함께 일하는 것은 상당히 도전적인 일이었다. 상황을 원활하게 하고 학습을 촉진하기 위해 참여자들은 그 팀이 어떻게 일하고 있는지, 그리고 그들이 어떻게 집단적으로 포용하고 높은 성과를 거두고 있는지에 대해 지속적인 의견과 대화로 지원을 받았다.'[21] 한 세션에서는 심지어 '다르다'는 느낌이 무엇을 의미하는지에 대한 직관적인 경험을 만들어내기 위해 참여자들에게 1년간의 국제적인 임무에 착수할 것을 요구했다. 피아는 이 임무가 갖는 의미를 이렇게 지적했다. '다른 사업부에서 학습하기와 통문화 학습하기, 인맥 쌓기를 장려하는 것과는 별개로, 이 과제는 다르다는 것, 소수의 입장에 처하는 것, 안전지대 바깥에 있다는 것에 대한 직접적인 경험을 참여자에게 제공한다. 이 경험은 참여자들이 앞으로 문화적 감수성과 배제적인 태도를 포착하는 능력을 키울 수 있는 중요한 경험이라는 것이 우리의 믿음이다. 추가로 이는 그들이 자신과는 다른 사람들과 공감할 수 있는 능력을 키워준다.[22]

그 모든 여정 끝에 스칸스카가 이루어낸 결과는 주목할 만하다. 2019년 연례보고서에서 그들은 '현재 이사회 이사 중 43퍼센트가 여성이며, 직원의 84퍼센트가 구성원들이 서로를 공정하게 대하고 배려한다고 느낀다. 또 직원의 86퍼센트는 스칸스카의 업무 현장이 괴롭힘과 왕따에서 자유롭다고 느끼고 있다'라고 언급했다.[23] 조직적인 것이든, 인구통계학적인 것이든 '다름'을 가로지르는 다리를 건설하는 일은 응집력 있는 조직을 만드는 데 핵심이며, 이 중요성을 잘 알았던 스칸스카는 그들이 한 약속을 실현해왔다.

앞서 캐봇의 CEO인 에드 타운리를 소개했다. 그가 CEO로서 일을 시작했을 당시 회사가 분열돼 있었다는 것을 기억할 것이다. 농부들은 낙농 사업에 대한 이해가 거의 없었고, 사업 부문에 있던 사람들은 기능적으로 그들 각자의 과제에 초점을 맞추고 있었으며 농부의 삶을 이해할 필요가 거의 없었다. 타운리는 자신이 그토록 많은 이해관계자 간의 분열을 좁히지 못한다면 캐봇의 문화를 바꿀 수도, 회사를 성장시킬수도 없다는 사실을 알아차렸다. 이 목표를 달성하는 문제에 있어서 그는 서로에 대한 관점을 넓히기 위해서라면 사람들을 불편하게 만드는일도 두려워하지 않았다. 인터뷰를 통해 직접 이야기를 나누면서 그가어떻게 조직 내 경계를 가로질러 구성원 간의 공감과 이해를 이뤄냈는지에 대한 많은 사례를 공유했다. 다음은 타운리가 제시한, 조직 내 다양한 연결하기의 과정을 생생하게 실증하는 다섯 가지 사례다.

이사회와 회사 연결하기

사업의 수많은 복잡성을 더 잘 이해하기 위해 캐봇 이사회는 월례회의 중 오후 시간을 '새로운 것을 배우기'에 집중하기로 결정했다. 타운리는 이사회 구성원들에게 그저 다양한 사안에 관한 프레젠테이션을 하라고 요청하기보다 사업의 현실과 현장을 경험하는 것이 중요하다고 느꼈다. 그래서 그는 이사회가 회사와 직원들과 더 친근해지도록 종종 캐봇 공장을 함께 방문했다. "그냥 장비 사진을 보여주거나 보고서를 제공할 수도 있었죠. 하지만 그들이 사업을 눈으로 보도록 해야 했습니다. 그래서 직접 공장으로 데려갔습니다. 지위가 높은 사람들에게 제공하는, 모든 것이 청소되어 있고 광이 나는 그런 피상적인 공장 투어가 아니었어요. 보일러를 보러 가는 공장 투어와 같았습니다. 녹슨 파이프를 뜯어서 보고, 얼마나 많은 부품이 용접됐는지 자세히 보는 일이요. 그런 방식으로 그들은 회사의 자본 필요를 온전히 이해했습니다. 우리가 장비를 교체하기 위해 자본이 필요한지, 아니면 생산량을 확대하는 데 필요한 것인지를요."

농부와 식품업체 연결하기

우유를 생산하는 농장주들과 치즈를 판매하는 식품 소매업체들 사이에 다리를 구축하기 위해 타운리는 농부들을 뉴욕시로 보냈다. 그리고 캐봇 치즈가 판매되는 한 식료품 매장에서 하루를 보내도록 했다. 처음에 매장 관리자들은 매장에 농부들을 데려온다는 생각에 회의적이었다. 하지만 매장에서 만난 농부들과 이야기를 나눈 후 즐거워하는 고객의 반응을 보면서 그 계획은 성공작이 됐다. 농부들은 '우리 치즈를 사주셔서 감사합니다'라고 쓴 팻말을 들고 매장 밖에 서 있었다. 타운리는 말했다. "농부들이 그들의 이야기를 할 기회를 가지면서 어떤 오후에는 일주일 치 치즈를 팔기도 했습니다. 그들의 이야기를 들은 고객들이 이렇게 말했거든요. '저는 이제 다른 치즈는 사지 않을래요. 당신의 농장은 여기서 300킬로미터 넘게 떨어져 있군요. 뉴요커로서 그 정도야말로 제가 바랄 수 있는 건강하고 자연이 풍부한 시골이니까요.'"

관리자와 직원 연결하기

아마도 기억하겠지만, CEO로서 타운리의 시간은 회사에서 절도 행위를 하다가 유죄 선고를 받은 몇몇 임원을 해고하는 불편한 과제와 함께 시작됐다. 해고와 같은 선택의 부작용은 조직 내 불안, 특히 리더와 직원들 사이의 불신이 생기는 일이다. 타운리는 '이것이 우리가 일하는 방식이다'라는 명령과 통제 방식의 리더십을 직급과 부서의 영역을 넘어서 감독자가 관리자와 소통하고, 관리자가 교대 근무자들과 소통하는 식의 문화로 바꿔야 할 필요성을 느꼈다. "관리자들은 이제 문제를 해결하는 방법에 대해 교대 근무자들에게 정기적으로 묻습니다. 그들은 '우리가 무엇을 해야 한다고 생각하나요?'라는 단순한 질문에 존재하는 힘을 발견했죠. 그리고 가장 잘 아는 사람들에게 물어봤을 때 얻을 수 있는 아이디어의 긴 목록도요. 한 교대 근무자에게 좋은 아이디어가 있을 때, 다른 교대 근무자가 그것을 실행하는 방법을 제시하기도 했습니다. 제 의도는 모든 사람이 하나의 권한을 부여 받은 팀의 일부라고 느끼도록 만드는 것입니다. 부회장이 명확히 자신의 권한에 속하는 의사결정을 가지고서 제게 승인을 받으러 왔을 때, 저는 이렇게 말했죠. '당신은 이 회사의 부회장입니다. 누구의 허가를 구할 필요가 있나요?'" 의사결정을 조직 내 아래 구조로도 펼쳐냄으로써, 그리고 조직 전체에 걸쳐 모든 사람을 문제 해결에 참여시킴으로써 캐봇은 효율성뿐 아니라 해결책의 창의성과 직원들의 참여도를 높일 수 있었다.

전문가와 시장 연결하기

회사가 성장하면서 지금껏 만든 양보다 더 많은 치즈를 만들게 됐고, 장비 시설도 극단까지 혹사 당했다. 이는 약간의 성장통을 야기했고, 타운리와 그의 팀은 품질이 하락하기 시작한다는 사실을 알게 됐다. 캐봇은 과거만큼 경쟁에서 자주 이기지 못했고, 일부 제품은 품질 테스트에서 실패하기 시작했다. 타운리는 이 문제를 파악하기 위해 세 곳의 공장에서 예상보다 훨씬 변화량이 많이 나타난 공정 작업을 담당하는 각 치즈 전문가를 소집했다. 관습적으로 공장 관리팀은 다른 공장에서 온 사람들이 '간섭'하는 것을 원하지 않았고, 공장들은 서로 다른 장비와 방법을 사용하면서 발전해왔다. 의도는 좋았을지 몰라도, 이런 분권화된 접근 방식이 지속가능하지 않다는 사실은 분명했다.

이 문제를 확실히 해결하기 위해서 타운리는 치즈를 만드는 곳에서는 이단적이라고 할 만한 일을 했다. 외부 치즈 전문가들을 데려와 내부 전문가들과 이야기를 하게 한 것이다. 타운리는 말했다. "그들이 모욕감을 느낄 것을 알았지만 그렇게 해야 했습니다." 이후 그는 내부 전문가들에게 말했다. "우리가 위스콘신대학에서 누군가를 데려왔다는 점에 여러분은 분명 모욕감을 느낄 겁니다. 하지만 똑같은 체다치즈를 만드는 세 곳의 시설이 있는데 품질이 서로 다르다는 사실에 확인했으니 이를 해결해야 합니다. 우리는 전 과정상의 일관성을 확보하지 못하고 있습니다. 세 분께서 그 이유를 파악하기 위해 함께 일해주세요." 그는 이 사건을 내게 상기시키곤 활짝 웃으면서 이렇게 덧붙였다. "그 일이 효과가 있었던 이유는 그 세 사람이 해야 할 일을 말해주는 외부 사람의 존재를 두는 것보다 차라리 서로 협조하는 편을 선택했기 때문입니다." 결과적으로, 외부 전문가는 내부 전문가들이 각자 적용할 수 있는 아이디어를 제시했고, 그들은 규칙적으로 협업하기 시작했다. 제조 부문 대표도 각 공장을 별도로 방문하기보다 이 세 명의 치즈 전문가를 함께 정기적으로 만나기 시작했다. 캐봇이 설립된 지 100주년이 된 이듬해에 그들은 이제까지 받았던 것보다 더 많은 상을 받았다.

영업과 마케팅 연결하기

캐봇의 제품 포트폴리오가 성장하면서, 마케팅팀은 버터와 배양육 제품, 치즈와 같이 각 품목의 시장 성과에 대해 더 정교한 분석 데이터를 수집하기 시작했다. 각각의 새로운 조합에 대한 통찰과 함께, 그들은 영업팀이 캐봇의 고객 기반, 제품 구성, 채널을 최적화할 수 있는 새로운 기회를 봤다. 중요한 질문은 이 정보로 무엇을 할 것인가에 있었다. "마케팅의 데이터 담당 그룹은 온갖 종류의 아이디어를 위해 데이터를 발굴하고 있었지만, 그들이 벽 너머에 있는 영업팀으로 정보를 던졌을 때, 정보를 본 사람이 누구든 그것으로 무엇을 해야 할지 아는지를 확신하지 못하겠더군요. 정보가 가진 의미에 신경 쓰는 일은 더 말할 것도 없고요." 이때쯤 데이터 분석 부문 대표가 와서 타운리에게 대부분의 성숙한 소비재 회사들이 거대한 제품 포트폴리오를 조직화하는 방식과 유사하게, 단일한 카테고리와 제품을 중심으로 손익계산서를 구성하는 '전략 제품 그룹'을 만들자는 아이디어를 제안했다. 각 그룹에는 지정된 영업 부문을 책임질 대표를 둘 예정이었다. 이것은 캐봇의 기존 운영 방식에서 급진적으로 벗어난 방식이었다. 현명하게도 타운리는 그에게 이렇게 말했다. "5년 안에는 그렇게 할 준비가 될 걸세. 하지만 우리가 지금 그렇게 많은 변화를 도입하려고 노력한다면 그 변화는 실패할 거야." 성숙한 회사에 데이터 분석과 같은 역량을 도입하는 일에는 많은 이유에서 위험이 따른다. 대개 그 결과에서 비슷한 수준의 경쟁사들이 앞서간 특정 분야 성과가 뒤떨어져 있다는 사실을 노출하기 때문이다. 그에 따른 위협을 느끼면 사람들은 반사적으로 변화에 저항하게 된다. 이런 결과를 피하고자 타운리는 버터라는 단일 제품 카테고리로 작게 시작해서 점점 넓혀나가는 방법을 택했다. 캐봇은 그 회사의 버터 사업을 관리할 전략적 리더를 임명했다.

초반에 버터를 만드는 직원들과 버터를 판매하는 직원들은 새롭게 선임된 리더의 말을 귀 기울여 듣고 싶어 하지 않았다. 이에 타운리가 나서서 그들 사이에 갈등이 있다면 자신이 관여하겠다고 알렸다. 새로온 리더는 버터를 만드는 직원들과 버터 생산라인에서 나란히 며칠간 일하면서 그들을 개인적으로 알아가고, 자신이 학습하고 있는 것을 공유했다. 타운리는 이 부분을 강조했다. "일하는 직원들을 **진정으로 아는 것**이 핵심입니다. 그것이 그들의 신뢰를 얻는 방법이죠. (…) 이 작업에는 약 18개월이 걸렸습니다. 하지만 이듬해에 우리는 그 데이터를 활용해서 정확한 예측과 고객에 대한 통찰로, 수요와 공급을 더 효과적으로 관리해서 버터 제품의 매출을 200만 달러나 증가시켰습니다. 그리고 그 접근 방식을 다른 제품 카테고리에도 확대하기로 결정했죠." 타운리의 리더십은 캐봇에서 **협업의 가치**를 구현했고, 그 가치에 **진실한 모습**을 유지했다. 그 결과, 회사의 성과를 두드러지게 개선했다. 캐봇의 핵심 가치 중 하나는 이것이다.

'성공은 특정 집단의 풍요로움보다 공동의 선에 집중하는 데서 비롯된다. 사람들이 협력할 때, 위대한 일이 이뤄진다.'[24]

Q. 당신이 타운리의 팀에 있었다면 어느 부분에서 그의 접근 방식에 저항했을 것 같은가? 만약 당신이 자문을 해준다면, 타운리에게 어떤 조언을 했겠는가? 만약 당신이 타운리의 입장이었다면, 무엇을 다르게 했겠는가?

나는 《권력에 맞서기》에서 가장 성공적인 임원을 만드는 요인을 다뤘고 이를 위해 실시한 10년간의 종단 연구에서 얻은 데이터를 소개했다. 그리고 능력을 차별화하는 핵심 요인은 '**폭넓음**breadth'에 대한 리더의 역량, 즉 조직 내 서로 다른 영역을 응집력 있게 한데 모으고, 경쟁력 있는 역량을 가지도록 통합할 수 있는 능력임을 밝혔다.[25] 타운리의 이야기는 그런 폭넓음에 대한 역량이 발휘될 때 나타나는 모습에 있어서 교과서와 같다.

타운리나 루베츠키처럼, 조직 전체를 부분의 합보다 더 크게 만드는 리더가 되고 싶다면, 확신을 가질 용기와 실현해내기 위한 견고한 프로세스가 필요하다. 완벽함보다는 진전을 우선시하라는 조언도 중요한 토대가 된다. 내가 연구한 통계 모델에 따르면, 직원들이 조직의 경계를 넘어서서 조정하려는 효과적인 노력을 기울일 경우, 부서 간 협업이 25퍼센트 수준으로 개선되고, 그 영향으로 조직 내 정직한 태도가 17퍼센트 개선되는 결과가 나타난다.

이번 이야기를 읽어나가면서 아마도 당신의 조직 내부에 존재하는 끊긴 연결고리들을 다수 떠올렸으리라 생각한다. 우리 대부분은 그런 문제들을 확실하게 포착하는 데 어려움을 느낀다. 나누어진 조직을 더 원대한 이야기로 통합하겠다고 결심하라. **하나의 가치를 선택하고, 연결하기 시작하라!**

지금 할 일: 조직 내 구성원 연결하기

끊긴 연결고리를 정직하게 파악하라

조직의 영역 전쟁이나 경쟁을 업무 현장의 일상적인 측면으로 무시하기는 쉽다. 이를 감안할 때, 이 문제를 해결하기 위한 첫 번째 단계는 어디에서 그 일이 일어나고 있는지를 인정하는 것이다. 당신과 당신의 팀, 핵심 이해관계자들 사이에서 당신이 관심을 가져야 할, 연결고리가 끊긴 부분은 어디인가? 이런 관계가 회복되고 강화된다면, 어떤 일이 일어나겠는가? 단절을 회복하는 작업은 어떻게 시작할 것인가? 어떤 문제에서든 당신이 옳은 이유를 합리화하는 식으로, 조직 내 갈등에 당신이 영향을 미치는 부분을 어떻게 정당화하고 있는가? 다기능팀 협업자가 당신과 당신의 팀에 대해 어떻게 말할 것 같은가? 당신이 파악한 약한 연결고리들을 대상으로 우선순위를 설정하고, 각각 해결할 계획을 확립하라.

생생한 경험을 제공하라

타운리의 사례를 참고했을 때, 당신의 조직에서는 '다른 사람의 입장이 되어보기'를 경험하기 위한 기회를 어디에서 창조할 수 있겠는가? 핵심 다기능팀 협업자들의 필요를 이해하는 인지적 경험에서 그들의 세계와 어려움에 공감하는 감정적 경험으로 어떻게 옮겨갈 수 있겠는가? 당신의 팀원들에게 더 나은 협업을 이뤄야 하는 타 부서의 팀원들과 하루나 이틀 정도 함께 일해보도록 하라. 반대로 타 부서의 팀원들도 당신의 팀에서 경험해보도록 초대하라. 그리고 '분열된 조직에 던져야 할 네 가지 질문'을 통해 각 질문에서 살펴봤던 방법을 활용하라. 팀원들과 모여서 더 탄탄한 관계가 필요한 협업자들에 대한 공감과 이해를 강화하기 위해 당신이 제안한 감정적 경험에 대해 브레인스토밍하라.

소속감을 증진하라

리더로서 우리는 당연하게 직원들이 편안하고 팀과의 유대감을 느낄 거라고 가정한다. 하지만 편안하다고 느끼는 것은 소속감을 가지는 것과는 매우 다르다. 당신의 팀원들은 서로를 얼마나 잘 아는가? 팀원 중 아이디어를 내거나 참여하는 데 제한을 느끼고 있는 사람이 있는가? 회의가 진행되는 동안 모든 참석자가 발언하는지, 또 서로의 말에 귀 기울이는지 관찰하라. 팀원들은 서로 예의를 지키며 도전적인 의견도 주고받는가? 팀 내에 신뢰가 구축되었다는 것을 느낄 수 있는가? 팀원들이 비언어적 표현으로 당신에게 무슨 메시지를 전달하고 있는가? 그들이 당신과 눈을 마주치는가? 그들은 다른 사람의 말에 귀 기울일 때 몸을 앞으로 기울이고 고개를 끄덕이는가? 아니면 뒤로 기대어 앉아서 팔짱을 끼고 눈길을 돌리는가? 각자의 소속감을 평가하는 데 최선을 다하라.

팀원들이 느끼는 소속감이 당신이 원하는 수준인지 확신할 수 없다면, 익명의 설문 조사를 통해 신뢰와 팀에 속한다는 것에 대해 어떻게 생각하는지 물어볼 수 있다. 조직과 팀에 대한 당신 자신의 소속감도 곰곰이 생각해보라. 당신은 생각을 공유하는 것이 안전하다고 느끼는가? 팀원들에게 취약한 모습을 보인 적이 있는가? 어려운 결정을 내릴 때, 팀원을 참여시켰는가? 소속감을 증진한다는 일이 어렵고, 때로는 모호하게 느껴질 수 있다는 것을 인정한다. 감정적이지 않은 성향의 리더들에게는 낯간지럽고 불필요한 일로 느껴질 수도 있다(이럴 경우, '우리 뇌는 사회적이다'에서 다룬 소속감에 관한 데이터와 영향에 대해 다시 읽어보길 바란다). 당신이 당신의 팀에 가장 높은 수준의 성과를 원한다면, 소속감은 **최소한의 기본 조건**이다.

조직의 경계를 이동시켜라

많은 리더가 업무의 구체적인 측면(기능, 전문 과제, 핵심 과정 등)을 중심으로, 조직의 경계를 확립하고 계속해서 유지한다. 한 걸음 뒤로 떨어져서 조직을 바라보며 자문해보라. "오늘 다시 조직을 밑바닥부터 설계한다면, 지금과 같은 방식으로 업무를 분류할 것인가?" 또 피터 드러커가 한 말을 다르게 바꿔 표현해서, "만약 당신이 하는 업무 중에 어떤 일들을 아예 하지 않았다면, 지금 그 일을 하겠는가?" 만약 위의 질문들에 '아니오'라고 답했다면, 끊긴 연결고리를 넘어선 근본적인 조직 설계 방식의 문제가 있을지도 모른다. 조직의 업무를 설정할 최적의 방식을 새롭게 생각하는 문제를 피하지 말라. 그 과정의 일환으로, 당신의 팀과 함께 현재의 조직이 가진 이점과 한계에 대해 열린 대화를 나누고, 개선할 방법이 있는지 살펴보라. 물론 **변화를 위한 변화는 경계하라**. 단순한 징후뿐 아니라 적절한 문제를 다루고 있는지 확실히 하라. 끊긴 연결고리에 대한 당신의 평가가 더 깊은 조직의 문제를 드러낸다면, 그때 그 문제들을 다뤄라.

조직의 통합을 이룰 때, 조직의 정직성에 어떤 영향을 미치는지 살펴보았다. 이제 개인의 차원에서 바라봤을 때, 당신이 가장 함께 일하고 싶지 않은 사람은 어떤 사람인가? 만약 그들을 당신의 협력자로 만들 수 있다면 어떤 일이 일어나겠는가? 마지막 챕터에서 당신이 이 일을 어떻게 할 수 있을지 알아보자.

이 장을 마치며

- 다른 문화와 배경, 신념 체계를 가진 사람들은 그들의 업무와 조직 내 관계가 통합을 이룰 수 있도록 설계됐을 때, 조직 내 경계를 넘어서 통합할 수 있다.
- 조직이 성장할수록 업무는 조직을 파편화시키고 사일로를 만들면서 분열된다. 리더들은 업무 부서 사이에서 조정과 협업이 매끄럽게 일어날 수 있도록 보장하기 위해 부서 간 경계를 어디에 두어야 할지 지속적으로 재평가해야 한다.

• 높은 성과를 위한 협업에 초점을 맞추는 오늘날의 업무 문화에서 리더에게는 조직의 현재 필요에 적합한 사람들을 한데 모으기 위해 조정 메커니즘을 활용하는 일은 물론, 그룹화에 있어서 유연한 경계를 만드는 일도 중요하다.

• 부시 간 협업이 강력한 조직에서는 구성원들이 진실을 말하고, 서로 공정하게 행동하고, 자기 팀의 이익보다 공동의 이익을 실현할 가능성이 6배 더 높다.

• 심리학적 연구 결과에 따르면 인간으로서 우리는 어딘가에 소속되기를 갈망하고, 신경과학에 따르면 우리는 '연결'을 추구하는 존재로 태어났다. 조직의 맥락에서는 자기 자신보다 더 큰 영역에 소속된다는 느낌이 우리를 이끈다. 덧붙여 알리십allyship(자신이 해당 집단의 일원이 아니더라도 부당한, 혹은 불공정한 대우를 받는 집단 내 일원을 돕거나 지지하는 행동이나 자질—옮긴이)은 조직 구조에 공정함을 구축할 수 있도록 돕는다.

• 소속감을 구축했을 때, 구성원들은 각각의 개인이 서로뿐 아니라 공유된 노력에 동등하게 중요하다는 사실을 알 수 있다.

• 당신의 팀과 협업팀 간 연결고리를 연결하려면, 다음의 질문에 함께 답해보자. '우리는 어떤 가치를 함께 창조하는가?', '가치 제공을 위해 무엇에 능숙해져야 하는가?', '신뢰를 유지하면서 갈등을 해결할 방법은 무엇인가?', '성공을 이루기 위해 서로에게 필요한 것은 무엇인가?'

Chapter 9.

'그들'을
'우리'로 바꾸는 법

깨달음의 이야기:
다름을 넘어서 함께하기

흑인 젊은이들이 항공기 제조와 같이 급속히 발전하는 군수 산업에서 취업 기회를 얻기 위해 미국 남부에서 캘리포니아주로 옮겨갔다. 그때부터 LA에는 1940년대까지 거슬러 올라가는 갱단 폭력의 강렬한 역사가 존재해왔다. 미 전역에 인종적 불안이 퍼져나갈수록 갱단도 1950년대와 1960년대에 빠르게 확산했다. 1996년에 LA 카운티의 갱단 수는 274개에 달했고, 그중 225개는 압도적으로 흑인 공동체가 주를 이루는 여섯 개의 카운티(LA, 콤프턴, 애선스, 잉글우드, 카슨, 롱비치)에 자리하고 있었다.[1] 2015년에 LA 카운티에서 발생한 살인 사건 중 60퍼센트 이상이 갱들과 관련이 있었다. LA 갱단 중에 가장 악명 높은 경쟁 관계였던 두 갱단은 크립스^{Crips}(애초에는 여물통을 의미하는 크립스^{cribs}였으나 그들이 지팡이를 가지고 다니자 절뚝거리는 사람이라는 의미의 크리플스^{cripples}를 줄여서 지금의 별명을 가지게 됐다)와 블러즈^{Bloods}였다. 두 갱단의 구성원은 미 전역에 걸쳐 5, 6만 명에 달할 것으로 추정 됐다.

로베르토 '뉴스' 스미스Robeto 'News' Smith는 1985년에 콤프턴에서 태어났다. 열한 살 때부터 그는 블러즈에 합류하기 위한 탄탄대로를 밟고 있었다. 콤프턴이라는 도시는 1980년대 중반과 1990년대에 갱단의 활동을 위한 온상지 중 한 곳이었고, 뉴스는 우울한 지역에서 자라는 많은 다른 아이처럼 그들의 유혹에 영향을 받았다. 그는 당시를 떠올리며 말했다. "아이일 때는 갱단 활동에 참여하는 일이 재미있어 보이죠. 우러러보는, 나이가 더 많은 아이들을 보면 따라 하고 싶어지고, 음악을 하거나 혹은 약간의 문제에 휘말리는 일이 멋지다고 느끼죠. 형들이 이미 갱단에 속해 있었으니 제게는 그럴 법한 일이었습니다. 하지만 10학년이던 해에 친한 친구 두 명이 갱들의 싸움에서 총에 맞았습니다. 바로 그때가 갱단의 활동이 재미와 게임에서 그저 나쁜 행위로 바뀐 순간이었죠. 그리고 '이제 오로지 안전을 위해서 총을 가지고 다녀야 하나?' 하는 생각을 했습니다. 경찰이 저를 안전하게 지켜주지 않을 거라는 걸 알고 있었으니까요."[2]

말라치 젱킨스Malachi Jenkins 역시 1986년에 콤프턴에서 태어났고, 아홉 살이 됐을 때 크립스와 인연을 맺게 됐다. 갱단에서의 별명이 '스팽크Spank'였던 젱킨스는 자신의 동네에서 자라는 것은 거친 일이었다고 말했다. "아주 어린 아이였을 때조차도 저는 항상 우리 집 대문 바로 너머에 마약, 매춘, 갱단 무리가 있다는 사실을 알고 있었습니다. 학교에 걸어갈 때는 골목에 있는 시체를 걸어서 넘어가는 법을 배웠죠. 그러다 어느 순간 그런 고통에 둔감해집니다. 제가 11학년이었을 때, 가장 친한 친구가 블러즈 일당에게 죽임을 당했습니다. 제게 상황이 심각하게 느껴진 사건이었습니다. 그저 친구의 장례식에 가기 위해서 학교를 빠져야 할 때, 그때가 상황이 얼마나 엉망인지 보기 시작하는 때죠."

인격이 형성되는 중요한 시기의 여러 해 동안 뉴스와 젱킨스는 마약 소지, 차량 절도와 폭주, 좀도둑질 등으로 교도소를 들락거렸다. 그들의 삶은 격동적이었고 위험으로 가득했다. 뉴스는 "교도소에 있다는 것은 단 한 번뿐이더라도, 또 그저 몇 달 동안이라고 해도 어떤 일보다 힘들었습니다. 가장 밑바닥 삶의 내막을 보게 되니까요."라고 말했다. 젱킨스는 심지어 한 신입 경찰이 사람을 입건하는 훈련을 받아야 했던 이유로 체포된 적도 있었다.

누구에게 물어봐도, 뉴스와 젱킨스는 서로를 싫어했어야 했다. 그들이 각자 속한 갱단의 경쟁이 최고조에 달했을 때는 상대 갱단의 상징색(크립스는 파란색, 블러즈는 빨간색)의 옷을 입은 모습만 보여도 총에 맞을 수도 있었다. 그리고 양쪽 갱단이 서로 거리에서 마주치면 뜻은 명확했다. '네가 우리 중 한 사람을 죽이면, 나는 너희들 중 하나를 죽이겠다'는 식이었다. 1990년대 갱단 사이의 전쟁이 최고조에 달했을 동안에는 상대 갱단 출신의 일원과 친구가 된다는 개념은 말도 안 되는 일이었다. 또한 가난하고, 갱단과 마약이 들끓는 동네에서 태어났다는 사실은 이른 나이의 사망, 수차례의 감옥 생활, 만성적인 신체·정신건강 문제에서 자유로울 수 없음을 의미했다. 통계적으로 두 사람은 둘 중 한 사람, 혹은 두 사람 모두 사망했을 가능성이 컸다. 여러모로 따져봐도 뉴스와 젱킨스가 그들의 암울한 세계에서 살아남아서 갱단의 벽을 넘고 친구가 될 가능성은 거의 희박했다.

이 두 사람은 2004년에 미국 독립기념일 파티에서 우연히 처음 만났다. 그들은 공통의 친구를 통해서 서로에 대해 들은 적이 있었고, 둘 다 같은 여성을 좋아한다는 사실을 알게 된 후에 친해졌다. 두 사람이 각자 살던 동네에서는 양 갱단 간 주요한 갈등은 없었기 때문에 단절을 넘어서는 일이 비교적 덜 위험했다. 젱킨스는 이렇게 말했다. "저희는 그저 적이 되어서 흥분하고 서로를 싫어했을 수도 있습니다. 그리고 서로 다른 갱단 소속이라는 사실은 상황을 더 악화시킬 수도 있었죠. 하지만 저희는 친구가 되기로 선택했습니다. 서로가 완전히 다르다고 보지 않았죠. 그리고 처음에는 몰랐지만 저희 사이에 공통점이 보이기 시작했죠." 그리고 그날의 만남은 두 사람의 삶을 바꿔놓을 우정의 길로 이끌었다.

젱킨스가 열여덟 살이 됐을 때, 그는 친구 몇 명과 차를 타고 경찰과 추격전을 벌였고, 그의 친구들은 경찰에게 총을 쏘았다. 젱킨스가 마지막으로 붙잡혔고, 경찰은 그를 잔혹하게 구타했다. 그리고 그는 총을 쏘지 않았기 때문에 경찰관에 대한 살인 미수 혐의가 취소됐다. 교도소에서 나온 그는 콤프턴으로 돌아갔다. 스물한 살이 된 어느 날 그는 TV에서 라스베이거스의 한 요리학교 광고를 봤다. 경찰들에게 괴롭힘을 당하고, 교도소를 들락날락하면서 돈은 벌지 못하는 상황에 지친 그는 '저거 꽤 괜찮을 수도 있겠는데' 하는 생각을 했다. 곧장 엄마에게 전화를 걸어 자신이 요리학교에 가면 어떻겠냐고 물었고, 어머니는 바로 다음날 그를 요리학교에 등록시켜주었다. 이후 요리학교를 졸업하고 젱킨스는 오리건주 포틀랜드로 옮겨가서 혼자 힘으로 뛰어난 요리사의 명성을 쌓았다. 그리고 2011년에 콤프턴으로 돌아오게 되면서 뉴

정직한 조직

스와 다시 연락이 닿았다. 두 사람은 몇 가지 사업을 시도했다. 같이 다니면서 외식을 할 충분한 돈이 없을 때 젱킨스는 가지고 있는 몇몇 개의 식료품으로 요리 실력을 발휘해 훌륭한 요리를 내놓곤 했다.

2013년 어느 날, 뉴스의 할머니 집에서 머무르던 두 사람은 엔칠라다 콩 요리를 만든 후 음식 사진을 찍어서 젱킨스의 인스타그램에 공유하면서 수많은 팔로워에게 음식을 나누겠다고 알렸다. 얼마 지나지 않아 집 주변으로 줄이 생겼다. 두 사람은 포장 용기에 음식을 담은 후 1달러짜리 물과 함께 팔았다. 사람들의 반응은 열광적이었고, 두 사람은 음식 사업을 하기로 결심했다. 초반에는 요리할 장소를 찾는 일이 난관이었다. 뉴스의 할머니 집과 젱킨스의 엄마 집을 오가면서, 시그니처 메뉴가 된 엔칠라다 콩 요리와 파인애플 볼(속을 비운 파인애플 반쪽에 밥과 매운 치킨을 넣고 파인애플 덩어리와 매운 소스를 위에 얹는 요리)을 대량으로 만들었다. 인스타그램에 게시물을 올릴 때마다 이웃 주민들이 몰려들어 긴 행렬이 이어졌다. 그들이 요리하는 곳마다 사람들이 모여드는 모습을 보고 사람들은 '트랩 키친Trap Kitchen'(불법 마약이 판매되는 장소를 가리키는 속어인 트랩 하우스trap house에서 따왔다)이라는 이름을 붙여 불렀다.

두 사람의 차이는 오히려 서로 보완하는 재능을 가진 좋은 팀으로 만들었다. 뉴스는 돈을 버는 일에 재능이 있었고(과거 마약 거래로 익힌 재무 기술 및 영업, 유통 관련 능력을 활용했다), 젱킨스는 잘 찍은 요리 사진으로 점점 더 많은 수의 팔로워를 끌어들이면서 강력한 소셜미디어 플랫폼을 구축했다. 그리고 그렇게 트랩 키친이라는 이름으로 사업을 공식 출범했다. 뉴스는 "저희는 레스토랑에서 음식을 먹을 여유가 없는 이웃 사람들에게 맛있고, 건강하고, 저렴한 음식을 먹을 수 있도록 해주고 싶었습니다."라고 말했다. 요리할 장소로 항상 고생하던 두 사람은 2014년에 처음으로 푸드 트럭을 마련했고, 2년 후에는 뉴욕, 샌프란시스코, 시카고, 포틀랜드 등 여러 도시로 전국 투어에 나섰다. 당시 그들의 여정은 주요 미디어 매체에서 보도됐고, 각 도시의 음식 축제와 다양한 이벤트 행사에 초대되어 참여했다. 오늘날 트랩 키친에는 일곱 대의 푸드 트럭이 있고, 포틀랜드에는 레스토랑이 있으며 직원 수는 30명이 넘는다. 또한 스눕 독, 저스틴 비버, 마사 스튜어트 등 세계적인 셀럽들의 뜨거운 관심도 얻어 그들의 파티나 행사에서 음식을 내놓은 일로도 여러 차례 화제가 되었다.

성공은 그들을 자만에 빠지게 만들지 않았다. 뉴스와 젱킨스는 여전히 그들의 뿌리에 현실적 기반을 두고 있으며, 늘 진실되게 행동한다. 두 사람은 16년이 넘는 시간 동안 서로를 점점 더 존중하고 신뢰해온 반면 그들의 차이는 점점 더 흐릿해졌다. 과거의 갱단 시절을 떠올리며 자신들의 우정이 얼마나 특별한지 잘 알고 있다. 그래서 뉴스는 그 우정이 그들이 살던 동네에서 다른 흑인 남성들에게 인내와 헌신의 사례로 의미가 있길 바란다. "저희는 사람들에게 무언가를 추구한다면 온 마음을 다해서 그 일을 하고 결코 포기하지 않아야 한다는 것을 보여주고 싶습니다. 젊은 흑인 청년들이 단지 유명한 래퍼나 스포츠 스타가 되지 않아도 갱단의 삶을 벗어날 수 있는 더 많은 방법이 있다는 사실을 믿길 바랍니다. 누구나 자신의 삶에서 많은 방식으로 의미 있는 일을 할 수 있죠. 젱킨스와 저는 지역사회를 위한 멘토가 되고 싶습니다. 저희의 이야기가 다른 사람들에게 친절로 다가가도록, 그들이 자기

정직한 조직

자신을 재창조하는 데 도움이 되도록 그리고 어떤 일이든 가능하다고 믿을 수 있도록 영감을 제공하길 원합니다."

두 사람의 이야기는 쉽게 적이 될 수도 있을 다른 사람들을 협력자로 바꾸기로 선택한다는 것이 의미하는 바를 잘 보여준다. 그리고 그 선택으로 얻게 되는 것들, 달라지는 것들이 무엇인지에 대해 생각해볼 기회를 제공한다. 조직이나 공동체, 관계에서 연결고리를 이을 수 있는 유일한 방법은 뉴스와 젱킨스가 그랬듯 서로의 다름에도 불구하고 상대를 향해 손을 내밀고 힘을 합치는 것이다. 하지만 많은 사람에게, 특히 오늘날처럼 극단적으로 양극화된 환경에서는 그런 선택을 하는 것이 쉬운 일은 아니다.

'우리 편'에 대한 본능

사회심리학자들과 관련 연구자들은 브렉시트Brexit를 겪은 영국을 비롯해 전 세계적으로 드러나는 정치적 분열의 여파 속에서 **부족주의**tribalism라는 개념을 광범위하게 논의해왔다. 수렵 · 채집인의 삶에서 진화한 인간은 안전과 생존을 위해 그들의 부족 안에서 다른 사람과 밀접하게 연계하려는 성향이 있다는 것이다. 이는 전 세계적으로 매년 점점 더 심해지는 전쟁과 부족 간 갈등에서 벌어지는 일들을 봤을 때 특히 사실처럼 보인다. 하지만 이런 관점에는 문제가 있다. 실제로 인간이 '타고난' 부족주의 의식을 가졌다는 것을 증명해줄 신경과학적 혹은 유전적 증거가 **없다**는 사실이다.

그럼에도 앞서 살펴봤듯, 우리에게는 소속에 대한 본능적인 갈망과 소속된 영역에 대한 맹렬한 보호의식이 내재해 있다. 또 변치 않는 소속감을 형성하는 일에는 많은 이점이 존재한다. 반면 강력한 유대감이 낳는 부산물은 순응에 대한 기대다. 행복한 삶과 약속된 충성을 지키기 위해, 우리는 부족이 선호하는 사실이나 믿음에 대해 의문을 제기하기를 멈춘다. 부족과 모순되는 어떠한 관점과 증거도 잘못되고 불쾌한 것으로 여기며 묵살하고, 종종 그에 대한 분노를 겪기도 한다. 만일 부족에서 존경 받고 높게 평가 받는 리더가 어떤 관점을 제시했을 때, 그에 의문을 제기할 이유는 어떤 것도 존재하지 않는다. 그것이 '적'을 비방하려는 의도일지라도 말이다.

실제로 우리 현실에서 가짜 뉴스가 얼마나 쉽게 퍼지는지 생각해보자. 2016년, 노스캐롤라이나주 출신의 한 무장한 남성이 워싱턴 D.C.의 한 피자가게로 걸어 들어갔다. 그 식당에 존재하지도 않는, 그가 가게 지하에서 운영된다고 **믿는** 성매매 범죄 조직을 조사하기 위해서였다. 소위 '피자게이트 사건'의 줄거리는 음모론을 내놓는 한 우익 웹사이트에서 시작됐다. 한 민주당 고위직 인사의 해킹된 이메일에서 범죄와 연루된 증거로 보이는, 피자 토핑 용어를 써서 암호화한 메시지가 발견됐다는 주장이었다.[3]

이런 이야기들은 일단 틀린 것으로 밝혀지면, 그저 완전히 우스갯소리로 일축된다. 그럴듯한 이야기라며 퍼뜨리고 즐겼던 사람들도 말이다. 하지만 공식적으로 틀렸다고 밝혀지기 전까지 수백만 명의 사람이 '그런 일이 가능할까?' 하고 궁금해 했을지도 모른다는 사실을 생각해보자. 이것이 부족주의가 작동하는 방식이다. 당신이 피자게이트를

정직한 조직

홍보한 우익 음모 이론가들처럼, 미국 민주당 엘리트들을 미워하는 성향을 갖고 있다면 그 이야기가 얼마나 기이하게 들리느냐와 상관없이, 당신의 편이 홍보하는 이야기에 의문을 느끼는 방향으로 마음이 기울지 않을 것이다. 이런 이야기와 놀라울 만큼 유사성을 가진, 현실 검증된 사건에서도 그 사실을 발견할 수 있다. 부유하고 유명한 사람들에게 미성년 아동을 데리고 성매매를 한, 억만장자로 알려진 아동 매춘업자 제프리 엡스타인Jeffrey Epstein의 이야기가 그것이다.[4] 만약 이것이 사실이라면, 왜 특정한 토핑을 얹은 피자 주문과 관련된 비밀 암호화 메시지가 그토록 타락한 사람들이 악마 같은 쾌락을 얻는 방법이 될 수 없겠는가?

누구도, 특히 소속되려는 욕구가 위협 받을 때는 '믿고 싶다'는 충동에 영향을 받지 않을 사람은 없다. 소속되고자 하는 부족에 대한 욕구와 부족의 신념에 대한 준비된 수용의 중심에는 **확증 편향**confirmation bias이라고 알려진 인지적 편향이 있다. 인지적 편향은 세상을 이해할 때 우리 뇌가 만들어내는 '지름길'이다. 우리 뇌의 에너지 보존 메커니즘의 하나로, 뇌가 받아들이는 거대한 양의 정보를 처리할 때 일을 덜하기 위한 방법이다. 세상에는 수많은 유형의 인지적 편향이 존재한다. 가장 확연한 확증 편향 중 하나는 우리 뇌가 우리가 이미 믿고 있는 것과 모순되는 모든 정보를 걸러내고, 대신 우리가 도출하기로 결정한 결론을 지지하는 데이터를 찾으려고 할 때 나타난다.[5]

당신은 옳다고 확신했지만, 나중에 틀린 것으로 증명됐던, 잘못된 결론을 도출했던 경험을 떠올려보자. 예를 들어, 노골적인 사리사욕 추구 때문에 당신이 분노를 느끼는 동료에게 상사가 아주 중요한 업무를 줄 때, 당신은 상시의 주변에서 불안감을 느낀다. 그 동료의 만족스러운 표정은 불안감에 불을 지핀다. '왜 나는 그 업무를 제안 받지 않았지?'라는 생각이 머릿속에서 반복된다. 당신은 이것이 상사가 당신의 일에 대한 신뢰를 잃었다는 신호라고 확신한다. 특히 그가 지난 번 평가에서 당신에게 좀 더 어려운 프로젝트를 맡을 필요가 있다고 말한 다음에 말이다. 당신은 이 일에 대해 초조해하면서 며칠을 보낸다. 링크드인에서 다른 일자리를 찾는 지경에 이를 정도로 말이다. 나중에 당신은 상사가 그 업무를 배정하는 일과는 아무런 관계가 없었다는 사실을 알게 된다. 그 동료가 가서 직접 요청했던 것이다. 당신도 똑같이 할 수 있었다.

혹은 이런 경험도 있다. 회의에서 다른 부서의 직원이 발표를 하고 있는데, 당신은 지난 번 회의에서 그의 자료에 의문을 제기하고 오류를 발견해주었다. 그래서 당신은 이번 자료에서 예상되는 비슷한 오류들을 찾기 시작한다. 오류가 나타나지 않을 때, 당신은 그가 그저 오류를 잘 감췄다고 가정한다. 회의가 끝난 후, 그가 옆으로 다가와서 지난 번 발표에서 당신이 제공한 유용한 모든 피드백에 고마워한다. 그 피드백 덕분에 준비에 전념했고, 이번 발표를 위해 훨씬 더 열심히 일하게 됐다는 점을 암시하면서 말이다. 이렇듯 확증 편향은 종종 우리의 무의식 속에서 작동한다. 따라서 우리는 그 존재를 심지어 깨닫지도 못한다. 그리고 이런 사실은 훨씬 더 위험한, 비슷한 유형의 **인지적 사각지대**를 만든다. 다른 부족의 사람들, 혹은 '그들'로 지칭하는 존재에 대한 우리의 판단은 너무도 본능적이어서 우리는 자신이 누구를 혹은 무엇을 거부하고 있는지, 심지어 왜 거부하는지를 깨닫지 못한다. 하지만 우리가

정직한 조직

'그들'이 되는 입장에 있을 때, 그리고 다른 확증편향에 대한 판단 대상이 될 때, 우리는 아웃사이더가 됐다는 사실을 강렬하게 깨닫는다. 당연히 우리는 그 사실을 좋아하지 않는다.

손쉬운 '타자화'의 유혹에서 벗어나라

타자화는 어떤 사람이나 집단을 **근본적으로 이질적인 존재**로 대하는 행동이다. 인식된 차이를 과장하거나 그 차이를 비난하거나 그 사람(집단)을 피하는 것을 정당화하는 과정이다. 안타깝게도 타자화하기는 너무도 쉽다. 특히 인터넷과 소셜미디어 플랫폼의 기술적 경이로움 덕분에 그렇다(이에 대해서는 뒤에서 더 자세히 다룰 예정이다). 타자화는 21세기의 가장 암적인 문제 중 하나일 것이다. 사실상 국가 간, 지역 간, 인종 간, 부서 간, 가족 간의 모든 갈등에는 그 핵심에 하나 혹은 더 많은 차원의 집단 기반 차이가 존재한다. 국가 간의 군사적 갈등부터 인종 간의 갈등까지, 회사 내 부서 간의 자원 갈등부터 형제 간의 갈등까지, 타자화하면서 비난하는 손가락은 세상을 분열시킨다. 우리와 다르다고 인식하는 사람을 타자화하는 데 근거로 삼을 산더미 같은 데이터를 열심히, 그리고 신속하게 수집할 때, 우리의 확증편향은 큰 해악을 미친다. 이에 대해 타자화가 되는 입장에 놓였을 때 비로소 이 문제를 날카롭게 들여다 볼 수 있다.

　몇 년 전, 나는 글로벌 개인위생용품 회사와의 중요한 계약을 따내기 위해 회사를 대표해 프레젠테이션을 해야 했다. 총 세 개의 회사가 최종 후부에 들었고, 그중 하나가 우리였다. 해당 프로젝트를 이끄는 여성은 가브리엘이라는 이름의 프랑스인이었고, 미국에 자리한 그 회사의 거대한 사업부를 이끌도록 선임됐다. 그녀가 컨설팅 회사를 최종적으로 선정할 잠재고객이었다. 나는 여성으로 밝혀진 다른 두 명의 후보 경쟁사 발표자와 같이 로비에서 기다려야 했고, 내 차례는 맨 마지막이었다. 나는 가브리엘이 첫 번째 발표자를 배웅하면서 그녀에게 따뜻한 작별 인사를 하고, 진행 중인 다음 과정에 대해 반복해서 말한 다음, 두 번째 발표자를 다정하게 환영하는 모습을 지켜봤다. 우리는 각자 45~60분간의 미팅을 위해 준비하라는 말을 들었다. 그 미팅에는 내가 준비한 고객의 어려움과 도움 요청에 대응할 방안을 기술하는 20~25분 분량의 프레젠테이션 외에 가브리엘과 그녀의 팀과의 대화가 포함돼 있었다. 마찬가지로 가브리엘과 두 번째 발표자는 웃으면서 쾌활하게 서로에게 작별을 고하며 회의장에서 나왔고, 가브리엘은 다시 연락하겠다는 말로 마무리했다.

그러고 나서 마치 누군가가 난데없이 기온을 북극 수준으로 바꿔놓기라도 한 것처럼, 가브리엘은 근엄하고 퉁명스러운 표정으로 나를 향해 돌아섰고, 짧게 "이쪽입니다."라는 말과 함께 회의실을 가리켰다. 환대하는 인사도 없었고, 기다린 것에 대한 노고의 말도 없었다. 여느 컨설턴트라도 그랬겠지만, 내 마음은 온갖 종류의 불안과 벌어지고 있는 일에 대한 암시로 부글거리고 있었다. '이미 결정을 내려놓고, 내 프레젠테이션을 기껏해야 의무적인 것으로, 그래서 결국은 소용없는 일로 만들려는 걸까?', '지금까지의 과정에서 내가 그녀를 불쾌하게 만든 일이나 말을 했나?', '갑자기 가족에게서 끔찍한 소식을 듣거나 상사에게

정직한 조직

서 마음에 거슬리는 이메일을 받았나?' 나는 계약을 따낸다는 희망을 내려놓는 동시에 머릿속을 꽉 채운 이런 질문들에 답을 찾으려고 안달하는 내 마음을 느꼈다.

그녀를 따라 회의실로 들어갔고, 다른 팀원들과 의무적인 소개와 악수를 했다. 노트북을 설치하고 프레젠테이션을 멈춘 후, 그들이 준비되면 시작하겠다는 신호를 보냈다. 가브리엘은 시작하라는 의미로 내게 고개를 끄덕였다. 그런 다음 휴대폰을 집어 들더니 뭔가를 읽기 시작했다. 그녀가 나를 더 오래 무시할수록 나는 더 절망적이 됐다. 그녀를 당황하게 할 위험을 감수하고 발표를 잠시 멈춘 후 기다릴 것을 물을지, 아니면 그저 계속 진행할지 고민했다. 결국 후자를 택했다. 높은 품질의 컨설팅 관계를 형성하는 데 있어서 나의 믿음은 '먼저 고객을 돕고 나중에 판매하라'는 전제였기 때문이다. 발표할 슬라이드는 네 장밖에 없었고, 그중 마지막 장은 그들이 말한 어려움에 대해 회의에 참석한 팀이 참여하도록 할 일련의 질문을 담고 있었다. 내 희망은 내가 고용되든 아니든 최소한 잠재고객에게 우리 회사와 함께 일한다는 것이 어떤 느낌일지를 맛보게 해주기 위해 항상 착수 단계부터 진정한 가치를 제공하는 것이었다. 가브리엘의 팀에 속한 다른 팀원들은 조심스러웠지만 열심히 참여했고, 엄청난 양의 메모를 했으며, 내 프레젠테이션이 도움이 많이 됐다고 말했다. 하지만 그 과정에서 그들은 어떤 반감의 신호를 찾기 위해 가브리엘이 있는 방향을 계속 흘깃거렸다. 그녀는 침묵을 지켰다.

대화가 나에 관한 질문으로 전환됐을 때, 다른 사람들은 비슷한 조직적 어려움에 대한 내 경험과 우리 회사의 운영 방식에 대한 기본적인 질문을 했다. 그때 가브리엘이 대화에 끼어들었다. 그녀는 거의 짜증스러운 톤으로 질문을 던졌다. "그래서 왜 당신이 이 프로젝트에 대해 최고로 자격 있는 사람이라고 생각하는지 말해주시죠. 왜 우리가 당신을 고용해야 하죠?" 잠재고객이 흔히 묻는 질문인 만큼 그 질문이 나를 당황하게 만들지는 않았다. 나를 당황하게 만든 것은 그녀가 질문을 한 **방식**이었다. 그 순간 나는 그 질문에 어떻게 답하는가가 중요할 것임을 알았다. 불친절하고 무례한 느낌을 받은 나는 흥미를 잃으며 방어적이 됐고, 전체 진행 과정에 대한 의심마저 느끼고 있었다. 나는 가브리엘에 대해, 그리고 왜 그녀가 함께 일하기에 끔찍한 고객이 될 것인가에 대해 빠른 결론을 내리고 있었다. 그녀가 어떤 다른 버전의 나를 만들어 **타자화한다고** 느껴졌고, 마음속에서는 그녀에게서 받은 대접을 이미 돌려주고 있었다. 나는 당당하게 떠나려면 정직해야 한다고 마음을 먹었다. 그리고 이렇게 대답했다. "글쎄요, 가브리엘, 솔직히 말하자면 지금 상황으로는 당신이 나를 고용해서는 안 된다고 이미 결정한 것 같군요. 그래서 당신의 마음을 바꿀 수 있는 뭔가를 말할 수 있다는 확신이 들지 않습니다."

그러자 그녀는 분개하고 난처해하는 것처럼 보였다. 그녀의 팀은 분명 충격을 받았지만 완전히 놀란 것 같지는 않았다. "뭐라고요?" 그녀가 대답했고, 나는 다시 입을 열었다. "솔직하게 말씀드리는 걸 양해해 주세요. 하지만 잠재적인 컨설팅 관계가 순조롭게 출발하려면 솔직함이 토대가 돼야 합니다." 나는 목소리 톤을 정중하게 유지하려고 최선을 다하면서 대답했다. "당신이 처음 두 발표자와 관계를 맺을 때 보인 따뜻함과 친절을 떠올렸을 때, 제게 보여준 갑작스러운 무관심이라고

정직한 조직

특징지을 수밖에 없는 태도와 비교하지 않기가 힘들군요. 당신은 제가 프레젠테이션을 하는 대부분의 시간 동안 휴대폰을 보고 있었고, 미소를 짓거나 질문을 하지도 않았습니다. 그런 갑작스러운 변화에는 여러 가지 타당한 설명이 있을 수 있겠지만, 제가 당신의 최고의 선택이라고 확신하는 일을 무척 어렵게 만들군요. 만약 제가 당신을 불쾌하게 한 말이나 행동을 했다면 진심으로 사과드립니다. 하지만 제가 왜 당신과 귀사를 위해 좋은 선택이 될 것인지에 관한 질문에 진정으로 대답하기 전에 제가 관찰한 내용에 어떤 타당한 점이 있는지 듣고 싶습니다."

그녀는 내 삶에서 가장 긴 15초처럼 느껴지는 시간 동안 침묵했다. 그녀가 마주 잡은 양손을 얼마나 세게 비틀고 있는지와 그녀의 목 옆쪽이 붉은색으로 변한 모습을 보니 마음이 심란했다. 그녀는 자신의 팀 구성원들에게 자리를 피해달라고 요청했고, 그들은 방을 떠났다. 나는 흐르는 땀이 셔츠를 통해 보이지 않기만을 바랐다. 곧 가브리엘이 입을 열었다. "네, 좋습니다. 저도 솔직하도록 하죠. 다른 두 명의 컨설턴트는 유럽에서 온 여성들이었습니다. 저는 당신 회사도 선임 여성들 중 한 명을 보내오기를 바랐습니다. 제가 경험한 미국 남성 컨설턴트들은 항상 달도 따오겠다고 약속하면서 유인하고는, 일단 일이 시작되면 실무를 맡을 젊은 사람들과 자리를 바꾸는 사기꾼 영업맨들이었죠. 그들은 가치를 부가하는 데는 관심이 없었고, 그것이 무엇이든 거래를 성사시키기 위해 잠재고객이 듣고 싶어 하는 말을 하는 데만 관심이 있었습니다. 그러니 제 편견을 용서하세요. 하지만 그런 유형의 컨설턴트로 보이는 일을 피하기 위해서 프레젠테이션 중에 도움이 되는 사람처럼 보이려고 애쓰는, 게임을 이끄는 당신의 능력은 그런 저의 의혹을 확인해줬을 뿐입니다. 직설적으로 말하자면, 기만적이고 약간은 역겨운 느낌이었어요."

상황은 그랬다. 나는 나를 몰랐던 누군가로부터 비난 받고 타자화된 것이다. 그녀의 마음속에 나는 뻔한 인상을 주는 캐리커처였고, 애초에 회의실 문을 들어오기도 전에 밀쳐진 셈이었다. 어떤 의미에서는 진실을 알게 돼서 마음이 놓였다. 하지만 실제의 나와 그토록 다른 사람으로 비방 당한 것은 내 마음을 아프게 했다. 마음속에는 과거의 거부당한 기억과 오판들이 다시금 떠올랐다. 그러자 그녀의 오만과 위선에 대해 이미 혀끝에서 맴돌고 있던, 면도날처럼 날카로운 말들로 반격하고 싶었다. 나는 돌아갈 다리를 불태우고 그녀에게 핀잔을 주는 일을 즐길 준비가 되어 있었다. 하지만 한편으론 여전히 나 자신의 일부는 그녀에게 공감하고 있었다. 가브리엘의 행동은 그녀가 이 프로젝트가 수반하게 될 일들에 대해 두려워한다는 신호를 보내고 있었다. 그리고 아마도 그녀는 그 일이 자신의 능력 밖이라고 느꼈을 것이다. 또한 자신을 명백하게 두려워할 팀원들을 방 밖으로 내보냈다는 사실은 어떤 방식으로든 그녀의 통제력이 위협을 받고 있다는 단서를 내게 제공했다. 자신의 편향을 고백하는 모습은 그녀가 삶의 어떤 지점에 아마도 권위 있는 자리에 있는 남성 때문에 고통스러운 경험을 했을 것임을 말해줬다. 근본적으로 나는 최소한 벌어지고 있는 일의 일부는 나와 아무런 관계가 없지 않은가 하는 의심이 들었다. 화가 난 멍든 감정과 전문가적인 공감 사이의 줄다리기는 팽팽했다.

그때 튀어나온 내 반응은 가브리엘뿐 아니라 나 자신도 놀라게 했다. 갑자기 너털웃음을 터뜨린 것이다. 작게 피식하고 웃었다는 의미가 아니다. 배에서 나오는 큰 웃음이었다. 그녀의 정직함과 극도로 잘못 판단한 분석 사이의 커다란 모순이 흥미롭게 느껴졌다. 그녀의 입이 벌어졌고, 내가 스스로를 추스르는 모습을 보면서 불신으로 미간을 찡그렸다. 어쨌든 더 이상 잃을 것이 없다고 느끼면서 스스로를 진정시키고, 나는 그녀에게 그녀의 묘사가 실제로 내가 어떤 사람인시와 얼마나 거리가 먼지 알게 된다면 똑같이 웃음을 터뜨릴 거라고 말했다. "저는 많은 일들을 할 수 있겠지만 결코 하지 않을 일은 바로 고객에게 그들이 듣고 싶어 하는 이야기를 하는 겁니다." 나는 이어서 우리 회사가 고객의 성공과 함께, 고객의 주변 사람들이 아무도 말하지 않을 때 진실을 말하는 일에 헌신하기 때문에 지금껏 구축해온 고객과의 오랜 관계를 우리가 얼마나 자랑스러워하는지를 이야기했다. 또한 우리 회사는 '모든' 고객에게 적합한 회사는 아니라고 설명했다. 덧붙여 그녀가 착수하려는 프로젝트가 정치적 위험투성이라는 사실을 상기시켰다(그녀 자신도 내게 그렇게 말했다). 나는 그녀에게 편안하게 느껴지거나 그저 '열심히 일한다'는 생각을 기준으로 파트너를 선택하지 말고, 예상치 못하게 상황이 안 좋게 흘러갈 때 진실을 말해줄 거라고 확신할 수 있는 컨설턴트를 선택하라고 독려했다. 그녀가 명백하게 자신의 팀에게 겁을 준 방식으로 겁을 줄 수 없는 누군가를 말이다. 그리고 마지막으로 나는 그녀에게 그저 비슷하게 보이는 누군가가 아니라 그녀의 잠재력을 이끌어내고 임원으로 성장하는 것을 도왔다고 말하게 될 파트너를 선택하라고 당부했다.

내가 말을 끝냈을 때, 가브리엘은 다소 누그러졌다. 그리고 헤어질 때 이전보다 더 친절했다. 나는 진정으로 그녀에게 그 프로젝트가 잘되기를 바란다고 말했다. '연락하겠습니다'라는 배웅을 받지 못했기 때문에 나는 그것이 우리가 나누는 마지막 대화일 거라고 예상했다. 나는 '먼저 고객을 돕고 나중에 판매하라'는 내 원칙에 진실했기를 바라면서 떠났다. 비록 그녀가 찾고 있던 도움은 아닐지라도, 그녀가 진정한 나와 일하는 것이 어떤 것인지는 알았을 것이 분명했다. 그리고 놀랍게도 가브리엘은 그 도움이 자신이 찾던 것이라고 결정했다. 2주 후, 그녀는 내게 전화를 걸어서 계약을 제안했다. 프로젝트에 착수한 초반에 그녀는 내 의견을 자신의 팀과 공유하겠다고 말했고, 그렇게 함으로써 그녀는 때로 우리와 일하는 것이 불편할 수도 있지만 우리 회사가 최고의 파트너가 될 것임을 알 수 있었다. 그녀가 그 프로젝트를 통해 직원들에게 영감을 제공하기를 희망했던 바로 그 변화의 모범 사례가 되는데 우리의 관계가 도움이 될 것이기 때문이다. 당시 우리가 추진하는 프로젝트가 바로 '의견 차이를 환영하는 문화 구축하기'였다.

Q. 만약 당신이 내 상황을 경험했다면, 당신은 어떻게 했겠는가? 당신은 가브리엘이 보여준 말과 행동을 마주했을 때, 어떻게 대응하는 경향이 있는가? 만약 당신이 내 코치였다면, 나에게 어떤 부분을 다르게 하도록 조언했겠는가?

다만 타자화의 경험들은 대부분 이렇게 진행되지 않는다. 슬프게도 대부분은 서로의 잘못된 판단(편견)이 진실처럼 지배하도록 놔두고, 둘의 관계는 소원함의 늪으로 빠져들어간다. 누구나 삶의 어떤 시점에 타자화를 경험한다. 운동장에서의 괴롭힘과 어린 시절의 잔인한 놀림, 청소년기와 우리의 몸과 호르몬이 우리를 사정없이 파괴하는 끔찍한 시

정직한 조직

간들까지 그리고 세상에서 자신의 길을 찾으려고 노력하는 경력 초기 시절까지 부서지기 쉬운 우리의 자아의식이 다른 누군가가 배척하는 잔인함의 고약한 현실과 만나지 않은 인생의 계절은 없었다.

이런 경험은 우리 자신과 다른 사람들을 향한 우리의 마음을 딱딱하게 하거나 혹은 부드럽게 할 수 있다. 불행하게도 우리 뇌의 기본적인 선택은 **딱딱해지는** 것이다. 확증편향에 대한 차가운 진실은 우리가 일단 누군가를 타자화하면 우리 뇌는 타자화를 정당화하기 위한 데이터를 찾아 쓰레기 더미를 뒤지는 사냥을 계속한다는 것이다. 당신의 조직이나 삶에 존재하는 당신과 껄끄러운 관계를 가진 사람들을 생각해 보자. 당신의 타자화를 정당화하기 위해 당신은 '그들'에게 어떤 이름표를 붙였는가? 당신의 명분을 강화하기 위해 어떤 데이터를 수집했는가? 그들이 당신에 대한 그들의 경험을 어떻게 특징지었을 거라고 생각하는가?

당신은 아마도 주변에 누군가를 비협조적인 동료, 이기적인 친구, 요구가 많은 고객, 간섭하는 상사, 무례한 이웃, 배려하지 않는 형제, 격렬한 진보주의자, 오만한 보수주의자, 게으른 아들, 부패한 리더라고 생각하고 있을지 모르겠다. 만약 그렇다면, 그런 유죄를 내린 판단에 대한 무수히 많은 증거들, 즉 당신이 옳다고 확신할 수 있는 상태를 더 넘어서도록 설득하는 모든 증거들을 **다시 검토**해야 한다. 그렇지 않으면 당신은 잠재적으로 변화를 가져올 수 있는 관계를 고작 '그들'로 남겨둔 채 비난만 하게 될 뿐이다. 심지어 당신의 증거 데이터 속에 진실의 조각들이 존재할 때도, 결코 의문을 가지거나 적극적으로 부인하는 데이터를 찾지 않는다면 조직과 공동체, 가족의 균열을 영속화할 것이다. 가브리엘은 내가 자신이 '그럴 것이다'라고 결론 내린 사람이라고 확신했다. 그녀는 나에게서 제한된 데이터를 수집했고, 수년 동안 자신의 확증편향이 비축한 증거의 수집품에 이를 추가했다. 그렇게 나를 '무슨 일이 있어도 거래를 성사시키려고 혈안이 된 기만적이고 자기 잇속만 차리는 컨설턴트'로 정해놓았다.

우리는 모두 그렇게 한다. 그리고 우리의 데이터와 결론이 옳다고 확신하는 반면, 그런 식의 손가락이 우리를 향해 되돌아올 때 분연히 저항한다. 타자화의 대상이 되는 일은 종종 우리가 다른 사람들을 피하려고 만들어놓은 확증편향을 부채질한다. 타자화의 악순환은 그렇게 전개된다. 우리가 '그들'이라고 여기는 사람들을 향해 불신을 보류하고, 공감을 우선하기로 하는 것은 **선택**이다. 다만 우리가 그들을 향해 잘 방어된 경멸을 축적해왔을 때는 공감하려고 노력하기가 종종 힘들기도 하다. 하지만 그럼에도 불구하고 해야 할 **선택은 하나**다. 우리가 그런 선택을 할 용기를 발견했을 때, '**그들**'은 '**우리**'가 되고, 그 결과는 놀랍다.

타인 사이의 대화에 필요한 것

엑시얼엔터테인먼트Axial Entertainment의 TV 책임 프로듀서인 리아즈 파텔Riaz Patel은 에미상 후보로 두 차례 지명됐다. 그는 파키스탄 출신 이민자이자 이슬람교도다. 그리고 그는 동성애자다. 2016년에서 2020년 사이에 나는 쓰고 있던 글을 위해 파텔을 여러 차례 인터뷰했

정직한 조직

다. 그와 이야기 나누면서 사람들을 분열시키는 차이를 넘어서 손을 내민다는 것이 진정 어떤 모습인지 배울 수 있었다. 파텔은 타자화되는 삶을 살아왔음에도 불구하고, 양극화를 부르는 환경 중에서도 특히 이념적·정치적·인종적 분열을 넘어서서 사람들을 연결한다는 주제에 가장 온정적이고 통찰력 있는 사람이었다. "저는 온전하게 한 집단에 소속돼 본 적이 없습니다." 파텔은 이렇게 말했다. "이슬람 사회에서 저는 동성애자입니다. 미국 사회에서 저는 이슬람교도이거나 이민자입니다. 파키스탄 사회에서 저는 미국인입니다. 동성애자 사회에서 저는 소수 집단입니다. 제가 다수 집단으로 속할 수 있는 곳은 어디에도 없습니다. 저는 항상 '타자'로 존재했습니다. 자라면서 제가 경시하거나, 숨기거나, 양해를 구하거나, 설명하려고 노력하는 일을 의식하지 않았던 날은 거의 없었습니다."[6]

파텔은 어렸을 때 파키스탄에서 미국으로 이민을 왔다. 1970년대 당시 이민정책은 특히 비우호적이었고, 영국에서 훈련 받은 외과 의사였던 그의 아버지는 기꺼이 다시 레지던트 과정을 치르려고 하지 않는 한 미국에서 쉽게 일자리를 구할 수 없었다. 가족의 생계를 위해 아버지는 다시 레지던트가 되는 일을 선택할 수밖에 없었다. 파텔의 가족은 웨스트버지니아주의 가난한 시골 지역에, 그 다음에는 메릴랜드주에 정착했다. 그곳에는 자격을 갖춘 의사의 공급이 부족했기 때문이었다. 성격이 형성되던 어린 시절에 자신의 '다름'이 가혹하게 드러났던 순간들에 대해 이야기하면서 파텔은 다음과 같은 힘들었던 기억을 회상했다. "아버지가 약간의 여윳돈을 벌기 시작하면서 어린 세 아이를 키우고 있던 엄마를 도와줄 가사도우미를 고용했습니다. 그녀에게는 마이키라는 아들이 있었는데, 제 나이였죠. 그녀는 마이키를 데리고 와서 저와 놀게 해도 되냐고 물었고, 어머니는 흔쾌히 허락했습니다. 그래서 마이키는 제 최초의 친구가 됐죠. 언젠가 아버지의 한 환자가 자신의 목숨을 구해준 데 감사하려고 십자가상을 선물했고, 기념으로 우리는 이것을 벽에 걸어뒀습니다. 2년 동안 가사도우미는 자연스럽게 우리 가족이 가톨릭교도라고 넘겨짚었죠. 하지만 2년 후에 그녀는 우리가 이슬람교도라는 사실을 알게 됐고, 어머니에게 즉시 이렇게 통보했습니다. '더 이상 이 집에서 일할 수 없습니다.' 그 후로 저는 다시는 마이키를 볼 수 없었죠."

파텔은 3학년 때 겪은 한 사건도 말해줬다. 당시 천주교 학교를 다니던 그는 우유 당번이 되고 싶었다. 카페테리아에서 우유를 가져와서 학급에 나눠주는 일을 하는 것이었다. 어느 날 그가 거대한 냉장고에서 우유를 챙기고 있을 때, 어느 2학년 학생과 5학년 학생이 들어오더니 그를 벽으로 밀치고는 경멸하는 톤으로 "이란인!"이라고 불렀다. 그런 다음 그를 냉장고에 밀어넣고 문을 닫아버렸다. 그 이야기를 회상하는 파텔의 목소리가 갈라졌다. "저는 충격을 받았습니다. 그때 '난 너희들이 생각하는 사람이 아니야. 난 이란에서 오지 않았어. 나는 국경의 다른 쪽에서 왔다고'라고 생각했지요." 이어서 그는 이슬람 가정에서 동성애자가 된다는 것이 가져온 영향에 관해서도 이야기했다. "저는 중동 가정의 일원일 뿐 아니라 동성애자입니다. 두 명의 형제와 아홉 명의 사촌이 모두 여자인 가족에서 유일한 남자죠. 그래서 가족이 제게 기대하는 책임은 결혼해서 아이들을 가지는 일이었습니다. 가족 안에서 저는 머물 수 있는 곳도, 온전한 제 자신이 될 수 있는 곳도 전혀 없었습

정직한 조직

니다."

타자가 되는 일은 성인이 되어서도 끝나지 않았다. 파텔은 9·11 테러 공격이 일어났을 때, 뉴욕시에서 살고 있었다. 그는 그 공격의 여파 속에서 겪은 일을 회상했다. "저는 시내에서 살고 있었습니다. 살고 있는 건물 옥상에서 그 빌딩이 무너지는 모습을 봤죠. 그때의 재와 연기, 냄새를 기억합니다. 무시무시한 일이었어요. 친구 몇 명과 저는 무엇을 해야 할지 몰랐고, 아버지가 의사였던 만큼 저는 '부상자가 있다면 줄을 서고 기다려서 헌혈을 해야 한다'라고 생각했습니다. 세인트 빈센트병원이 바로 거리 아래쪽에 있었고, 우리는 가서 줄을 섰습니다. 그때는 9월 12일 아침이었습니다. 서 있던 줄에서 제 주변의 분위기가 바뀌는 것을 느꼈습니다. 처음에는 그저 제 착각이라고 생각했죠. 그때 누군가가 제게 얼굴을 들이대며 말했습니다. '우리가 가서 네 가족을 죽여야겠다.' 다른 사람들도 비슷한 말을 하면서 끼어들었습니다. 저는 대낮의 뉴욕시에서, 그것도 집에서 한 블록 떨어진 곳에서 그토록 노골적인 증오를 결코 경험한 적이 없었습니다. 친구들이 거기서 저를 데리고 나왔고, 이후 몇 주 동안 제가 가야 할 곳이 있으면 어디든 저와 함께 가주었습니다. 한번은 저희가 항상 가던 바에 들렀는데, 저와 친분이 있던 바텐더가 다가와서는 '이렇게 말하긴 정말 싫지만 몇몇 손님이 불편해합니다. 미안하지만 가주셔야 할 것 같아요'라고 말했습니다. 저는 그의 곤경을 이해했고, 그래서 자리에서 일어섰죠."

이것은 타자가 되는 일이 어떤 것인지에 관해 파텔이 경험한 일 중 일부에 지나지 않는다. 그런 일을 직접 마주하게 됐을 때, 대체로 많은 사람이 냉담하고 신랄하게 변해서 '세상과 단절될 거야'라거나 '이건 비합리적이야'라는 식으로 대응하는 반면, 파텔은 그런 분열을 줄이겠다는 결심으로 마주섰다. "때때로 사람들은 제게 주먹을 휘두르지만, 저는 그들이 무엇에 대해서 주먹을 휘두르는지 말할 수가 없습니다. 동성애자라서 그런가? 이슬람교도라서 그런가? 이민자라서 그런가? 파키스탄인이라서 그런가? 저는 자문하기 시작하죠. '누가 정말로 타인인가? 그들은 나를 뭐라고 생각하는 걸까? 나와 그들 사이의 차이는 뭘까? 뉴스가 생겨나고 문화가 생겨나면서 우리와 그들 사이의 벽이 어떻게 변할까?' 그리고 이 모든 것은 결국 제 인생의 이야기였습니다. 저는 선택을 해야 했죠. '나는 화를 낼 수도 있어. 하지만 이 차이를 탐색하려고 노력하면서 당신들이 생각하는 나를 진정한 나에 통합할 수도 있지.' 그리고 그것이 제가 인생을 살면서 하고 있는 일입니다."

2016년 미국 대선 바로 직전에 파텔은 자신이 받아들이는 정보가 자신의 정치적 관점을 뒷받침하는 것들뿐이라는 사실을 깨달았다. 자신의 뉴스 피드에서 모순되는 관점을 제공하는 콘텐츠를 본 적이 없었다. 이런 반향실에 신경이 쓰였던 그는 매우 다른 정치적 신념을 가진 시청자들이 참여하는 라디오 뉴스들을 듣기 시작했다. 세상을 다르게 보는 사람들의 고통, 우려, 질문을 직접 들을 수 있도록 말이다. 그러다 어떤 방송을 통해 알래스카주의 시골 지역에 사는 어부의 곤경과 그들이 직면한 경제적 어려움을 듣게 됐다. 문득 그는 이런 생각을 했다. '우리가 스스로 자신과 다른 관점에 직면하지 않는다면, 어떻게 우리와 다른 관점을 들어볼 수 있을까?' 그래서 그는 **다른 쪽**의 목소리도 들어보기로 결정했다. 파텔은 그의 남편 그리고 7개월 된 딸과 함께, 그가 생각하기에 자신과 세상을 다르게 보는 사람들을 만날 수 있을지 알아보

정직한 조직

기 위해 알래스카주 케치칸으로 날아갔다. 그는 선거 전이라는 시기, 즉 선거를 앞두고 지지자들 간에 꼬리표 붙이기와 악담 섞인 욕설들이 심화되는 때라는 점에 조심스러웠다. "저는 서로에 대한 그 모든 증오에 충격을 받았습니다. 당시에 저는 트럼프에게 투표하려는 어떤 정치적 보수주의자도 알지 못했죠. 진보주의자들이 그들을 향해 가지고 있는 극도의 증오가 이상했고, 이렇게 생각했습니다. '그들이 모두 악마일 수는 없어. 그들 모두가 외국인 혐오자이거나, 인종차별주의자이거나, 동성애 혐오자일 수는 없어. 내 경험에 따르면 그런 일은 그저 세상이 작동하는 방식이 아니야. 도시에 사는 모든 사람이 악마일 수는 없어. 나는 내가 무엇을 놓치고 있는지 알고 싶어'라고요."

파텔과 그의 가족이 케치칸에 도착했을 때, 그들은 현지 식당에 가서 아침 식사를 주문했다. 파텔은 식당 종업원과 동네 어부, 지역 선거에 출마한 후보와 대화를 시작했다. 그는 그들의 삶과 알래스카에서 겪는 어려움을 알고 싶었다. 그리고 파텔은 어업과 벌목 산업의 사유화 문제, 연례 석유 배당금을 통해 알래스카 시민들이 지분을 가지는 방식, 클린턴과 오바마 행정부의 정책으로 겪게 된 어려움을 알게 됐다. 그는 또한 그들에게 몇 가지 어려운 질문도 던졌다. 예를 들면, "당신이 저를 이슬람교도로 보고 급진주의자나 테러리스트라고 가정할까봐 두렵습니다. 제가 틀렸나요?" 같은 질문들 말이다. 다행히도 그는 인터뷰 대상자들이 자신을 환대하는 마음을 가지고 있으며, 적극적이고 수용적이라는 사실을 발견했다. 그는 자신이 **결코 몰랐던** 사람들에 대해 **완전히 다른** 이해와 연민을 가지고 집으로 돌아올 수 있었다. 그는 내게 말했다. "제가 그들의 상황에 놓여 있다면, 저도 트럼프에게 투표했을 겁니다." 그 경험은 파텔의 삶을 바꿔놓았다. 여행에서 돌아온 후, 그는 곧 보수 채널인 블레이즈TV^{BlazeTV}의 호스트인 글렌 벡$^{Glenn \, Beck}$과 친구가 됐다. 그들은 두 사람이 가진 차이를 뛰어넘는 관계를 공개하기 위한 토크 쇼를 진행하기 시작했다. 그들은 총기 폭력으로 자식을 잃은 엄마들이 시작한 비영리단체는 물론, 전미총기협회 출신 토론자를 초대해 총기 규제와 같은 논란이 많은 이슈에 관한 라이브 방송을 진행했다. 파텔은 서로 급진적으로 다른 관점을 가진 사람들 사이에서 하나의 패턴을 보기 시작했다. 그들은 서로의 관점에 대해 '조금 더' 알게 되면 훨씬 더 개방적인 모습을 보였다. 상대방과 그들의 관점을 거부하려는 반사적인 충동도 누그러졌다. 물론 그들이 반드시 동의하는 것은 아니었다. 다만 그들은 **이해했다**. 그리고 다른 관점을 **존중하고 받아들였다**. 그들이 이전에 비난했던 사람들의 관점을 말이다.

현재 파텔은 유튜브에서 '네 개의 의자$^{Four \, Chairs}$'라는 정규 프로그램을 진행한다. 에피소드마다 그는 논쟁적인 이슈에 대해 급진적으로 다른 관점을 가진 세 사람을 모으고 토론을 진행한다. 참가자들은 종종 이 토론에 참여함으로써 처음으로 상충되는 관점에 노출되곤 했다. 이 프로그램의 목표는 참가자들이 합의에 이르도록 돕는 일이 아니라 그들이 예상하지 않았던 곳에서 공통된 기반을 찾고, 그들이 본질적으로 다른 영역들 가운데서 공통된 인간성을 발견하는 것이다. 이제까지 파텔은 인종차별, 경찰의 잔혹 행위, 시위, 기념탑 철거 등의 주제를 다뤘고, 참가자들은 '흑인-경찰관', '총을 쏜 사람-총에 맞은 사람'과 같은 식으로 각 관점을 대표하는 사람들이 모두 포함됐다. 대화 중에 파텔은 조정자 혹은 '네 번째 의자'의 역할을 맡는다. 그는 홀수의 게스트를 초대하는 것이 협상이 불가한 양쪽의 집단으로 나뉘는 잘못된 이분법을 피하는 데 도움이 된다고 말한다. 그리고 참가자 세 사람을 대화가 미묘한 차이를 이루는 영역, 즉 흑백사고에서 떨어진 '회색지대'로 들어가게 만든다. 이는 참가자들이 앉아 있던 의자를 바꿔서, 다른 사람의 눈으로 세상을 보도록 이끈다. '네 번째 의사'로 역할하는 파텔은 중립적인 관점이자 공감해주는 조정자로 참여한다. 모든 대화는 참가자들 간에 어색한 분위기를 깨고 공유된 인간성을 이루기 위해 각자의 개인적인 이야기들을 나누는 것으로 시작한다. 이러한 장치는 안전하게 차이를 모색하는 흐름을 열어준다.

타자화가 되어 경험해야 했던 그의 인생 초기의 고난들은 사람들 간의 차이를 뛰어넘어 이들을 화합하려는 그의 강렬한 욕구에 동기를 부여했다. 그런 차이의 많은 부분은 그저 **인식된** 것이고, 틀렸거나 불완전한 정보로부터 **영향을 받은** 것이다. 다양한 관점에 대한 사람들의 (스스로 인식하지 못하는) 무지는 종종 그들이 소비하는 콘텐츠의 영향으로 강화되고, 그들은 콘텐츠가 무작위가 '아니'라는 사실을 종종 인식하지 못한다.

Q. 당신은 파텔처럼 타자화된 어떤 경험을 가지고 있는가? 당신은 (의식적이든 무의식적이든) 누군가를 타자화하기 위한 행동을 한 적이 있는가? 파텔의 접근 방식 중 어떤 측면을 따라하고 싶은가?

파텔은 텍사스에서 워싱턴 D.C.로 날아갔던 때의 기억을 회상했다. 그는 텍사스공항에서 뉴스를 보고 있었고, 워싱턴 D.C.에 도착했을 때도 뉴스를 봤다. "그날 저는 (두 지역의 뉴스에서 나온) 내러티브가 얼마나 다른지를 깨닫고 충격을 받았습니다. (…) 서로 다른 사람들 사이의 대화는 너무나도 중요합니다. 그렇지 않으면 각자 자신이 무엇을 모르는지 '결코' 알 수 없기 때문이죠. 그러면 사람들은 계속해서 자신이 **아는** 전부가 자신이 **알아야 할** 전부라고 가정할 것입니다. 큰 망치를 들고 박살낼 때까지는 저도 저의 '반향실'이 이토록 방음이 잘 되는지 전혀 알지 못했습니다." 파텔의 통찰은 정신이 번쩍 들게 하는 것이었다. 우리는 **엄선된** 정보시스템이 분열을 심화하고, 타자화를 조장한다는 사실을 온전히 깨닫지 못할 수도 있다. 앞으로 살펴보게 되겠지만 이것은 심각한 문제다. 타자화를 심화하는 동안 우리가 스스로 그 일을 돕고 있다는 사실을 깨닫지 못할 수도 있기 때문이다.

'나 같은 사람'보다
'나와 다른 사람'이 나를 건강하게 만든다

넷플릭스 다큐멘터리 〈소셜딜레마The Social Dilemma〉는 소셜미디어의 변천사와 함께, 우리 대부분은 보지 못했던 소셜미디어의 해로운 영향이 가진 으스스한 모습을 보여준다. 이 다큐멘터리는 소셜미디어 회사들이 우리가 온라인에서 하는 **거의 모든** 일을 모니터링하기 위해 정교한 기술적 알고리즘을 사용하고, 도출된 데이터를 활용해 우리를 계속 **집중시키는** 정보를 어떻게 제공하고 있는지를 폭로한다. 이는 우리가 좋아할 수도 있는 신발이나 여행 상품을 제안하는 광고를 받는 문제라면 무해하게 보일 수도 있다. 하지만 국가 차원에서 이 플랫폼들을 활용해 정치적으로 불안정해질 때, 10대의 정신건강이 위험에 처할 때,[7] 극단주의자들의 주장에 쉽게 유혹 당할 때는 이야기가 달라진다. 이때 우리는 한 걸음 물러서서 자신이 소비하고 있는 정보, 신뢰하기로 결정한 의견 그리고 자신과 다른 사람들에 대한 결론을 이끌어내는 방법에 있어서 **주체성**을 되찾아야만 한다. 정신이 번쩍 들게 하는, 소셜미디어 공학의 강력한 힘이 드러나는 통계가 있다. 2018년 페이스북(현現 메타)에서 나온 내부 보고서에는 페이스북에서 극단주의자 그룹에 합류한 사람들 중 64퍼센트가 알고리즘이 그들을 이끌었다고 응답했다는 사실이 드러나 있다.[8]

〈소셜딜레마〉에 등장하는 인터뷰 대상자 중 한 사람은 과거 구글의 설계윤리학자design ethicis였으며 휴먼테크놀로지센터Center for Humane Technology의 공동설립자이자 대표인 트리스탄 해리스Tristan Harris다. 해리스는 한 걸음 물러서서 이들 알고리즘의 고삐를 합리적인 규제와 공공 정책으로 죄지 않을 때 벌어질 수 있는 일의 결과를 고려해야 한다고 호소한다. 그는 2019년 〈뉴욕타임스〉에 쓴 글에서도 비슷한 주장을 했다. 우리가 온라인 기술에 관한 한 가장 흔하게 논의된 이슈인 사생활 보호 문제를 해결할 수 있다 하더라도, 더 심각한 어려움이 남아 있다는 것이다. 그중 그가 지적한 가장 심각한 문제는 '좋아요'나 하트 이모티콘, 댓글에서 얻는 인정과 자기 중요성(자신이 중요한 사람이라고 느끼는 일)에 대한 중독이다. 우리는 시민적 담론보다 분노와 장황한 비난을 교환하면서 더 큰 만족감을 얻게 될 것이다. 또 취약한 10대들에게 가해지는 사회적 피해는 사이버불링cyberbullying부터 우울과 불안까지 특히 해로울 것이다. 해리스는 이렇게 주장한다.

> 인간 편집자가 시간을 보낼 가치가 있는 콘텐츠가 무엇인지를 결
> 정하는 데 드는 비용보다 자동화된 추천이 훨씬 저렴하기 때문에
> 콘텐츠 알고리즘은 우리가 계속해서 극단주의와 음모론을 향해
> 가는 일을 멈출 수 없게 하는 토끼굴로 이끌 것이다. (…) 이런 방식
> 으로 20억 명의 두뇌에 영향을 미친다는 점에서 오늘날의 소셜미
> 디어는 세계 역사의 서술에 영향을 미친다. 소셜미디어가 촉발하
> 는 힘은 미래의 선거뿐 아니라 심지어 허구와 사실을 구분하는 능
> 력에도 영향을 미치면서 사회 내부의 분열을 키워나갈 것이다.[9]

해리스는 우리 모두가 주의를 기울여야 할 경고등을 울리고 있다.
아이러니하게도 세상을 더 넓게 연결하기 위해 만들어진 이 기술에는
모든 좋은 측면에도 불구하고, 우리가 보고도 못 본 체하는 어두운 면
들이 있다. 우리가 이미 믿는 것에 확신을 더하려는 자극적이고, 때로
는 잘못된 정보만을 지속적으로 섭취하는 자기강화적 식단의 영향으
로 국가와 공동체, 가정, 우정이 분열되고 있다. 이 기술은 자신이 믿지
않는 것을 믿는 (혹은 더 나쁘게는 단순히 자신과 다르게 보이거나 다른 종교
를 가진) 사람들에 대한 우리의 분노를 촉발하고 있으며, 시민적 담론을
고함치는 논쟁으로 만들면서 사회의 구조를 서서히 망가뜨리고 있다.
이 모든 문제에 더해, 바로 이 기술은 우리의 반사회적인 행동을 오

늘날 온라인에서 가장 가치 있는 화폐인 **익명**으로 보상한다. 2019년 〈애틀랜틱〉에 실린 기사에서 조너선 하이트(〈소셜딜레마〉의 또 다른 인터뷰 대상자이기도 하다)와 기술윤리학 분야 전문가인 토비아스 로즈스톡웰Tobias Rose-Stockwell은 익명 시스템의 '인센티브'에 대해 경고한다. "당신이 개인적인 대화에서 끊임없이 분노를 표현한다면 친구들은 그저 당신을 피곤한 사람이라고 생각하겠지만, 청중이 있을 때는 보상이 다르다. 분노는 당신의 지위를 밀어 올릴 수 있다."[10] 그들은 2017년에 퓨 리서치 센터Pew Research Center가 실시한 한 연구를 인용해 소개한다. 해당 데이터에 따르면, 페이스북에서 게시된 분노에 찬 의견 차이를 드러낸 게시물이 다른 유형의 게시물보다 거의 **2배**나 더 많은 관심을 얻었으며, 리포스팅됐다는 것이다.[11]

쉽게 표현하자면, 소속감은 '온라인 이방인'들로부터 활용되고 공급되면서, 같은 생각을 가진 것처럼 보이는 사람들과의 '가짜 관계'를 위해 진정한 관계를 버리도록 이끈다. 또한 우리의 부족주의적 충동은 부족의 경계에 제한이 없어지게 만들면서 증폭된다. 나처럼 생각하고, 내가 하는 일에 격분하고, 내가 말하는 것에 '좋아요'나 댓글을 달고 리포스팅을 하는 사람은 **'우리'로 소속**된다. 그렇지 않은 사람들은 **'그들'이라는 적**이 된다. 소셜미디어와 같이, 우리가 타자화에 대해 가진 성향은 엄청난 엔진이라도 단 것처럼 더 강력해진다. 당신이 누구와 왜 관계를 맺을지를 선택할 때 주체성을 되찾고 싶다면 당신은 타자화의 영향에 정직할 필요가 있다. 그리고 반직관적으로 들릴 수 있겠지만, 당신과 항상 같은 생각을 하지 않는 사람과 연결되는 것이 관계 속에서 살아가기에 훨씬 더 건강하고 시민적인 방식이다. 이것이 '그들'의 이야기가 '우리'의 이야기가 되는 방식이다. 그런 용기 있는 선택을 하기 위해 당신이 '지금 할 일'이 몇 가지 있다.

지금 할 일: 우리와 그들을 연결하기

이해와 타협을 구분하라

차이를 탐색하는 문제에 관한 한, 사람들은 단순히 자신과 다른 관점을 들어주는 일이 원칙을 타협하는 일과 같다고 여기며 이에 대한 노력을 너무 자주 아낀다. 우리는 반대되는 관점에 동의하는 일과는 다른, 그 관점을 듣고 이해하는 일이 우리가 가진 가치를 양보하거나 도덕적 원칙에 상충되는 믿음과 선택을 용납한다는 것을 의미할까봐 두려워한다. 하지만 다른 사람들의 신념을 이해하는 법을 배우면서도 여전히 당신의 신념을 고수할 수 있다. 이는 다른 사람들이 그들 자신의 신념을 유지하는 이유를 존중하고, 그들도 마음을 열고 당신의 신념을 존중하도록 해준다. 당신이 가장 동의할 수 없는 관점을 가진 사람들은 누구인가? 당신이 질문할 필요도 없이 믿을 수 없다고 쉽게 단언하는 사람은 누구인가? 이에 해당하는 사람들과 대화하는 자리를 마련해서, 논쟁은 하지 말고 단순히 그들의 관점에 대해 배워라. 그리고 당신이 무엇을 발견할 수 있는지 살펴라. 2018년에 나는 미 의회 직원이자 재무부에서 금융기관을 담당하는 차관보였던 크리스 캠벨Chris Campbell 을 인터뷰했다. 그런 중요한 자리에 양 당으로부터 만장일치로 선임된, 몇 안 되는 연방정부 관료였던 그는 정부에서 오랫동안 존경 받는 경력을 누렸고, 국회에서 가장 영향력 있는 직원으로 7년 연속 이름을 올렸다. 그가 이런 인정을 받은 것은 우연이 아니었다. 그는 내게 이런 이야기를 했다. "정치적으로 소수인 상황에서 일할 때, '중간 지대'를 가지도록 사고를 훈련해야 합니다. 나와 다르게 생각하는 사람들의 입장에서 생각해야 하죠. 그리고 스스로 질문해야 합니다. '어떻게 양쪽의 원칙을 타협하지 않으면서, 양쪽 모두 승리라고 생각하는 결론에 도달할 수 있을까?' 저는 일을 처리하기 위해 이런 생각에 집중하는 세월을 보냈습니다." 신념을 타협하기가 두려워서 당신의 '그들' 중 누구를 밀어냈는가? 당신은 어떤 정치적·종교적·사업적·사회적 신념을 수용하는 데 어려움을 느끼는가? 따라서 그런 신념을 가진 사람들을 받아들일 수 없다고 생각하는가?[12]

반대의 관점이 타당하다고 가정하라

반대의 관점이 얼마나 이상하게 보이든, 단순히 다른 사람이 그 관점을 유지하고 있기 때문에 당신이 공유하지 않는 관점이라도 타당하다고 가정하는 일에서 시작하라. 심지어 당신이 틀렸다고 믿는 관점에 대해서도 호기심을 가지는 법을 배워라. 어떤 필요를 충족시키는가를 더 잘 이해하기 위해 반대의 관점과 그 관점을 가진 사람을 분리하라. 기억하자. 그들도 당신의 관점이 그만큼 터무니없다고 여기며, 그런 관점을 가졌다는 이유로 당신을 바보라고 생각할 수 있다. 반박하고 거부하려는 본능을 극복하고, 기꺼이 배우려는 마음을 가져라. 조직 내에서 당신이 격렬하게 반대하는 아이디어를 권하거나 프로젝트를 제안하는 당신의 '천적'은 누구인가? 당신은 그들의 관점을 정확하지 않을 수도 있는 어떤 동기 탓으로 돌려왔는가? 그들의 관점이 어디서 비롯됐는지 더 잘 이해하기 위한 다리를 놓으려면 당신이 취할 수 있는 방법들은 무엇인가? 커피를 마시거나 점심 식사를 같이 하자고 그들을 초대하는 일에서 시작해 어떤 이야기가 진행되는지 확인해보자. 당신이 동의할 수 없는 관점임에도 타당하다고 보려고 노력할 수 있었던 반대의 관점은 무엇이었는가? 누군가는 무척 강하게 믿고 있다는 점을 고려하지 않은 채 무조건 무시해온 신념은 무엇인가?[13]

당신의 반향실을 재평가하라

당신은 업무 중이나 업무 외적으로 누구와 규칙적으로 시간을 보내는가? 당신에게는 의견 불일치로 열띤 논쟁을 한 후에 우호적으로 커피나 맥주 한 잔을 함께할 수 있는 사람이 세 명 정도 있는가? 당신이 이끄는 사람들이 정기적으로 반대하는 아이디어를 가지고 찾아오거나 당신의 생각에 도전하는가? 만약 당신 주변에 보복이나 관계가 소원해질 것을 두려워하지 않고 다른 관점을 편안하고 일상적으로 제시하는 사람들이 없다면, 당신은 곤경에 빠졌다고 볼 수 있다. 이는 당신이 내리는 결정, 참여하는 관계, 추구하는 우선순위에 관해 당신이 얻지 못하고 있는 중요한 정보가 있음을 의미한다. 직장에서나 소셜미디어에서 당신이 어떤 식으로 참여하고 있는지, 당신이 어떤 사람의 관점을 보지 않고 있는지에 관심을 기울여라. 그리고 당신의 세계관을 넓혀줄, 상충되는 정보를 적극적으로 찾아라. 당신이 고려해볼 수 있는 반대의 혹은 대안적인 관점을 알려줄 정보의 원천을 당신의 삶에 추가할 수 있는가? 그런 일을 시도하는 데 있어서 당신을 불안하게 만드는 것은

정직한 조직

무엇인가?

'그들'과 시간을 보내보자

누군가와 의견이 일치하지 않을 때, 우리는 그 사람을 타자화한다. 그리고 우리가 그들을 무시하는 일에 부합하고 정당화할 '그들'에 대한 버전을 지어낸다. 당신과 꾸준히 함께 일하지만 의견이 근본적으로 일치하지 않는 조직 내 사람들의 이름을 종이 위에 모두 써보자. 그들과의 의견 불일치가 신뢰를, 혹은 당신이 협업하거나 사람들을 이끌어갈 능력을 어떻게 손상시켰는가? 당신이 회의에서 마주했을 때 그들의 말에 예의 바르게 고개를 끄덕이지만 마음속 깊은 곳에서는 그들이 틀렸다고 확신하는 사람들이다(우리 모두에게는 그런 존재가 있다). 실제로 시간을 마련해서 그들과 함께 당신의 가정에 도전하고, 당신과 관점과 다른 점이 무엇인지 대화해보면 어떨 것 같은가? 당신이 상상하는 것보다 더 많은 공통된 기반을 공유할 수 있어 보이는가? 마찬가지로, 커피나 점심 식사를 함께하자는 가벼운 초대로 시작해보자. 당신이 알게 된 사실과 함께, '그들'이 당신을 새로운 시각에서 보게 하는 것이 어떤 느낌인지에 대해 스스로 놀랄 수 있는 기회를 주자.

위선을 인정하라

신념을 확고부동하게 유지하는 일은 칭찬할 만하다. 하지만 다른 원칙들을 희생하면서 고집하는 일은 그렇지 않다. 직원 개발에 더 많이 투자하는 일을 확고하게 옹호한 다음, 직속 부하 직원을 코칭하는 데 시간을 쓰지 않을 수는 없다. 당신이 핍박 받는다고 믿는 사람들을 옹호하기 위해 시위를 하고 나서 당신에게 동의하지 않는 사람을 핍박할 수는 없다. 당신이 이끄는 사람들에게 권한을 이양하는 일에 열정을 가지고 있다고 발표하고 나서 당신이 불편하다고 느끼는 결정과 일만 위임할 수는 없다. 당신의 리더십에 대해 다른 사람들의 피드백을 요청한 다음, 막상 피드백을 받은 일에 관해 아무것도 하지 않을 수는 없다. 당신의 신념을 선언한 순간, 당신은 자신의 기준에 따라 얼마나 잘 실천하는지에 대해 면밀한 검토의 대상이 될 것이다. 말과 행동이 확실히 일치하기 위해서는 자신과 다른 눈으로 세상을 보는 사람들의 관점을 통해 당신의 행동을 볼 필요가 있다. 당신의 말과 행동은 어느 부분에서 당신이 굳게 지키고 있다고 주장하는 이상과 믿음이 거짓임을 보여주는가? 정직하게 평가했을 때, 당신 스스로도 부응하지 못하고 있다는 걸 알고 있으면서 다른 사람에게 책임을 물을 때 적용하는 신념은 무엇인가?

차이에 대한 두려움과 직면하라

다른 사람에 대한 혐오감은 차이가 의미하는 바에 깊게 자리한 공포에서 비롯된다. 기본적으로 우리는 차이를 갈등, 의견 불일치, 승패 그리고 사회적 지위나 명성의 상실과 연관시킨다. 때로는 비합리적임에도 불구하고, 공포는 자기 보호와 함께 사고방식을 확장하지 않으려는 저항으로 이어진다. 중요한 것은 당신이 다른 사람들에게 더 많이 노출될수록 그 공포는 더 감소한다는 사실이다. 당신과 다른 관점이 당신을 어떤 측면에서 힘들게 하는지를 이해하기 위해 깊이 파고들어라. 당신의 저항은 그 아이디어 자체에 있는가? 아니면 그 아이디어를 가진 사

정직한 조직

람, 혹은 '그들'의 동기 때문인가? 혹은 '그들'이 당신을 설득하려고 노력하는 정도인가? 당신이 두려워하는 이유를 제거할 수 있다면, 다른 사람들과 합의점을 구축하여 얻을 수 있는 가치와 비교하면서 공포의 합리성을 시험해볼 수 있다.

환영 받는 분위기를 만들어라

조직 내 구성원들이 소속감을 확실하게 느끼기 위해서는 관용과 수용을 넘어선 무언가가 필요하다. 이는 **따뜻하고 환영하는 존재**가 있어야 한다는 것을 의미한다. 단지 자신이 속해 있다고 느끼는 것뿐 아니라 '누군가와 함께' 속해 있다고 느끼기에 충분할 정도로 취약함을 보일 것을 의미한다. 리더로서 당신은 의도적이든 아니든 팀 내에 총애하는 사람이 있는가? 반대로 '그저 성격이 잘 맞지 않아'라고 합리화하며 당신이 스스로 거리를 두는 사람이 있는가? 리더로서 당신은 자신이 직업상 존중을 보여주는 일 이상은 거의 하지 않는다는 사실을 발견했는가? 당신의 삶에 있어서 덜 환영 받는다고 느끼게 하는 사람은 누구인가? 그들에 대해 당신이 겪는 어려움은 무엇인가? 물론 당신이 모든 사람과 같은 수준의 친밀감을 형성해야만 한다고 제안하는 것은 아니다. 하지만 리더로서 당신이 구성원들을 수용하는 수준을 분류했을 때, 어느 누군가는 당신의 눈에 비친 그들의 가치에 의문을 가질 것이다. 만약 구성원들이 그들의 최선의 모습을 실현하기를 원한다면, 당신은 그들이 그렇게 할 수 있는 **안전한 장소**가 되어야 한다. 그들이 **당신과 함께** 속해 있다는 것처럼 느껴야 한다. 당신의 삶에서 당신은 누구에게 더 큰 환대를 제공할 수 있는가? 어떤 '타자'에게 더 환영 받는다고 느끼도록 만들 수 있는가?

이제 당신의 조직에서, 그리고 리더로서 정직하기 위해 필요한 모든 것을 함께 알아온 여정을 마무리하고자 한다. 이토록 많은 모범적인 리더와 조직들의 이야기를 읽는 일이 충분히 노력할 만한 가치가 있었다고 느낄 만큼 당신에게 영감을 제공했기를 바란다.

마치기 전에 마지막으로 꼭 당부하고 싶은 말이 있다. 이 여정을 시작하며 말했듯, **정직은 근육이다**. 당신이 힘을 키워야 하는 역량이다. 그리고 우리 몸의 근육처럼, 정직은 특히 우리가 부족할 때 신경을 쓰고, 영양도 공급하고, 강하게 유지되도록 실제 움직여서 연습하고 실천해야 한다.

당신의 여정은 계속 진행 중이므로, 이 책을 덮은 후에도 그 여정을 어떻게 이어나가야 할지 알아보면서 마무리하자.

이 장을 마치며

• 부족주의가 타고난 것이라는 신경과학적·유전학적 증거는 없는 반면, 인간으로서 우리는 소속되기를 갈망한다는 증거가 있다. 그 영향으로 강력한 부족 내 연결에 있어서 순응에 대한 암묵적 기대(요구)가 존재한다.

• 순응에 대한 요구를 깨닫지도 못한 채, 우리는 확증편향을 유지하는 경향이 있다. 이는 특히 우리가 다르다고 인식하는 사람들을 바라

볼 때, 더 위험한 인지적 사각지대를 만든다.

- 타자화는 어떤 사람이나 집단을 근본적으로 이질적인 존재로 대하는 행동이다. 살면서 누구나 타자화의 대상이 되는 경험을 겪는다. 그 영향으로 우리 뇌는 기본적으로 조심성을 가지고 있다.

- 다른 사람이 당신을 타자화한다고 느낄 때, 방어적이 되거나 무시하기 전에 상대방이 당신을 어떻게 경험하는지 이해하기 위해 공감할 수 있도록 노력하라.

- 당신이 '그들'이라고 여기는 사람들을 향해 불신을 보류하고, 공감을 우선하는 용기를 가질 필요가 있다.

- 타자화가 되어 경험해야 했던 리아즈 파텔의 인생 초기의 고난들은 그저 잘못된 정보나 정보의 부족으로 발생하고 인식되는 차이를 뛰어넘어 사람들을 화합하려는 그의 강렬한 욕구에 동기를 부여했다.

- 편견과 잘못된 신념을 강화하는 정보의 알고리즘으로 국가적·지역적 분열이 고조되는 만큼, 소셜미디어 플랫폼(유튜브, 페이스북, 인스타그램, 엑스^X(전 트위터) 등)과 같은 기술은 우리가 타자화하는 일을 더 자극한다.

- 오랫동안 지속되는 관계를 구축하기 위해 우리는 다른 사람들과 '연결'되어야 한다. 우리는 자신과 가장 다른 사람들에게 비친 모습을 통해 우리 자신의 최고의 모습을 발견한다.

정직의 여정은
지금부터 시작이다

뉴욕시 외곽에서 로마가톨릭교도로 자라다 보면 얻게 되는 오랜 혜택이 있다. 그중 하나는 내 삶을 형성한 기본적인 가치와 신앙심을 배웠다는 점이다. 가톨릭시즘은 더 이상 내가 따르는 전통은 아니지만, 신앙심은 내 삶의 초석으로 남아 있다. 인격이 형성되는 시기에 배웠던 공동체 의식, 봉사, 진실성은 내가 감사히 여기는 가치다.

자선을 베푸는 일은 내 초기 신앙의 가장 확실한 교리 중 하나였다. 다만 이와 관련해 의도치 않게 정직의 가치와 충돌하는 순간을 경험하곤 했다. 예를 들어, 아침에 학교에 가기 전에 어머니 지갑에서 돈을 가지고 간 적이 있었다. 그중 일부는 점심을 먹을 형편이 안 되는 친구와 함께 밥을 사 먹으려는 것이었고, 나머지는 친구 생일 선물을 사는 일에 보태려는 것뿐이었다. 그저 내가 얼마나 그 아이의 생일을 멋지게 축하하고 싶은지 확실하게 알 수 있도록 말이다. 어렸던 나는 부모님이 모를 거라고 생각할 만큼 충분히 순진했고, 부모님은 나를 추궁할 때 단호하게 부정하는 나를 믿어주었다. 나중에 생각해보니, 그런 로빈후드식 사고방식은 어머니가 수년 동안 지역은행 매니저로 일했던 일에서 시작됐다. 당시 그 은행에서는 고객들이 새로운 계좌를 개설하면 선물을 증정하고 있었다. 블렌더, 여행용 가방, 토스터, 커피메이커 등 예금을 더 많이 할수록 선물은 더 커졌다. 그런데 어느 날부터 우리 집 지하 창고에서 그 선물들이 쌓이기 시작했다. 어머니는 그저 견본 상품들이라고 말했다. 다소 이상한 점은 그 선물들이 어머니의 동료 직원이 사는 집 창고에서도 쌓여 있다는 사실이었다. 그리고 그 '견본용' 선물들을 우리 가족이 쓰는 일은 거의 드물었다. 어머니는 주변 기념일이나 축하할 자리가 있거나 단순히 이웃이나 지인들이 필요할 때마다 그 선물들을 챙겼고, 나에게 그 일을 부탁했다. 목적이 수단을 정당화하듯, 나는 신이 그저 우리의 좋은 의도만은 존중해주길 바랐다.

문제의 사건은 이후에 벌어졌다. 우리 가족은 할머니와 함께 살았고, 할머니는 화초를 키우는 일을 애정했다. 너무나 좋아하셨기에 화분에 꽂을 온갖 장식품도 모아서 거실 벽이나 찬장에 흘러넘칠 만큼 진열하곤 했다. 그러던 어느 날, 할머니는 갑자기 나에게 "장식품이 다 어디 갔니?"라고 물으셨다. 나는 무슨 일인지 도통 알 수가 없었고, 내가 한 일이 아니라고 주장했지만 단호한 할머니의 의심을 설득할 수는 없었다. 이후 몇 달 동안이나 할머니는 내게 쌀쌀한 모습을 보였고, 어머니는 나에게 사실이 아니어도 사과를 드리고 마음을 풀어드리라고 애원했다. 그러다 그 일의 범인인 고모가 나타났다. 고모는 할머니의 동의를 받을 필요를 못 느끼고, 그저 화분의 배수에 좋지 않은 도구들이라 여겨 아무 생각 없이 버렸던 것이다. 그리고 할머니는 자신의 오해의 이유를 밝혔다. "나는 그저 네가 항상 사람들에게 물건을 주곤 하기에 장식품들도 네 친구들에게 주었을 거라고 생각했단다. 그것들을 잃어버린 것보다 네가 나에게 말하지 않으려고 한 일에 더 상처를 받았지." 나는 이 일로 교훈을 얻었다. **정직을 대가로 치른** 베풂은 의미가 없다는 것을 말이다.

누구나 살다 보면 옳고 그름에 대한 의식을 형성하는, 결정적인 순간들을 마주한다. 그리고 성숙하면서 진실성에 대한 우리의 표현을 시험하고 다듬으면서 도덕적 나침반이 정제된다. 간단히 말해, 우리는 정직하다는 것이 무엇을 의미하는지 배운다. 당신의 삶의 초기에 정직에 대한 당신의 이해를 형성한 순간들은 언제였는가? 당신이 경험한 이야기는 무엇이었는가? 어떤 중대한 순간들이 당신의 도덕률을 형성했는가? 어떤 도덕적 실패가 당신에게 아픈 교훈을 가르쳐주었는가? 이는 당연히 사람마다 다르고, 공동체마다 다르다. 하지만 우리 모두에게 보편적인 진실은 끊임없이 변하는 세상 속에서 정직함을 유지하려면, 당신은 실수와 승리에서 **계속 배워야 한다**는 것이다.

반가운 소식은 정직은 근육이기 때문에 훈련될 수 있다는 사실이다. 중요한 것은 당신의 노력이다.

정직하고 싶다면 스스로 물어야 할 질문들

미국의 웨스트포인트 육군사관학교만큼 진실성을 진지하게 대하는 곳

정직한 조직

은 아마 없을 것이다. 진실성은 웨스트포인트의 신규 사관후보생 훈련의 기본적인 요소다. 사관후보생은 명예 규율을 배우고 예외 없이 그 규율에 따라서 행동하도록 교육 받는다. 명예 규율은 단순하고 명료하다. "사관후보생은 거짓말을 하거나, 속이거나, 물건을 훔치거나, 이 행동을 하는 사람들을 용인하지 않는다." 규율을 실천하고 있는지 판단하기 위해 사관후보생들은 경험칙rules of thumb으로써 다음 세 가지 질문을 스스로 해야 한다.

- 이 행동은 다른 사람을 속이는 일인가? 혹은 다른 사람이 속임 당하도록 좌시하는 것인가?
- 이 행동은 나 혹은 다른 사람이 원래는 가질 자격이 없는 특권이나 이점을 얻는 일인가?
- 만약 내가 이 행동을 당한다면, 나는 그 결과에 만족할 것인가?

분명 정신이 번쩍 들게 하는 질문들이다.

2020년 초, 미 육군사관학교의 행동과학과 리더십 개발 부서장을 역임했으며, 현재 노스웨스턴대학 켈로그경영대학원에서 리더십 개발 및 포용 부문 부학장을 맡고 있는 버나드 뱅크스Bernard Banks와 대화를 나눈 적이 있다. 나는 뱅크스가 미래 리더들에게 정직을 가르치는 일의 중요성에 대해 어떤 이야기를 들려줄지 궁금했다. 그에게, 그리고 웨스트포인트에 있어서 모든 것은 **신뢰**에서 나온다. "웨스트포인트는 리더를 개발합니다. 그리고 신뢰는 리더십의 초석이죠. 일단 당신을 신뢰할 수 없다고 판명하면, 영향력을 행사할 수 있는 당신의 능력은 손상을 받습니다. 비록 우리가 가장 훌륭한 인재들을 선택해 웨스트포인트에 합류시키지만, 그들이 입학하기 전에 어떤 식으로든 거짓이나 부정직함에 관여하지 않았을 거라고 확신할 수 없습니다. 럿거스대학 출신의 한 학자가 4,500명이 넘는 고등학생들을 대상으로 시행한 연구가 있습니다. 학생 중 74퍼센트가 시험에서 커닝을 한 적 있다고 인정했고, 58퍼센트가 내용을 표절한 적 있으며, 95퍼센트가 부정행위에 관여했다고 답했죠.[1] 따라서 정직한 리더를 육성하고 싶다면, 제자리로 돌려놔야 할 과거의 경험이 있을 것이라는 걸 압니다. 우리가 '규율 아래의 시간'이라고 부르는 일이죠. 즉 명예 규율하에서 더 많은 시간을 살아갈수록, 쌓이는 긍정적인 이점을 더 많이 느끼고, 또 그런 행동을 유지할 가능성도 더 높아집니다. 1학년생이 4학년생보다 보다 더 자주 나쁜 길로 빠질 가능성이 있다는 뜻이죠. 이것은 근육을 만드는 일과 같습니다. 체육관에서 운동 횟수를 더 늘릴수록 근육이 더 강해지는 것처럼요."

뱅크스는 평생에 걸친 여느 학습의 노력처럼, 정직을 훈련하려면 소위 '학습 시행learning trials'이 필요하다고 믿는다. 그 시도들은 단순히 실패라고 부르는 대신, 새로운 기술을 습득하기 위한 **지속적이고 반복적인 과정**으로 봐야 한다는 것이다. 그럼 결국 주변 사람들도 우리의 말과 행동이 일치한다는 사실을 믿게 되는, 균형의 상태에 이른다고 뱅크스는 강조했다. "만약 말과 행동의 비율이 일대일이 되기를 원한다

정직한 조직

면, 이를 위한 노력이 반드시 필요합니다. 그런 일이 가능해질 때, 당신은 비범한 사람으로 보이죠. 반면 말과 행동의 비율이 균형을 잃자마자, 당신은 특별할 게 없는 평범한 사람이 됩니다. 그리고 아마 그런 당신은 학습도 멈췄을 겁니다."

뱅크스는 추구하는 바를 말하는 것과 실제로 하는 행동 사이의 격차를 점검하는 데는 상당한 헌신이 요구된다는 사실을 인정한다. 그는 그 격차를 메우려면 리더들은 자신이 되고 싶은 모습과 비교해 현재 모습이 얼마나 부합하는지 끊임없이 세심하게 살펴야 한다고 말한다. 그래서 스스로 이렇게 자문할 것을 제안한다. "내 삶과 조직의 어느 영역에서 나는 '평범한 사람'(말과 행동이 불일치한 사람)이 되고 있는가? 또 다른 어느 영역에서 내 열망에 반하여 물러서고 있으며, 변명으로 이를 정당화하고 있는가? 그 격차를 메우는 일은 나에게 얼마나 중요한가? 내가 그렇게 하지 못했을 때, 일어날 일에 대해 나는 정직한가?"

이는 우리가 정직해지는 법을 계속해서 배우고 싶다면, 반드시 스스로 물어야 할 중요한 질문들이다.

우리가 부정직한 선택을 하는 이유

뱅크스가 한 말이 분명하게 암시하는 사실에 주목하라. 정직해지는 법을 배우는 일은 자신의 부정직성을 직면함으로써 시작된다. 우리는 왜 부정직한 선택을 하는가? 모두 각자 나름의 변명거리가 있다. 지금까지 무수히 많은 연구에서 우리가 잘못과 거짓말, 속이기와 같은 행동으로 왜 진실을 억누르는지, 또 얼마나 자주 그렇게 하는지를 다뤘다. 거짓말을 연구해온 심리학자 대부분은 다음의 몇 가지 이유로 거짓말을 한다는 데 동의한다.

- 다른 사람의 감정을 상하지 않게 하려고([예] 그 옷 입으니까 멋있어 보인다. 정말로!)
- 예의 바르게 행동하려고([예] 저는 이 생선을 좋아합니다. 요리를 참 잘하시는군요)
- 자신이 한 일로 생기는 당황함을 회피하려고([예] 이상한 냄새가 나는데 저 때문은 아닙니다)
- 다른 사람이 피해 받지 않도록 보호하려고([예] 그 친구는 밤새도록 저와 함께 있었어요)
- 실수를 숨기거나 모면하려고([예] 보고서가 왜 이렇게 엉망인지 모르겠군요. 하지만 마지막으로 살펴본 사람은 다른 동료입니다)
- 자신에 대한 사실을 왜곡하려고([예] 저는 이 프로젝트에 참여하고 싶습니다. 저는 이런 유형의 일에 경험이 많습니다)
- 실망시키고 싶지 않은 사람의 존중을 유지하려고([예] 저는 항상 당신의 시를 존경해 왔어요. 당신의 엄청난 팬입니다)
- 불공정하게 얻은 보상을 숨기려고([예] 제가 그들의 집을 물려받게 될 줄 전혀 몰랐어요!)

부정직성에 대한 매사추세츠대학의 연구에 따르면, 우리는 모두 평균적으로 하루에 한두 번 사이의 거짓말을 한다.[2] 또 다른 연구에서는 서로 다른 거짓말의 비율, 거짓말하는 다양한 동기와 환경, 진실이 왜곡되는 정도를 보고한다. 여러 다양한 연구를 통틀어 볼 때, 사람들이 때때로 거짓말을 한다는 데는 광범위한 합의가 존재한다. 그렇다면 이제 살펴봐야 할 중요한 한 가지는 '이유'다.

대체로 심리학자들은 여러 많은 부당하거나 부정직한 행위는 사리사욕에서 시작하지 않는다는 사실에 동의한다. 좀 더 본질적인 이유는 **자기 보호**다. 달리 말하자면, 사람들은 대부분의 경우에 정직하고 공정하다. 따라서 거짓말을 할 필요를 느낀다거나 자신의 필요를 다른 사람의 필요보다 우선시한다면, 이는 자신이 피해야 할 위협이나 영향이 있다고 믿기 때문이다. 따라서 우리가 이 사실만 이해한다면, 좀 더 신중하게 그런 위협이 무엇인지를 살펴본 후 더 정직한 선택을 할 수 있을 것이다. 공동체로서 우리가 그렇게 할 수 있다면, 조직은 더 정직해질 수 있다.

최근 가장 마지막으로 거짓말하거나, 진실을 왜곡하거나, 진실을 함구하거나, 다른 사람(상사나 동료, 직속 부하, 고객, 친구, 가족)에게 불공정하거나 이기적으로 행동했던 일에 대해 떠올려보자. 한 걸음 물러나서 왜 그렇게 했는지 자문해보자. 아마도 당신은 상사에게 무시당하거나 불공정한 판단을 받았다고 느꼈을 수도 있다. 혹은 당신의 실수가 타당한 정도보다 더 가혹하게 비난받았을 수도 있다. '우리는 실수에서 배웁니다'라는 회사 슬로건이 오로지 리더의 총애 받는 사람에게만 적용되고, 당신에게는 다를까봐 두려웠을 수도 있다. 동료가 당신 일에 대한 공로를 가져갈지도 모른다고 느껴서 발표 자료에서 핵심 사항을 일부러 생략했을 수도 있다. 친구의 감정을 상하게 하고 싶지 않아서 다른 때라면 말렸을 선택을 내버려 뒀을 수도 있다. 혹은 부정적인 피드백이 고객 관계(그리고 당신의 수입)에 위협이 될 수 있는지에 대한 불안감으로 피드백을 완화했을 수도 있다.

당신의 거짓말이나 부정직한 행동에는 그런 행동을 함으로써 만족시킬 수 있다고 느끼는, 충족되지 않은 '욕구'가 있다. 아마도 더 많은 존경을 원하는 욕구이거나, 안전하지 않은 리더들에게서 보호 받고 싶은 욕구, 소원해졌다는 느낌을 피하려는 욕구, 더 깊은 목적의식을 느끼기 위한 욕구일 것이다. 그러나 그 행동으로 당신이 얻는 것은 그 거짓말이나 부정직한 행동의 대상이 된 사람들의 눈에 나타난 찰나의 (덧없는) 존중 그 이상은 아닐 것이다. 그 순간이 지나면, 당신이 진정으로 얻지 못한 반응을 얻기 위해 그런 방식으로 행동한 것에 대해서 더 공허하게, 심지어는 수치스럽게 느낄 것이다. 그런 다음, '그럴 수밖에 없었다'라는 자기 정당화로 그런 감정들을 누그러뜨린다. 예를 들어 이렇다. "이건 공평하지 않아.", "그들이 받을 자격이 있다면, 나도 그럴 자격이 있어.", "내가 왜 그래야 하지?" 이런 말들은 우리가 부정직성을 정당화하기 위해 사용하는 흔한 방어들이다. 자기 정당화의 모든 과정은 불과 몇 초 안에도 일어날 수 있다.

여기에 더 어렵지만 똑같이 중요한 질문들이 있다. 당신이 부정직한 선택을 하게 된 환경은 무엇인가? 심지어 그런 선택을 독려했던 환경은 무엇인가? 당신의 선택을 제지하거나 그에 따른 심각한 결과가 없었는가? 조직 안에서 그런 선택이 왜 문제가 없었는가? 가장 정직한 조직과 구성원들을 만들기 위해서는 먼저 우리를 부정직성으로 이끄는 조건을 확인할 필요가 있다.

시작하면서 언급했듯, 나는 삶의 초기에 베풂이 좋은 가치라고 배웠다. 아울러 비록 내 베풂의 수단이 부정직하게 획득된 것이라고 해도, 그것이 내게 호의를 얻게 해준다는 사실을 배웠다. 이후 친구들과 사랑하는 사람들, 훌륭한 심리치료사들의 도움으로, 내가 배운 조건화의 원천을 이해하고, 이를 고의적으로 잊는 데 오랜 시간을 보냈다. 이제 나는 베풂과 그 일에 대한 동기를 더 깊이 점검하는 일 사이에서 균형을 맞출 필요가 있음을 잘 이해하고 있다. 나는 삶의 많은 측면에서 엄청난 축복을 받았다. 그래서 베풀려는 내 동기가 '감사함'에서 나왔을 때, 내가 그런 가치에 진실한 상태임을 안다. 줄 수 있는 것보다 받는 것이 훨씬 많기 때문에 진정한 베풂은 겸손이라는 사실도 배웠다. 더 중요한 일이지만, 내가 할 수 있는 가장 좋은 베풂은 선물이 아니라 나와 다른 사람이 각자 가장 최고의 모습이 되도록 돕는 일에 내 시간을 투자하는 것이라는 걸 배웠다. 그리고 내가 죄책감이나 의무, 자존심, 호혜의 의식에서 베푸는 일에 끌릴 때는 진정한 가치에서 비롯된 것이 아니므로 한발 물러설 필요가 있다는 걸 안다. 내가 내 베풂의 가치를 손상시키고 있는 것이기 때문이다.

이런 교훈을 배우는 데는 평생의 노력이 필요했고, 아직도 더 많은 노력이 필요하다. 이 책을 쓰면서 나 자신에게 가르쳐준 교훈 하나는 바로 나 자신에 대한 진실을 기꺼이 배우려고 할 때까지는 스스로에게 진실할 수 없다는 사실이다. 정직을 배우는 일은 단순하지만 심오한 과제와 함께 시작해야 한다. 바로 '나 자신에게 거짓말을 덜 하는 일'이다.

정직의 실패에서 교훈을 얻어라

뱅크스의 주장이 옳다면, 정직을 배우는 일에는 필연적으로 많은 학습 시행이 필요하다. 이는 그 과정에서 정직을 위반하는 일도 모두 쌓인다는 것을 의미한다. 아마도 일부 커다란 위반도, 또 작은 위반도 확실히 하게 될 것이다. 때때로 그런 일들은 죄책감과 수치심 그리고 언젠가 폭로되지 않을까 하는 낮은 수준의 두려움을 남긴다. 과거 당신이 정직에 있어서 어떤 실패를 겪었든, 진짜 위험은 정직을 배우는 학습 시행들이 별개의 시도가 아니라 정기적으로 일어나고, 또 부정직함이 아무런 영향도 미치지 않는다는 것이 유일한 교훈으로 남을 때 닥쳐온다. 허용가능한 행동의 경계를 너무 자주 바꾸면서 그때마다 계속 타협하는 일이 새로운 일상이 되는 것이다.

앞서 우리 뇌가 어떻게 자연스럽게 정직을 추구하는지를 살펴봤다. 전자기기들과 달리, 뇌에는 '초기 설정 리셋' 단추가 없다. 그래도 이 사실이 우리가 배운 것을 고의적으로 잊을 수 없다는 의미는 아니다. 만약 당신이 어떤 부정직한 관행을 도입했거나 그 관행을 합리화했다면, 이에 대한 정당성을 전면적으로 재검토해보길 바란다. 예를 들어, 이력서에 쓴 내용이나 상사에게 보고한 성과 수준, 비용 보고서에 기재한 정보, 싫어하는 동료를 무시하는 방식, 당신과 다른 사람을 대하는 태도 등 말이다. 잠시 멈춰서 당신이 스스로 믿도록 잘 짜놓은 변명에 의문을 가져라. 아마 의미 있는 깨달음이 당신을 기다리고 있을 것이다.

이 경우에 꼭 들어맞는 감동적인 사례가 있다. 리처드 비스트롱 **Richard Bistrong**은 군사시스템과 안전시스템을 해외에 판매하는 대형

정직한 조직

방위산업체의 영업 담당 임원이었다. 영업 계약 중에 중개인에게 '통행료'(계약 성사를 위해 쓰는 로비 비용)를 지불하기로 동의하는 중죄를 저질렀다. 비스트롱은 미 해외부패방지법을 위반하면서 뇌물을 제공하려고 공모한 죄로 유죄 판결을 받았다. 최대 5년의 징역형에 처할 수 있는 혐의였다. 하지만 FBI와 미 법무부에 협조한 덕분에 그는 15개월만 복역했다. 현재 비스트롱은 정부와 민간기업, 윤리 담당 임원들과 함께 전 세계를 여행하면서 부패 행위를 피하는 방법과 해당 행위의 초기 신호를 포착하는 방법, 부패 행위에 저항하는 방법에 관해 컨설팅과 교육을 제공한다. 풍부하게 누적된 그의 지식과 실패의 고통은 경험이 적은 수많은 전문가에게 혜택을 제공하고 있으며, 자신이 견뎌야 했던, 스스로 자초한 어려움을 피할 수 있도록 돕고 있다. 2017년에 비스트롱을 인터뷰하며 그가 정직에 관해 깨달은 교훈들을 이야기 나눴다.

그가 설명하듯, 방위산업은 특히 부패가 활동하기 좋은 산업이다. 국제시장에서 방위산업 제품을 판매할 때, 주요 거래는 종종 구매자와 판매자를 연결하는 중개인들을 통한다. 그는 내게 말했다. "저는 '통행료를 지불한다', '사람들을 행복하게 만든다', '사람들을 돌본다'와 같은 말들을 하면서 중개인들이 윙크나 끄덕임을 나타낼 때 보내는 신호가 무엇을 의미하는지 일찍부터 알았습니다. 전 세계의 여러 지역을 경험했고, 그것은 흔한 관행처럼 보였습니다. 그저 '얼굴 없는 범죄'에 동참하고 있다고 생각했죠. 하지만 제가 틀렸습니다. 저는 윤리적으로 **마비**가 된 상태였습니다. 누군가에게 상처를 입히고 있다고 생각하지 않았고, 제 행동의 의도치 않은 결과에 대해서도 생각하지 않았습니다. 심지어 어떤 측면에서는 사람들을 돕고 있다고 되뇌었죠. 여유 현금이 필요한, 형편없는 급여를 받는 관료들을요. 그리고 좋은 가격에 중요하고 품질이 좋은 방위산업 제품을 시장으로 들여오고 있었기 때문에 도입한 국가의 안보가 혜택을 받을 거라고 혼잣말을 했습니다. 하지만 그건 그저 제 기분을 낫게 하려고 스스로에게 한 거짓말이었죠. 그 결과는 실제로 심각했습니다. 물건을 판매하는 국가의 입장에서는 국민에게서 거버넌스, 경제 발전, 인권, 자유를 빼앗습니다. 사회와 회사, 가족에 미치는 영향은 제가 솔직하게 예상하던 것보다 훨씬 더 컸습니다. 저는 건강과 자유 그리고 제 영혼의 일부분을 잃었습니다."

비스트롱은 자신이 그런 선을 넘을 거라고 결코 상상한 적이 없었다. 우리 중 누구도 상상해보지 않는다. 심지어 우리는 더 부정직한 행동을 하는 사람들과 비교하면서 우리가 넘는 선들을 방어한다. "적어도 나는 저 사람만큼 나쁜 짓을 한 건 아니야." 이는 모든 미끄러운 비탈길로 가는 입구 위에 새겨진 말이다. 인생의 미끄러운 비탈길은 우리가 그곳으로 미끄러져 내려갈 위험에 처해 있지 않다고 결론을 내렸을 때, 가장 위험하다. 한편 부정직함에 대한 합리화는 속도 제한을 대하는 방식과 매우 비슷하다. 우리는 제한 속도가 시간당 55마일이라는 사실을 안다. 하지만 앞의 차량이 65마일로 가고 있을 때, 우리는 60마일로 가는 것이 괜찮다는 것을 안다. 그들이 75마일로 가고 있으면, 우리는 속도를 65마일까지 밀어붙인다. 그러다 우리는 경찰차에 붙잡혀서 길 한쪽에 차를 세우고 이렇게 묻는다. "왜 내 차를 세웠죠? 내 바로 앞에서 80마일로 달리고 있던 저 차는 보지 못했나요?" 이처럼 심각한 위험은 다른 사람이 더 나쁜 일을 했기 때문에 자신은 어떤 나쁜 일도 하지 않았다는 식으로 우리 스스로를 속이는 것이다. 비스트롱은 이렇게 말했다. "문제는 부정직함에 대한 논쟁이 종종 우리 자신의 머릿속에서만 발생한다는 겁니다. 그때가 우리가 가장 취약할 때죠. 선 넘는 일을 고려하려는 유혹을 느낄 때마다 사랑하는 사람에게 전화하세요. 진실의 순간을 자신이 가장 신뢰하는 사람들 사이에 대낮의 햇빛 아래로 가져와야 합니다. 그럼 모든 것이 달라지죠."

비스트롱의 이야기를 통해 하고 싶은 말은 모든 부정직한 잘못을 공식적으로 고백하고, 그와 비슷한 잘못을 한 사람들을 깨닫게 만들라는 의미가 아니다. 당신의 가치와 신념을 무시하는 하나의 습관적인 선택만이라도 일상적인 정직의 관행으로 바꾸는 힘을 고려해보라는 뜻이다. 그저 당신의 삶에서만이 아니라 당신이 이끄는 사람들과 당신이 사랑하는 사람들의 삶에서도 어떤 변화가 있을지 고려해보라. 당신의 습관은 비스트롱의 습관처럼 중죄의 수준까지 올라가지 않겠지만, 나쁜 선택을 마주하고 그것을 만회하는 그의 사례는 우리 모두가 깨달을 점이 있는 이야기다. 이 책에서 만나온 정직에 대한 영감과 깨달음을 주는, 모든 성공과 실패의 이야기들도 떠올려보자. 그들의 이야기는 각각 그들과 그들 주변의 사람들 속에 존재하는 공통된 필요나 기회, 더 많은 무언가를 위한 욕구, 변화를 도우려는 결단으로 연결된 평범한 한 인간 혹은 공동체에서 시작됐다. 변화의 규모는 중요하지 않다. 이들 변화에 관한 이야기는 모두 **진실**(올바른 것을 말하기), **정의**(올바른 일을 하기), **목적**(올바른 말과 올바른 행동을 추구하는 올바른 이유)에 근거하고 있었다.

당신도 바로 그들과 같은 '평범한' 사례가 되는 것은 어떨까? 당신의 팀을 위해서든, 당신의 회사를 위해서든, 가족을 위해서든, 넓게는 우리가 사는 사회를 위해서든 당신도 변화를 가져올 정직의 힘을 가지고 이끌어 나아갈 수 있다면 어떤 일들이 일어날까? 이제 남아 있는 유일한 문제는 기꺼이 하겠다는 **당신의 결정**뿐이다.

미래에서 온 이야기: 정직한 삶 이끌기

정직하다는 것이 무엇인지를 배우는 이 길이 당신에게 영감을 주는 여정이었기를 바란다. 이 길을 당신과 함께 할 수 있었던 것은 큰 특권이었다. 내가 소개한 깨달음의 이야기가 새로운 시각에서 당신의 이야기를 바라보는 열정을 불러일으켰을 거라고 믿는다. 당신의 리더십, 조직, 삶을 되돌아보고, 정직을 실천하는 방식을 확장할 방법들을 발견했기를 바란다. 당신이 하나의 작은 관행이라도 시도하거나 바꾸기로 선택했다면, 나는 우리가 함께한 시간이 가치 있었다고 생각할 것이며, 당신도 그럴 거라고 믿는다.

오늘날 우리가 사는 세계는 더 원대한 정직을 필사적으로 알고 싶어 한다. 그리고 조직에 있는 구성원들은 그들에게 진실을 말하고, 정의롭게 행동하고, 목적을 가지고 이끄는 사람으로 신뢰할 수 있는 리더를 갈망한다. 부디 이 책이 당신이 정직의 공백을 채우고, 정직한 리더가 됨으로써 세상을 더 정직한 곳으로 만들도록 강력하게 독려했기를 희망한다. 아마도 당신이 온 세상을 바꿀 수는 없을 것이다. 하지만 당신이 사는 세계는 분명히 바꿀 수 있다. 다음 세대의 아이들이 정직

정직한 조직

은 '규범이 아닌 예외'라고 말하는 세상을 물려받지 않기를 바란다. 현실적으로 그 흐름을 저지하기가 쉽지 않다는 것을 알지만, 우리가 함께 노력한다면 얼마든지 가능하다고 믿는다. 이 세상에 더 원대한 정직이 필요하다는 사실을, 그리고 당신 자신을 절대 과소평가하지 말라.

이 여정을 끝내기 전에, 당신이 조금 더 먼 미래까지 상상력을 펼쳐보도록 도우려 한다. 실제로 내가 수많은 리더와 함께 작업하면서, 그들의 미래를 상상하도록 제안할 때 해보는 활동이다. '미래에서 온 이야기'라는 이름의 이 활동은 하나의 이야기를 요약한 일련의 짧은 원고를 제공하는 것으로 시작한다. 그 원고에서 나는 그들에게 향후 3~5년 후에 일어날 이야기를 쓰라고 요청한다. 그 이야기 속에서 그들은 새로운 방식으로 성과를 내고, 새로운 기술을 활용하고, 의미 있는 영향을 미치는 중심인물이다. 이때 이야기는 중요한 청중들에게 중요한 연설을 하는 일부터 새로운 기술을 개발하고, 주요한 문제를 해결하고, 개인적인 장애물을 극복하는 일까지 다양하다. 리더들이 쓰는 이야기들을 통해 나는 그들이 최고의 모습이 되는 조건을 드러내는 놀라운 패턴들을 발견한다. 예를 들어, 나와 작업했던 한 임원은 불가능한 역경에 직면했을 때 최고의 능력을 발휘한다는 사실을 배웠다. 실제로 그의 이야기는 모두 고통스러울 정도로 어려운 도전 과제 도중의 성공을 보여줬다. 또 다른 사람의 경우, 기존과는 다른 아이디어를 시도하려고 사람들을 설득할 때 리더로서 가장 행복하다는 사실을 발견했다. 그들의 이야기는 모두 돌파구가 되는 접근 방식에 관한 것이었다. 미래에서 온 이야기들은 종종 묻히거나, 잊히거나, 결코 분명하게 설명되지 않았던 욕망과 야심을 발굴했다. 그리고 리더들이 더 대담하고 활력을 불어

넣는 방식으로 조직과 삶의 새로운 장을 여는 토대를 제공했다.

그래서 나는 당신의 정직한 삶이 더 위대한 수준에 도달하는 것을 상상하기 위해, 당신의 미래에서 온 이야기를 쓰는 일을 제안하면서 우리의 여정을 끝내려고 한다. 준비됐는가? 상황은 다음과 같다([   ]으로 표기된 자리에 당신의 이름을 넣어라).

버스에서 어느 두 사람이 옆자리에 앉아서 우연히 대화를 시작했다. 그들은 모두 당신과 아는 사람이지만, 서로 만난 적은 없다. 몇 분간의 대화 후, 그들은 둘 다 당신을 알고 있다는 사실을 발견했다. 당신과 한동안 만난 적 없는 한 사람이 커다란 애정을 담아서 말했다. "세상에! 저는 [   ]을 상당히 오랫동안 못 봤어요. 하지만 그는 제게 큰 영향을 주었죠. [   ]보다 정직의 본보기가 되는 사람을 본 적이 없습니다. 이 사실은 줄곧 제게 강렬한 인상으로 남아 있었죠. 정직한 사람이 된다는 것이 무엇을 의미하는지를 [   ]에게서 배웠고 감사하게 생각합니다." 듣고 있던 다른 사람이 열렬한 기대를 가지고 말한다. "와, [   ]이/가 당신에게 진정으로 오랫동안 지속되는 영향력을 남긴 것 같네요. 어떤 점에서 그랬는지 이야기를 해주세요!"

이제 당신의 정직함에 영향을 받았다는 사람이 어떤 이야기를 펼쳐낼지 직접 써보자. 상상력이 제멋대로 날뛰도록 내버려 두자. 수정하지 말고, 다듬지도 말라. 그저 글을 쓰라. 여느 훌륭한 이야기처럼 흥미진진한 정보를 넣어보자. 캐릭터와 설정을 생생하면서도 현실적으로 만들어라. 긴장과 갈등도 추가하자. 누구에게든 말할 만한 가치가 있는 이야기로 만들어라. 그런 다음 그 이야기를 종종 다시 읽을 수 있는 장소에 놔두자. 그 이야기가 당신의 마음을 움직이게 만드는 순간, 단순히 말할 만한 가치가 있는 이야기 이상의 것이 될 것이다. 아마도 당신의 삶 속으로 깊숙이 파고드는 가치가 있는 이야기가 될 것이다.

이것이 정직해지는 법을 배우는 방법이다. 당신은 이제 이 일을 더 잘할 수 있는 방법을 깊이 생각하고, 바라는 바가 실현되는 순간이 어떨지 꿈도 꾸게 될 것이다. 때로는 부족한 부분을 반성할 것이다. 따라 하고 싶은 모범 사례와 방법들을 조사하고 연구할 것이다. 그러면서 당신은 매일 정직의 기준을 조금 더 높게 밀어 올릴 것이다. 주변 사람들에게도 계속 확대되는 영향력을 미치면서 모두가 그 기준에 도달하는 모습을 상상하라.

당신의 삶이 따라 할 가치가 있는 삶이라고 믿는가? 당신이 가장 아끼는 사람들이 당신을 생각할 때, 정직이 가장 먼저 마음에 떠오르는 단어일까? 더 높은 수준의 진실과 정의, 목적을 가지고 산다면, 이룰 수 없던 꿈들이 갑자기 손에 닿기 시작할까? 자신에 대한 더 많은 진실을 배움으로써 스스로 더 진실해진다면, 더 즐겁고 감사하는 삶을 살 수 있을까? 더 많은 사랑과 희망, 믿음을 나누는 삶을 살 수 있을까? 당신 삶 속에서 이뤄지는 정직을 더 세세히 살펴본다면, 아직 발견하지 못한 선함과 재능의 씨앗을 발견할 수도 있을까? 또 다른 사람들도 그들의 씨앗을 발견하도록 도울 수 있는 잠재력도 발견하게 될까?

나는 이 모든 질문에 대한 대답이 확신에 가득 찬 '그렇다!'라고 생각한다. 당신도 이런 믿음을 가졌기를 바란다. 그것이 진실과 정의, 목적이 이끄는 삶을 사는 힘을 얻기 위해 우리가 계속 노력할 수 있는 이유이기 때문이다.

이제 이 모든 이야기가 결국 무엇을 말하려는 것인지 알 것이다.

'정직할 것.'

이를 위해 해야 할 일이 많다. 자, '지금 할 일'을 시작하라!

정직한 조직

미주

들어가며_ 당신의 조직은 '정직'의 힘이 필요하다

1. Business Round Table Statement of Purpose, reprinted with permission
2. Business Europe (2019) Prosperity People Planet: Three pillars for the European Union Agenda in 2019-2024, http://euyourbusiness.eu/content/uploads/2019/11/2019-11-13-Prosperity-People-Planet_interactive.pdf
3. Dorn, A. V., Cooney, R. E. and Sabin, M. L. (2020) Covid-19 exacerbating inequalities in the US, *World Report*, https://doi.org/10.1016/S0140-6736(20)30893-X
4. Ward, B. et al (2020) Covid-19 and inequality: A test of corporate purpose, https://www.kksadvisors.com/tcp-test-of-corporate-purpose-september2020
5. Sperry, K. and Ferran, D. J. (2020) Ethics+stakeholder focus=greater long-run shareholder profits [Blog] *Torry Project*, 6 April, https://www.torreyproject.org/post/ethics-stakeholder-focus-greater-long-run-shareholder-profits
6. The Advertising Research Foundation (2015) Insights2020: Facing 2020 with 20/20 vision, 05 October, https://thearf.org/category/news-you-can-use/insights2020-facing-2020-with-2020-vision/
7. Sustainable Brands (2018) B Corp analysis reveals purpose-led businesses grow 28 times faster than national average, 1 March, https://sustainablebrands.com/read/business-case/b-corp-analysis-reveals-purpose-led-businesses-grow-28-times-faster-than-national-average
8. Korn Ferry Institute (2016) People on a mission, https://www.kornferry.com/content/dam/kornferry/docs/article-migration/Korn_Ferry_People_on_a_Mission_1219.pdf
9. Reece, A., Kellerman, G., and Robichaux, A. (2018) Meaning and purpose at work, https://www.betterup.com/en-us/resources/reports/meaning-and-purposereport
10. Cone (2018) 2018 Cone/Porter Novelli Purpose Study: How to build deeper bonds, amplify your message and expand your consumer base, https://static1.

squarespace.com/static/56b4a7472b8dde3df5b7013f/t/5c66ce8dfa0d600c4f44d4
ce/1550241426931/021319_PurposeStudy_Single.pdf

11. Edelman (2019) 2019 Edelman Trust Barometer: Global report, https://www.
edelman.com/sites/g/files/aatuss191/files/2019-02/2019_Edelman_Trust_
Barometer_Global_Report.pdf

12. Dobbin, F. and Kalev, A. (2016) Why diversity programs fail, *Harvard Business
Review*, https://hbr.org/2016/07/why-diversity-programs-fail?registration=success

13. Porterfield, S. (2020) 10 Diversity&inclusion statistics that will change how you do
business [Blog] *Bonusly*, 21 February, https://blog.bonusly.com/diversityinclusion-
statistics

PART 1. 정직의 DNA를 깨워라

CHAPTER 1. 정직은 어떻게 혁신을 이끄는 힘이 되는가

1. Mapping Militant Organizations (2019) Las Fuerzas Armadas Revolucionarias de
Colombia(FARC) [Revolutionary Armed Forces of Colombia], https://stanford.app.
box.com/s/mnkv9b36d5z5qrhdv53wznskqr3crbfa

2. Wikipedia Contributors (2020) Colombian conflict, *Wikipedia*, 3 August, https://
en.wikipedia.org/wiki/Colombian_conflict

3. Joseph, J. (2020) Former Colombian guerrillas turn into citizen scientists to protect
the country's biodiversity, *Up Worthy*, 15 July, https://scoop.upworthy.com/former-
columbian-guerrillas-turn-into-citizen-scientists-protect-countrybiodiversity

4. 상동

5. Foerster, A., Pfister, R., Schmidts, C., Dignath, D., and Kunde, W. (2013) Honesty
saves time (and justifications) *Frontiers in Psychology*, https://www.frontiersin.org/
articles/10.3389/fpsyg.2013.00473/full

6. Spence, S. A., Farrow, T. F., Herford, A. E., Wilkinson, I. D., Zheng, Y., and Woodruff,
P. W. (2001) Behavioural and functional anatomical correlates of deception in
humans, *NeuroReport*, https://doi.org/10.1097/00001756-200109170-00019

7. Haran, U. and Shalvi, S. (2020) The implicit honesty premium: Why honest advice is
more persuasive than highly informed advice, *Journal of Experimental Psychology*,
https://doi.org/10.1037/xge0000677

8. Morton, C. and Lagrave, K. (2020) 10 healthiest countries in the world, *Conde Nast Traveler*, 10 January, https://www.cntraveler.com/gallery/healthiestcountries-in-the-world; Morris, L. and Blumenthal, B. (2018) The reinvention of Jerusalem, *Conde Nast Traveler*, 29 March, https://www.cntraveler.com/story/the-reinvention-of-jerusalem; Miller, L. J. and Lu, W. (2019) These are the world's healthiest nations, *Bloomberg*, 24 February, https://www.bloomberg.com/news/articles/2019-02-24/spain-tops-italy-as-world-shealthiest-nation-while-u-s-slips

9. Chen, S. (2019) Chinese score lowest in European–American research team's 'honesty' study—but method may be flawed, South China Morning Post, 21 June, https://www.scmp.com/news/china/society/article/3015280/chinese-scorelowest-european-american-research-teams-honesty; Cohn, A, Marechal, M A, Tannenbaum D, and Zund C L (2019) Civic honesty around the globe, Science, https://science.sciencemag.org/content/365/6448/70

10. Garrett, N., Lazzaro, S. C., Ariely, D., and Sharot, T. (2016) The brain adapts to dishonesty, *Nature Neuroscience*, https://doi.org/10.1038/nn.4426

11. Long, J., Roark, C., and Theofilou, B. (2018) Using competitive agility index to measure trust in business, https://www.accenture.com/_acnmedia/ThoughtLeadership-Assets/PDF/Accenture-Competitive-Agility-Index.pdf#zoom=50

12. 상동

13. 상동

14. Edelman (2020) Edelman Trust Barometer 2020, https://cdn2.hubspot.net/hubfs/440941/Trust%20Barometer%202020/2020%20Edelman%20Trust%20Barometer%20Global%20Report.pdf?utm_campaign=Global:%20Trust%20Barometer%202020&utm_source=Website

15. Pressly, L. (2017) Resignation syndrome: Sweden's mystery illness, BBC, 26 October, https://www.bbc.com/news/magazine-41748485

16. Schager, N. (2019) The refugee kids entering comas as they face deportation, *Daily Beast*, 14 June, https://www.thedailybeast.com/netflixs-life-overtakes-meand-resignation-syndrome-refugee-kids-entering-comas-as-they-facedeportation?ref=scroll

17. Sallin, K., Lagercrantz, H., Evers, K., Engström, I., Hjern, A., and Petrovic, P. (2016) Resignation syndrome: Catatonia? Culture-bound?, *Frontiers in Behavioral Neuroscience*, https://doi.org/10.3389/fnbeh.2016.00007

18. Harter, J. (2020) 4 factors driving record-high employee engagement in U.S., *Gallup*, https://www.gallup.com/workplace/284180/factors-driving-recordhigh-

employee-engagement.aspx

19. DeSilver, D. (2019) 10 facts about American workers. *Fact Tank*, 29 August. https://www.pewresearch.org/fact-tank/2019/08/29/facts-about-americanworkers/

20. Peterson, S. J. and Byron, K. (2008) Exploring the role of hope in job performance: Results from four studies, *Journal of Organizational Behavior*, https://doi.org/10.1002/job.492

21. Ambrose, M. L., Seabright, M. A., and Schminke, M. (2002) Sabotage in the workplace: The role of organizational injustice, *Organizational Behavior and Human Decision Processes*, https://doi.org/10.1016/s0749-5978(02)00037-7

CHAPTER 2. 중요한 성공 공식, '말한 대로 행동하라'

1. Wikipedia Contributors (2020) Marin Alsop, *Wikipedia*, 07 August. https://en.wikipedia.org/wiki/Marin_Alsop

2. Tunstall, T. (2012) *Changing Lives: Gustavo Dudamel, El Sistema, and the transformative power of music*, W. W. Norton&Company, Inc., New York.

3. Baltimore Symphony Orchestra (2018) 10 years of OrchKids, https://www.youtube.com/watch?v=n8yaXHQEEzo

4. 나는 운 좋게도 2020년 9월에 닉 스키너와 인터뷰를 할 수 있었다. 그가 한 말들은 모두 해당 인터뷰에서 나온 답변이다.

5. ICM Speakers (2017) Marin Alsop OrchKids Gala 2, https://www.youtube.com/watch?v=k-22Wm-McNg

6. Baltimore Symphony Orchestra (2018) 10 years of OrchKids, https://www.youtube.com/watch?v=n8yaXHQEEzo

7. Grime, K. (2014) Australian organisations' mission statements fail to inspire their staff, *Leading Teams*, 24 September. https://www.leadingteams.net.au/mission-statements-values-study/

8. Dvorkak, N. and Nelson, B. (2016) Few employees believe in their company's values, *Gallup Business Journal*, 16 September. https://news.gallup.com/businessjournal/195491/few-employees-believe-company-values.aspx

9. Guiso, L., Sapienza, P., and Zingales, L., (2014) The value of corporate culture, *Journal of Financial Economics*, http://economics.mit.edu/files/9721

10. Seventh Generation (n.d.) Inside Seventh Generation, https://www.seventhgeneration.com/Inside-Seventh-Generation#:~:text=Our%20mission%20is%20to%20inspire,we%20believe%20in%20future%20generations

11. Plum Organics (n.d.) Plum, PBC? What's a public benefit corporation?, https://www.plumorganics.com/benefit-corp/#:~:text=Plum's%20public%20 benefit%20is%20 to,malnutrition%20in%20the%20United%

12. Tata Steel (n.d.) Vision, mission&values, https://www.tatasteel.com/ corporate/our-organisation/vision-mission-values/

13. Global Cement (2019) Environmental awards for Cementos Progreso, 16 August, https://www.globalcement.com/news/item/9737-environmentalawards-for-cementos-progreso

14. PepsiCo (n.d.) 2019 Sustainability Report: Goals and progress, https://www.pepsico.com/sustainability/goals-and-progress

15. 상동

16. Nooyi, I. K. and Govindarajan, V. (2020) Becoming a better corporate citizen, *Harvard Business Review*, https://hbr.org/2020/03/becoming-a-bettercorporate-citizen

17. Schawbel, D. (2019) Indra Nooyi: Achieving both financial growth and purpose at PepsiCo, *Forbes*, 21 November, https://www.forbes.com/sites/danschawbel/2017/11/21/indra-nooyi-achieving-both-financial-growth-andpurpose-at-pepsico/#78bcca5aeaa6

18. Freeland, G. (2020) Indra Nooyi's passions: People, performance&purpose at PepsiCo and beyond, *Forbes*, 24 February, https://www.forbes.com/sites/grantfreeland/2020/02/24/indra-nooyis-passions-people-performance-purpose-atpepsico-and-beyond/#2400e243457c

19. Business of Purpose (n.d.) Statistics, https://www.businessofpurpose.com/statistics

20. Whieldon, E., Copley, M., and Clark, R. (2020) Major ESG investment funds outperforming S&P 500 during COVID-19, *S&P Global*, 13 April, https://www.spglobal.com/marketintelligence/en/news-insights/latest-news-headlines/major-esg-investment-funds-outperforming-s-p-500-during-covid-19-57965103

21. Edelman (2019) 2019 Edelman Trust Barometer: Global Report, https://www.edelman.com/sites/g/files/aatuss191/files/2019-02/2019_Edelman_Trust_Barometer_Global_Report.pdf

22. Premachandra, B. and Filabi, A. (2018) Under pressure: Wells Fargo, misconduct, leadership and culture, *Ethical Systems*, https://www.ethicalsystems.org/wp-content/uploads/2013/07/files_WellsFargoCaseStudy_ EthSystems_May2018FINAL.pdf

23. 상동

24. 상동

25. 상동

26. 상동

27. Edelman (2019) 2019 Edelman Trust Barometer: Global Report, https://www.edelman.com/sites/g/files/aatuss191/files/2019-02/2019_Edelman_Trust_Barometer_Global_Report.pdf

28. 상동

CHAPTER 3. 목적이 있는 길에서는 미끄러지지 않는다

1. Wikipedia Contributors (2019) Walter McMillian, *Wikipedia*, 22 June, https://en.wikipedia.org/wiki/Walter_McMillian

2. Wikipedia Contributors (2020) Bryan Stevenson, *Wikipedia*, 30 July, https://en.wikipedia.org/wiki/Bryan_Stevenson#cite_note-people-5

3. Grant, M. (1995) A stubborn Alabama lawyer stands alone between death and his clients, *People*, 27 November, https://people.com/archive/bryan-stevensonvol-44-no-22/

4. Equal Justice Initiative (n.d.) Bryan Stevenson, https://eji.org/bryan-stevenson/

5. Legacy Museum and National Memorial for Peace and Justice (2017) The national memorial for peace and justice, https://museumandmemorial.eji.org/memorial

6. 브라이언 스티븐슨, 《월터가 나에게 가르쳐 준 것》, 고기탁 옮김, 열린책들, 2016.

7. 댄 애리얼리, 《거짓말하는 착한 사람들》, 이경식 옮김, 청림출판, 2012.

8. 상동

9. 사티아 나델라, 《히트 리프레시》, 최윤희 옮김, 흐름출판, 2023.

10. 상동

11. 상동

12. 상동

13. Carucci, R. (2019) Balancing the company's needs and employee satisfaction, *Harvard Business Review*, 01 November, https://hbr.org/2019/11/balancingthe-companys-needs-and-employee-satisfaction

14. Buell, R. W., Kim, T. and Tsay, C. (2017) Creating reciprocal value through operational transparency, *Management Science*, https://pubsonline.informs.org/doi/10.1287/mnsc.2015.2411

15. 대니얼 M. 케이블, 《그 회사는 직원을 설레게 한다》, 이상원 옮김, 갈매나무, 2020.

16. LinkedIn and Imperative (2016) 2016 Global Report: Purpose at work, https://business.linkedin.com/content/dam/me/business/en-us/talent-solutions/

17. Garcia-Alandete, J., Martinez, E. R., Nohales, P. S., Lozano, B. S. (2018) Meaning in life and psychological well-being in Spanish emerging adults, *Acta Colombiana de Psicologia*, http://www.scielo.org.co/pdf/acp/v21n1/0123-9155-acp-21-01-00196.pdf

18. Fortune (2017) Great Place to Work Report: Three predictors for the workplace culture of the future, https://www.greatplacetowork.com/images/reports/Fortune_100_Report_2017_FINAL.pdf

19. Garton, E. and Mankins, M. (2015) Engaging your employees is good, but don't stop there, *Harvard Business Review*, https://hbr.org/2015/12/engagingyour-employees-is-good-but-dont-stop-there

20. PricewaterhouseCoopers (2019) Our research on the connection between strategic purpose and motivation, *Strategy&*, https://www.strategyand.pwc.com/gx/en/unique-solutions/capabilities-driven-strategy/approach/researchmotivation.html

21. Hirsch, L. (2019) People thought Hubert Joly was "crazy or suicidal" for taking the job as Best Buy CEO. Then he ushered in its turnaround, *CNBC*, 19 June, https://www.cnbc.com/2019/06/19/former-best-buy-ceo-hubert-jolydefied-expectations-at-best-buy.html

22. Bolger, B. (n.d.) Hubert Joly, Best Buy, Winner of the ISO 10018 Honorary CEO Citation for Quality People Management, *Engagement Strategies Media*, http://www.enterpriseengagement.org/articles/content/8630677/hubert-jolybest-buy-winner-of-the-iso-10018-honorary-ceo-citation-for-quality-peoplemanagement/

PART 2. 성공과 실패에 모두 공정해야 한다

CHAPTER 4. 책임을 묻기 전에 해야할 일

1. Oppenheim, C. (2018) Women who survived war where rape was used as weapon tell of its horrors and their struggle since, *Independent*, 25 November, https://www.independent.co.uk/news/world/africa/second-congo-war-womensexual-violence-rwanda-economic-exploitation-a8647356.html

2. Peace Direct (2017) Chirezi Foundation, *PeaceInsight*, November, https:// www.peaceinsight.org/conflicts/dr-congo/peacebuilding-organisations/chirezi-fochi/

3. 콩고민주공화국 치레지 재단(FOCHI) 이사인 플로리베르트 카징구푸Floribert Kazingufu와 개인적으로 인터뷰를 진행했다. 그는 평화 법정의 해당 사건에 대한 상세 공식 문서를 제공해주고, 자세한 이야기를 공유해주었다.

4. The Truth and Reconciliation Commission (n.d.) Welcome to the official Truth and Reconciliation Commission Website, https://www.justice.gov.za/trc/

5. Omale, D. (2006) Justice in history: an examination of 'African restorative traditions' and the emerging 'restorative justice' paradigm, *African Journal of Criminology&Justice Studies*, https://www.researchgate.net/publication/326265660_JUSTICE_IN_HISTORY_AN_EXAMINATION_OF'AFRICAN_RESTORATIVE_TRADITIONS'_AND_THE_EMERGING_'RESTORATIVE_ JUSTICE'_PARADIGM

6. Indigenous Peacemaking Initiative; Native American Rights Fund, https://peacemaking.narf.org/

7. Rea, L. (2009) Lisa Rea interviews Stephen Watt, *Justice Reparatrice*, 05 November, http://www.justicereparatrice.org/www.restorativejustice.org/ RJOB/lisa-rea-interviews-stephen-watt

8. Murphy, J. (2018) Restorative justice: healing victims and reducing crime, *Baltimore Sun*, 24 January, https://www.baltimoresun.com/opinion/op-ed/ bs-ed-op-0125-restorative-justice-20180124-story.html

9. Omale, D. (2006) 위의 자료.

10. The University of Texas at Austin (2020) What is restorative justice? The University of Texas at Austin Human Resources, https://hr.utexas.edu/sites/hr.utexas.edu/files/NEW%20RJ%20in%20WP.pdf

11. Office of Juvenile Justice and Delinquency Prevention (2020) OJJDP Report: Guide for implementing the balanced and restorative justice model: Balanced and restorative justice practice: Accountability, https://ojjdp.ojp.gov/sites/g/files/xyckuh176/files/pubs/implementing/accountability.html

12. Starner, T. (2015) Study: Workplace accountability requires a specific strategy, *HR Dive*, 02 June, https://www.hrdive.com/news/study-workplaceaccountability-requires-a-specific-strategy/400130/

13. Wigert, B. and Harter, J. (2017) Re-engineering performance management, https://www.gallup.com/workplace/238064/re-engineering-performancemanagement.aspx

14. Werder, C. (2019) The ROI of modern performance management, https://www.reflektive.com/wp-content/uploads/2020/03/REFLEKTIVE_RESEARCHBRIEF_FINAL_111219-1.pdf

15. TINYpulse (2017) The Broken Bridges of the Workplace: 2017 employee engagement report, https://www.tinypulse.com/hubfs/whitepaper/TINYpulse-2017-Employee-Engagement-Report-Broken-Bridges-of-the-Workplace.pdf

16. Meinert, B. (2015) Is it time to put the performance review on a PIP?, *Society for Human Resource Management*, 01 April, https://www.shrm.org/hr-today/news/hr-magazine/pages/0415-qualitative-performance-reviews.aspx

17. Wigert, B. and Harter, J. (2017) Re-engineering performance management, *Gallup*, https://www.gallup.com/workplace/238064/re-engineeringperformance-management.aspx

18. Nielsen, D. and Britt, M. (2014) How a lack of workplace 'fairness' can cause depression, *Eurofound*, 05 March, https://www.eurofound.europa.eu/publications/article/2014/how-a-lack-of-workplace-fairness-can-causedepression

19. Workfront (2019) The history of performance management, *Workfront*, 18 June, https://www.workfront.com/blog/history-performance-management#:~:text=Its%20origins%20in%20workplace%20settings,cotton%20mill%20as%20a%20whole

20. Smith, A. (2018) More employers ditch performance appraisals, *Society for Human Resource Management*, 18 May, https://www.shrm.org/resourcesandtools/legal-and-compliance/employment-law/pages/moreemployers-ditch-performance-appraisals.aspx

21. Fiske, S. T. (2019) *Social Beings: Core motives in social psychology(4th ed.)*, Wiley&Sons, Inc. Hoboken.

22. Ambrose, M., Seabright, M. and Schminke, M. (2002) Sabotage in the workplace: The role of organizational injustice, *Organizational Behavior and Human Decision Processes*, https://www.sciencedirect.com/science/article/abs/pii/S0749597802000377

23. Hancock, B., Hioe, E. and Schaninger, B. (2018) The fairness factor in performance management, *McKinsey&Company*, 05 April, https://www.mckinsey.com/business-functions/organization/our-insights/the-fairness-factorin-performance-management#

24. Rock, D., Davis, J. and Jones, B. (2014) Kill your performance ratings: Neuroscience shows why numbers-based HR management is obsolete, *Strategy+Business*, 08 August, https://www.strategy-business.com/article/00275?gko=c442b

25. Rock, D. (2009) Managing with the brain in mind: Neuroscience research is revealing the social nature of the high-performance workplace, *Strategy+Business*, 27 August, https://www.strategy-business.com/article/09306

26. Chavez, R. and Heatherton, T. (2015) Multimodal frontostriatal connectivity underlies individual differences in self-esteem, *Social Cognitive and Affective Neuroscience*, https://academic.oup.com/scan/article/10/3/364/1653348

27. Neuroscience (2017) Self-esteem mapped in the human brain, *Neuroscience*, 24 October, https://neurosciencenews.com/self-esteem-brain-mapping

28. Gervais, M. and Carroll, P. (2020) *Compete to Create: An approach to living and leading authentically* [Audiobook], 09 July.

29. Carucci, R. (2019) Microsoft's Chief People Officer: What I've learned about leading culture change, *Forbes*, 14 October, https://www.forbes.com/sites/roncarucci/2019/10/14/microsofts-chief-people-officer-what-ive-learned-aboutleading-culture-change/?sh=44e860ab410d

30. McKinsey & Company (2018) Microsoft's next act, McKinsey Quarterly, 03 April, https://www.mckinsey.com/industries/technology-media-andtelecommunications/our-insights/microsofts-next-act

31. 마이클 샌델, 《공정하다는 착각》, 함규진 옮김, 와이즈베리, 2020.

CHAPTER 5. 기울어진 운동장에 공정을 가져오라

1. Levesque, C (2018) The truth behind My Lai, The New York Times, 16 March, https://www.nytimes.com/2018/03/16/opinion/the-truth-behind-my-lai.html

2. History.com Editors (2009) My Lai Massacre, History, 17 April, https://www.history.com/topics/vietnam-war/my-lai-massacre-1

3. U.S. Army Warrant Officers Association (n.d.) The forgotten hero of My Lai: The Hugh Thompson story, https://warrantofficerhistory.org/PDF/ Forgotten_Hero_of_My_Lai-WO_Hugh_Thompson.pdf

4. Angers, T. (1999) *The Forgotten Hero of My Lai: The Hugh Thompson story*, Acadian House Publishing, Louisiana.

5. Wiener, J. (2018) Op-Ed: A forgotten hero stopped the My Lai massacre 50 years ago today, *Los Angeles Times*, 16 March, https://www.latimes.com/opinion/op-ed/la-oe-wiener-my-lai-hugh-thompson-20180316-story.html

6. Goldstein, R. (2006) Hugh Thompson, 62, who saved civilians at My Lai, dies, *The New York Times*, 07 January, https://www.nytimes.com/2006/01/07/us/hugh-thompson-62-who-saved-civilians-at-my-lai-dies.html

7. 상동

8. Savage, K. (2019) Murder suspect sentenced to prison for Cabot Creamery theft, *VT*

Digger, 06 December, https://vtdigger.org/2019/12/06/murdersuspect-sentenced-to-prison-for-cabot-creamery-theft/

9. Carucci, R. and Hansen, E. (2014) *Rising to Power: The journey of exceptional executives*, Greenleaf Book Group Press, Texas.

10. Jana, T. and Mejias, A. (2018) *Erasing Institutional Bias: How to create systemic change for organizational inclusion*, Berrett-Koehler Publisher, California.

11. 상동

12. Gollwitzer, M. and Prooijen, J. W. (2016) Psychology of justice, in *The Handbook of Social Justice Theory and Research*, https://www.researchgate.net/publication/312096640_Psychology_of_Justice

13. Greulich, P. (2019) On thoughtful mistakes: We forgive thoughtful mistakes, *MBI Concepts Corporation*, 30 September, https://www.mbiconcepts.com/watson-sr-and-thoughtful-mistakes.html

14. Harrari, D., Swider, B., Steed, L., and Breidenthal, A. (2018) Is perfect good? A meta-analysis of perfectionism in the workplace, *Journal of Applied Psychology*, https://www.apa.org/pubs/journals/releases/apl-apl0000324.pdf

15. Demy, T. (2017) *The U.S. Naval Institute on Leadership Ethics: U.S. Naval Institute Wheel Book*, Naval Institute Press, Maryland.

16. 상동

17. 상동

PART 3. 쉽게 듣고, 쉽게 말하는 조직

CHAPTER 6. 투명한 의사결정이 확신에 찬 직원을 만든다

1. World Health Organization (2020) Archived: WHO timeline–COVID-19, 27 April, https://www.who.int/news-room/detail/27-04-2020-who-timeline—covid-19

2. Holshue M. L. et al (2020) First case of 2019 novel coronavirus in the United States, *The New England Journal of Medicine*, https://www.nejm.org/doi/full/10.1056/NEJMoa2001191

3. The Center for Systems Science and Engineering (2020) COVID-19 dashboard by the Center for Systems Science and Engineering(CSSE) at Johns Hopkins University(JHU), 25 August, https://coronavirus.jhu.edu/map.html

4. Nuclear Threat Initiative, Johns Hopkins Center for Health Security and The Economist Intelligence Unit (2019) Global Health Security Index, https://www.ghsindex.org/wp-content/uploads/2019/10/2019-Global-Health-Security-Index.pdf

5. Palmer, S. and Cropper, E. (2020) New Zealand to ban travellers from China to protect against coronavirus. *Newshub*, 02 February, https://www.newshub.co.nz/home/new-zealand/2020/02/new-zealand-to-ban-travellers-from-china-toprotect-against-coronavirus.html

6. The Editorial Board (2020) In a crisis, true leaders stand out, *The New York Times*, 30 April, https://www.nytimes.com/2020/04/30/opinion/coronavirusleadership.html

7. Baker, M. G., Kvalsvig, A., Verrall, A. J., Telfar-Barnard, L., and Wilson, N. (2020) New Zealand's elimination strategy for the COVID-19 pandemic and what is required to make it work, The New Zealand Medical Journal, https://www.nzma.org.nz/journal-articles/new-zealands-elimination-strategy-for-the-covid-19-pandemic-and-what-is-required-to-make-it-work

8. Roy, R A (2020) Jacinda Ardern holds special coronavirus press conference for children, *The Guardian*, 18 March, https://www.theguardian.com/world/2020/mar/19/jacinda-ardern-holds-special-coronavirus-press-conference-for-children

9. 상동

10. World Health Organization (2020) New Zealand takes early and hard action to tackle COVID-19, *World Health Organization News*, 15 July, https://www.who.int/westernpacific/news/feature-stories/detail/new-zealand-takes-earlyand-hard-action-to-tackle-covid-19

11. World Health Organization (2020) Archived: WHO timeline-COVID 19, 27 April, https://www.who.int/news-room/detail/27-04-2020-who-timeline—covid-19

12. Manhire, T (2020) Almost 90% of New Zealanders back Ardern government on Covid-19-poll, *The Spinoff*, 8 April, https://thespinoff.co.nz/politics/08-04-2020/almost-90-of-new-zealanders-back-ardern-government-on-covid-19-poll/

13. Friedman, U. (2020) New Zealand's prime minister may be the most effective leader on the planet, *The Atlantic*, 19 April, https://www.theatlantic.com/politics/archive/2020/04/jacinda-ardern-new-zealand-leadershipcoronavirus/610237/

14. 상동

15. Chouinard, Y., Stanley, V., Chouinard, M., Ridgeway, J., Gallagher, N., and Myers, L. (n.d.) Company history, Patagonia, https://www.patagonia.com/companyhistory/

16. Fast Company (2020) Most innovative companies: Patagonia, https://www.fastcompany.com/company/patagonia

17. Stanley, V (n.d.) About, Vincent Stanley, https://www.vincentstanley.com/

18. 이본 쉬나드·빈센트 스탠리, 《리스판서블 컴퍼니 파타고니아》, 박찬웅 외 옮김, 틔움출판, 2013.

19. 상동

20. Textile Exchange (2012) Patagonia: Going 100% organic cotton, http://farmhub.textileexchange.org/upload/Future%20Shapers/Patagonia/Future%20Shapers%20%20Patagonia%20Print.pdf

21. 상동

22. Bilott, R (2019) Exposure: Poisoned water, corporate greed, and one lawyer's twenty-year battle against DuPont, Atria Books, New York.

23. Rich, N (2016) The lawyer who became DuPont's worst nightmare, *The New York Times Magazine*, 10 January, https://www.nytimes.com/2016/01/10/magazine/the-lawyer-who-became-duponts-worst-nightmare.html

24. 상동

25. Calafat, A. M., Wong, L-Y., Kuklenyik, Z., Reidy, J. A., and Needham, L. L. (2007) Polyfluoroalkyl chemicals in the U.S. population: Data from the National Health and Nutrition Examination Survey (NHANES) 2003–2004 and comparisons with NHANES 1999–2000, *Environmental Health Perspectives*, https://www.ncbi.nlm.nih.gov/pmc/articles/PMC2072821/#

26. United Steelworkers International Union (2005) Not walking the talk: DuPont's untold safety failures, http://assets.usw.org/resources/hse/resources/Walking-the-Talk-Duponts-Untold-Safety-Failures.pdf

27. Lovallo, D and Sibony, O (2010) The case for behavioral strategy, McKinsey Quarterly, https://www.mckinsey.com/business-functions/strategy-andcorporate-finance/our-insights/the-case-for-behavioral-strategy

28. Meeting King (2013) $37 billion per year in unnecessary meetings, what is your share?, *MeetingKing*, 21 October, https://meetingking.com/37-billion-peryear-unnecessary-meetings-share/

29. 이 글의 일부는 《하버드 비즈니스 리뷰》에 실렸으며 허가를 받고 전재됐음. Carucci, R. (2020) How systems support (or undermine) good decision-making, *Harvard Business Review*, https://hbr.org/2020/02/how-systems-support-or-undermine-good-decision-making?ab=at_articlepage_relatedarticles_horizontal_slot2

30. 상동

31. Steinhage, A, Cable, D and Wardley, D (2017) The pros and cons of competition among employees, *Harvard Business Review*, https://hbr.org/2017/03/the-pros-

and-cons-of-competition-among-employees

32. Stangor, C (2011) *Principles of Social Psychology—1st International Edition*[ebook] https://opentextbc.ca/socialpsychology/

33. 이 글의 일부는 《하버드 비즈니스 리뷰》에 실렸으며 허가를 받고 전재됐음. Carucci, R. (2018) How to fix the most soulcrushing meetings, *Harvard Business Review*, 16 February, https://hbr.org/2018/02/how-to-fix-the-most-soul-crushing-meetings

CHAPTER 7. 누구든 쉽게 목소리 내는 조직

1. Shadid, M. A. (1956) Crusading Doctor: My fight for cooperative medicine, Meador Publishing Company, Boston, as cited in Haddad, F S (2010) Michael Abraham Shadid: A Lebanese precursor of prepaid and cooperative medical care, *Lebanese Medical Journal*, https://pdfs.semanticscholar.org/c4a5/d0a93aa4 05225e3d7458fd4074661d2e4e21.pdf?_ga=2.151909689.1492129367.1599107244- 457631569.1597336032

2. Khater, D. and Soleim, A. (2016) Michael Shadid: A Syrian socialist [Blog] *NC State University*, 24 August, https://lebanesestudies.news.chass.ncsu.edu/2016/08/24/ michael-shadid-a-syrian-socialist/

3. 상동

4. Shadid, M. A. (1956) *Crusading Doctor: My fight for cooperative medicine*, Meador Publishing Company, Boston.

5. Haddad, F S (2010) Michael Abraham Shadid: A Lebanese precursor of prepaid and cooperative medical care, *Lebanese Medical Journal*, https://pdfs. semanticscholar.org/c4a5/d0a93aa405225e3d7458fd4074661d2e4e21.pdf?_ ga=2.151909689.1492129367.1599107244-457631569.1597336032

6. 상동

7. 상동

8. Great Plains Regional Medical Center, About GPRMC, Great Plains Regional Medical Center, http://www.gprmc-ok.com/about

9. Park, C. (2008) NASA remembers three space tragedies, *Space*, 27 January, https:// www.space.com/4879-nasa-remembers-space-tragedies.html

10. United States Environmental Protection Agency (n.d.) Deepwater Horizon–BP Gulf of Mexico oil spill, *EPA*, https://www.epa.gov/enforcement/deepwaterhorizon-bp- gulf-mexico-oil-spill

11. Gates, D (2020) Boeing whistleblower alleges systemic problems with 737 MAX,

The Seattle Times, 18 June, https://www.seattletimes.com/business/boeing-aerospace/boeing-whistleblower-alleges-systemic-problems-with-737-max/

12. Wharton, J. D. (2016) Examining employee voice behavior: A systematic review of voice antecedents, University of Maryland University College, https://vanguard.idm.oclc.org/login?url=https://search-proquest-com.vanguard.idm.oclc.org/docview/1800548433?accountid=25359

13. Graham, G. L. (2002) If you want honesty, break some rules, *Harvard Business Review*, https://hbr.org/2002/04/if-you-want-honesty-break-some-rules

14. 상동

15. 상동

16. 에이미 에드먼드슨,《두려움 없는 조직》, 최윤영 옮김, 오승민 감수, 다산북스, 2019.

17. Milliken, F. J., Morrison, E. W., and Hewlin, P. F. (2003) An exploratory study of employee silence: Issues that employees don't communicate upward and why, *Journal of Management Studies*, https://onlinelibrary.wiley.com/doi/abs/10.1111/1467-6486.00387

18. Liebst, L. S., Philpot, R., Bernasco, W., Dausel, K. L., Ejbye-Ernst, P., Nicolaisen, M. H., and Lindegaard, M. R. (2019) Social relations and presence of others predict bystander intervention: Evidence from violent incidents captured on CCTV, *Aggressive Behavior*, https://www.ncbi.nlm.nih.gov/pmc/articles/ PMC6790599/#

19. 이 글의 일부는《하버드 비즈니스 리뷰》에 실렸으며 허가를 받고 전재됐음. Carucci, R. (2017) How to make raising difficult issues everyone's job, *Harvard Business Review*, https://hbr.org/2017/05/how-to-make-raising-difficult-issues-everyones-job?_hsenc=p2AN qtz-8QlFHKXkj7qQiWdoGTHXTyYvH5KWqCXPkjR4kMDrBo SaVDF3V1pfSYBACSz93O10GXxUlp

20. 킴 스콧,《실리콘밸리의 팀장들》, 박세연 옮김, 청림출판, 2019.

21. Kelly, M. B. and Ruckstuhl, L. (2019) Wayfair employees protest sale of furniture to migrant detention center, *NPR News National*, 26 June, https:// www.npr.org/2019/06/26/736308620/wayfair-employees-protest-sale-offurniture-to-migrant-detention-center

22. Bhuiyan, J. (2019) How the Google walkout transformed tech workers into activists, *Los Angeles Times*, 06 November, https://www.latimes.com/business/technology/story/2019-11-06/google-employee-walkout-tech-industry-activism

23. Lardieri, A. (2018) Amazon employees protesting sale of facial recognition software, *US News & World Report*, 18 October, https://www.usnews.com/news/politics/articles/2018-10-18/amazon-employees-protesting-sale-of-facialrecognition-software

24. Bhuiyan, J. (2019) 위의 자료.

25. 상동

26. Lu, Y. and Myrick, J. G. (2016) Cross-cutting exposure on Facebook and political participation: Unraveling the effects of emotional responses and online incivility, *Journal of Media Psychology: Theories, Methods*, and Applications, https://doi. org/10.1027/1864-1105/a000203

27. Wollebæk, D., Karlsen, R., Steen-Johnsen, K., and Enjolras, B. (2019) Anger, fear, and echo chambers: The emotional basis for online behavior, *Social Media+Society*, https://doi.org/10.1177/2056305119829859

28. Fleming, A. (2020) Why social media makes us so angry, and what you can do about it, *BBC Science Focus Magazine*, 02 April, https://www.sciencefocus.com/the-human-body/why-social-media-makes-us-so-angry-and-what-youcan-do-about-it/

29. 상동

30. James, M. (2017) For, not against: Being for something is more powerful and healthy than simply being against, *Psychology Today*, 02 August, https://www.psychologytoday.com/us/blog/focus-forgiveness/201708/not-against (archived at https://perma.cc/WP6Q-ZW73)

31. Brooks, A. C. (2019) *Love Your Enemies: How decent people can save America from the culture of contempt*, Broadside Books, New York

32. Detert, J. R. (2018) Cultivating everyday courage, *Harvard Business Review*, https://hbr.org/2018/11/cultivating-everyday-courage

PART 4. 성공은 혼자가 아니라 '함께' 온다

CHAPTER 8. '함께해서 더 좋은 문화'를 구축하라

1. BBC News (2018) The full story of Thailand's extraordinary save rescue, *BBC News World*, 14 July, https://www.bbc.com/news/world-asia-44791998

2. Bourne, J. K. (2019) The untold story of the daring divers who saved the Thai soccer team, *National Geographic*, 04 March, https://www.nationalgeographic.com/adventure/2019/02/national-geographic-2019-adventurers-of-the-year/thai-rescue-cave-divers/

3. 상동

4. Ralph, P. and Pasley, J. (2019) This timeline shows exactly how the Thai cave rescue unfolded and what's happened since, *Business Insider*, 24 June, https://www.businessinsider.com/thai-cave-rescue-timeline-how-it-unfolded-2018-7#wednesday-july-4-the-team-begins-taking-swimming-and-divinglessons-5

5. Bourne, J. K. (2019) 위의 자료.

6. 매슈 리버먼, 《사회적 뇌》, 최호영 옮김, 시공사, 2015.

7. 상동

8. Baumeister, R. F. and Leary, M. R. (1995) The need to belong: Desire for interpersonal attachments as a fundamental human motivation, *American Psychological Association Psychological Bulletin*, https://psycnet.apa.org/doiLanding?doi=10.1037%2F0033-2909.117.3.497

9. Macdonald, G. and Leary, M. R. (2005) Why does social exclusion hurt? The relationship between social and physical pain, *American Psychological Association Psychological Bulletin*, https://pubmed.ncbi.nlm.nih.gov/ 15740417/

10. Carr, E., Cooney, G., Gray, C., Greenberg, S., Kellerman, G., Reece, A., and Robichaux, A. (2019) The value of belonging at work: New frontiers for inclusion, Better Up, https://get.betterup.co/rs/600-WTC-654/images/BetterUp_BelongingReport_091019.pdf

11. Deloitte University Press (2016) Global human capital trends 2016, https://www2.deloitte.com/content/dam/Deloitte/global/Documents/HumanCapital/ gx-dup-global-human-capital-trends-2016.pdf

12. Tiny Pulse (2017) The broken bridges of the workplace: 2017 employee engagement report, https://www.tinypulse.com/hubfs/whitepaper/TINYpulse-2017-Employee-Engagement-Report-Broken-Bridges-of-the-Workplace.pdf

13. Econsultancy (2017) Implementing a customer experience (CX) strategy best practice guide, https://econsultancy.com/reports/implementing-a-customerexperience-cx-strategy-best-practice-guide/

14. Eurofound (2019) European Company Survey 2019: Workplace practices unlocking employee potential, https://www.eurofound.europa.eu/sites/default/files/ef_publication/field_ef_document/ef20001en.pdf

15. 이 글의 일부는 《하버드 비즈니스 리뷰》에 실렸으며 허가를 받고 전재됐음. Carucci, R. (2018) How to permanently resolve cross-department rivalries, Harvard Business Review, https://hbr.org/2018/09/how-to-permanently-resolve-cross-department-rivalries?ab=at_articlepage_relatedarticles_horizontal_slot3

16. 대니얼 루베츠키, 《카인드 스토리》, 박세연 옮김, 열린책들, 2016.

17. 상동

18. 상동

19. Skanska (n.d.) Our purpose and values, https://group.skanska.com/about-us/our-purpose-and-values/

20. Hook, P. (2018) From "macho" to inclusion, LinkedIn, 17 December, https://www.linkedin.com/pulse/from-macho-inclusion-pia-h%C3%B6%C3%B6k-1f/

21. 상동

22. 상동

23. Skanska (2019) Annual and Sustainability Report 2019, https://group.skanska.com/496a54/siteassets/investors/reports-publications/annual-reports/2019/annual-and-sustainability-report-2019.pdf

24. Cabot (n.d) Cabot honors the Rochdale Co-operative Principles, https://www.cabotcheese.coop/co-operative-principles/

25. Carucci, R. and Hansen, E. (2014) *Rising to Power: The journey of exceptional executives*, Greenleaf Book Group Press, Texas.

CHAPTER 9. '그늘'을 '우리'로 바꾸는 법

1. Law Library—American Law and Legal Information (n.d.) Organized crime – Crips and Bloods: Black American gangs in Los Angeles, https://law.jrank.org/pages/11947/Organized-Crime-Crips-Bloods-Black-American-gangsin-Los-Angeles.html

2. 2020년 9월, 말라치 '스팽크' 젠킨스Malachi "Spank" Jenkins와 로베르토 '뉴스' 스미스Roberto "News" Smith를 직접 만나 그들의 삶과 일에 대한 심층 인터뷰를 즐겁게 나눴다. 해당 인용문은 모두 당시 인터뷰에서 나온 이야기다.

3. Kang, C. and Frenkel, S. (2020) 'PizzaGate' conspiracy theory thrives anew in the TikTok era, *The New York Times*, 14 July, https://www.nytimes.com/2020/06/27/technology/pizzagate-justin-bieber-qanon-tiktok.html

4. Hallemann, C. (2020) What we do and don't know about Jeffrey Epstein, *Town&Country*, 02 July, https://www.townandcountrymag.com/society/money-and-power/a28352055/jeffrey-epstein-criminal-case-facts/

5. Heshmat, S. (2015) What is confirmation bias? [Blog] *Psychology Today*, 23 April, https://www.psychologytoday.com/us/blog/science-choice/201504/whatis-confirmation-bias

6. 이 글의 일부는 《포브스》의 한 인터뷰에 실렸으며 허가를 받고 전재됐음. Carucci, R. (2019)

How to build bridges between the most bitterly divided people, *Forbes*, 23 September, https://www.forbes.com/sites/ roncarucci/2019/09/23/how-to-build-bridges-between-the-most-bitterlydivided-people/?sh=68ce0b395ecd

7. Haidt, J. and Rose-Stockwell, T. (2019) The dark psychology of social networks, *The Atlantic*, December, https://www.theatlantic.com/magazine/archive/2019/12/social-media-democracy/600763/

8. The Social Dilemma (n.d.) The Dilemma, https://www.thesocialdilemma.com/the-dilemma/

9. Harris, T. (2019) Our brains are no match for our technology, *The New York Times*, 05 December, https://www.nytimes.com/2019/12/05/opinion/digitaltechnology-brain.html

10. Haidt, J. and Rose-Stockwell, T. (2019) 위의 자료.

11. Hughes, A. and Van Kessel, P. (2018) 'Anger' topped 'love' when Facebook users reacted to lawmakers' posts after 2016 election, Pew Research Center, 18 July, https://www.pewresearch.org/fact-tank/2018/07/18/anger-topped-lovefacebook-after-2016-election/

12. 이 글의 일부는 《포브스》에 실렸으며 허가를 받고 전재됐음. Carucci, R. (2018) How to build bridges between the most bitterly divided people, *Forbes*, 23 September, https://www.forbes.com/sites/roncarucci/ 2019/09/23/how-to-build-bridges-between-the-most-bitterly-dividedpeople/?sh=5db4707a5ecd

13. 이 글은 《오픈마인드OpenMind》 블로그에 실렸으며 허가를 받고 전재됐음. Carucci, R. (2020) The challenge of empathy in the wake of the election, *OpenMind*, 05 November, https://openmindplatform.org/blog/the-challenge-of-empathy-in-the-wake-of-the-election/

나오며_ 정직의 여정은 지금부터 시작이다

1. McCabe, D., Treviño, L., and Butterfield, K. (2001) Cheating in academic institutions: A decade of research, *Ethics & Behavior*, https://citeseerx.ist.psu.edu/viewdoc/download?doi=10.1.1.460.5320&rep=rep1&type=pdf

2. University of Massachusetts at Amherst (2002) UMass researcher finds most people lie in everyday conversation, *EurekAlert*, 10 June, https://www.eurekalert.org/pub_releases/2002-06/uoma-urf061002.php#:~:text=The%20study%2C%20published%20in%20the,was%20a%20very%20surprising%20result

옮긴이 **이희령**

이화여자대학교 영문과를 졸업하고 서강대학교와 미국 워싱턴 대학교에서 경영학과 법학을 공부했다. 국내외 기업과 로펌에서 다양한 국제 거래 및 벤처캐피털, 경영 컨설팅 업무를 진행했으며 현재는 바른번역 소속 번역가로 활동 중이다. 옮긴 책으로는 『하버드 비즈니스 리뷰 경영 인사이트 BEST 11』, 『그들만의 채용 리그』, 『스토리셀링』 등이 있으며, 「하버드 비즈니스 리뷰」와 이코노미스트의 『세계대전망』 한국어판 번역에도 참여했다.

정직한 조직

초판 1쇄 발행 2024년 10월 7일
초판 3쇄 발행 2025년 2월 17일

지은이 론 카루치
옮긴이 이희령
펴낸이 정덕식, 김재현
펴낸곳 (주)센시오

출판등록 2009년 10월 14일 제300-2009-126호
주소 서울특별시 마포구 성암로 189, 1707-1호
전화 02-734-0981
팩스 02-333-0081
전자우편 sensio@sensiobook.com

책임 편집 김민혜
디자인 STUDIO BEAR
경영지원 임효순

ISBN 979-11-6657-165-7 03320